Así empieza lo malo

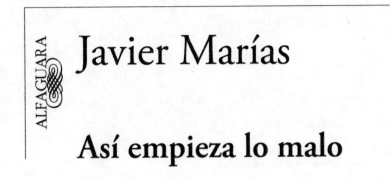

Javier Marías

Así empieza lo malo

Así empieza lo malo

Primera edición: agosto de 2014

D. R. © 2014, Javier Marías
Autor representado por Casanovas & Lynch
Agencia Literaria, S. L.

D. R. © 2014, derechos de edición mundiales en lengua castellana:
    Santillana Ediciones Generales, S.A. de C.V., una empresa de
    Penguin Random House Grupo Editorial, S.A. de C.V.
    Av. Río Mixcoac 274, col. Acacias, C.P. 03240
    México, D.F.

www.alfaguara.com/mx

Comentarios sobre la edición y el contenido de este libro a:
megustaleer@penguinrandomhouse.com

Diseño: Proyecto de Enric Satué

ISBN: 978-607-11-3446-2

Impreso en México / Printed in Mexico

Para Tano Díaz Yanes,
tras cuarenta y cinco años de amistad,
por echarme siempre un capote
cuando el toro se me viene encima

Y para Carme López Mercader,
que inverosímilmente no se ha cansado
de escucharme. Aún no

I

No hace demasiado tiempo que ocurrió aquella historia —menos de lo que suele durar una vida, y qué poco es una vida, una vez terminada y cuando ya se puede contar en unas frases y sólo deja en la memoria cenizas que se desprenden a la menor sacudida y vuelan a la menor ráfaga—, y sin embargo hoy sería imposible. Me refiero sobre todo a lo que les pasó a ellos, a Eduardo Muriel y a su mujer, Beatriz Noguera, cuando eran jóvenes, y no tanto a lo que me pasó a mí con ellos cuando yo era el joven y su matrimonio una larga e indisoluble desdicha. Esto último sí seguiría siendo posible: lo que me pasó a mí, puesto que también ahora me pasa, o quizá es lo mismo que no se acaba. E igualmente podría darse, supongo, lo que sucedió con Van Vechten y otros hechos de aquella época. Debe de haber habido Van Vechtens en todos los tiempos y no cesarán y continuará habiéndolos, la índole de los personajes no cambia nunca o eso parece, los de la realidad y los de la ficción su gemela, se repiten a lo largo de los siglos como si carecieran de imaginación las dos esferas o no tuvieran escapatoria (las dos obra de los vivos, a fin de cuentas, quizá haya más inventiva entre los muertos), a veces da la sensación de que disfrutáramos con un solo espectáculo y un solo relato, como los niños muy pequeños. Con sus infinitas variantes que los disfrazan de anticuados o novedosos, pero siempre en esencia los mismos. También debe de haber habido Eduardos Muriel y Beatrices Noguera por tanto, en todos los tiempos, y no digamos los comparsas; y Juanes de Vere a patadas, así me llamaba y así me llamo, Juan Vere o Juan de Vere, según quién diga o piense mi nombre. Nada tiene de original mi figura.

Entonces no había todavía divorcio, y aún menos podía esperarse que lo volviera a haber algún día cuando Muriel y su mujer se casaron unos veinte años antes de que yo me inmiscuyera en sus vidas, o más bien fueron ellos los que atravesaron la mía, apenas la de un principiante, como quien dice. Pero desde el momento en que está uno en el mundo empiezan a pasarle cosas, su débil rueda lo incorpora con escepticismo y tedio y lo arrastra desganadamente, pues es vieja y ha triturado muchas vidas sin prisa a la luz de su holgazana vigía, la luna fría que dormita y observa con sólo un párpado entreabierto, se conoce las historias, antes de que acontezcan. Y basta con que se fije alguien en uno —o le eche un ojo indolente— y ya no podrá sustraerse, aunque se esconda y permanezca quieto y callado y no tome iniciativas ni haga nada. Aunque uno quiera borrarse ya ha sido avistado, como un lejano bulto en el océano del que no se puede hacer caso omiso, al que ya hay que esquivar o acercarse; cuenta para los demás y los demás cuentan con uno, hasta que desaparece. Tampoco fue esa mi circunstancia, al fin y al cabo. No fui del todo pasivo ni fingí ser un espejismo, no intenté hacerme invisible.

Siempre me he preguntado cómo es que la gente se atrevía a contraer matrimonio —y se ha atrevido durante siglos— cuando eso tenía un carácter definitivo; en especial las mujeres, a las que resultaba más arduo encontrar desahogos, o debían esmerarse el doble o el triple en ocultarlos, el quíntuple si regresaban de esos desahogos con carga y entonces habían de enmascarar a un ser nuevo desde antes de que se le configurara un rostro y pudiera asomarlo a la tierra: desde el instante de su concepción, o de su detección, o de su presentimiento

—no digamos desde el de su anuncio—, y convertirlo en impostor durante su existencia entera, a menudo sin que él se enterara nunca de su impostura ni de su procedencia bastarda, ni siquiera cuando era un ser viejo y estaba ya a punto de no ser más detectado por nadie. Incontable es el número de criaturas que han tomado por padre a quien no lo era suyo y por hermanos a quienes lo eran a medias, y se han ido a la tumba con la creencia y el error intactos, o es el engaño a que las sometieron las impávidas madres desde su nacimiento. A diferencia de las enfermedades y de las deudas —las otras dos cosas que en español más se 'contraen', las tres comparten el verbo, como si todas fueran de mal pronóstico o de mal agüero, o trabajosas en todo caso—, para el matrimonio era seguro que no había cura ni remedio ni saldo. O sólo los traía la muerte de uno de los cónyuges, a veces largamente ansiada en silencio y menos veces procurada o inducida o buscada, por lo general aún más en silencio o era más bien en indecible secreto. O la muerte de los dos, por supuesto, y entonces ya no había más nada, sólo los ignorantes hijos habidos, si los había habido y sobrevivían, y un breve recuerdo. O una historia acaso, en ocasiones. Una historia tenue y casi nunca contada, como no suelen contarse las de la vida íntima —tantas madres impávidas hasta el último aliento, y también tantas no madres—; o tal vez sí, pero en susurros, para que no sean del todo como si no hubieran sido, ni se queden en la muda almohada contra la que se aplastó la cara en llanto, ni tan sólo a la vista del soñoliento ojo entreabierto de la luna centinela y fría.

Eduardo Muriel tenía un bigote fino, como si se lo hubiera dejado crecer cuando el actor Errol Flynn era un modelo y luego se le hubiera olvidado enmendarlo o espesarlo, uno de esos hombres de costumbres fijas en lo relativo a su aspecto, de los que no se enteran de que pasa el tiempo y las modas cambian ni de que van envejeciendo —es como si eso no les incumbiera y lo descartaran, y se sintieran a salvo del transcurso—, y hasta cierto punto llevan razón en no preocuparse ni hacer caso: al no acoplarse a su edad la mantienen a raya; al no ceder a ella en lo externo acaban por no asumirla, y así los años, temerosos —se envalentonan con casi todo el mundo—, los rondan y los bordean pero no se atreven a adueñarse de ellos, no se asientan en su espíritu ni tampoco invaden su apariencia, sobre la que tan sólo van arrojando una muy lenta aguanieve o penumbra. Era alto, bastante más que la media de sus compañeros de generación, la siguiente a la de mi padre si es que no aún la misma. Se lo veía fuerte y estilizado por eso, al primer golpe de vista, aunque su figura no resultaba varonil ortodoxa: era algo estrecho de hombros para su estatura, lo cual hacía parecer que el abdomen se le ensanchaba pese a no sufrir gordura alguna en esa zona ni impropias caderas protuberantes, y de allí le surgían unas piernas muy largas que no sabía colocar cuando estaba sentado: si las cruzaba (y era lo que prefería hacer con ellas, dentro de todo), el pie de la que quedaba encima alcanzaba el suelo naturalmente, eso que algunas mujeres ufanas de sus pantorrillas —no desean mostrar una colgando, ni engrosada o deformada por la rodilla que la aguanta— logran con artificialidad y escorzo y la ayuda de sus tacones altos. Por esa estrechez de sus hombros Muriel solía llevar chaqueta con hombreras muy disimuladas, yo creo, o bien el sastre se las confeccionaba con leve forma de trapecio invertido (todavía en los años setenta y ochenta del pasado siglo acudía al sastre o éste lo visitaba en su casa, cuando eso ya era infrecuente). Tenía una nariz muy recta, sin asomo de curvatura pese a su buen tamaño, y en el cabello tupido, peinado a raya con agua como seguramente se lo había peinado desde niño su madre —y él no había visto razón para contravenir aquel remoto dictamen—, le brillaban algunas canas dispersas por el dominante castaño oscuro. El bigote fino atenuaba poco lo espontáneo y luminoso y juvenil de su sonrisa. Se esforzaba por refrenarla o guardarla, no lo conseguía a menudo, había un fondo de jovialidad en su carácter, o un pasado que emergía sin que hubiera que lanzar la sonda a grandes profundidades. Tampoco se lo convocaba, no obstante, en aguas muy superficiales: en ellas flotaba cierta amargura impuesta o indeliberada, de la que no debía de sentirse causante, sino si acaso víctima.

Pero lo más llamativo para quien lo veía por primera vez en persona, o en una foto frontal de prensa, muy escasas, era el parche que lucía sobre el ojo derecho, un parche de tuerto de lo más clásico, teatral o aun peliculero, negro y abultado y bien ceñido por una fina goma elástica de igual color que le cruzaba en diagonal la frente y se ajustaba bajo el lóbulo de la oreja izquierda. Siempre me he preguntado por qué esos parches tienen relieve, los que no se limitan a tapar, de tela, sino los que quedan inamovibles y como encajados y son de no sé qué material rígido y compacto. (Parecía baquelita, y daban ganas de tamborilear sobre él con el rosa de las uñas para saber cómo era al tacto, lo que nunca osé averiguar con el de mi empleador, como es lógico; sí supe en cambio cómo sonaba, pues a veces, cuando estaba nervioso o se irritaba, pero también cuando se detenía a pensar antes de soltar una sentencia o un parlamento, con el pulgar bajo la axila como si fuera la diminuta fusta de un militar o un jinete que pasan revista a sus tropas o a sus cabalgaduras, Muriel hacía eso exactamente, tamborileaba sobre su parche duro con el blanco o filo de las uñas de la mano libre, como si invocara en su auxilio al globo ocular inexistente o que no servía, debía de gustarle el sonido y en efecto era grato, cric cric cric; daba un poco de grima, sin embargo, verlo llamar así al ausente, hasta que se acostumbraba uno a ese gesto.) Quizá ese bulto busca producir la impresión de que debajo hay un ojo, aunque tal vez no lo haya, sino una cuenca vacía, un hueco, una hondura, un hundimiento. Quizá esos parches sean convexos precisamente para desmentir la concavidad horrenda que ocultan, en algunos casos; quién sabe si no irán rellenos de una acabada esfera de cristal blanco o de mármol, con su pupila y su iris pintados con realismo ocioso, perfectos, que jamás ha de verse, envuelta en negro, o que tan sólo verá su dueño, terminado el día, al destapársela cansado ante el espejo, y extraérsela acaso.

Y si eso llamaba la atención inevitablemente, no menos atraía el ojo útil y al descubierto, el izquierdo, de un azul oscuro e intenso, como de mar vespertino o casi ya anochecido, y que, por ser sólo uno, parecía captarlo todo y darse cuenta de todo, como si se hubieran concentrado en él las facultades propias y las del otro invisible y ciego, o la naturaleza hubiera querido compensarlo con un suplemento de penetración por la pérdida de su pareja. Tantas eran la fuerza y la rapidez de ese ojo que yo, gradual y disimuladamente, intentaba situarme a veces fuera de su alcance para que no me hiriera con su mirar agudo, hasta que Muriel me reconvenía: 'Échate un poco a la derecha, ahí casi te sales de mi campo visual y me obligas a contorsionarme, recuerda que es más limitado que el tuyo'. Y al principio, cuando mi vista no sabía dónde posarse, dividida mi atención entre el ojo vivo y marítimo y el parche muerto y magnético, no tenía inconveniente en llamarme al orden: 'Juan, te estoy hablando con el ojo que ve, no con el difunto, así que haz el favor de escucharme y no distraerte con el que no suelta palabra'. Muriel hacía así abierta referencia a su visión demediada, a diferencia de quienes extienden un incómodo velo de silencio sobre cualquier defecto o minusvalía propios, por muy conspicuos y aparatosos que sean: hay mancos desde la altura del hombro que jamás reconocen las dificultades impuestas por la manifiesta falta de un miembro y poco menos que pretenden hacer malabares; cojos que emprenden con una muleta la escalada del Annapurna; ciegos que continuamente van al cine y alborotan en los tramos sin diálogos, en los más visuales, quejándose de que está desenfocado; inválidos en sillas de ruedas que fingen desconocer ese vehículo y se empeñan en trepar peldaños desdeñando las numerosas rampas que se les ofrecen hoy en todas partes; calvos morondos que hacen aspavientos de estarse despeinando a lo bestia, la imaginaria cabellera endemoniándoseles, cuando se desata una ventolera. (Allá todos ellos, son muy libres, no se me ocurre criticarlos.)

Pero la primera vez que le pregunté qué le había pasado, cómo le había enmudecido el ojo callado, me contestó tan cortante como lo era en ocasiones con la gente que lo impacientaba y rara vez conmigo, a quien solía tratar con benevolencia y afecto: 'Vamos a ver si nos entendemos: no te tengo aquí para que me hagas preguntas sobre cuestiones que no te incumben'.

En ese principio no era mucho lo que me incumbía, aunque eso cambió pronto, basta con tener a alguien disponible, a mano, a la espera, para irle confiando o creando tareas; y 'aquí' significaba en su casa, si bien al cabo de cierto tiempo pasó a equivaler vagamente a 'a mi lado', cuando hube de acompañarlo en algún que otro viaje, o visitarlo en un rodaje, o decidió incorporarme a cenas y timbas de amigos, más que nada para hacer bulto, yo creo, y contar él con un testigo admirativo añadido. En sus rachas más extravertidas, que por fortuna no escaseaban —o habría que decir menos melancólicas o aun misantrópicas, iba con regularidad de un extremo al otro, como si su ánimo viviera en un balancín más bien pausado que a veces se aceleraba frente a su mujer de golpe, por causas que yo no me explicaba y debían de ser muy lejanas—, le gustaba tener público y ser escuchado, o incluso que se lo jaleara un poco.

En su casa no era infrecuente, cuando nos reuníamos por la mañana para que me diera instrucciones si las había y si no discurseara un rato, encontrármelo tumbado boca arriba en el suelo del salón o del estudio adyacente (las dos piezas separadas por una puerta de hojas correderas que casi siempre estaban abiertas, luego las piezas quedaban unidas de hecho, formando un amplio y único espacio). Quizá optaba por eso en vista de sus dificultades para colocar las piernas sentado y se sentía más cómodo así, cuan largo era sin impedimentos ni topes, tanto sobre la alfombra del salón como sobre la tarima del despacho. Claro que cuando andaba por tierra no vestía sus chaquetas, que se le habrían arrugado en exceso, sino camisa con chaleco o jersey de pico encima y, eso sí, siempre corbata, por edad debía de parecerle imprescindible esa prenda, estando en la ciudad al menos, pese a que en aquellos años las normas indumentarias hubieran saltado ya por los aires. La primera vez que lo vi de este modo —tirado como una cortesana decimonónica o como un accidentado contemporáneo— me pilló de sorpresa y me alarmé, creyendo que habría sufrido un ictus o se habría desmayado, o dado un golpe y caído y que no habría podido levantarse.

—¿Qué le ocurre, Don Eduardo? ¿Se siente mal? ¿Lo ayudo? ¿Ha resbalado? —Me acerqué solícito, las dos manos extendidas para alzarlo. Tras leve forcejeo (él me instaba a tutearlo sin más), habíamos acordado que lo llamaría de usted sin el 'Don' delante, pero a mí me costaba mucho no anteponérselo, me salía naturalmente y se me escapaba.

—Qué tontería —me contestó desde el suelo, sin hacer el menor ademán de incorporarse ni avergonzarse por mi presencia; me miró las manos salvadoras como si fueran dos moscas que revoloteaban y lo perturbaban—. ¿No ves que estoy fumando tan tranquilamente? Ea. —Y blandió en alto, ante mi cara, una pipa bien agarrada por la cazoleta. Fumaba sobre todo cigarrillos, y sólo éstos fuera de casa, pero en ella los alternaba con pipa, como si quisiera completar un cuadro que por lo demás pocos veíamos (tampoco la sacaba a relucir en las ocasionales fiestas que daba, la mayoría improvisadas), debía de quererlo completar para sí mismo: parche, pipa, bigote fino, abundante pelo con raya alta, ropa de sastre, chaleco a veces, era como si inconscientemente se hubiera quedado adherido a la imagen de los galanes de cuando él era niño y adolescente, en los años treinta y cuarenta, no sólo a la de Errol Flynn (por

antonomasia, y con quien compartía la sonrisa fulgen-
te), sino a la de actores hoy mucho más nebulosos como
Ronald Colman, Robert Donat, Basil Rathbone, incluso
David Niven y Robert Taylor que duraron más tiempo,
tenía un aire a todos ellos pese a que entre sí fueran distintos. Y, puesto que era español, en algún momento recordaba a los más tostados, aún más diferenciados y
exóticos Gilbert Roland y César Romero, sobre todo al
primero, cuya nariz era grande y sin curva como la suya.

—¿Y qué hace tirado en el suelo, si se lo puedo
preguntar? No es más que curiosidad, no que lo reprube, líbreme Dios. Deseo de entender sus hábitos, eso es
todo. Si es que es un hábito.

Hizo un resignado gesto de impaciencia, como
si mi extrañeza le resultara consabida y ya hubiera tenido que dar las mismas explicaciones con anterioridad a
otros.

—Nada fuera de lo común. Qué hay, lo hago a
menudo. No hay nada que entender, y sí, es un hábito
mío. ¿Es que no puede uno estar tendido sin que le pase
nada, sólo por gusto? Y por conveniencia.

—Claro que sí, Don Eduardo, puede usted ha-
cer equilibrismos si se le antoja, faltaría más. Hasta con
platillos chinos. —Deslicé este comentario con alevosía,
para dejar constancia de que su postura no era tan normal como él pretendía, no en un hombre maduro, y padre de familia para mayor contraste, pues andar por los
suelos es propio de jovenzanos y niños, y él tenía tres en
casa. Tampoco estaba seguro de que se llamaran platillos chinos lo que se me vino a la mente, se hacen girar
varios a la vez sobre la punta de sendas varas flexibles,
largas y finas, cada una apoyada en la yema de un dedo,
creo, no tengo ni idea de cómo se consigue ni de con
qué propósito. Debió de entenderme, en todo caso—.
Pero ahí tiene usted dos sofás —añadí, y señalé hacia
atrás, hacia el salón, él estaba tumbado en el despa-

cho—. No me habría alarmado lo más mínimo encontrármelo sobre uno de ellos, incluso dormido o en trance. Pero en el suelo, con todo el polvo... No es lo que uno se espera, perdone.

—¿En trance? ¿Yo, en trance? ¿Cómo en trance? —Eso pareció haberlo ofendido, pero le asomó media sonrisa, como si también le hubiera hecho gracia.

—Sí, bueno, era una forma de hablar. Cavilando. En meditación. O hipnotizado.

—¿Yo, hipnotizado? ¿Por quién? ¿Cómo hipnotizado? —Y ahora ya no pudo reprimir una fugaz sonrisa abierta—. ¿Quieres decir autohipnotizado? ¿Yo a mí mismo? ¿Por la mañana? *À quoi bon?* —remató en francés, no eran raras las breves incursiones en esa lengua entre los miembros instruidos de su generación y de las precedentes, la segunda que habían aprendido por lo general. Sí, desde muy pronto me di cuenta de que mis pequeñas guasas no eran mal recibidas, casi nunca me las cortaba de raíz sino que tendía a seguírmelas un poco, si no se demoraba más no era por falta de ganas, sólo para que no me le subiera a las barbas demasiado rápido, una cautela innecesaria, lo admiraba y respetaba mucho. Se detuvo tras el francesajo. Levantó la pipa humeante de nuevo para dar énfasis a sus palabras—: El suelo es el lugar más estable, firme y modesto que existe, con mejor perspectiva del cielo o del techo y donde mejor se piensa. Y en este no hay mota de polvo —puntualizó—. Acostúmbrate a verme aquí, porque de aquí no puede uno caerse ni caer más bajo, lo cual es una ventaja a la hora de tomar decisiones, deberíamos tomarlas siempre desde la peor hipótesis, si es que no desde la desesperación y su acompañante habitual la vileza, así no nos ablandaríamos ni nos llamaríamos a engaño. No te preocupes y siéntate, te voy a dictar un par de cosas. Y prescinde de una vez del 'Don', mira que te lo tengo dicho. 'Don Eduardo' —imitó mi voz, y era un gran imitador—. Me envejece y me suena a Galdós, al que mal soporto con dos excepciones, y eso en obra tan abusiva lo convierte en un déspota. Anda, apunta.

—¿Desde ahí me va a dictar? ¿Desde ahí abajo?

—Sí, desde aquí, ¿qué pasa? ¿Acaso mi voz no te llega? No me digas que hay que llevarte al otorrino, sería un pésimo indicio a tus años. ¿Cuántos presumes de tener? ¿Quince? —También él era dado a la guasa y a la exageración.

—Veintitrés. Sí, claro que su voz me llega. Es potente y varonil, como usted sabe. —No sólo las iniciaba: cada vez que Muriel me hacía una broma, yo se la devolvía, o al menos le contestaba en el mismo tono de chanza. Volvió a sonreír sin querer, más con el ojo que con los labios—. Pero no le veré la cara si me siento en mi sitio. Quedaré de espaldas a usted, una descortesía, ¿no? —Yo solía ocupar una butaca enfrente de la suya cuando despachábamos, con su mesa de trabajo dieciochesca por medio, y él estaba tendido cerca del umbral del salón, más allá de esta butaca mía.

—Pues dale la vuelta a la silla, ponla mirando hacia mí. Vaya gran cosa, qué problema, ni que estuviera atornillada al suelo.

Tenía razón, así lo hice. Ahora él quedaba literalmente a mis pies, en sentido perpendicular a ellos, como composición era excéntrica, el jefe horizontal por los suelos y el secretario —o lo que quisiera que fuera yo— a un palmo de propinarle un puntapié al menor movimiento involuntario y brusco o mal medido de sus piernas, en las costillas o en la cadera. Me dispuse a escribir en mi libreta (pasaba luego las cartas a máquina en una vieja suya que me había prestado, aún funcionaba bien, y se las daba a revisar y firmar).

Pero Muriel no se arrancó de inmediato. Su expresión más bien afable, disimuladamente risueña de hacía un instante había sido sustituida por una de abstracción o dilucidación, o por la de una de esas pesadumbres que uno va aplazando porque no desea hacerles frente ni abismarse en ellas y que por lo tanto siempre retornan, se hacen recurrentes y a cada embestida son más profundas al no haber desaparecido durante el periodo en que se las mantuvo a raya o alejadas del pensamiento, sino que por así decir han crecido en ausencia y no han cesado de acechar el ánimo subrepticia o subterráneamente, como si fueran el preámbulo de un abandono amoroso que uno acabará consumando pero que aún no acierta ni a imaginarse: esas oleadas de frialdad e irritación y hartazgo hacia un ser muy querido que vienen, se entretienen un rato y se van, y cada vez que se van uno quiere creer que su visita ha sido una fantasmagoría —producto del malestar consigo mismo, o de un descontento general, o incluso de las contrariedades o del calor— y que ya no volverán. Sólo para descubrir a la próxima que cada nueva oleada es más pegajosa y arrastra una duración mayor y envenena y abruma el espíritu y lo hace dudar y maldecirse un poco más. Tarda en perfilarse ese sentimiento de desafección, y todavía más en formularse en la mente ('Creo que ya no la aguanto, he de cerrarle la puerta, eso debe ser'), y cuando la conciencia por fin lo ha asumido, aún le queda mucho trecho por recorrer antes de ser verbalizado y expuesto ante la persona que sufrirá el abandono y que no lo sospecha ni prefigura —porque tampoco nosotros los abandonadores lo hacemos, engañosos, cobardes, dilatorios, morosos, pretendemos imposibles: sortear la culpa, ahorrar el daño—, y a la que le tocará languidecer incrédulamente por él, y acaso morir en su palidez.

Muriel apoyó las manos en el pecho, una de ellas como puño porque sostenía la pipa que se le había apagado y que no se molestó en reencender. En lugar de empezar a dictarme, como me había anunciado, se mantuvo en silencio un par de minutos mientras yo lo miraba interrogativamente, pluma en ristre, hasta que temí que se me secara la punta y volví a ponerle el capuchón. De un instante a otro parecía haberse olvidado de aquello de lo que se proponía ocuparse, como si se le hubiera cruzado un pensamiento, un asunto, un ya manoseado dilema que hubiera barrido lo demás, aunque no a mí como posible consejero al azar o mero escucha de sus inquietudes: desde el suelo me echaba ojeadas dubitativas o casi furtivas, daba la impresión de tener algo en la punta de la lengua —dos o tres veces abrió la boca y tomó aliento, la volvió a cerrar— que no se decidía a permitir salir, esto es, a dármelo a oír; de estar dirimiendo sobre la conveniencia de hacerme partícipe de una cuestión que lo desasosegaba o turbaba, o incluso lo quemaba en su interior. Se aclaró la garganta una vez, otra. Las palabras pugnaban por abrirse paso, las contenía un acto de prudencia, de voluntad de secretismo o de discreción al menos, como si la materia fuera delicada y no debiera trascender, tal vez ni expresarse, lo expresado se instala en el aire y es difícil hacerlo retroceder. Esperé sin decir nada ni insistir ni instarlo a hablar. Esperé con confianza y paciencia porque ya entonces sabía —eso se aprende pronto, en la infancia— que lo que uno está muy tentado de soltar, o de contar, o de preguntar, o de proponer, acaba brotando casi siempre, acaba surgiendo como si ninguna fuerza —ninguna violencia ejercida sobre uno mismo, ni tampoco razonamiento— fuera nunca capaz de frenarlo, las batallas contra nuestra exaltada lengua las perdemos en casi toda ocasión. (O es furiosa la lengua, dictatorial.)

—Tú que eres de otra generación y te tomarás las cosas de distinta manera —se arrancó por fin Muriel, aún con tiento y precaución—. Tú que eres joven, tú que eres de otra generación —repitió, creyendo así ganar tiempo para todavía poder interrumpirse y callar—, ¿tú qué harías si te llegaran noticias de que un amigo de media vida...? —Hizo una pausa, como si fuera a descartar lo dicho e iniciar otra formulación—. Cómo plantearlo, cómo explicártelo... ¿Que un amigo de muchos años no siempre fue el que ahora es? ¿No como uno lo ha conocido y ahora es, o como siempre ha creído que era?

Era evidente que aún se debatía, por la sucesión de preguntas vacuas y la confusión de éstas. Muriel no solía ser confuso, al contrario, presumía de precisión, aunque a veces, en su búsqueda, tuviera tendencia a divagar. Según lo que yo contestara se podía echar atrás ('Es lo mismo, dejémoslo', o 'Quita quita, olvídalo', o incluso 'No, mejor que no te meta en esto, no es de tu incumbencia ni es grato; tampoco me sacarías de dudas ni lo vas a entender'). Así que primero opté por seguir aguardando y poner cara de enorme atención, como si estuviera en vilo, pendiente de su consulta, y no existiera en mi vida ningún interés mayor; y al no añadir él nada más —al quedarse desconcertado por su propio galimatías—, comprendí que me tocaba darle pie verbal, y antes de que se le replegara la lengua me atreví a responder:

—¿A qué se refiere, a una traición? ¿A una traición contra usted?

Vi que no era capaz de consentir el equívoco, aunque todavía fuera un equívoco sobre una bruma o una tiniebla o sobre una nada, e imaginé que no tendría más remedio que continuar, un poco al menos.

Se llevó la pipa a la boca, la mordió y por consiguiente habló entre dientes, como si prefiriera que no se le oyera con demasiada nitidez. Tal vez como si lo que decía fuera sólo un farol.

—No. Esa es la pega. Si se tratara de eso sabría cómo encararlo, cómo abordar la situación. Si me atañera directamente, no tendría reparo en ir a él e intentar poner las cosas en claro. O en ponerle la proa si el asunto fuera imperdonable y se confirmara, un *casus belli*. Pero no es eso en absoluto. Esas noticias no me conciernen, nada tienen que ver conmigo ni con nuestra amistad. No la afectan, y sin embargo... —No concluyó la frase, volvió a encerrarse, le costaba admitir lo que se figuraba.

Yo no creía lo que contesté a continuación, pero pensé o intuí que serviría para tirarle de la lengua, en cuanto empiezan a contarnos o a insinuarnos algo —algo delicado o escabroso o prohibido, que presumimos grave y no se está seguro de querer contar—, nos dedicamos a tirarle de la lengua al relator. Es casi una reacción refleja, obramos así más que nada por lo que antiguamente se llamaba *sport*.

—¿Por qué no hace caso omiso, entonces? ¿Por qué no lo deja correr? Pueden ser falsas noticias, o calumnias, o estar equivocadas. Al fin y al cabo, si no le conciernen, pues no sé, no las haga asunto suyo y ya está. Y bueno, también puede preguntarle a él al respecto. Que se las confirme o se las desmienta, ¿no? Si son tan amigos le dirá la verdad. ¿O no?

Muriel se sacó la pipa y la mano libre se la llevó a la mejilla, no sabría decir qué se apoyaba en qué, es difícil saber eso en quien está tumbado en el suelo. Desvió el ojo sagaz hacia mí, hasta ahora había estado perdido por las alturas, el techo, los estantes más elevados de la biblioteca, un cuadro de Francesco Casanova que colgaba arriba en una pared de su estudio, estaba muy satisfecho de poseer un óleo del hermano menor del famoso Giacomo y pintor favorito de Catalina la Grande, según me explicó más de una vez ('De Rusia', me recalcaba como si dudara de mis conocimientos históricos, no sin razón). Me miró tratando de averiguar mi buena voluntad o mi grado de ingenuidad, si en verdad quería aportar soluciones o estaba siendo sólo solícito; o quizá cotilla, aún peor. Debió de dar su aprobación provisional a mi actitud, porque al cabo de bastantes segundos inquisitivos que me pusieron nervioso y durante los que yo mismo me sentí tentado de examinarme, me respondió:

—O no. Nadie confiesa algo así de buenas a primeras, todo el mundo se lo negaría a quien fuese, a un amigo, a un enemigo, a un desconocido, a un juez, no digamos a su mujer o a sus hijos. Qué me iba a decir si le preguntara. Que si estaba loco. Que por quién lo tomaba, que si tan mal lo conocía. Que eran infundios, o un sucio ajuste de cuentas de alguien despechado y retorcido que le guardara un rencor inaplacable, de los que no caducan jamás. Que no. Me exigiría saber quién me había venido con semejante historia. Y seguramente me tendría que despedir de su amistad, sólo que a iniciativa suya y no mía. El decepcionado pasaría a ser él. Se haría el agraviado. O se sentiría justamente agraviado si todo fuera una falsedad. —Se detuvo un instante, quizá para imaginarse la absurda escena, la petición de sinceridad—. No seas simple, Juan. Hay muchas ocasiones en las que sólo cabe un 'No' y en las que ese 'No' está incapacitado para aclarar nada, es inservible. Es lo que se contestaría tanto si se correspondiera con la verdad como si no. Un 'Sí' es útil a veces. Casi nunca lo es un 'No' cuando se trata de algo feo o vergonzoso, o de conseguir a toda costa un propósito, o de salvar la piel. No vale de nada en sí mismo. Aceptarlo depende de un acto de fe, y la fe es cosa nuestra, no del que responde 'No'. Y además la fe es voluble y frágil: se tambalea, se recupera, se fortalece, se resquebraja. Y se pierde. Creer nunca es de fiar.

'¿Qué diablos le habrán contado que ha dicho o hecho ese amigo oscuro o de pronto oscurecido?', me pregunté, pensé. 'Después de media vida de claridad.' O tal vez no pensé eso y es que ahora lo rememoro así, cuando ya no soy joven y tengo más o menos la edad de Muriel entonces o incluso la he sobrepasado, es imposible recuperar la bisoñez de los años bisoños cuando se ha recorrido mucho más trecho, no es factible no entender lo que en otra época no se entendía una vez que se ha entendido, la ignorancia no regresa ni siquiera para relatar el periodo en que se gozó o se fue víctima de ella, falsea quien cuenta algo haciendo mohín de inocencia, impostando la de sus tiempos de infancia o adolescencia o juventud, quien afirma adoptar la mirada —es hielo, ojo escarchado— del niño que ya no es, como falsea el viejo que evoca desde su madurez y no desde la ancianidad que domina su visión entera del mundo y el conocimiento de las personas y de sí mismo, y como falsearían los muertos —si pudieran hablar o susurrar— situándose en la perspectiva de los vivos necios e inacabados que fueron y fingiendo no haberse asomado aún al tránsito y a la metamorfosis, y no estar al cabo de cuanto han sido capaces de hacer y decir, una vez que lo han hecho y dicho todo y no hay posibilidad de sorpresa ni de enmienda ni improvisación, está cerrada la cuenta y nadie nunca la va a reabrir... 'Se ha referido a ello llamándolo "algo así, nadie confiesa algo así", muy turbias deben de ser, mucha mancha han de tener las noticias que le han llegado, de qué índole serán. "Alguien despechado y retorcido", ha dicho también, y eso lo he asociado inevitablemente a una mujer, aunque los dos términos serían aplicables a un hombre, ya lo creo, por qué no, y sin embargo, al oírselos, se me ha representado al instante una mujer como origen de la información... Está dudando si contarme o no de qué se trata, de qué se ha enterado a su pesar. Teme que si me lo confía todo parecerá más real o más cierto, cuanto más lo airee más carta de existencia le otorgará, más estará condenando a su amigo y lo natural es que prefiera no hacerlo. Pero tampoco puede descartar sin más lo que ha oído y quizá lo acucia y desazona tanto que ya no resiste guardárselo, le ronda el pensamiento todo el día y se le cuela en la noche, pero no sabe con quién hablarlo sin conferirle con ello mayor relieve, sin revestirlo de mayor gravedad. Acaso me vea como el más intrascendente de sus conocidos, precisamente por mi juventud, mi poca experiencia y mi nula capacidad para obrar en su mundo de adultos plenos. Y si se me ocurriera irme de la lengua, mi voz carece de peso y de crédito. Me habrá elegido por eso, por mi insignificancia', pensé. 'Contármelo a mí es lo más parecido a no contárselo a nadie. Se sentirá más a salvo que con cualquier otra persona, a mí se me puede despedir y perder de vista, se me puede casi cancelar, seré un hueco antes o después. Luego también puedo indagar, o ahondar, o sonsacar. Yo no tengo resonancia, ni traigo yo consecuencias.'

—No sé darle una opinión, Don Eduardo, Eduardo —me corregí en seguida y a mí mismo me soné irrespetuoso y chirriante—, si no me explica un poco más. Me ha preguntado qué haría yo. Si ignoro cuál es el asunto, mal le puedo responder. Y si me dice que yendo a su amigo no habría forma de averiguar la verdad, que negaría algo así y que además ese 'No' le sería inservible... Pues no sé qué podría hacer. ¿Apretar a quien le haya contado la historia, procurar que se desdijera, que la retirara? Eso no parece probable, ¿no?, que alguien se eche atrás una vez dado el paso de destapar algo feo que deja a otro en tan mal lugar. ¿Investigar a través de terceros, comprobar su veracidad? Usted sabrá si eso es factible, muchas veces no lo es. Así que me imagino que todo depende de lo que sea ese algo, de hasta qué punto puede convivir con su amistad y usted aguantar su sombra. Ya le he dicho, también cabe olvidarse, suprimirlo, dejarlo correr. Cuando es del todo imposible saber la verdad, supongo que entonces tenemos la libertad de decidir qué lo es.

El ojo marítimo me miró de otra manera, con curiosidad, quizá con una pizca de suspicacia, como si Muriel no se hubiera esperado de mí una consideración tan pragmática, a la juventud se le presupone vehemencia y cierto grado de intransigencia, aversión a la incertidumbre y a las componendas, un elemento de fanatismo en su búsqueda de cualquier verdad, por pequeña y circunstancial que sea.

—Siempre es imposible, en realidad. Nunca se puede saber —me contestó—. La verdad es una categoría... —Se interrumpió, estaba pensando lo que decía a la vez que lo decía, no era una frase que ya hubiera elaborado con anterioridad; o al revés, la estaba rememorando como si fuera una cita—. La verdad es una categoría que se suspende mientras se vive. —Se quedó ponderándola unos segundos, mirando al techo, como si la viera aparecer en él lo mismo que las palabras y nombres que escribían lentamente en la pizarra los profesores antiguos—. Mientras se vive —repitió—. Sí, es ilusorio ir tras ella, una pérdida de tiempo y una fuente de conflictos, una estupidez. Y sin embargo no podemos no hacerlo. O mejor dicho, no podemos evitar preguntarnos por ella, al tener la seguridad de que existe, de que se halla en un lugar y en un tiempo a los que no podemos acceder. Yo sé que lo más probable es que nunca sepa a ciencia cierta si este amigo hizo o no hizo lo que ahora me han contado que hizo. Pero también sé que una de dos, o más bien de tres: o lo hizo o no lo hizo o la cosa fue a medias, no tan negra como me la han pintado ni tan blanca como me la relataría él. Que yo esté condenado a no averiguarla no significa que no haya una verdad. Lo peor es que a estas alturas hasta el interesado puede desconocerla. Cuando han pasado muchos años, o incluso no tantos, la gente se cuenta los hechos como le conviene y llega a creerse su propia versión, su distorsión. Con frecuencia llega a borrarlos, los ahuyenta, los sopla como a un vilano —hizo el gesto de los dedos como si sostuviera uno, no sopló—, se convence de que no ocurrieron o de que su parte en ellos fue distinta de como fue. Hay casos de sincero olvido, o de honrada tergiversación: en los que quien miente no miente, o no miente a conciencia. Ni siquiera el autor de un hecho es capaz de sacarnos de dudas, en ocasiones; simplemente ya no está facultado para contar la verdad. Ha logrado que se le difumine, no la recuerda, la confunde o directamente la ignora. Y no obstante la hay, eso no quita para que la haya. Algo ocurrió o no ocurrió, y si ocurrió fue de determinada manera, fue así como tuvo lugar. Fíjate en esa expresión, 'tener lugar', que utilizamos como sinónimo de suceder, de acontecer. Es curiosamente adecuada y exacta, porque eso es lo que le pasa a la verdad, que tiene un lugar y en él se queda; y tiene un tiempo y en él se queda también. Se queda encerrada en ellos y no hay forma de reabrirlos, ni a uno ni a otro podemos viajar para echarle un vistazo a su contenido. Sólo nos restan tanteos y aproximaciones, nada más que circundarla e intentar discernirla a distancia o a través de velos y nieblas, en vano, es una tontería malgastar la vida en eso. Y aun así, y aun así...

Tosió, me pareció una tos nerviosa, de impotencia y desazón. Se incorporó y se ladeó un poco para buscar las cerillas en el bolsillo de su pantalón y reencender la pipa con el codo apoyado en el suelo. Aprovechó para sacar también un pastillero antiguo de plata con una diminuta brújula incrustada en la tapa, la miraba con fijeza, aprisionada en su cristal, cuando se ponía excesivamente pensativo, cuando no sabía cómo continuar o si continuar, cuando dudaba y volvía a dudar, como si esperara que la aguja lo orientara, abandonara el norte alguna vez. Tuve la sensación de que no sólo dudaba si revelarme el supuesto delito o bajeza o mezquindad de su amigo (de momento sabía que no era una traición), sino si encargarme algo relacionado con ello, tal vez una misión, un espionaje, una averiguación; si hacerme intervenir quién sabía cómo, era difícil que yo pudiera ayudar sin datos, o incluso con ellos. Y sin embargo fue esa la sensación que tuve, de que lo que más le costaba era decidirse a involucrarme en algo sucio, desagradable, ruin, y de que esa posible involucración a la que estaba tentado de arrojarme iba más allá de convertirme en mero oyente o quizá en confidente, de hacerme partícipe de unos hechos o más bien de una sospecha y un rumor. Era como si supiera que, si me ponía al tanto, a continuación también tendría que dirigirme o encaminarme, que darme una orden o pedirme un favor.

—Y aun así, ¿qué? —No sabía cómo hacer que se arrancara, sólo mostrarle mi interés y mi disponibilidad. En eso, me doy cuenta ahora, sí que era un lastre mi juventud, porque nada hay tan sencillo como soltarle a alguien la lengua, no hay apenas nadie que no se desviva por hablar.

Muriel se levantó por fin del suelo, lo hizo con agilidad y sin esfuerzo, y empezó a pasearse a mi alrededor con sus largas zancadas, caminaba por el salón y por el despacho bordeando la mesa, yo iba girando el cuello para no perderlo de vista, en una mano la pipa y en la otra el pastillero, que ahora no dejaba de pasarse por el mentón, como si no lo llevara afeitado sino con perilla y se la atusara, menos mal que no era así, los individuos con semejante recorte no suelen ser de fiar. También escrutaba de vez en cuando la brújula. A mí me daba risa verlo con el ojo pegado a aquella miniatura, yo creo que a él también y que en parte la sacaba como elemento de comicidad, en esta ocasión para rebajar ante mí el efecto de vacilación y angustia que transmitían sus circunvoluciones.

—Aun así, aun así —repitió, respondió—, no me queda otra que intentar acercarme, que tratar de disipar alguna niebla o retirar algún velo, que malgastar un poco de vida. A veces basta con levantar una sola capa, incluso con hacer amago, para justificar la toma de una decisión: para decidir, como tú has dicho, qué es la verdad y ceñirse a ella a partir de entonces y para siempre. Después de una tentativa, por escéptica y superficial que sea, uno puede hacer caso omiso de lo que le han contado, como me has sugerido desde el principio, o bien darle crédito y dejar languidecer una amistad, ponerla entre paréntesis o ponerle tajante fin. Antes no. Hay que poseer, hay que ganarse algún indicio que nos sirva de guía, por falso o erróneo que sea. Hemos de encontrar por nuestros propios medios una orientación —y tocó con la boquilla el cristal de la aguja—, una intuición que nos permita decirnos: 'Bah, esto es mentira', o 'Ay, esto debe de ser verdad'. —Se detuvo en sus paseos y me miró de pronto con infinita pena, pero no supe si la pena era suya o si la sentía por mí, por lo mucho que me faltaba por descubrir y recorrer. Yo mismo miro así ahora a los jóvenes, cuando los veo con problemas y desconcertados o desengañados, también cuando los veo ilusionados y con proyectos, y cruzo los dedos por que les vaya bien, un gesto supersticioso e inútil, un gesto de resignación. Es una mirada paternalista, que no repara en que cada uno es distinto y en que hay generaciones más avezadas que otras; la mía, yo creo, lo era más que la de Muriel y seguramente observaba menos escrúpulos, bajo nuestros variopintos disfraces idealistas—. En una oportunidad creí sin más lo que se me dijo —prosiguió con aquella mirada de aflicción—; dudé pero deseché pronto la duda al pensar que no se me mentiría en algo vital. No sólo para otras personas, que en el fondo a todo el mundo le dan bastante igual, sino también para quien decía esa mentira o verdad. Uno descarta que alguien se vaya a perjudicar a sí mismo, ¿no? Tú lo debes de descartar todavía, a tu edad, ¿no? Veintitrés. A mí al menos me llevó mucho tiempo aprender que tampoco eso puede descartarse, que nada puede descartarse nunca en realidad. La gente hace cálculos peregrinos y con frecuencia está dispuesta a arriesgarse. La mayoría están aquejados de un extraño optimismo, piensan que se saldrán con la suya, que cambiarán las cosas o que la suerte los bendecirá; que el perjuicio que se causan se verá compensado a la larga por algún beneficio mayor y que nadie se enterará de nada, de lo que han dicho o hecho para conseguir sus propósitos, para retener a alguien, para arruinar a otro, para mandar a un tercero a la cárcel o al paredón, para sacar provecho y enriquecerse, para acostarse con una mujer. Y acaso no les falte razón, lo más probable es que sepamos muy poco de cuanto ha sucedido, la mayor parte nunca sale a la luz. Así que aquella vez no sometí a prueba lo que se me dijo, lo acepté, obré en consecuencia y me atuve a ello y eso hundió una vida o dos, quizá tres según se mire, quizá más si se cuentan los descendientes, individuos a los que ni siquiera les tocaba haber nacido y otros a los que se les imposibilitó nacer en su lugar. —Reanudó sus paseos tras este *excursus*, siempre con la pipa en una mano y en la otra la brújula, y añadió—: Sí, algo de tiempo, con este amigo, voy a tener que malgastar.

No entendí mucho de lo que me decía. Ahora circunvolaba otra historia, aludía a otra pasada o remota y tampoco la relataba. Pero por fin se me ocurrió una pregunta que quizá lo animara a entrar en materia. Había mencionado la posibilidad de poner término drástico a su amistad, si así se lo indicaban sus leves y venideras pesquisas o sus tanteos o su intuición. Si lo que le había llegado no lo atañía personalmente ni tenía que ver con él, casi sólo podía haber algo, en aquellos tiempos y en nuestro país, tan objetivamente inaceptable como para plantearse zanjar por ello una prolongada relación de media vida. En aquellos días, en aquellos años, se empezaban a contar en privado cosas lejanas que muchos españoles se habían visto obligados a callar en público durante decenios y apenas habían susurrado de tarde en tarde en familia y con los intervalos de silencio cada vez más largos, como si además de tenerlas prohibidas las hubieran procurado confinar a la esfera de los malos sueños y que así se perdieran en la tolerable bruma de lo que ocurrió o quizá no. Eso sucede con lo que da vergüenza, con las humillaciones sufridas y los acatamientos impuestos. A nadie le gustaba rememorar que había sido vencido o que había sido una víctima, que se habían cometido injusticias o actos de crueldad con él y los suyos, que había tenido que rendirse y hacer méritos con el otro bando para sobrevivir, que había delatado a compañeros para congraciarse con el nuevo poder sañudo y perseguidor incansable de los derrotados, o que se había enterrado en vida tratando de llamar lo menos posible la atención, que había arrastrado una existencia acobardada y sumisa y se había plegado a las exigencias dementes del régimen vencedor; que, pese al daño infligido por éste, y en su propia piel o en la de sus padres o hermanos, había intentado abrazarlo, ensalzarlo, formar parte de sus estructuras y medrar bajo su escudo. Hoy se cuentan numerosas historias ficticias de irredentos y resistentes pasivos o activos, pero lo cierto es que la mayoría de los verdaderos —no tantos, y no duraron— fueron fusilados o encarcelados en los primeros años después de la Guerra, o se exiliaron, o fueron depurados y represaliados y se les impidió ejercer sus profesiones: hubo hombres de edad o maduros que se pasaron el resto de sus días viendo cómo sus viudas e hijas salían a buscar qué comer —sus mujeres ya como viudas—, mientras ellos, mal afeitados, precadavéricos —ingenieros, médicos, abogados, arquitectos, catedráticos, científicos, algún militar leal que se salvó—, miraban por la ventana y se esforzaban por no pensar. Al cabo de poco tiempo el grueso de la población fue entusiásticamente franquista, o lo fue mansamente, por temor. Muchos de los que habían detestado y padecido a sus fuerzas se fueron convenciendo de que era mejor así y de que habían vivido y aun combatido en el error. Hubo tanto cambio de chaqueta como jamás se ha reconocido, un chaqueteo masivo. La Guerra Civil terminó en 1939 y, se diga lo que se diga ahora, ni en los años cuarenta ni en los cincuenta, ni desde luego en los sesenta más blandos ni casi tampoco en los setenta hasta la muerte del dictador, la gente ansiaba contar su versión, quiero decir la que no habría podido. Los ganadores la habían relatado hasta la saciedad al principio y siguieron, pero con tantas mentiras y grandilocuencia, con tantas ocultaciones, calumnias y parcialidad, que el relato no podía satisfacerlos y sí agotarse por repetición, y a partir de cierto momento lo dieron por consabido y casi callaron, dejaron de insistir a todas horas y aprovecharon para aplicarse a olvidar los más tenebrosos aspectos de su actuación, sus crímenes más superfluos. Imponer una historia no da contento a la larga, al final es como si sólo se la contara uno a sí mismo y eso carece de gracia: si no se ve refrendada más que por los correligionarios y los acólitos y los temerosos siervos, es como jugar al ajedrez sin rival. Y los que habían perdido prefirieron no recordar las atrocidades, ni las propias ni las mayores ajenas —más duraderas y más bestiales, más gratuitas—, y menos aún transmitírselas a sus hijos (quién quiere contar episodios y escenas en los que sale tan mal parado), para los que deseaban tan sólo que no les tocara pasar por lo mismo que a ellos y que tuvieran la bendición de una vida aburrida y sin sobresaltos, aunque fuera también doblegada y sin libertad. Sin ella se puede vivir, de la libertad se puede prescindir. De hecho es lo primero de lo que los ciudadanos con miedo están dispuestos a prescindir. Tanto que a menudo exigen perderla, que se la quiten, no volver a verla ni en pintura, nunca más, y así aclaman a quien va a arrebatársela y después votan por él.

—¿Se trata de algo de la Guerra, Don Eduardo, Eduardo? ¿Algo que su amigo hizo entonces y que usted ignoraba y ahora le han venido con el cuento? ¿Es eso?

—Y aún me atreví a concretar más, o era a acosarlo para

que se explicara de una vez—: ¿Participó en alguna matanza? ¿Se dedicó a dar paseos? —Muchos jóvenes de hoy ya no conocen el término, pero mi generación aún estaba muy acostumbrada a él, se lo habíamos oído a nuestros padres y abuelos como parte de su vocabulario normal y rara era la familia sin algún 'paseado' a lo largo de los tres años de guerra: darle a uno el paseo era ir a buscarlo a su casa de noche o de madrugada o aun en pleno día, sacarlo a la fuerza y meterlo en un automóvil con un grupo de hombres, llevarlo hasta las afueras de la ciudad, a un descampado o hasta las tapias del cementerio, pegarle allí un tiro en la sien o en la nuca y dejar su cadáver a las puertas de su venidera morada o arrojarlo a la cuneta de dos puntapiés, esto último lo más frecuente; en Madrid o en Sevilla, en la zona republicana y en la franquista, se recogían numerosos cuerpos en las carreteras por las mañanas algunos meses, como si fueran desperdicios incongruentes para los barrenderos, pesados, difíciles de manejar y con expresión—. ¿Era falangista de los de pistola al cinto? ¿O miliciano de los de escopeta al hombro? ¿Delató nada más acabar la Guerra, denunció a conocidos suyos y los envió al paredón? ¿Tuvo algún cargo de carnicero, mató mucho u ordenó matar? ¿Qué es lo que le han contado, que lo tiene a tan mal traer?

Ahora habían cambiado las cosas un poco en ese sentido, en el de contar; no mucho en realidad. Gobernaba Adolfo Suárez, el primer Presidente salido de unas elecciones tras un periodo de cuarenta años, Franco había muerto hacía cuatro o cinco. Por un lado se lo había arrumbado en seguida y se lo veía como a un ser antediluviano, a los seis meses la gente más dada a reflexionar se quedaba pasmada de que hubiera transcurrido tan escaso tiempo, porque se tenía la sensación de que hacía siglos de su desaparición. No era sólo que una parte del país la hubiera ansiado y esperado y anticipado tanto, y que en bastantes aspectos —en los posibles— la sociedad hubiera empezado a actuar desde mucho antes como si se hubiera producido ya, sino que a increíble velocidad se hizo patente, hasta para sus partidarios, el clamoroso anacronismo que era y lo muy de sobra que estaban él, su dictadura y su Iglesia, a la que había entregado poder y beneficios ilimitados. Por otro lado, sin embargo, se sabía que su régimen se había retirado inverosímilmente sin apenas rechistar (se dijo en la época que se había hecho el *harakiri*), obedeciendo la voluntad del Rey, y que por ello la democracia se nos había otorgado. No la habíamos implantado, desde luego, porque ni siquiera habría estado en nuestra mano intentarlo sin un nuevo y desparejo derramamiento de sangres híbridas y confusas y de seguro y desastroso final; aunque eso sí, de libertades, sin tardanza nos animamos a pedir más y más. Pero en aquellos años éramos conscientes de que todo pendía de un hilo, de que lo concedido es re-

vocable siempre, de que los suicidados podían pensárselo mejor y decidir resucitar y volver, de que tenían de su
lado a la mayor parte de un Ejército aún franquista hasta la médula, y de que éste seguía en posesión de las únicas armas de la nación.

Una de las condiciones para aquel otorgamiento
y aquel *harakiri* tan sorprendente había sido, en una frase: 'Nadie pida cuentas a nadie'. Ni de los ya muy dis-
tantes desmanes y crímenes de la Guerra, cometidos por
ambos bandos en el frente y en la retaguardia, ni de los
infinitamente más cercanos de la dictadura, cometidos por uno solo en su inmensa retaguardia punitiva y
rencorosa a lo largo de treinta y seis años de barra libre
para sus esbirros y de mortificación y silencio para los demás. Aunque no era equitativa —a los perdedores ya se
les habían pedido todas las cuentas con creces, reales e
imaginarias—, todo el mundo aceptó la condición, no
sólo porque era la única forma de que la transición de un
sistema a otro se desarrollara más o menos en paz, sino
porque los más damnificados no tenían alternativa, no
estaban en situación de exigir. La promesa de un país
normal, con elecciones cada cuatro años, con todos los
partidos legalizados y una nueva Constitución aproba-
da por la mayoría, sin censura —era de suponer que con
divorcio pronto—, con sindicatos y libertad de expresión y de prensa, sin obispos interviniendo en las leyes,
pudo mucho más que la vieja búsqueda de desagravio o
el afán de reparación. Tanto se los había aplazado, y con
tan poca fe en su llegada, que se habían deshilachado en
el eterno trayecto que no avanza de la espera que no espera nada. Los muertos estaban muertos y no iban a regresar; los que habían pasado años de prisión injusta habían perdido esos años y no los iban a recuperar; los
sometidos dejarían de estarlo; los presos políticos serían
amnistiados y saldrían a la calle con sus antecedentes
borrados; los exiliados podrían envejecer y morir aquí;

ya no se podría detener ni condenar a nadie con arbitrariedad; a los tiranos se los podría castigar no votándolos, echándolos así de sus cargos y privándolos de sus privilegios, o al menos de algunos de ellos. Tan tentador era el futuro que valía la pena sepultar el pasado, el antiguo y el reciente, sobre todo si ese pasado amenazaba con estropear aquel futuro tan bueno en comparación. Mucha gente hoy lo ha olvidado o lo ignora porque no recuerda o ni siquiera concibe lo que es una dictadura, en qué consiste, pero, viniendo de la que veníamos, aquel horizonte nos parecía un sueño al que nos costaba dar crédito, y la sensación predominante era de alivio y de ser en verdad afortunados: íbamos a librarnos de un régimen totalitario sin pasar por otra carnicería, y podríamos contar al fin la primera, la que sí tuvo lugar, como fue en realidad.

Y así se hizo, se empezó a contar a grandes rasgos, históricamente, pero no tanto en los detalles, personal o individualmente. La condición había sido aceptada y se cumplió a rajatabla, tal vez con exageración. A nadie se intentó llevar a juicio, en virtud de la amnistía general decretada, y a buen seguro eso nos salvó de enfrentamientos, de acusaciones interminables y acerbas y del siempre posible retorno de los harakirizados, aunque cada día que transcurría los arrinconaba un poco más en un territorio fantasmal del que, cuando se quiere uno dar cuenta, resulta ya imposible salir. Era impensable que en aquellos años, por tanto, se denunciara a nadie por lo que había hecho durante la dictadura o la Guerra. Que no se pidieran cuentas ante la justicia implicaba también un pacto social, era como decirnos unos a otros: 'Bien está, dejémoslo estar. Si para que el país sea normal y no volvamos a matarnos es necesario que nadie pague, hagamos trizas las facturas y comencemos otra vez. El precio es asumible, porque al fin y al cabo tendremos a cambio, si no el país que quisimos tener, uno que se le parecerá. O eso procuraremos, sin violencia, sin prohibiciones y sin levantarnos en armas contra el que lo consiga en buena lid'. Fueron años de optimismo y generosidad e ilusión, y a mí no me cabe duda de que fue lo mejor que entonces se pudo acordar.

Pero hubo algo extraño: aquel pacto social se interiorizó de tal modo que la condición establecida acabó por cumplirse con un exceso de escrupulosidad, y se hizo extensiva al contar. Una cosa acertada y sensata era que no nos enzarzáramos en los tribunales, que éstos no se llenaran de causas hirientes que habrían impedido la convivencia y nos habrían llevado a terminar muy mal. Otra, que no pudiéramos saber, que no pudiéramos contar. Y sin embargo la mayor parte de la gente optó por eso, por seguir callada, desde luego en público pero casi también en privado. Además, había aún cierto estoicismo, cierto pudor, no habían llegado los tiempos —todavía perduran— en que todo el mundo vio las ventajas de figurar como víctima y se dedicó a quejarse y a sacar provecho de sus sufrimientos o de los de sus antepasados de clase o sexo, ideología o región, fueran reales o imaginarios. Había un sentido de la elegancia que desaconsejaba alardear de los padecimientos y las persecuciones, e invitaba a guardar silencio a los más perjudicados. Esta actitud se vio tan sólo alterada cuando algunos individuos notables que habían apoyado a Franco en uno u otro periodo —al principio, cuando la represión era más feroz, o en el medio o al final— forzaron su suerte y, no contentos con su impunidad, con que ni siquiera se les hicieran reproches y se los dejara vivir con sus prebendas intactas en paz, empezaron a forjarse biografías ilusorias, a presumir de demócratas desde la época ateniense y a proclamar que su antifranquismo venía de antiguo, cuando no de siempre. Se ampararon en la ignorancia de los más jóvenes —y en la general— y en la discreción de los que más sabían de su edad. Un novelista declaraba en un diario que el inicio de la Guerra lo había pillado en Galicia, zona franquista, y que por eso no le había quedado más remedio que combatir con su ejército, pero que, de haberlo pillado en Madrid, habría podido defender a la República, su gran deseo de entonces. Quienes lo conocían sabían que justamente este había sido el caso, que la Guerra lo había sorprendido en Madrid, y que había hecho lo indecible por escapar de la capital y llegar a Galicia para allí unirse al bando del que renegaba ahora con tanto aplomo. Un historiador se jactaba de sus 'años de exilio en París', cuando esos años los había pasado nada menos que con un cargo en la embajada española, representando a Franco, claro está. Otro intelectual se permitía sacar asimismo a colación su 'exilio forzoso', el cual había consistido en un lucrativo contrato con una Universidad norteamericana para un par de cursos en los comparativamente plácidos años sesenta —nadie se exiliaba que hubiera aguantado lo peor—, tras haberse beneficiado en los anteriores más duros de los numerosos favores con que lo había recompensado el régimen por su condición de falangista y adepto y adulador. Y así demasiados casos más.

Estas falsas afirmaciones y negaciones, estas invenciones y presunciones resultaron irritantes para quienes de verdad se habían opuesto o habían rehusado colaborar, lo habían pasado mal durante décadas y estaban más o menos al tanto del papel desempeñado por cada cual. Es decir, para la poca gente con conocimiento y memoria a la que no se podía engañar. A la mayoría sí se podía y de hecho se la engañó, porque nadie enviaba una carta a la prensa o a la televisión desmintiendo a aquellos figurones que, en vez de darse con un canto en los dientes por lo bien que habían salido librados tras la instauración de la democracia, no tenían empacho en fraguar fábulas y colgarse inexistentes medallas, en fabricarse un conveniente pedigrí. Los individuos sabedores estaban acostumbrados a perder y callar. Para ellos pesaba en exceso la condición aceptada, el pacto social alcanzado; pesaban también la desestimación de la revancha y la aversión a delatar. Así que las mentiras de los antiguos franquistas se dejaron correr y siguió sin contarse nada personal en público, o casi sólo se oyeron las falacias de estos desahogados. Tanto se envalentonaron éstos, sin embargo, y tan lejos fueron en su desfachatez, que poco a poco eso llevó a cada vez más enterados a reaccionar en privado —cuántas mesura y paciencia hubo, cuántas sigue habiendo hoy— y a referir lo que sabían, lo que habían hecho o dicho o escrito unos y otros, cuáles habían sido los comportamientos durante la Guerra y la dictadura, que ahora miles de personas, o incluso centenares de miles, se esmeraban por esconder, embellecer o eliminar. Eran muchas apoyándose como para que no triunfara la labor de ocultación y atavío: yo te avalo y tú me avalas, yo callo por ti y tú callas por mí, yo te adorno y tú a mí. Y pensé que algún murmullo de esa clase, de los que se resistían a la farsa y relataban la verdad —atenuado, discreto, soltado sólo en familia o en reuniones y cenas de amigos, o en la intimidad aún mayor de la almohada—, sería lo que habría llegado recientemente a los oídos de Muriel.

Mientras yo lo sometía a mi breve interrogatorio, Muriel había seguido paseando, lanzándome de vez en cuando ojeadas sin significado, de mero control o atención, que me llevaron a deducir que no había dado ni una. Se detuvo cuando me detuve yo. Entonces me miró con una expresión sobria y grave que no supe descifrar. Quizá lo había molestado que le hiciera tantas preguntas directas, que con ellas lo impeliera a contarme cuando todavía no había resuelto si contarme o no. Se guardó el pastillero-brújula y con la mano libre se rebuscó la corbata bajo el jersey y se la estiró, debía de habérsele arrugado o subido durante el rato que había permanecido tirado en el suelo. Se enderezó también el nudo, aunque al no tener un espejo delante, no acertó y le quedó ladeado. Yo se lo indiqué haciéndole con los dedos un gesto hacia mi izquierda, lo entendió y se lo logró centrar. Fue hasta uno de los sofás, tomó asiento, cruzó las piernas y me contestó:

—Casi todo tiene aún que ver con la Guerra, Juan, de un modo u otro. Ojalá llegara a ver el día en que eso ya no fuera así, me temo que no lo veré. Ni siquiera creo que lo vayas a ver tú, con tus muchos años menos, y aunque a ti lo ocurrido entonces te suene casi tan lejano como la Guerra de Cuba o las Carlistas o incluso la invasión napoleónica. Si es así te equivocas, ya lo verás. Seguirás oyendo hablar de la insoportable Guerra durante más tiempo del que te imaginas. Sobre todo a los que no la vivieron, que serán los que la necesiten más: para encontrar un sentido a su existencia, para rabiar, para apiadarse, para tener una misión, para convencerse de que pertenecen a un bando ideal, para buscar venganza retrospectiva y abstracta a la que llamarán justicia, cuando póstuma no la hay; para conmoverse y conmover a otros y hacerlos lagrimear, para escribir libros o rodar películas y ganar dinero con ella, para obtener prestigio, para sacar provecho sentimental de los pobres que murieron, para figurarse sus penalidades y sus agonías que nadie puede conocer aunque las haya oído contar de primera mano; para reclamarse sus herederos. Una guerra así es un estigma que no desaparece en un siglo ni en dos, porque lo contiene todo y afecta y envilece a la totalidad. Contiene todo lo peor. Fue como retirar la máscara de civilización que las naciones presentables llevan puesta, bien sujeta como este parche —y se tocó el suyo de tuerto—, y que les permite fingir. Fingir es esencial para convivir, para prosperar y progresar, y aquí no hay fingimiento posible después de habernos visto las verdaderas caras de facinerosos, después de lo que pasó. Tardará una infinidad en olvidarse cómo somos, o cómo podemos ser, y además con facilidad, nos basta una sola cerilla. Esa guerra se amortiguará en algunos periodos, como empieza a suceder ahora, pero será como uno de esos pleitos entre familias que se perpetúan a lo largo de generaciones, y te encuentras con que los tataranietos de una odian a los de la otra sin tener ni idea de por qué; sólo porque se les ha inculcado ese odio desde su nacimiento, suficiente para que esos tataranietos ya se hayan causado perjuicio entre ellos y vean en sus acciones la corroboración de lo que se les anunció: 'Ah, ya nos lo advirtieron nuestros mayores, ¿veis como llevaban razón?'. Y continúe todo una vez más. El daño ocasionado por Franco y los suyos es literalmente inconcebible para cualquiera de nosotros: por los que iniciaron esa guerra sin necesidad, con deliberada exageración, como mera empresa de exterminio, y además se sintieron tan a gusto en ella que no le quisieron poner nunca fin. Claro que también los agredidos se apuntaron en seguida a la exageración. Pero no es sólo lo que hicieron, sino la maldición que arrojaron sobre este país. Y, a diferencia de Hitler, ni siquiera eran conscientes de que la lanzaban, los muy lerdos. No midieron las consecuencias, no era esa su intención. Y en cambio, en cambio, quién sabe cuánto más va a durar... —Muriel se interrumpió y se quedó absorto, mirando hacia las alturas de nuevo, quizá hacia el cuadro de Casanova hermano. Pero era como si su único ojo contemplara, en vez de a los jinetes que representaba (acaso una escena de maniobras, pacíficamente militar, valga la contradicción), un futuro lentísimo, casi inmovilizado, de imperceptibles avances y retrocesos. Ese es precisamente el efecto que producen las mejores pinturas, que pese a todo no se mueven nada, ni jamás prosigue su acción ni vuelve atrás.

No supe si con aquella perorata intentaba no responderme y abandonar el asunto o qué. Pero entonces por qué lo había sacado y me había preguntado nada, me pregunté. Probé todavía, me juré que sería la última vez, al menos por aquella mañana. Ya no tardaría en marcharse a su oficina, pasaba en ella un buen rato hasta la hora de comer, al principio no me llevaba, luego sí, en alguna ocasión. A veces almorzaba fuera, con gente, y no regresaba hasta media tarde. A veces no reaparecía en toda la jornada y volvía de noche, cuando su mujer, Beatriz, ya se había acostado. Si esto sucedía varios días seguidos, durante esos días se veían en el desayuno nada más. Todo esto cuando él no estaba de viaje o rodando, claro está.

—Pero entonces, lo de su amigo, ¿tiene que ver con la Guerra o no? No me ha contestado a eso, Eduardo. O ya no sé si lo que me ha dicho significa que sí o que no. Sea como sea, y si no me es más explícito, así sigo sin poderlo ayudar.

Sonrió con su sonrisa luminosa, sonrió también con el ojo, que posó de nuevo en mí con simpatía y aprecio, el aprecio guasón con que muchos adultos miran a los niños o se dirigen a ellos.

—A eso iba, qué prisa tienes, impaciente, a eso voy. No, no se trata de ninguna de las cosas que has enumerado. Que yo sepa, no mató a nadie ni participó en paseos ni envió a nadie a la muerte, entre otras razones porque casi no tenía edad para eso entre 1936 y 1939, a menos que hubiera sido un prodigio de maldad precoz, y es cierto que alguno se dio. No es muchos años mayor que yo. Tampoco delató ni denunció a nadie. Justamente está relacionado con eso, con que a nadie delató ni denunció, al parecer. Desde luego lo ha acompañado siempre la fama de haberse portado muy bien durante la postguerra, de haber echado una mano a los que más la necesitaban, quiero decir por motivos políticos. Un hombre intachable en ese sentido, en ese al menos. Esa ha sido su reputación.

No se me escapó la expresión 'en ese al menos', como si no hubiera sido tan intachable su amigo en otros sentidos, lo cual, bien mirado, no tenía nada de particular, hay demasiados en la vida de cada cual y en alguno hay que fallar. Tampoco se me escapó lo más raro, lo que peor había entendido, y no se lo pasé por alto:

—Ya, pues no sé. No comprendo cómo el problema puede estar relacionado con que su amigo no delatara ni denunciara a nadie, ha dicho eso, ¿no?, y eso sería bueno, ¿no? Y si lo que le han contado no implica crímenes, ni lo afecta directamente porque no es una traición a usted, pues ya me lo contará un día si quiere, pero me cuesta imaginarme a qué diablos se refiere al hablar de 'algo así'. Algo que no puede despachar como habladurías sin más y que cualquiera negaría a cualquiera: 'a un amigo, a un enemigo, a una amante, a un desconocido, a un juez, no digamos a su mujer o a sus hijos'. Son sus palabras de hace un rato. No se crea que no le presto atención. Ya ve que sí.

Se pasó la mano por las mejillas y el mentón, como si comprobara si estaba lo bastante afeitado. Luego se frotó varias veces con el dedo índice la nariz grande, recta, también era como la de un actor de televisión de mi infancia, Richard Boone, que asimismo llevaba un bigote fino, quizá guardaba más parecido con éste que con ningún otro anterior. Luego tamborileó con las uñas suavemente sobre su parche abombado, seguramente estaba a punto de tomar una resolución, tal vez sólo en lo que respectaba a mí, no a la cuestión.

—Mira —dijo—. Lamento haberte intrigado en balde, pero por ahora te vas a tener que aguantar. Aún no sé qué hacer con esta historia. En efecto, me tiene a muy mal traer. Tanto que no me atrevo a divulgarla. No creo que deba, todavía no. Y si se la cuento a alguien, a quien sea, a ti, la estaré esparciendo, y luego no hay forma de atrapar ni frenar lo que se lanza al viento. Puede que más adelante, según lo que decida (será pronto, descuida, en un sentido o en otro), te deba hacer una encomienda y necesite tu concurso como peón; o más que eso: como alfil o incluso como caballo, no sé si sabes que el caballo es la figura más imprevisible del ajedrez, capaz de salvar las barreras de ocho maneras distintas. También cabe que te pida que te olvides de esta conversación, como si no la hubiéramos tenido. Pero no quiero dejarte totalmente a ciegas, y además, como es posible que coincidas con este amigo en cualquier oportunidad, no estará de sobra que le eches un vistazo y sepas que se trata de él, a ver qué efecto te produce, uno ya no ve nada significativo en la gente a la que conoce desde hace siglos. Se llama Jorge Van Vechten y es médico. El Doctor Van Vechten.

No pude evitar interrumpirlo, todos saltamos como un resorte cuando no entendemos una palabra o un nombre. Ahora sé muy bien cómo se escribe, pero cuando le oí ese apellido (Muriel lo pronunció 'Van Vekten', como lo hacían el propio Van Vechten y cuantos lo conocían, aunque más tarde me han dicho que en Holanda y Flandes lo llamarían 'Fan Fejten' o algo así), no fui capaz de captarlo a la primera ni de representármelo escrito.

—¿Van qué? ¿Es holandés?

—No, es tan español como tú y como yo. —Y me deletreó la parte oscura del nombre—. Pero sí es de remoto origen flamenco, claro, como el pintor Carlos de Haes, ya sabes, o el otro pintor, Van Loo, no estoy seguro de si éste no era francés, de ascendencia holandesa en todo caso, o Antonio Moro, que en realidad era Mor, anduvieron todos por aquí o se quedaron; o como el militar y marino Juan Van Halen y no sé si el Marqués de Morbecq, ¿conoces al Marqués de Morbecq?, tiene una colección de *Quijotes* de quitar el hipo, ya la quisiera el Profesor Rico para sí. Ha habido unos cuantos en España. Su familia, la de Van Vechten, procedía de Arévalo, en Ávila, si no recuerdo mal, una vez me lo explicó, donde al parecer hay muchos rubios de ojos azules porque fue uno de esos lugares, de Castilla y de Andalucía, que se repoblaron con flamencos y alemanes y suizos no sé si en tiempo de Felipe IV o de Carlos III o quizá de los dos. Bueno, qué más da. A estas alturas es tan español como Lorca. O como Manolete. O como Lola Flores. O como el propio Profesor Rico, qué caray. —Sonrió. Se hizo gracia a sí mismo más que a mí. Yo al Profesor Rico no lo conocía aún más que de nombre. Hizo una pausa y me preguntó—: ¿Qué, puedo contar con tu ayuda si me hace falta? ¿Como infiltrado, por así decir? ¿O prefieres no meterte en nada que no sean tus obligaciones estrictas? Tampoco las hemos definido nunca, por lo demás, así que muy estrictas no pueden ser.

No era sólo que me viniera de perlas, con mi carrera casi recién terminada, ganar el dinero que me pagaba mensualmente Muriel, había tenido suerte de que a través de mis padres me hubiera llegado tan pronto un empleo, por peculiar y transitorio que pudiera ser. La mayoría de los jóvenes de entonces —ahora ya no es así— suscribíamos lo que mi padre solía decir: 'No hay trabajo malo mientras no haya otro mejor'. Era también que Eduardo Muriel se me había convertido, desde el principio, en una de esas personas a las que uno admira sin apenas reservas, con cuya compañía disfruta y aprende y a las que desea complacer. O aún es más, de las que ansía su estima y su aprobación. Como la de un buen profesor cuando se está en el colegio o en la Universidad (bueno, en mi Facultad fueron todos horrendos con una sola excepción), o la de un maestro si es uno un discípulo, o la de un sabio si es un ignorante que pretende no serlo tanto, sólo sea por proximidad y exposición al saber. En aquellos momentos habría hecho casi cualquier cosa que me pidiera, yo estaba a su servicio y además de buen grado, con una creciente lealtad y camino de la incondicionalidad. Él ni siquiera tenía por costumbre dar órdenes, o sólo en lo referente a las cuestiones menores y prácticas. Cuando algo se salía de lo habitual, como en aquella ocasión, consultaba, preguntaba, era delicado, no imponía. Claro que era persuasivo: después de someterme a intriga, de despertar y azuzar mi curiosidad (y debía de estar al tanto de que todo lo suyo me interesaba, como le sucede al admirador cercano), sabría sin duda que yo iría donde me mandase, averiguaría lo que me encargase y estuviera en mi mano, entablaría amistad con el individuo más desagradable o más vil.

—Me tiene a su disposición, Don Eduardo, Eduardo, en lo que le pueda ser de utilidad. Usted dirá, cuando quiera y cuando le convenga. Yo esperaré a sus indicaciones. Si coincido con el Doctor Van Vechten, ¿quiere que le dé mis impresiones?

—No. Si coincides, que es bien posible, ya te preguntaré yo. No me marees por iniciativa propia, ¿sí? —Se volvió a quedar callado. Pensé que iba a dar por concluida la charla y que dejaría cualquier dictado para otra vez; que se levantaría, se pondría una chaqueta y se iría ya a su oficina en la que solía estar solo, por lo que yo creía, o a lo sumo con una especie de telefonista y contable y representante y ama de llaves, una mujer que no acudía a diario, sino sólo cuando se le antojaba a ella o la convocaba expresamente Muriel. Pero aún dijo algo más—: Oye, Juan. Hace un momento, cuando has citado mis palabras, y te has vanagloriado de tu buena memoria, has dicho: 'a un amigo, a un enemigo, a una amante, a un desconocido...'. Estoy seguro de que yo no he mencionado a una amante, ¿de dónde te la has sacado? ¿Qué te ha hecho imaginarte que mi amigo tendría una amante? De hecho he mencionado a una mujer y a unos hijos, eso sí.

—Ah, no sé, Don Eduardo, para mí era una manera de hablar. Ni siquiera he entendido que se estuviera refiriendo a su amigo en concreto, al decir eso, sino a cualquiera con algo feo que esconder. Y bueno, todo el mundo tiene amantes, ¿no? Temporales al menos, a rachas, ¿no? Como aún no hay divorcio... Hasta que sea aprobado, ya me contará. Y en fin, mientras se tienen... Una amante es alguien cercano, a quien también se quiere causar buena impresión, y a quien por tanto se le ocultarían y negarían las cosas que nos dejaran en mal lugar. Pero vamos, disculpe si lo he citado con inexactitud, y por la presunción.

Sonrió con ironía, o divertido.

—¿Ah sí? ¿Todo el mundo tiene amantes? Me parece que todavía has vivido menos vida que leído novelas y visto películas, qué sabrás tú. Pero no importa, era sólo que me había llamado la atención. —En un segundo recuperó la seriedad, o la preocupación, o la angustia, o el pesar, o incluso un poco de refrenada o aplazada rabia, aplazada quizá hasta la confirmación. Y añadió—: Verás, y esto es lo último que te cuento por hoy de esta engorrosa y despreciable historia que más me hubiera valido no escuchar: lo que me ha llegado de mi amigo Van Vechten no tiene que ver con muertes, como te he dicho, o no con muertes acaecidas, efectivas, ninguna en su haber, o en su debe, no sé qué tocaría aquí. No es tan grave. Pero en cierto sentido es más decepcionante, más desalentador, más estúpido y más ruin. Más destemplado. —Aún había buscado otro adjetivo, más concluyente y abarcador, y sólo había encontrado ese como sin querer. Él mismo pareció sorprenderse de su elección. Sacudió la cabeza como si su pensamiento le diera repelús—. Los beneficios y favores logrados no le acecharán la memoria ni le remorderán la conciencia ni le habrán dejado huella, al no haber nada irremediable por medio, al poderse lavar todo y parecer que no hubiera pasado. Así que estará tan tranquilo al respecto, si es que eso sucedió. Lo que me impide dar carpetazo a este asunto sin más, negarle todo crédito y ni siquiera prestarle oídos, es que, según esa información, el Doctor se habría portado de manera indecente con una mujer, o con más de una tal vez. Llámame anticuado o lo que te venga en gana, pero para mí eso es imperdonable, es lo peor. —Hizo una breve pausa, se levantó, me miró con su ojo marino como si yo fuera transparente o me hubiera consumido al primer vistazo y tuviera que seguir más allá, en busca de algo más resistente a la tenebrosidad de su visión; con su ojo azul tan colérico que me dio momentáneo miedo, no por mí, sino de vérselo así oscurecido y con una absoluta falta de piedad; me apuntó con la boquilla de la pipa como si yo fuera Van Vechten y aquélla un instrumento acusador, o quizá un cuchillo con el que se está cortando una fruta y que todavía no se va a utilizar para más—. ¿Entiendes? Es lo más bajo en que se puede caer.

II

Aquellas afirmaciones me dejaron pasmado. No es que no estuvieran en consonancia con el carácter general que yo le atribuía a Muriel y que me había cautivado desde el principio, desde que me hiciera un pequeño examen antes de contratarme o ni siquiera fue eso: fue una charla con unas cuantas preguntas, fue ver si le caía bien. En sus disquisiciones, en sus conversaciones, en sus actitudes con la mayoría de la gente, me parecía uno de los hombres más rectos, gentiles y justos que yo había conocido y que he conocido después. Incluso había en él un elemento de ingenuidad —de inocencia casi— impropio de quien ronda ya los cincuenta, ha viajado bastante y nunca se ha estado quieto del todo, ha hecho una obra admirable y también ha debido rebajarse sin drama —esto es, se ha prestado con conformidad— a hacer otra más bien despreciable, al menos desde su punto de vista ('A qué bajos menesteres se puede uno ver reducido: hay que estar preparado para eso, Juan', me dijo una vez); de quien ha sufrido a productores —bandoleros en mayor o menor grado— y a actores y actrices de cine —pueriles y maliciosos, o lo que es lo mismo, inclementes y desalmados sin apenas excepción, o eso contaba él—; de quien pasaba temporadas inmerso en el pragmático mundo de la publicidad para sacar dinero abundante y rápido que le permitiera mantener más o menos intacta la vieja fortuna familiar, y dedicaba buena parte de su tiempo a buscar financiaciones exóticas para los proyectos que le interesaban más, y por tanto a alternar con individuos brutales, en el mejor de los casos cazurros y arteros, que vivían en el territorio de los negocios —es decir, en el único universal y real— y con los que poco o nada tenía que ver: a menudo le tocaba almorzar o cenar o irse de *boîtes* o de copas con zafios promotores inmobiliarios e ignorantes secretarios de Estado, con gritones presidentes de clubs de fútbol e insípidos empresarios de productos lácteos, con excitados zapateros de Elda, conserveros de bonito y almejas de Villagarcía de Arosa o jamoneros de Salamanca —la idea del cine, más que el cine, vuelve loca a mucha gente—, y hasta con ganaderos de toros bravos, a todos los cuales intentaba convencer de que invirtieran, en realidad camelárselos, y él mismo reconocía que para esa tarea no estaba especialmente dotado, aunque algo había aprendido con los años. También recibía y entretenía de vez en cuando a sujetos extranjeros que pasaban por Madrid y de cuya intención de picotear en la industria del cine y aportar fondos para alguna película le había soplado alguien del medio: desde veteranos linces o hienas del oficio semirretirados, con un montón de coproducciones a sus espaldas y que no se curaban del virus, hasta cuasi fascistas patronos de la Fórmula 1; desde tabaqueros alemanes con veta artística hasta constructores italianos turbios (si es que la unión de estos tres vocablos no es una redundancia doble); desde fabricantes de whisky escocés que no sabían qué hacer con sus excedentes monetarios y deseaban complacer a una esposa mitómana que confiaba en contratar o en cenar con Sean Connery al final del enrevesado trayecto, hasta el representante del consejero del secretario de algún jeque árabe hinchado (de camino hacia Marbella, y si los tres anteriores vocablos no vuelven a constituir redundancia, aunque simple).

De esas veladas y encuentros regresaba agotado y escaldado las más de las veces, y con las manos poco llenas. 'Hay que hablar con quince personas para que una te extienda un cheque o te haga una promesa promisoria o medio creíble', se lamentaba. 'Luego hay que ver que los cheques sean con fondos o las promesas se recuerden. Ya es mucho si es así y te dan excusas chafarrinosas, en principio no hay que aspirar a que se cumplan.' En ocasiones volvía cómicamente humillado y frustrado, quiero decir que procuraba hacer cómico el relato: una vez digeridas, veía el lado gracioso de sus frustraciones y humillaciones, tenía sentido de la parodia y capacidad de encaje. Para causarle buena impresión —ya he dicho que era algo ingenuo: para deslumbrarla—, había querido ponerse intelectual y soltar una pedantería histórica sobre la Segunda Guerra Mundial ante la refinada y sagaz propietaria de un emporio de *prêt-à-porter* que se había dignado recibirlo en su despacho, pero antes de que terminara su primer párrafo (es cierto que con frases subordinadas), aquélla lo había interrumpido con una sonrisa simpática pero tajante: 'Eso es irrelevante y mi tiempo no es como este chicle'. Muriel se había quedado desconcertado (además de estar ya embobado admirándola; se trataba de una mujer atractiva, elegante y educada, y bien vestida como correspondía), porque allí no había ningún chicle ni a la vista ni al olfato, ni siquiera un paquetito sobre la mesa o el más leve aroma a menta o a fresa. Claro que aquel despacho estaba tan agradable y fuertemente perfumado que ningún otro olor habría sobrevivido en él, de hecho Muriel se sintió desde el primer instante como flotando y sin voluntad, embriagado y hasta narcotizado. '¿Qué chicle? ¿De qué me habla?', le había preguntado con sinceridad curiosa. 'Este, ya sabe, cualquiera. Chicles', y a continuación ella se había sacado uno de la boca con el pulgar y el índice —mi jefe no se había percatado de que lo estuviera mascando, era distinguida y culta, debía de haberlo tenido aplastado contra el paladar o una encía todo el rato— y lo había estirado un par de palmos como si fuera una lengua infinita; Muriel creyó que iba a pegárselo a la nariz, de tanto como se lo acercó, él echó hacia atrás la cara pese a lo chabacanamente sensual del gesto, que en modo alguno le desagradaba *a posteriori*, al rememorarlo, incluso me pareció que le excitaba la mente y que se arrepentía de haberse apartado en vez de haber hecho por unirse a la goma rosa, o lo que no es y sí es lo mismo, a su saliva. '¿Lo ve cuánto da de sí?', añadió la dueña del emporio, Cecilia Alemany su nombre, había amasado su fortuna en unos años, no habría cumplido ni los treinta y cinco. 'Pues mi tiempo no. Así que ande, buen hombre, a lo que vamos y abrevie', y volvió a enrollarse la sustancia bien abundante y flexible mediante un solo golpe de lengua, con grandes velocidad y pericia, seguro que también hacía globos y que valía la pena verlos, una artista. Muriel confesaba que la amenaza chiclosa lo había dejado balbuceante y turbado, casi inconexo de palabra, y que el resto de su exposición (sin permitirse ya subordinadas) había sido una incoherencia tras otra, una chapuza. Eso sí, su admiración por Cecilia Alemany no había hecho sino acrecentarse, ahora la consideraba un as de los negocios que no consentía pamplinas ni toleraba charlatanes y además una semidiosa, pese a saber que jamás podría arrancarle un penique para ningún proyecto, barato o caro, y que ante ella había quedado como poco menos que un parásito. Lo que más lo había humillado —y fascinado, con todo— no era que le hubiera cortado de raíz su preámbulo intelectual y erudito, sino que lo hubiera llamado 'buen hombre', como si fuera un labriego con el que se cruza uno en la vereda. Cada vez que ella salía en la televisión o en un diario, la contemplaba con arrobo, se le dibujaba una sonrisa en el rostro, la oía hablar hasta el final o leía la noticia entera y murmuraba: 'Cecilia Alemany, qué mujer insigne. Quién fuera objeto de su estima y no de su más profundo desprecio. Claro que casi ningún humano sería merecedor de otra cosa, y me incluyo el primero: tuve una rara oportunidad y la desaproveché como un gañán, un cretino'.

Muriel era bienhumorado por lo general cuando no atravesaba sus fases de sombra, de éstas no se libra nadie, o aun melancólicas o misantrópicas, como ya he dicho. Solía atender discretamente (a solas, pero yo entraba y salía, andaba cerca y alerta) a cuantos le venían con una petición o un problema, y no eran poquísimos en aquellos años dubitativos; los escuchaba, le divertían las solicitudes estrafalarias y se interesaba por todas, hasta por las que uno habría pensado que no podían sino aburrirlo; sentía curiosidad por las historias, supongo, aunque resultaran naturalistas. Le vi prestar o dar dinero pequeño o mediano a amistades en apuros o a técnicos o actores que habían trabajado con él en alguna película y que pasaban por una prolongada mala racha —o incluso a una o dos de sus viudas, a las que jamás había visto; pero es que el mundo produce viudas a un ritmo demasiado intenso y para la mayoría ningún dinero es pequeño—. Lo hacía casi a escondidas con todos (al despedirse y estrecharles la mano les deslizaba en ella un talón o unos billetes, o al día siguiente les enviaba una transferencia), pero fueron bastantes las veces en las que su acción no escapó a mis ojos. Los préstamos los daba por perdidos. Una noche, tomando una copa en Chicote los dos solos, me dijo: 'No hay que prestar más dinero del que uno estaría dispuesto a regalarle a quien le asesta el sablazo. Por eso conviene medir bien las cantidades, y calibrar cuánto quiere a cada uno o cuánta lástima le inspira, para luego no hacerse mala sangre. Si a uno se lo devuelven, miel sobre hojuelas; y si no, pues ya se contaba con eso'.

Soy de la creencia de que el pudor y el tacto lo llevaban a encubrir su extremada bondad de fondo (de eso no hay que hacer alarde, contra lo que sostienen estos tiempos de ahora), no digamos su sentimentalidad

notable y que él creía recóndita, de la que se avergonzaba sin duda e intentaba zafarse mostrándose en ocasiones abrupto o sarcástico, con innegables habilidad y talento pero con convencimiento escaso, era como si
tomara conciencia de lo que le correspondía y tuviera
que activar un resorte para ponerlo en marcha. Era
como si decidiera actuar, tras una casi imperceptible
pausa; como si no faltara nunca una mínima voluntarie-
dad —algo de interpretación, algo ficticio— en sus in-
temperancias e impertinencias. Quizá la única persona
con la que no se producía esa transición, las más de las
veces, no siempre; quizá la única ante la que estaba nor-
malmente activado el resorte antipático y áspero —el
frío—, era su pobre mujer, Beatriz Noguera, o así la veía
yo, pobre mujer infeliz, amorosa y doliente. O incluso
pobre alma, pobre diablo.

Por eso me dejaron atónito aquellas afirmaciones: 'Para mí eso es imperdonable, es lo peor. ¿Entiendes? Es lo más bajo en que se puede caer', y con ellas había cerrado la conversación —su cuita— por aquel día y bastantes más. Lo que le había merecido opiniones tan negativas y drásticas y le impedía echar en saco roto la inquietante información sobre Van Vechten era que éste 'se habría portado de manera indecente con una mujer, o con más de una tal vez'. Conocidas sus ideas, vistas sus costumbres y algunas de sus películas —sobre todo las que había rodado con doble versión en época de la censura, una para el mercado interior y otra para el exterior, o directamente en el extranjero—, me parecía imposible que hubiera empleado el adjetivo 'indecente' en un sentido sexual, quiero decir de condena o reprobación de cualquier actividad de esta índole desde una perspectiva moralista o religiosa (esto último era inimaginable). A pesar de la intrínseca ambigüedad del término, al oírselo se lo había entendido sin vacilación como sinónimo de 'infame', 'canallesco' o 'vil', en modo alguno de 'pecaminoso' u 'obsceno'. Y resultaba paradójico y chocante que eso lo juzgara tan execrable —había notado énfasis en la circunstancia de que la víctima fuera mujer, o más de una— quien podía ser encantador a menudo, y con casi todo el mundo que no le pareciera de entrada un pomposo o un imbécil, excepto con una mujer justamente, la suya, Beatriz Noguera, la que tenía y había tenido más a mano durante una considerable parte de sus días, por mucho que se ausentara y se hubiera ausentado siempre con sus rodajes y sus localizaciones, sus ocasionales peregrinajes en busca de fondos y sus visitas a actores y actrices a los que debía adular para que participaran en sus películas, si bien hubo un periodo en el que eran ellos los que se mostraban lisonjeros con él y anhelaban tomar parte en sus proyectos, al menos los españoles y algún que otro europeo, y hasta unos pocos americanos inconformistas o artísticos (todo lo que llevara firma europea considerado entonces artístico). Eso había durado cinco o seis años, el tiempo en que un cineasta está de moda puede ser muy breve, en muchos casos es efímero, una leve brisa que casi nunca vuelve.

Mientras a mí me tocó conocer y tratar al matrimonio, él ya no se ausentaba tanto, trabajaba menos que en otras épocas pasadas. Conservaba su prestigio, y el hecho de que hubiera rodado un par de largometrajes en los Estados Unidos, con producción americana y estrellas bastante célebres, le confirió un aura casi mítica en un país tan papanatas como el nuestro. Él se aprovechaba de ello en la medida de lo posible —así como de su figura huidiza o su relativo misterio—, pero no se engañaba al respecto. 'Soy más o menos como Sarita Montiel', decía, 'que se benefició largamente de sus tres o cuatro apariciones hollywoodienses y de haber compartido la pantalla en una de ellas con Gary Cooper y Burt Lancaster. En las otras no tuvo tanta suerte: Rod Steiger, con su Óscar y todo, no le ha servido de mucho, por antipático, histriónico y poco querido, y el pobre Mario Lanza de nada, porque se murió en seguida y ya nadie sabe quién fue ni lo recuerda, ni siquiera su voz famosa se oye. Así que yo dependo en buena medida no sólo de lo que haga a partir de ahora, como cualquiera, sino de las carreras futuras, ajenas a mí, lejanas, de quienes actuaron allí conmigo, o aún es más, de sus destinos en la caprichosa memoria de la gente. Nunca se sabe quién va a ser recordado, en este mundo mío y en todos; no ya dentro de una década o un lustro, sino pasado mañana o mañana mismo. O quién no dejará el menor rastro, por muy rutilante que sea hoy su trayectoria, como dicen la televisión y las revistas. Quien más brilla ahora puede no haber pisado la tierra, al cabo de unos cuantos años. Y caerán en el olvido seguro los detestados, a no ser que hayan hecho mucho mal y la gente disfrute odiándolos también tras su retirada o su muerte, retrospectivamente.'

Con Beatriz Noguera podía llegar a ser desabrido y malintencionado, incluso cruel y odioso, en principio de palabra. Podía resultar detestable. Yo había visto parejas que se zaherían a menudo, a veces como sin querer, sin ahínco, incapaces de remediarlo, quién no ha conocido eso. Personas que se eternizan juntas por mero acostumbramiento, porque la una forma parte del existir de la otra tanto como el aire que respiran, o al menos como la ciudad en que habitan y que jamás se plantearían abandonar por insufrible que se les hubiera hecho. Cada cónyuge tiene el mismo valor que la vista ofrecida por el salón o la alcoba de esa casa en la que viven: están ahí y ya no son buenos ni malos, aborrecibles ni gratos, deprimentes ni estimulantes, benéficos ni perjudiciales. Son lo que hay —son el envoltorio, la palidez cotidiana, el entorno—, no se los cuestiona ni se considera la posibilidad de prescindir de su aliento o su murmullo permanente y cercano, tampoco la de hacerlos cambiar o la de mejorar los términos de nuestra relación con ellos. Se los da por descontados, son algo con lo que se convive de manera excesivamente natural, sin que nunca medie un acto volitivo de seguir en su compañía ni se alumbre una idea de cesación o reversibilidad o supresión, como si nada de esto cupiera y nos hubieran caído en suerte de la misma o parecida forma en que nos toca nacer en un país o en el seno de una familia, tener tales padres o tales hermanos. Entre esas personas se pierde la conciencia de que un día hubo elección, o al menos elección parcial o aparente —teñida a menudo de conformismo—, y que la presencia del otro podría acabar sin demasiadas complicaciones, excepto si se optara por la vía violenta, desde luego, y entonces las complicaciones serían infinitas o ninguna, según la astucia con que se eliminara el estorbo, o es tan sólo el decorado que cansa. De no ser así, las complicaciones existen, pero no son demasiadas, sobre todo si hay una ley de divorcio, como la hay ahora en España, desde hace más de treinta años. Algunas escenas melodramáticas, con todo, son más o menos inevitables.

No era este el caso de Eduardo Muriel y Beatriz Noguera, el de una agresividad remolona y perfunctoria, por decirlo con pedantería. Había por parte de él una animadversión arraigada y honda a la vez que palpitante y viva, no rutinaria, y una especie de voluntad de castigo frecuente, extrañamente no constante. Parecía como si se esforzara por tener presente (activado el resorte gélido) que debía mostrarle desconsideración y rechazo y desprecio, señalarle la condena y la carga que para él suponía padecerla a su lado, maltratarla e incluso injuriarla, ciertamente minarle el ánimo y crearle inseguridades o desolaciones respecto a su personalidad, a su quehacer y a su físico, y sin duda lo conseguía, en realidad eso está al alcance de cualquiera, hasta del más idiota, lo más fácil del mundo es destruir y hacer daño, para ello no se precisan sagacidad ni agudeza ni menos aún inteligencia, un tonto siempre puede hacer trizas a un listo, y encima Muriel se contaba entre los segundos. Basta con la mala índole, con la mala fe, con la mala idea, a raudales las poseen los más brutos y los más cortos. A veces tenía la sensación de que Muriel, en algún momento de su vida casada, había decidido emprender una venganza que jamás caducaría o se saciaría, y me interrogaba por los posibles motivos, por la falta imperdonable en que Beatriz Noguera habría incurrido. No la daba por segura, sin embargo. Ya entonces sabía que los personajes más fieros cuentan mucho con la perplejidad de los otros, con esa excusa: se ven tan desproporcionadas sus acometidas que más de uno, en vez de juzgarlos severamente e intentar aplacarlos o que desistan, se limita a encogerse de hombros y a preguntarse qué mal tan grave les habrá causado el objeto de su fiereza, y acaba por concluir, aunque lo ignore, que 'algo muy terrible habrá sido o no se explica tanta inquina; estará justificada por eso, por lo que quiera que sea'. Y el fiero procura que no se averigüe ni trascienda qué es ese 'lo que quiera que sea', su misteriosa coartada que se le supone, y que hasta cierto punto lo protege e incongruentemente le salva la cara.

Así que me alarmaba lo que yo veía y oía, porque me llevaba a pensar que cuando no hubiera testigos la irritación se acrecentaría, subirían de tono las frases hirientes y acaso abundarían las palabras gruesas, que Muriel ante mí no prodigaba, ni siquiera cuando estábamos entre sus amigos. Confiaba en que nunca pasaran de eso, en que él nunca le levantara la mano (era menos temible que alguna vez ella le cruzara el rostro, no debían de faltarle ganas), y era mi creencia que tal cosa no sucedía. También era mi deseo, luego mi creencia estaba condicionada, y no servía del todo para tranquilizarme. En los primeros tiempos no osaba preguntarle a Muriel a qué obedecía aquel trato despectivo, hosco y cortante, ya me había advertido en una ocasión que no me pagaba para que le hiciera preguntas sobre lo que no me incumbía, y eso que me había interesado por algo mucho menos delicado que la desdichada relación con su cónyuge, el enmudecimiento de su ojo callado. Y en aquellos primeros tiempos coincidía poco o nada con Beatriz a solas, ella me veía a distancia como un mero apéndice de su marido, lo que no se puede decir que yo no fuera. Sin duda por mi juventud, no obstante, me miraba con simpatía. Además, yo era solícito y atento, como se me ha educado a serlo con todas las mujeres (de entrada), y en modo alguno se me contagiaban —habría estado fuera de lugar, eso también— los malos modos de mi jefe hacia ella. Al contrario, trataba de contrarrestarlos en la medida de lo posible, sin salirme de mis atribuciones ni meterme donde no me llamaban. Quiero decir que me ponía en pie cuando Beatriz aparecía, sin falta, aunque Muriel nunca me imitara en eso, la verdad es que entre matrimonios sería una lata mantener tal costumbre; la saludaba con una leve inclinación como si estuviéramos en el anterior siglo, le sonreía con espontaneidad, sin forzarme a ello, y le daba a entender, con mi actitud afable, que estaba a su disposición si podía servirle en algo. Al fin y al cabo era la mujer de mi empleador, a quien además admiraba. Como tal merecía mi máximo respeto y sólo me tocaba mostrárselo, fueran cuales fuesen las querellas entre ellos. Y a buen seguro Muriel me habría abroncado, de haber observado la menor negligencia en mi trato con su esposa. También había ratos en que se dirigía a ella o la escuchaba con deferencia, interés y hasta afecto, conviene introducir eso pronto. A mí no me costaba nada, ya lo he dicho. De hecho me caía bien, me cayó bien desde el primer instante, Beatriz Noguera.

No menos bien que su marido, lo cual es decir mucho; claro está que de otra forma, su vida era triturada por la débil rueda del mundo con más parsimonia que la de él o la mía, y me imaginaba que su contemplación debía de hacer bostezar más de la cuenta a la indiferente vigía de todas ellas. Pero quién sabe, esa luna se fijará con atención a veces, como nos fijamos nosotros, los que escribimos (aunque sólo sean memorias privadas o diarios o cartas, sin afán de que los lea nadie o si acaso un único destinatario), en las personas que se acabarán en sí mismas, en las que uno ve desde pronto que no dejarán poso ni huella y apenas serán recordadas cuando desaparezcan (serán como nieve que cae y no cuaja, como lagartija que trepa por una soleada tapia en verano, como lo que escribió con pulcritud hace mil años una profesora en la pizarra y borró ella misma al terminar su clase, o el siguiente que vino a ocupar el aula). Aquellas de las que sus allegados ni siquiera rememorarán las anécdotas. Seguramente esa vigía esté harta de mirar con medio ojo los combates y los tumultos de los que ya prevé el desperdicio y el desenlace, de oír la vociferación y sentir vergüenza ante los pavoneos, de asistir a las tragedias buscadas y casi siempre evitables de la mayoría de esas criaturas, de las que desde hace tiempo inmemorial se le ha encomendado ser testigo mudo, imparcial e inútil al caer la tarde y durante las noches. Sí, puede que se fije, para entretenerse —para variar de tedio, para huir del que le imponen las monótonas masas—, en esos seres que parecen andar de puntillas y estar ya de paso o de prestado en la vida mientras la viven, sabedora de que algunos de ellos más bien se ocultan y guardan historias más curiosas o interesantes, más civiles, más nítidas, que los chillones y los exhibicionistas que cubren y aturden la mayor parte del globo y lo agotan con sus aspavientos.

Durante un tiempo pensé que la centinela nocturna observaría sobre todo lo que Shakespeare llamó 'una cama afligida', o 'apesadumbrada', o 'desconsolada': '*a woeful bed*' como la de la joven Princesa viuda, el marido asesinado en Tewkesbury por un 'humor airado' que benefició al que lo tuvo. Con la diferencia de que Muriel vivía y, cuando estaba en Madrid, compartía casa con Beatriz. Lo que no compartían era la alcoba, cada uno tenía la suya, y pronto comprendí que la de él le estaba a ella vedada, cerrada a cal y canto día y noche, noche tras noche y día tras día.

Hubo una semana o más de mucho trabajo, con preparación y traducción febriles de un guión apresurado para presentárselo a Towers (yo era ya licenciado en Filología Inglesa), y Muriel decidió que me quedara a dormir allí, para ayudarlo hasta las tantas y reanudar sin dilación la tarea por la mañana temprano. Fue la primera vez que pernocté en su gran piso (luego hubo otras), un quinto del comienzo de la calle Velázquez, con vista lateral al Retiro desde los balcones, antiguo y aún no troceado para hacer varios menores, como ha sido la norma en Madrid y otras ciudades desde que las familias pudientes o meramente burguesas dejaron de ser numerosas y se prescindió del servicio doméstico fijo; los Muriel conservaban todavía una criada que había sido aya de los hijos cuando eran más niños. El larguísimo pasillo tenía forma de U, aunque no lo parecía —sino de J— si uno se detenía en la cocina, donde daba la impresión de acabarse el espacio, allí donde la curva de una J termina. Justo antes se hallaba el cuarto de esa criada que se encargaba de toda la intendencia con eficacia, una mujer no se sabía si impasible o pasmada —aunque acaso eran los disfraces que su discreción adoptaba—, de edad probablemente indefinida desde su juventud más rozagante (extraño ese adjetivo para aplicárselo a ella, aun retrospectiva e imaginativamente), y bautizada con el impropio nombre de Flavia, como si fuera una romana. Sin embargo una puerta blanca cerrada, al fondo de la cocina, daba lugar a una inesperada prolongación del piso, y ésta a su vez, pasados una habitación exigua y un mínimo cuarto de baño con ducha sobre polibán (ese invento idiota e incómodo que no se entiende por qué estuvo de moda), volvía a dar al pasillo, desde un hueco sobrante y sin uso, a través de una portezuela lateral arqueada y baja, como para niños o enanos, y así descubría uno su mayor longitud y su forma de U definitiva. En esa *chambre de bonne* en la que cabían poco más que una cama y una silla —sin duda la de la doncella en otros tiempos, la de Flavia habría sido la de la cocinera, con más autoridad tradicionalmente—, fui yo alojado aquellos días, como si estuviera en un minúsculo apartamento independiente, casi aislado del resto de la casa si se pensaba que sólo se accedía a él por el fondo de la cocina. No era así del todo, pues, como he dicho, desde esa portezuela de gnomos, en teoría no utilizable —carecía de pomo o picaporte por fuera, pero no por dentro, es decir, se podía abrir desde el interior, pero se la veía condenada desde el pasillo, sin iluminación en aquel tramo olvidado—, se plantaba uno al final de la U, y por tanto, aunque a considerable distancia de la parte noble y de los dormitorios principales, en el espacio común en el que desembocaban todos, o la mayoría.

Fue la segunda noche que dormí allí cuando reparé en aquel hueco sin uso, contiguo a mi cuchitril y separado de éste por otra puerta reducida —pero no tan pigmea— en la que la primera noche ni me había fijado, tan cansado había llegado a la cama. Esa segunda, en cambio, quizá excitado por el frenético ritmo de trabajo y las irreflexiones de aquel guión improvisado y escrito a matacaballo, me sentí tan despierto que me eché sobre la colcha sin desvestirme, dispuesto a fumar, a leer y a hacer tiempo. Y miré a mi alrededor sin ver muy largo rato, hasta percatarme de que lo que yo había tomado distraídamente por un armario empotrado y lacado en blanco no lo era. Abrí esa primera puerta y me encontré con algo estrecho que habría podido servir de trastero en el mejor de los casos pero estaba vacío y limpio, y a continuación con la portezuela que ya entonces supuse que me devolvería al pasillo. La abrí a su vez y, nada más hacerlo, descubrí su mecanismo de salida sin entrada, y comprendí que no podría cerrarla a mis espaldas si quería regresar por el mismo camino, sin dar la vuelta por la cocina. Y fue al agacharme y asomarme —aún no me había incorporado del todo— cuando vi a lo lejos una luz tenue encendida y la figura en camisón de Beatriz Noguera dando pasos cortos por el pasillo —o no: eran paseos y normales los pasos, lo corto era el trecho que recorrían—, a la altura de la alcoba de su marido, o por así decir en torno a ella, rondándola. Tuve el primer impulso de retroceder hasta mi cuarto, pero en vez de eso me acuclillé y me quedé observando, en seguida me di cuenta de que era casi imposible que ella me distinguiera: yo estaba agachado y a distancia y a oscuras, y nadie contaría con que se abriera esa portezuela, clausurada desde haría siglos. Beatriz no volvería la vista hacia donde yo me encontraba, y no sólo porque en aquellos momentos no se acordase de que alguien estaba ocupando la zona desterrada excepcionalmente, sino porque parecía tener los cinco sentidos puestos en lo que hacía, que no era más que fumar —sostenía en una mano el cigarrillo y en la otra el paquete y un cenicero— y caminar junto a la puerta cerrada, como quien espera la llegada de una cita que se retrasa.

No llevaba batín ni nada, tan sólo su camisón más bien corto que dejaba al descubierto sus piernas fuertes hasta medio muslo, e inicialmente creí que iba descalza, sus pasos no hacían ruido o era tan leve que hasta podía achacarse a las inquietudes de todo suelo de madera con años, es como si se quejaran a veces de lo acontecido en ellos, un poco a la manera de los barcos antiguos, aunque mucho menos porque no bailan ni viajan. El camisón era blanco o crudo, de seda, y, o bien era algo transparente o, tal como le daba la luz encendida —un discreto aplique del pasillo—, transparentaba más de la cuenta, permitiéndome verla casi desnuda sólo que tapada, con suficiente ropa encima, que quizá sea la forma más atractiva de ver la desnudez de un cuerpo atractivo, porque no deja de haber en esa visión un elemento adivinatorio, de subrepción y de robo. (He dicho 'más de la cuenta' porque resultó que hubo un testigo, pero ella no habría previsto que fuera a haberlo, o bien sólo otro distinto para el que su atuendo, por desgracia, apenas tendría nada de revelador o novedoso.) Debo reconocer que esa fue la principal razón de que yo permaneciera allí contemplándola, aún estaba en una edad en la que cualquier captura de una imagen prohibida la siente uno como un trofeo y la atesora en la retina durante días o semanas o meses, si es que no para siempre, misteriosamente. Yo todavía guardo la de Beatriz Noguera aquella noche: pude vislumbrar —o fue más— que bajo aquel camisón no había nada, ni siquiera la mínima prenda interior que bastantes mujeres conservan durante el sueño, tal vez como protección supersticiosa, tal vez para no correr el riesgo de manchar las sábanas con humedades involuntarias. La vi sobre todo de espaldas, porque de vez en cuando interrumpía sus paseos y se quedaba parada ante la puerta de Muriel, como si estuviera tentada de llamar con los nudillos y no se decidiera o no se atreviera. Debía de llevarme cerca de veinte años, y hasta entonces yo la había mirado con aprecio distante, creciente lástima y —cómo expresarlo sin malentendidos— una vaga admiración sexual tan amortiguada y latente que en realidad era sólo teórica: como perteneciente a otra existencia mía hipotética, a otro yo que en ningún caso iba a darse, ni en el terreno de la figuración siquiera (la vida real nos ocupa tanto que no nos da tiempo a elaborar una imaginaria, paralela). Uno sabe qué miradas no puede permitirse y también cuáles no le convienen por edad, posición o jerarquía, y no es nada difícil renunciar a ellas desde el primer instante, descartarlas más que reprimirlas, este último verbo sería inexacto. Ante la mujer de un hermano o de un superior o un amigo uno adopta desde el principio unos ojos velados o neutros y los adopta sin esfuerzo y como por mandato, excepto en casos muy llamativos y enormemente infrecuentes, la lascivia despertada ha de ser irrefrenable, explosiva, un torbellino. Si además esa mujer es mucho mayor que uno, la tarea se ve facilitada por la propia falta de costumbre: a los veintitrés años se está habituado a fijarse en las que tienen, a lo sumo, diez más o cinco menos —con salvedades—, y a pasar la vista por las demás como si fueran árboles o muebles, o pinturas si acaso. Así había mirado yo hasta aquella noche a Beatriz Noguera, como a un cuadro que suscita un deseo débil y efímero, que además resulta de cumplimiento imposible: la mujer que uno observa está en un plano, callada e inmóvil hasta la eternidad, aprisionada; sólo posee un gesto y un ángulo y una expresión, por mucho que nos desafíen sus pupilas de frente, y su carne es sin textura ni estremecimiento, invariable; carece de volumen o el que nos atrae es ilusorio, y, si el retrato es antiguo, probablemente esté muerta. Uno la contempla unos momentos, piensa fugazmente en lo que pudo ser de haber coincidido con ella en el tiempo y en el espacio, luego se aparta sin lamento y se olvida.

A ese orden pertenecía la vaga admiración sexual, casi inconsciente, que había sentido hacia ella. Por ser la mujer de Muriel, y por los años que nos separaban, la consideraba, en ese campo de la lujuria, alguien con quien yo ya no coincidía en el tiempo ni en el espacio, como si yo viviera en la dimensión real y presente y ella sólo en la de las representaciones pretéritas e inanimadas. Y todos los pensamientos que se me cruzaban —pero ni siquiera eran pensamientos, sino fogonazos mentales que no admitían estas palabras que les presto ahora desde la lejanía de mi edad madura— se daban en tiempo condicional o quimérico, si es que se daban: 'Si yo fuera Muriel, no la trataría así, me gustaría corresponder a sus intencionadas caricias ocasionales que él tanto rechaza, y acercarme', o 'De joven debió de ser muy tentadora, entiendo que Muriel la quisiera a su lado de noche o de día, seguramente yo también la habría querido. Sólo fuera por la carnalidad, que ya es bastante en el matrimonio. Pero no fui Muriel entonces, ni lo soy ahora'.

Y así aquella noche Beatriz Noguera no se me apareció pretérita ni inanimada, ni como representación siquiera, pese a que sus paseos y su espera y sus dudas tuvieran ante mis ojos ocultos algo de escenificación, era como asistir a un pequeño espectáculo de voluptuosidad al acecho (aquel camisón que dejaba ver tanto) o a un anhelante monólogo sin palabras. Hasta que las hubo. Beatriz, después de consumir dos cigarrillos, se resolvió por fin a tocar tímidamente en la puerta de su marido con un solo nudillo, el del dedo corazón. Fue un toque muy quedo, como el de una niña que acude demasiadas veces a la habitación de sus padres por miedo, y teme no ser bienvenida, por asustadiza y reiterativa y pesada, o incluso recibir una reprimenda.

—Eduardo. —Fue casi un hilo de voz. No hubo respuesta, y se me ocurrió que Beatriz había escogido mala noche para su tentativa; Muriel estaría cansado del mucho trabajo, quizá ya dormido, y si no con la cabeza absorta en aquel guión apremiante en el que no confiaba—. Eduardo —repitió en voz algo más alta, y se inclinó un poco, como para comprobar que había luz en la alcoba, por la rendija bajo la puerta. (Al inclinarse —fueron sólo cinco segundos, los conté para mejor aprehenderlos: uno, dos, tres, cuatro; y cinco— sus nalgas se me hicieron aún más evidentes, y ya eran apreciables cuando andaba por la casa vestida y erguida: redondeadas o con amplia curva, altas y firmes —o 'prietas', por utilizar una palabra de la que se ha abusado para la carne que tienta—, en contra de lo que Muriel opinaba o manifestaba para disminuirla y vejarla, le había oído llamarla 'gorda' y algún otro término más ofensivo; y también, al inclinarse, se le subió un centímetro más la prenda ya corta, y se me ofreció mayor visión de la parte posterior de sus muslos robustos —quiero decir sin tela encima—, aunque no tanta como para que asomara asimismo el inicio de aquellas nalgas, para eso tendría que haberse inclinado más, agachado como para recoger algo del suelo.) Muriel la apagó en seguida, pero ya era demasiado tarde para fingir el sueño o la clausura de toda vigilia, esto se desprendió de lo que su mujer le dijo a continuación—: Eduardo, acabo de ver luz, sé que estás despierto. Eduardo, ábreme por favor un momento. Por favor, ábreme, será sólo un segundo, te lo prometo. —Y volvió a tocar con el nudillo, ahora con más atrevimiento. Siguió habiendo silencio al otro lado. Ella pegó entonces el oído, como si quisiera cerciorarse de que su marido no se había dormido, a veces necesitamos verificar lo que sabemos de sobra, o que nos lo confirme alguien, es propio de las personas que ya no se fían del todo de sus sentidos; quizá, pensé, porque llevan muchos años repitiendo lo mismo, noche tras noche, y no distinguen el anteayer del ayer o del hoy o del mañana. Lo pensé justo antes, lo juro, de que una inesperada respuesta (habría apostado por la impenetrabilidad sostenida, aunque como forma de disuasión sea muy lenta) me diera a entender que así era, que aquella visita posiblemente frustrada la intentaba Beatriz cada conticinio, como los romanos llamaban a la hora en que todo estaba quieto y callado, ya no la hay en nuestras ciudades nocturnas, quizá por eso ha perecido la palabra o languidece en los diccionarios.

—¿Realmente no te aburres de montarme el mismo número? ¿Cuántas más noches te quedan? Tengo que dormir, estoy muy cansado. Vamos contrarreloj Juan y yo, ya lo sabes. —Oí la voz paciente, más que irritada, de Muriel a través de la puerta. Pese a que no habló en tono alto, seguramente ninguno de los dos deseaba que de aquel intercambio se enterara nadie más en la casa, en principio. También podía ser que todo el mundo estuviera al cabo de la calle, si la escena era acostumbrada, y ya no hiciera el menor caso. La mención de mi nombre me sobresaltó, aunque no tuviera nada de particular. Al fin y al cabo estaba espiando; que los espiados se refieran al espía lo hace sentirse más expuesto, es algo irracional, reflejo, pasajero por suerte.

—No quiero que hablemos ni nada, Eduardo. No voy a darte la lata. No te entretendré, te lo prometo. Sólo quiero darte un abrazo, hace siglos que no te abrazo. Eso me tranquilizaría. Sólo aspiro a un poco de normalidad, antes de dormirme. Para poder dormirme. Por favor, ábreme. —Lo dijo con modosidad, con dulzura.

'Es una trampa', pensé. 'Él no sabe que ella está ahí fuera sin batín ni nada. Nada encima del camisón, nada debajo. O sí lo sabe y le da lo mismo, ya no le hace efecto.' Se me ocurrió que sería difícil prestarse a un abrazo con aquella figura voluptuosa y no demorarse, bajar y pasear las manos, quedarse en eso. 'Pero claro, yo no soy Muriel', volví a decirme. 'Para él es una visión muy antigua, para mí en cambio es muy nueva. El tacto le resultará indiferente o aun tedioso o ingrato, yo he de prohibirme imaginármelo.'

No hubo contestación inmediata. Pensé si Muriel se lo estaba pensando, ceder a la petición, sólo fuera para poner rápido término al asedio. Al cabo de unos segundos dijo, y, en la medida en que podía captarlo, el tono me pareció de guasa:

—Ea, ya me he dado a mí mismo un abrazo. Considera recibido el tuyo y vete a acostar, anda.

No estaba enfadado o no todavía, era una de sus salidas humorísticas. Y esa última palabra, 'anda', había sonado comprensiva, hasta cariñosa, como si se la dijera un sufrido padre a una hija en exceso aprensiva o nerviosa. Después de todo, él era mayor que ella, seis o siete u ocho años, no sé, una diferencia habitual entre los matrimonios de entonces, de ahora, pero todo cuenta a la postre en el trato entre los individuos, también quién es más veterano en el mundo, quién ha estado en él más tiempo (y ese se muestra paternalista indefectiblemente), sea cual sea la índole de la relación entre ellos.

—No digas tonterías, Eduardo. Déjame dártelo. Estoy muy inquieta, me cuesta dormirme. —Y a la vez que decía eso (la primera frase), Beatriz Noguera se rió brevemente; pese a la tomadura de pelo de que la hacía objeto, la respuesta de su marido le había hecho gracia. Quizá esa era su maldición, su gran problema, y uno de los motivos de que continuara queriéndolo tanto: le hacía gracia y seguramente se la había hecho siempre. Es muy difícil no seguir enamorado o cautivo de quien nos cae en gracia y además nos la hace, aunque ahora nos maltrate a menudo; lo más arduo es renunciar a reírse en compañía, cuando uno ha encontrado con quién y ha decidido convertirse en incondicional de esa persona. (Cuando uno guarda el recuerdo nítido de la risa común y se lo renuevan alguna vez, así suceda de muy tarde en tarde y los intervalos sean largos y amargos.) Es el vínculo que más ata, después del sexo mientras éste es urgente y antes que él cuando se va amansando.

—Te aseguro que me lo he dado con mucho mimo y ternura —respondió Muriel, aún con ganas de broma—. Ahora ya sería redundante uno tuyo. —Pero su voz cambió de pronto, como si se hubiera hartado de un momento a otro o hubiera hecho repentina memoria de un agravio o un rencor, y añadió con sequedad—: Lárgate y déjame en paz, ¿no te basta con Roy, Rico y los otros? No te falta entretenimiento, para venir a darme a mí el coñazo todas las noches. Hace años que conoces el resultado. Hace años que te dejé claros los términos. Qué aburrida eres. Qué insoportable. No sé cómo te soportas a ti misma ahí fuera, insistiendo y rogando. Ya tienes una edad, ni que estuvieras siempre en celo.

Sin duda Beatriz Noguera carecía de dignidad y de orgullo, los habría abandonado hacía mucho, probablemente no contaba con ellos desde hacía esos años a los que Muriel se había referido. Ni los echaba en falta ni se planteaba recuperarlos, estaban ausentes de su vida, o de su vida conyugal al menos. Porque no soltó un exabrupto ni se movió, no se apartó, no dio un paso ni se fue a su cuarto, como habría hecho casi cualquier persona ante rechazo tan ofensivo y rotundo.

—Qué empeño tienes y qué cómodo te resulta tu convencimiento —contestó—, así te sientes sin responsabilidades ni dudas. Sabes que no hay Rico ni Roy ni ningún otro, sólo salgo con ellos por ahí y ya te viene bien que me distraigan, porque contigo no puedo contar para nada, o sólo cuando te conviene guardar las apariencias y no presentarte donde no debes con una de tus actrices. O bueno, lo que sean. —No dijo esto con acritud ni reproche, sino como si tratara de ser persuasiva, y además añadió en seguida, volviendo a su línea de antes—: Sólo me interesas tú y te quiero a ti, cómo tengo que decírtelo, por mucho que me ahuyentes. Y no vengo todas las noches, no exageres. ¿Por qué no habría de probar, de intentarlo? No me cuesta. Antes no era así. Yo no te cansé, y no es que languideciéramos precisamente. Lo interrumpiste todo de golpe, por algo ya tan antiguo y tan tonto. Por mucha resolución que se tome, la gente no deja de desearse y gustarse de un día para otro, eso no pasa. Qué más quisiera todo el mundo, nos ahorraríamos mil problemas y dramas. Si me vieras ahora... Anda, ábreme un momento y mírame. Dame un abrazo. Y luego vete si puedes.

El tono era aún precavido, lo fue incluso en estas últimas frases que encerraban cierto reto, aunque hubieran sido pronunciadas con modestia, más para darse Beatriz ánimos que para que Muriel las recogiera. Aun así me llamó la atención que hubiera hecho acopio de valor y de vanidad para decirlas, habida cuenta de lo desagradable que llegaba a ser él en los comentarios sobre su físico, o eran insultos: 'A ver si adelgazas de una vez, pareces la campana de El Álamo', le soltaba sin razón alguna. O 'Cada vez me recuerdas más a Shelley Winters; no de cara, algo es algo, pero en lo demás estás hecha un calco; con una peluca rubia y corta, y para tomas de un cuarto y de espaldas, te podrían contratar como su doble'. Recurría con frecuencia a semejanzas cinematográficas colocando las manos como si hiciera un encuadre, deformación profesional a buen seguro. Ella las encajaba con deportividad en ocasiones —en otras se la veía afectada, al borde de las lágrimas— y no se arredraba, conocía bien sus referencias: 'Pues no estaría tan mal si se casó con dos actores tenidos por medio guapos, Vittorio Gassman y Tony Franciosa', contestaba. Nada tenía que ver Beatriz Noguera con la excelente y desmañada y pobre Winters —ancha de joven, de madura gruesa, casi siempre en papeles dignos de conmiseración o patéticos— ni con ninguna campana. Para empezar, era muy alta, casi tanto como su marido, y con tacones lo sobrepasaba. También era grande de constitución y de huesos, lo cual frenaba la solidaridad de otras mujeres y la compasión de los hombres, resultaba arduo imaginar que alguien de aspecto tan saludable y potente precisara protección de ninguna clase, ni consuelo. En cuanto a su supuesta gordura y sus formas, éstas se correspondían, de hecho, mucho más con las de Senta Berger —salvando las distancias; y Beatriz había sido madre—, una actriz austriaca que había disfrutado su auge en la década que terminaba y en la precedente, quizá más por sus ojos verdosos y su sobresaliente busto que por su talento interpretativo, aunque tampoco arruinara películas. Tal vez esas formas y esos pechos los considerarían excesivos los actuales jóvenes más parcos, pero entonces eran sólo exuberantes y dejaban inmóviles a los espectadores, incluidos yo y mis amigos, jóvenes o niños en sus mejores épocas. Para quien posee ese tipo de carne, sin embargo (al borde del estallido, digamos; no de la ropa que la cubre, claro está, sino de la propia carne que llena la piel sin un pliegue), se hace difícil estar segura de que no es excesivo y aceptarlo cabalmente y sin acomplejarse, si la persona más cercana y a la que aspira a gustar la está machacando con comparaciones denigratorias y a veces no carentes de ingenio —de éste es imposible defenderse, sin caer en el ridículo—, cuando no con injurias crudas. (Los elogios y requiebros procedentes de otros dejan de contar, no contrarrestan ni ayudan, y se eliminan nada más ser pronunciados.) Así que supuse que para decir lo que había dicho ('Si me vieras ahora. Mírame. Y luego vete si puedes'), Beatriz debía de haberse admirado largo rato ante el espejo con su camisón liviano, desde todos los ángulos; debía de haberse sugestionado y convencido de su apariencia deseable, quizá envalentonado con una o dos copas; tenía que haberse armado de presunción, hasta darse el visto bueno. Hacía falta fuerza de voluntad para eso, en su caso, o mucha pasión o necesidad, ambas cosas distorsionan las percepciones y el entendimiento, y suelen llevar a cometer errores en el cálculo de probabilidades. Yo habría jurado que las tenía todas a su favor, en teoría. Aún no estaba muy lejos de mi niñez, y al recrearme en su figura me acordé del viejo piropo infantil y levemente grosero, 'maciza' (hoy totalmente pasado de moda, además de mal considerado), y se me ocurrió que en realidad era bastante preciso y bien hallado.

Tardó Muriel en volver a hablar, un poco. Me pregunté si estaría sopesando la posibilidad de abrir la puerta. Como espectador prefería que apareciera y asistir a más representación, una vez que uno empieza a mirar y escuchar ansía que todo siga. Es una adicción instantánea si la curiosidad se despierta, un veneno más irresistible y fuerte que el de obrar y participar. Si uno hace esto último, ha de decidir e inventar, es trabajoso, y depende de uno poner fin a una conversación o a una escena, adquiere responsabilidades; si contempla, se lo dan todo resuelto, como en una novela o en una película, sólo aguarda a que le enseñen o cuenten los hechos que no han sucedido, a veces se interesa enormemente por ellos y no hay quien lo mueva de su sofá o su butaca, maldeciría al que lo intentara. Sólo que aquella noche sucedían, pese a la irrealidad del pasillo en sombras, también entraba algo de claridad de la calle, indirecta, pálida luz de farolas o de la vigía luna que se colaba en las habitaciones y se reflejaba aún más pálidamente en la tarima encerada, sobre ella los pies que parecían descalzos de una mujer alta y anhelosa y fornida, de cuarenta años o tal vez alguno más ya por entonces, que llamaba y esperaba humildemente a la puerta de su marido implorándole un poco de sexo o un poco de afecto, no sabía, o acaso eran ambas cosas o para ella eran indistinguibles, no sabía, pensé que en cualquier momento podría perder el arrojo y avergonzarse, sentirse fea y lastimosa y gorda, pensé que si él abría era posible que a Beatriz le pareciera de pronto que estaba demasiado descubierta y expuesta con sus rebosantes formas veladas tan sólo por la sucinta prenda que habría elegido tras probarse el resto de las suyas nocturnas, que se viera como una descarada mendiga y se tapara con los brazos en un arranque de pudor, al tener por fin su oportunidad, al saberse por fin vista como deseaba. Lo habría hecho sin duda de haberse percatado de mi presencia y de mis ojos admirativos que no perdían detalle —a ser codiciosos no se atrevieron, yo creo, en la medida en que se controla eso—. Lo que llevaba visto y oído era suficiente para preferir que la escena no se cortara, o no todavía, al menos quería averiguar si Muriel se ablandaría o mantendría la puerta como un muro, como si no la hubiera y aquello fuera una pared continua, aunque delgada, porque su voz había llegado hasta mí con su contención y todo. Vi que Beatriz se inclinó un poco de nuevo para observar la rendija inferior —mayor prominencia de las nalgas y más muslos de nuevo, mi vista aguzada— y se le escapó un 'Ah' de expectación o de triunfo o alivio. Deduje que la luz de Muriel se había encendido y entonces creí sentir sus pasos, tal vez por mera anticipación, como en el cine. O tal vez se había levantado y se aproximaba a la puerta, para mirar a su mujer ahora como ella le había pedido, y luego irse o no irse, si podía.

No fue tan inmediato como yo esperaba. Debió de prepararse lo imprescindible o algo más, ponerse su largo batín oscuro, azul marino, y refrescarse la boca o quién sabía si orinar, tanto él como Beatriz tenían pequeños cuartos de baño particulares a los que se accedía sólo desde sus respectivas alcobas. Quizá se había quitado ya el parche para dormir y se lo tuvo que colocar y ajustar de nuevo ante un espejo, porque cuando por fin se asomó lo llevaba puesto como siempre, para mi decepción en parte, confiaba en ver qué se ocultaba debajo, aunque fuera con poca luz y desde la distancia, ante su mujer no había razón para que se tapara el ojo, ella debía de habérselo visto muchas veces o lo que de ese ojo quedara, al menos antes de que él lo interrumpiera todo de golpe sin que ella lo hubiera cansado ni ninguno hubiera languidecido, según lo que Beatriz le había dicho que no tenía por qué no ser cierto, para ellos no había testigos y cuando no los hay no se miente sobre lo ocurrido entre los interlocutores, o no en principio, a no ser que uno lo haga sin saber bien que lo está haciendo, porque ha conseguido contarse la única versión de los hechos que le resulta soportable, por ejemplo: 'Me es imposible creer que dejaras de querer follarme. Fue algo que decidiste contra tus instintos, que te impusiste, y lo cumples a rajatabla porque te sientes rehén de tus palabras. Cualquier día harás caso omiso de ellas, te rebelarás y las darás por no pronunciadas, cualquier noche de insatisfacción y añoranza. Esta misma noche, y si no mañana y si no pasado, y yo estaré aquí para ayudarte a borrarlas'.

Muriel abrió la puerta con un movimiento raudo pero sin ruido, se podría decir que con violencia muda y medida para que todo siguiera transcurriendo en sordina y nada quebrara del todo el silencio de la casa, de la ciudad, del universo, como si no estuviera dispuesto a que aquella escena suya o querella doméstica los perturbara lo más mínimo, casa, ciudad y universo. Tal vez era verdad lo que él había dicho y a ella le había parecido exagerado: que Beatriz acudía cada noche a su puerta desde su cama apesadumbrada, y en ese caso los dos eran duchos en sostener sus diálogos casi en susurros y templar sus enfados, de manera que no molestaran ni despertaran a nadie. Quizá también para que su historia fuera una historia tenue y nunca contada, como no suelen contarse las de la vida íntima, y así sólo quedara a la vista del soñoliento ojo entreabierto. Pero a ese ojo se le habían añadido aquella noche los míos, soñolientos pero bien abiertos, y en absoluto fríos.

Muriel apareció en el umbral iluminado por la luz de su cuarto que en efecto había encendido, cansado de aguantar la monserga. Su batín oscuro contrastaba con su pijama blanco, del que se veían el cuello y la parte inferior de las perneras, hasta media pantorrilla las cubría la otra prenda, era un batín de elegante caída. No le había dado tiempo a despeinarse con la almohada, su aspecto era el habitual excepto por las ropas de noche. Miró a Beatriz con su ojo único, cruzó los brazos con ademán severo y la taladró como un profesor a una alumna a la que ha pillado en tan grave falta que todas las virtudes de ella —sólo saltaba a la vista la exuberancia, en este caso— quedaran anuladas por la reprobación; como si la indignación convirtiera en un segundo la apreciación obligada en desagrado. (Bueno, con aquel camisón a mí me parecía obligada.) En la medida en que pude advertir esos matices, tuve la impresión de que en su ojo había fastidio, desprecio y cólera, y acaso algo de esa vergüenza ajena y cercana que contribuye a enfurecer y no apiada. Su voz sonó helada, metálica, dentro de que era un susurro.

—¿Algo tan antiguo y tan tonto? —dijo, haciéndose eco de las palabras de ella—. ¿Algo tan tonto? Cómo te atreves a calificarlo así, todavía a estas alturas, después de lo que trajo y aún nos trae. Una travesura, ¿verdad? Un pequeño truco, ¿no?, y en el amor todo vale, qué gracia, qué astucia. —Le puso las manos sobre los hombros como si fuera a zarandearla, temí que le diera un empujón y la tirara de espaldas, ella podría darse contra la pared del pasillo o contra la tarima en la nuca, si se caía, un mal golpe y la mujer está muerta, cualquiera muere en cualquier instante. En Muriel había un ánimo de violencia evidente, me entró miedo a que se le fueran las manos, la mano—. Nunca te vas a dar cuenta, ¿verdad? Nunca comprenderás lo que hiciste, para ti no tiene importancia, no la tuvo entonces ni la tendrá por mucho que vivas, ojalá no te eternices, ojalá ya dures poco. Qué estúpido fui al quererte todos estos años, lo más que pude, mientras no supe nada. Es como si hubiera querido a un melón, a una sandía, a una alcachofa. —Me sorprendió aquella comparación, me dio esperanza de que Muriel hubiera recuperado el humor, aunque fuera el humor ultrajante que tantas veces se gastaba con ella. Si 'melón' significa a veces 'bobo' o 'necio', no así 'sandía' ni 'alcachofa', pensé que no había podido evitar la broma de asimilarla a otros frutos, o lo que quiera que sean las alcachofas. En cambio me alarmé al ver que le pasaba las manos de los hombros al cuello (cuello largo de mujer alta, cuello sin arrugas, aún terso), ahí es fácil empezar a apretar y al cabo de un par de minutos o tres se ha acabado todo, la persona irritante u odiada ya no existe y no hay remedio, la lengua que dice y hiere ha callado y quizá asoma por la boca, inmóvil y engordecida y amoratada, así se ve en algunas películas después de un estrangulamiento, no sé si con base real o es un efecto para que el espectador se aterre pensando que, además de palmarla, podría quedar con tan grotesco aspecto, los ojos desorbitados y abiertos, como si fueran de porcelana pintada, o como huevos—. A ver, ¿qué quieres que te mire? ¿Ese camisón? Qué pasa, ¿te lo has comprado o te lo han regalado? No seas ridícula, te tengo muy vista, guárdalo para tus amantes sin criterio, para ese par de salidos, y no lo desperdicies conmigo. Ya te estoy mirando, ¿y qué? Sebo, siempre sebo, para mí no eres más que eso. —Y le rozó la tela fina con la punta de los dedos de abajo arriba, un gesto de menosprecio, como si le repugnara tocarlas, a la tela y a ella. '¿Cómo puede decir eso?', pensé. 'Está loco o miente a sabiendas. ¿Y cómo puede convencerla, si es que logra convencerla? Sebo es la última palabra que podría aplicársele.' Ese movimiento de Muriel, por fortuna, en todo caso, llevó sus manos a otra zona, se apartaron del cuello y ya no temí que se cerraran sobre él y lo apretaran, de hecho las hizo descender, e inesperadamente tras aquel ademán de grima, se las plantó en los pechos para manoseárselos con celeridad y grosería, no había nada de caricia en aquello, menos aún de erotismo, bien es verdad que eso era a ojos míos, quién sabe lo que siente nadie en los roces y en los contactos, es imprevisible a menudo y uno hace descubrimientos extraños una vez que toca o es tocado, una vez que uno roza un muslo por accidente (la falda un poco subida) y ve que el muslo no se retira ni se hace a un lado, basta eso para que se le ocurra tocarlo de nuevo y ahora ya no por accidente sino por afán de comprobación y curiosidad y repentino deseo con el que no había contado, el deseo impremeditado por el que tantas bellezas acaban enganchadas con hombres horribles o que en principio detestaban, las pieles son traicioneras, la carne es desconcertante. Firmes como debían de ser aquellas tetas de

Beatriz Noguera, Muriel casi se las estrujó, las sobó sin disimulo, eso fue, como lo haría un sobón de metro impaciente e impune, de los que aguardaban a estar cerca de una estación para lanzar sus zarpas unos segundos interminables y salir después escopetados en cuanto las puertas se abrían. La actitud era vejatoria, negligente, desconsiderada, me pregunté qué le habría costado abrazarla en lugar de eso, era lo que ella le había pedido, nada más hasta el momento. 'Pero nadie toca lo que le repele', pensé, 'ni siquiera de esta manera desdeñosa, maquinal, como si fuera insignificante el cuerpo palpado. Uno no pone sus manos en unos pechos si no lo llaman un poco a placer, mínimamente. Y sin embargo va a rechazarla y a despedirla después de esto, estoy seguro, no va a consentirle tener ni una pizca de razón, aunque quizá la tenga. Va a ir contra su propia lascivia, la disfraza de nimiedad para luego poder refrenarla. No ha podido evitar ceder a ella un instante (esa prenda que cubre y muestra), pero vistiéndola de desinterés, de desprecio, como si lo incitara tan sólo al agravio y a los malos modos y a la desfachatez.' Y aún bajó más una mano, la mano izquierda prendió el sexo de ella por encima de su camisón que no suponía barrera (debajo nada, lo había visto), no lo acarició ni lo presionó ni por supuesto le introdujo un dedo ni dos, nada de eso: se limitó a prenderlo como quien coge un puñado de tierra o un manojo de hierba o atrapa un vilano en el aire o empuña el mango de un futbolín o de una sartén, algo así, algo fútil, indiferente y sin consecuencias, que se olvida al instante porque podría no haberse hecho y todo seguiría igual—. Ya ves —le dijo Muriel mientras la agarraba o la sujetaba—. Te miro como querías, te estoy mirando. Y no sólo eso, te toco, ya lo notas. ¿Y qué? Sabes que no me dices nada, que me traes sin cuidado en este aspecto y siempre será así. Como si tocara una almohada, como si viera un elefante. Saco de harina, saco

96

de carne. —No podía desaprovechar la ocasión de ser ofensivo. Ella se dejó asir de aquella manera abrupta e indelicada, no intentó oponer resistencia ni se zafó de sus manos ni dio un paso atrás. Me pareció que si acaso, pese a la zafiedad del manoseo, tuvo la inclinación de echarse en sus brazos, de rodearle el cuello con los suyos; pero si fue así le faltó valor, o seguramente no le dio tiempo, fue todo muy rápido y desaseado—. Anda, vuélvete a la cama. Lárgate, no se te ha perdido nada aquí, aquí nada tienes que hacer. Cuántas más noches habré de decírtelo. Cuándo diablos te vas a convencer de que esto es en serio y definitivo, hasta el día que te mueras o que me muera yo. Espero ser yo quien cargue contigo en un ataúd, nadie me garantizaría que no te fueras a restregar contra mi cadáver aún caliente o ya enfriado, te vendría a dar igual. Dios, es como si no registraras las cosas, como si desde hace años no tuvieras memoria ni de ayer, como si cada noche borraras lo del día anterior. Cuándo vas a desistir.

Retiró las manos de golpe con un gesto de estremecimiento, exagerándolo probablemente, alzándolas como las de un cirujano y sacudiéndolas un par de veces en alto como si le chorrearan líquido y se las hubiera de ventilar con urgencia. Las apartó como quien ha cumplido con una penosa tarea, como quien ha tocado algo viscoso, como quien saca un sable de un cuerpo tras asestarle una estocada hasta la empuñadura a su pesar, por haberse visto retado, por haberse visto envuelto en un duelo y no quedarle más opción. Y, después del aspaviento, se las metió en los bolsillos del batín e hinchó el pecho y se estiró. Semejaba un sumo sacerdote o un Drácula o un Fu Manchú, con su túnica o su capa oscura llegándole casi hasta los pies, su ojo tapado de negro que parecía mirar con aún más severidad y disgusto que el que tenía el color del mar atardecido o nocturno y sí era capaz de discernir, como si los dos juntos atravesaran a Beatriz con una mezcla de ferocidad y bochorno. Y, al soltarla él, ella se desmadejó y de repente la vi —fue un momento— como él la veía o decía verla: una mujer sin atractivo, cabizbaja, desangelada, ya no erguida ni fuerte, avergonzada tal vez de su escueto atuendo, como si sus prominencias y curvas se hubieran achatado y aplanado, o desinflado de pronto y su firmeza se hubiera aflojado; una pobrecilla desarbolada por la decepción y disminuida por la humillación, casi un despojo, una mujer chafada y vencida que no llegó a cubrirse con los brazos —eso habría sido demasiado patético, demasiada rendición, tras haberse querido exhibir con un resto de desafío a duras penas convocado, sólo un resto—, pero que seguramente ansiaba retroceder y volver corriendo a su habitación, escapar y desaparecer de allí.

'Cuánto nos cambia la reacción adversa', pensé, o pienso que lo pensé sin las palabras precisas, al recordarlo ahora desde otra edad. 'Cuánto nos hunde la denegación, y cuánto poder acumula aquel al que se lo hemos dado, en realidad nadie puede tomárselo si no se le entrega o confiere antes, si uno no está dispuesto a adorarlo o temerlo, si no aspira a ser querido por él o a su constante aprobación, cualquier ambición de ese tipo es un rasgo de fatuidad y es la fatuidad la que nos debilita y nos deja indefensos: en cuanto no se ve satisfecha o colmada inicia nuestra destrucción y se aplica a ella día tras día y hora tras hora, y es tan natural que eso suceda, que la insatisfacción predomine y reine desde el principio, y si no desde los primeros pasos, y si no antes o después... ¿Por qué habría de querernos el que señalamos nosotros con tembloroso dedo? ¿Por qué ese justamente, como si nos tuviera que obedecer? ¿O por qué habría de desearnos aquel que nos turba o enciende y por cuyos huesos y carne morimos? ¿A qué tanta casualidad? Y cuando se da, ¿a qué tanta duración? ¿Por qué ha de perseverar algo tan frágil y tan prendido con alfileres, la más rara conjunción? El amor correspondido, la lascivia recíproca, el enfebrecimiento mutuo, los ojos y las bocas que se persiguen simultáneamente y los cuellos que se estiran para divisar al elegido entre la multitud, los sexos que buscan juntarse una y otra vez y el extraño gusto por la repetición, volver al mismo cuerpo y regresar y volver... Lo normal es que casi nadie coincida, y si existen tantas parejas supuestamente amorosas es en parte por imitación y sobre todo por convención, o bien porque el que señaló con el dedo ha impuesto su voluntad, ha persuadido, ha conducido, ha empujado, ha obligado al otro a hacer lo que no sabe si quiere y a recorrer un camino por el que nunca se habría aventurado sin apremio ni insistencia ni guía, y ese otro miembro de la pareja, el halagado, el cortejado, el que se adentró en su nube, se ha ido dejando arrastrar. Pero eso no tiene por qué persistir, el encantamiento y la nebulosidad terminan, el seducido se cansa o despierta, y entonces al obligador le toca desesperarse y sentir pánico y vivir en vilo, volver a trabajar si todavía le restan fuerzas, montar guardia a la puerta y rogar e implorar noche tras noche y quedar a merced de aquél. Nada expone ni esclaviza tanto como pretender conservar al que se eligió e inverosímilmente acudió a la llamada de nuestro tembloroso dedo, como si se obrara un milagro o nuestra designación fuera ley, eso que no tiene por qué ocurrir nunca jamás...'

Beatriz Noguera se rehízo pronto, no tardó; volvió a engrandecerse y a adquirir sus formas, era como si durante unos instantes las hubiera perdido inexplicablemente o se le hubieran fugado. Se irguió de nuevo, alzó la cabeza, recuperó su llamativa corporeidad, miró de frente a Muriel. No podía verle bien la cara, pensé que sería difícil que no le hubieran saltado lágrimas al oír las palabras de su marido —'Espero ser yo quien te entierre, quien te vea a ti sin vida, morir en tu palidez'—, pero si así fue no sollozó ni gimió, quizá sí tenía más memoria de la que le atribuía Muriel y ya nada la hería en exceso, quizá sus acechanzas nocturnas no se debían al inmediato olvido de lo sucedido ayer o anteayer, sino a su fe inquebrantable en derribar toda resistencia, en agotar al más reacio, si conseguía no ceder en sus tentativas, no retirarse ni abandonar el campo ni desmayar. Pero las palabras que la rondaban o que había retenido eran otras, las que más daño le habían causado, era de suponer, porque fue a esas a las que contestó:

—No, no fuiste un estúpido. No, fue al contrario: hiciste bien en quererme todos estos años pasados, todos estos años atrás... Seguramente no hayas hecho nunca nada mejor.

Entonces me convencí de que se le habían humedecido los ojos, porque somos demasiados los varones que no sabemos evitar apiadarnos del llanto silencioso de una mujer, aunque sea falso, fingido, forzado, aunque lo convoque un pensamiento que desconocemos y que acaso no nos concierna en absoluto y esté relacionado con otro hombre, un rival, uno que ella perdió hace ya tiempo o que acaba de perder, sin que nosotros hayamos tenido ni siquiera noticia de él. Aunque sospechemos que no lo hemos ocasionado, ese llorar nos ablanda y nos da lástima y sentimos que nos corresponde hacerlo cesar. No de otro modo pude explicarme la reacción de Muriel.

—Eso te lo concedo —le dijo—. Razón de más para que tenga la convicción de haber tirado mi vida. Una dimensión de mi vida. Por eso no te puedo perdonar. —Se lo dijo en un tono suave, casi de deploración, nada que ver con el agrio e insultante que había empleado hasta entonces. Como si a aquellas alturas le diera explicaciones, pesarosas además, por primerísima vez—. Si no me hubieras dicho nada —añadió—, si me hubieras mantenido en el engaño. Cuando se lleva uno a cabo, hay que sostenerlo hasta el final. Qué sentido tiene sacar un día del error, contar de pronto la verdad. Eso es aún peor, porque desmiente todo lo habido, o lo invalida, uno tiene que volverse a contar lo vivido, o negárselo. Y sin embargo no vivió otra cosa: vivió lo que vivió. ¿Y qué hace uno entonces con eso? ¿Tachar su vida, cancelar retrospectivamente cuanto sintió y creyó? Eso no es posible, pero tampoco conservarlo intacto, como si todo hubiera sido verdad, una vez que sabe que no lo fue. No puede hacer caso omiso, pero tampoco renunciar a años que fueron como fueron, ya no pueden ser de otro modo, y de ellos quedará siempre un resto, un recuerdo, aunque ahora sea fantasmagórico, algo que ocurrió y que no ocurrió. ¿Y dónde coloca uno eso, lo que ocurrió y no ocurrió? Ay, qué idiota fuiste, Beatriz. No una vez, sino dos.

Sí, ahora había un tono de lamento, ya no era de desprecio ni de agresividad, quizá sí un poco de rencor. Beatriz Noguera se trasladó de inmediato a ese mismo tono, tal vez con astucia, tal vez con sinceridad.

—Lo siento mucho, amor mío, siento haberte hecho mal. Quisiera que el tiempo pudiera retroceder —dijo, sin especificar si deseaba su marcha atrás hasta el tiempo del engaño, cualquiera que hubiera sido, o hasta el del desengaño. Si deseaba no haber incurrido en lo primero o en lo segundo. Y después de las barbaridades que él le había soltado, aún tuvo el cuajo de llamarlo así: lo llamó 'amor mío', yo lo oí.

Entonces Muriel, seguramente viendo las lágrimas lentas que yo no veía, se inclinó un poco y la abrazó, le dio el abrazo que ella había pedido y que él le había estado negando. Supongo que ella no se supo contener: le lanzó en seguida los brazos y lo estrechó contra su pecho tentador; y no sólo: apretó su abdomen contra el suyo, sus muslos contra los suyos, todo su cuerpo abundante y firme se le solapó, toda ella se pegó como si le urgiera revivir algo remoto y que casi había descartado. Sentí leve envidia de él pese a que en su gesto no percibí nada sexual; lo había habido, pese a todo, yo creo, cuando la manoseó. En el de ella, en cambio, sí lo percibí, fue instantáneo, era evidente, y sin duda por eso duró tan poco el contacto, él la apartó con decisión, hubo de notar lo mismo que yo sólo que mucho más; y le pareció abusivo y no quiso admitírselo, o temió el contagio tal vez, que ella le transmitiera su sensualidad, o era lujuria, o incontrolable adoración. Muriel volvió a ponerle la mano en el hombro y así la mantuvo a distancia, un ademán autoritario, un ademán de Fu Manchú.

—Anda, lárgate ya. Tengo que dormir y tú también. Y acuérdate de que Juan está en la casa, nos podría oír.

Volví a sobresaltarme al escuchar mi nombre, puesto además en la situación que de hecho se estaba dando, un chismoso, un espía. Llevaba un buen rato agachado, con ganas de levantarme, cuando lo hiciera notaría las piernas y los pies dormidos, probablemente. Pero el pánico a ser descubierto me ayudó a no moverme un milímetro, a aguantar inaudible e indetectable en la oscuridad, a evitar que la madera crujiera por una oscilación mía.

—Eduardo, Eduardo —dijo ella, y le puso una mano en el brazo distanciador, la apoyó y se lo frotó con una mezcla de desmesurado afecto y aprensión. Era torpe, inoportuna. Sólo dijo eso pero sonó a insistencia que no sería bien recibida. Y no lo fue.

—Te he dicho que te largues, foca, déjame en paz de una vez. —No fue sólo el vocablo de mal gusto, inadecuado, injurioso, minador. El tono volvió a ser desabrido, denigratorio, lindó con la irascibilidad—. Ya te he abierto, ya te he dado un abrazo. Contigo no hay manera. No sabes cuándo pararte. Siempre quieres más y eres incapaz de distinguir. Ya es suficiente. Lárgate de una puta vez y no vuelvas más por aquí.

Dio un paso atrás y cerró, con calma pero con rapidez. Oí el pestillo. Beatriz se quedó unos momentos mirando la puerta, como había hecho al principio. Había dejado el paquete de tabaco y el cenicero en el suelo. Los recogió y ahora sí le vi el inicio de las nalgas al subírsele más el camisón. O puede que me lo figurara —las ganas— y que no fuera así. Sacó otro pitillo y lo encendió. Permaneció allí fumando un poco más, se estaba recomponiendo, la respiración se le sosegó. Dio unos pocos pasos otra vez, hacia aquí, hacia allá, no supe si es que estaba desconcertada o si volvía a rondar, si todavía no quería abandonar el lugar del que era vigía nocturna. Le vi la cara mejor. Algunas lágrimas, sí, como yo había supuesto, pero la expresión no era desconsolada, había en ella algo de alivio o algo de serenidad, no sé. Acaso algo de conformidad, como si le cupiera este pensamiento que siempre alienta: 'Se verá'. Entonces se encaminó hacia su habitación sin prisa, con el cigarrillo mediado en una mano y el paquete y el cenicero en la otra, de su incursión no habría rastro. Se retiraba a su lecho afligido como todas las noches, pero esta vez, a diferencia de otras, seguramente se llevaba un pequeño botín, una sensación. Las sensaciones son inestables, se transforman en el recuerdo, varían y bailan, pueden prevalecer sobre lo que se ha dicho y oído, sobre el rechazo o la aceptación. A veces las sensaciones hacen desistir, a veces dan ánimos para volverlo a intentar.

III

Los Muriel, como los llamaba y conocía la gente, daban cenas y pequeñas fiestas, y ese debía de ser uno de los resultados del pacto diurno por el que habían acordado convivir. No eran muchas, pero tampoco excepcionales. Las primeras eran menos frecuentes y de mayor compromiso, quiero decir cuando se organizaban con tiempo y no se improvisaban, otra cosa eran aquellas en las que alguien más o menos de confianza —o varios— alargaban una visita y se quedaban a compartir mantel. Pero de tanto en tanto había un productor profesional o aficionado —y su mujer o su amante— a los que era preciso agasajar, o un empresario —y su mujer— a los que se trataba de persuadir para que invirtieran dinero en un proyecto, o un embajador o agregado cultural —y sus mujeres— a los que convenía dar coba, esa manía española de teñir los negocios con un simulacro de incipiente amistad: había que explorar cualquier posible vía de financiación, y Muriel sabía por experiencia que los extranjeros, cuando prometían echar una mano o interceder, eran bastante más de fiar que los individuos de nuestra nacionalidad, dados a presumir un rato, a ser gratuita e incomprensiblemente bocazas ese rato y a desaparecer después sin la menor ganancia ni explicación. No en balde él había logrado hacer bastantes de sus películas fuera o en régimen de coproducción, las buenas y las regulares y flojas, las que se inventaba él y las que no, y por supuesto los disparates que le había encargado el prolífico Towers en los últimos años sesenta y primeros setenta, aunque la mayoría los había dirigido Jesús Franco o Jess Frank, el favorito de Towers en España y con el que Muriel tenía una intermitente y superficial amistad. Se podía decir que le habían desviado o había heredado algunos proyectos —dos o tres— a los que Frank o Franco no daba abasto, cosa difícil de imaginar porque éste solía dar abasto a lo que le echaran encima, corría la leyenda de que había sido capaz de rodar tres películas a la vez, dos con los mismos actores y sin que ellos se percataran de que estaban trabajando doble por una paga simple, y otra con diferente reparto y en otro lugar, un hombre ubicuo, incansable, sobrenatural.

A toda esa gente (no a Towers ni a Franco) la conocía en recepciones y cenas, en estrenos, en galas, en *cocktails*, en timbas y farras y hasta en alguna tertulia ocasional, lo mismo que a los políticos bisoños de aquellos años, a uno de los cuales, muy prominente, consiguió invitar a su casa también una vez. Muriel no sólo caía bien de entrada, sabía ser simpático y ameno y levemente enigmático —atenuaba al máximo su lado amargo o melancólico o misantrópico, recurría a su fondo de jovialidad—, y no solía limitarse a la cháchara social, tenía fama de ahuyentar el aburrimiento en cualquier velada a la que asistiera, en aquella época aún se apreciaba que en ellas se suscitaran cuestiones más o menos teóricas o abstractas que dieran pie a disquisiciones, aunque fueran de sobremesa. Poseía, además, aquella facultad de resultar impertinente sin que nadie se enfadara de veras ni se lo tuviera muy en cuenta, o tan sólo los necios solemnes; él mismo era consciente de que en buena medida se reclamaba su presencia en reuniones y saraos por oírle alguna insolencia bienhumorada, por ver cómo le tomaba el pelo a algún engreído o pomposo, cada uno vende o alquila lo que tiene, sus gracias, y más vale que lo acabe aceptando y sabiendo, no hay nadie que se desenvuelva en sociedad que no deba cumplir cierta función de bufón, y en eso se incluye hasta al banquero y al rey, que, aparte de hacer el indio como los demás, encima han de sufragar los festines, todo el mundo bufón de todo el mundo, también los que creen haber elegido y contratado la diversión. La otra razón por la que se solicitaba a Muriel no era mucho más airosa, pero él no tenía inconveniente en sacarle provecho: su cada vez más antiguo prestigio; él estaba al tanto de que todavía quedaba bien decir: 'Tuvimos a cenar la otra noche a Muriel', o 'Nos ha invitado Muriel a una de sus fiestas de íntimos', y en sus momentos más pesimistas se preguntaba cuánto más duraría el adorno, hacía cinco o seis años que no estrenaba una película con verdadero éxito de crítica y público, y eso en cine es y era una eternidad. Cuando alguien pasa a ser su apellido tan sólo, ese alguien lo suele considerar un triunfo —sobre todo en Francia, donde es un timbre de unicidad—, pero en realidad es una despersonalización, una cosificación, una comercialización, una condecoración barata que otros pueden colgarse a cambio de poco: de lisonjas, de una pequeña inversión, o de vagas promesas nada más. En España, curiosamente, se estima aún más pasar a ser sólo el nombre de pila, algo al alcance de cuatro o cinco o seis: 'Federico' es García Lorca sin lugar a dudas, como 'Rubén' es Rubén Darío, 'Juan Ramón' es el Premio Nobel Jiménez, 'Ramón' es Gómez de la Serna, 'Mossèn Cinto' es Verdaguer y 'Garcilaso', cinco siglos atrás, es Garcilaso de la Vega, hace tiempo que la lista no aumenta, quizá para entrar en ella hace falta también un apellido demasiado largo o demasiado común o que se preste a confusión (la existencia de Lope de Vega debió de ayudar a los tres, a 'Garcilaso', a 'Lope', y al 'Inca Garcilaso', al que se llama tan absurdamente para diferenciarlo de su tocayo cabal), y acaso una pizca de afecto pseudopopular que invite a la familiaridad.

A esas 'fiestas de íntimos', que tenían lugar en el cumpleaños y en la onomástica de Muriel, o que a veces se improvisaban para entretener a un visitante o celebrar una promisoria noticia con excesiva antelación, asistían algunas personas casi fijas, y otras variaban según la oportunidad. Entre aquéllas se encontraban Rico y Roy, a los que Muriel había atribuido relaciones carnales con su desdeñada mujer la noche de mi primer espionaje, aunque ella se las había negado con naturalidad. Rico era el Profesor Francisco Rico, mucho más famoso hoy que entonces pero ya entonces notorio, cuando aún no había cumplido la cuarentena y sin embargo portaba una biblioteca sobre los hombros (quiero decir de su autoría o creación) y llevaba una fulgurante carrera como erudito, estudioso, desfacedor de errores, luminaria o privilegiado cráneo, perfeccionado pedante (hacía de la pedantería un arte), maquinador vocacional y por supuesto egregio y temido profesor (a buen seguro era catedrático cuando yo lo conocí; es más, debía de serlo desde la pubertad, dada su espantosa precocidad general). Aunque vivía y enseñaba en Barcelona o en sus proximidades, viajaba mucho por toda Europa para intrigar (América no lo atraía, al ser un continente sin Edad Media ni Renacimiento) y venía con frecuencia a Madrid para hacer turbios y desastrosos negocios (Dios no lo había llamado por ese camino que él se empeñaba en transitar), establecer relaciones diplomáticas en diferentes ámbitos por lo que pudiera surgir, sin descuidar el de la política, y trabajarse su candidatura a la Real Academia Española, a la que probablemente despreciaba en el fondo pero en la que aun así quería entrar. Seguramente sólo estaba dispuesto a permanecer fuera de aquellos lugares en los que estar dentro no dependiese de otros sino exclusivamente de él, lo mismo que a marcharse de aquellos cuyas puertas ya se le hubieran abierto de par en par, a ser posible con ruegos para que atravesara el umbral. También venía para su esparcimiento, desde luego, y no cabía dudar de su cariño —casi adoración— por Muriel. Era evidente que con él se lo pasaba de fábula, que se divertía, que lo admiraba, quizá no tanto por su cine —a Rico le traía sin cuidado el cine, un arte inventado demasiado tarde, en lo que para él era un siglo de decadencia abominable— cuanto por su personalidad y por una afinidad de caracteres que los llevaba a espolearse mutuamente y a congeniar: los dos, cada uno a su modo, tendían a ser arrogantes y faltones y poseían un sentido agudo del humor que no todo el mundo sabía captar. Tanta era la veneración del Profesor por Muriel que casi la extendía a cuantos rodearan a éste, como si la vecindad y la aceptación del maestro los dotara ya de valor, y a mí me parecía que era por ese motivo —en principio al menos— por lo que se prestaba a ejercer de *chevalier servant* de Beatriz Noguera y a acompañarla a menudo al teatro, a un museo, a un concierto o incluso de compras, durante sus estancias en Madrid. Y aunque era un hombre salaz y lo llevaba pintado en el rostro sin él percatarse de que mostraba esa vehemencia que en algunas mujeres —no hay término medio— provoca considerable rechazo y en otras considerable atracción, creo que los enormes respeto y afecto que sentía por Muriel le habrían impedido acercarse a su esposa, fueran cuales fuesen las relaciones entre el matrimonio, con otro ánimo que el de complacerla, serle grato y de ayuda, como extremo gesto de deferencia hacia él por persona interpuesta principal. Era muy posible que Rico y Beatriz, además, se cayeran bien y hubieran desarrollado su propia y estimable amistad; también que al Profesor se le fuera de vez en cuando la vista tras las formas sugestivas de ella (era de los que apreciaban la carne y hacían ascos al hueso, como yo, pese a nuestra diferencia de edad), y quién sabía si un roce accidental de los dedos en alguna ocasión, al probarse ella un vestido en una tienda e invitarlo a tocar la tela, o al resguardarla él de los coches lanzados justo antes de cruzar una calle —una mano en el hombro, en el brazo, en la cintura—, cosas así. Pero no más, esa era mi idea. Beatriz, por otra parte, era tres o cuatro años mayor que él, suficiente para tomarse con ironía cualquier posible insinuación o avance suyos, si prefería no recogerlos, quitarles hierro y dejarlos perderse.

A Rico se le notaba la salacidad —no, era sólo fuerte sexualidad— en la boca mullida o de goma que chupaba cigarrillos sin cesar, en la mirada oblicua a través de unas gafas más bien grandes que lo hacían parecer aplicado e inocuo sólo en primerísima instancia, incluso en la prematura calva aireada con una prestancia y un aplomo impropios de quienes la padecen cuando aún no debería tocarles: acostumbra a ser motivo de acomplejamiento y aun de rencor universal, y él se desenvolvía, en cambio, con locuacidad, alegría y notable *sans-façon*, cuando no como un donjuán o un hombre muy bien parecido y adornado por un fascinante tupé que atrajera como un imán (su calva era como un ariete, la verdad, con las connotaciones que se quieran ver). Una vez, en casa de Muriel, se atrevió a timarse en mi presencia con una chica con la que salía yo por entonces —bueno, en realidad alternaba a varias y era alternado por ellas, como correspondía a nuestra edad— y que había pasado a buscarme al término de mi jornada. Claro que su método principal de conquista consistía siempre en impresionar con sus conocimientos enciclopédicos, y eso lo conducía a no medir bien en ocasiones: a una joven de veintiún años —salvo excepciones llenas de curiosidad— no podía por menos de aburrirla o alarmarla y sonarle a chino su extravagante saber, del cual quiso hacer gala a costa de mi apellido.

—A ver, ven acá, joven De Vere. —Así me llamaban a veces tanto Muriel como sus allegados, éstos por imitación o impregnación. El Profesor Rico me trataba con simpatía y benevolencia por mi cercanía a aquél, pero también con displicencia por mi juventud, al fin y al cabo él era quince años mayor que yo y me debía de ver como a uno de sus estudiantes, a los que despreciaba, vejaba y aterrorizaba con gran placer y bastante humor, el cual sus víctimas, sin embargo, no solían percibir, demostrando así su escaso cacumen o pesquis, según él (era aficionado a mezclar cultismos con expresiones de jerga o incluso soeces, para que no se creyera que vivía enteramente en el limbo de sus siglos idos). Lo mismo, por lo demás, que a sus ayudantes de cátedra, a la mayoría de sus colegas o supuestos pares y a casi todo ser sobre la tierra: alguien contemporáneo, por norma, le merecía poco respeto y era defectuoso por definición. Supongo que lamentaba ser él también contemporáneo, de sí mismo y de tantos ignorantes e idiotas como surcaban el mundo con alaridos y sin contención de su idiotez, eso dijo alguna vez. Esa deploración no ha hecho sino aumentarle con el paso de las décadas, como es natural, aún lo veo de tarde en tarde—. Siéntate un momento, joven De Vere, te tengo que interrogar. Y trae a tu amiga también, ¿o es que vas a pasarla de contrabando por aquí? Preséntanos. —Así lo hice, se llamaba o se hacía llamar Bettina y trabajaba de noche en un bar de copas, la había conocido allí; era una chica espabilada y risueña y vestía faldas algo cortas: no dema-

siado, pero le quedaban espectaculares cuando tomaba
asiento, y eso, sin duda, el Profesor lo había anticipado
con su ojo raudo nada más verla de pie—. A ver, ¿qué
clase de apellido es ese, De Vere? —E hizo con la mano
un ademán escéptico—. Aunque se pronuncie sin ninguna dificultad y tampoco choque verlo escrito, eso es
muy poco español, si es que lo es en absoluto. Eso es francés en remoto origen. —Y lo dijo con acento francés y lo
repitió, 'De-Veg, De-Veg', subrayando la r gutural—.
Pero los De Vere más afamados se encuentran en Inglaterra, por lo que yo sé y sé un huevo: 'De-Víah, De-
Víah'. —Le gustaba oírse: ahora lo pronunció más o
menos a la inglesa y con decidida afectación, era admirable, no tenía el menor temor a caer en el ridículo nunca y por lo tanto no caía jamás, por mucho que pisara el
borde; le traía sin cuidado quiénes fueran sus interlocutores u oyentes, hablar para una congregación de lum-
breras internacionales o para una jovenzuela desconocida, él se sentía siempre superior y dominador (excepto
con Muriel)—. De hecho es el apellido familiar de los
Condes de Oxford, y se remonta a los tiempos de Gui-
llermo el Conquistador, siglo XI, por si no lo sabéis, hoy
no se puede dar por descontado que nadie sepa lo más
elemental. —Desde luego yo lo sabía, había estudiado
Historia de Inglaterra en la Facultad, pero no lo iba a interrumpir por eso—. Hace poco un alumno mío estaba
convencido de que la Revolución Francesa fue un alzamiento contra Napoleón. Hay que joderse, ça suffit
—añadió en francés. De vez en cuando Rico soltaba
onomatopeyas ininteligibles y extrañas (por llamarlas
algo), de su propia cosecha y a modo de preámbulo o co-
lofón, quizá era su manera de evitarse los 'Bien' y los
'Pues' y 'En fin', que le debían de resultar vulgares—.
Svástire —dijo, o eso creí entender, y continuó—: El
más antiguo De Vere del que hay constancia, me parece recordar y si me parece así será, se llamaba Aubrey,

que no es sino Albericus deformado (tomad insospechado latín), y ese nombre de pila se ha repetido varias veces a lo largo de la historia. También ha habido un Robert, un Francis, un Horace y uno o dos John, así que tú coincidirías, o más bien copiarías, a un par de sujetos de pasadas épocas mucho más nobles que tú. —Se dirigía verbalmente a mí pero hablaba torcido hacia Bettina, a cuyos muslos lanzaba miradas sesgadas o aún más allá; ella no había cruzado las piernas y por tanto la falda estrecha y tirante permitía atisbar algo entre ellas; el pico de las bragas, supongo, si bien aquella joven no siempre llevaba bragas, como tantas coetáneas suyas: cosas de aquellos años de liberación y de las consiguientes ansias de provocación. Ella notaba las ojeadas miopes y se dejaba contemplar, parecía escuchar a Rico con extremada atención, aunque también podía tratarse de estupor—. Y es más, tengo algún colega anglosajón que empieza a sostener, aún en secreto hasta publicar su estudio (no valdrá un pimiento, pero allá él), que el *corpus* de textos que nos ha llegado como William Shakespeare —eso dijo nada menos, 'el *corpus* de textos'— se debe en realidad a un De Vere —había quedado satisfecho de su destreza fonética y volvió a pronunciarlo 'De-Víah' con gran deleite y exageración, sonó casi como un improperio o una arcada—: Edward, decimoséptimo Conde de Oxford, Gran Chambelán, embajador, individuo extravagante, pendenciero y de cierto talento; soldado, duelista, maquinador frustrado del asesinato de Sidney, autor de poemas e introductor del guante perfumado y bordado en la corte de Isabel I. No tendréis ni zorra idea de quién es Sidney, pero tanto da, así lo aprendéis —recapacitó un segundo. Era falso, porque no habríamos aprendido nada con esa mera mención. Lo del guante me dejó perplejo, pero quizá era un señuelo y no lo había deslizado al azar.

—¿Guantes perfumados? Yo no he visto ninguno —intervino Bettina, a la que no debía de interesar

mucho el hilo pero a la que el Profesor parecía haber
embelesado con su torrente de saberes inútiles (inútiles
para la mayoría de la humanidad, no para él)—. ¿Cómo
hacen para que se conserve el aroma?

    —Querrás decir cómo hacían, hoy no se pierde
el tiempo en delicadezas así. Más tarde te lo explico, rica
—le contestó el Profesor. Me chocó que la llamara 'rica'
llamándose Rico él, a no ser que fuera un apelativo pro-
fético: la frase sonó un poco como si la emplazara bajo
cuerda a un encuentro posterior. Pero estaba ya embala-
do y quería soltarlo todo sobre aquel De Vere. Volvió a
dirigirse a mí, sin dejar de mirarla de refilón—. Ya sabes que hay numerosas teorías sobre la inexistencia de
Shakespeare, a cual más peregrina, la verdad, es toda
una industria. O más bien sobre el hecho de que su
nombre fuera utilizado como pseudónimo, o acaso
como testaferro, para ese conjunto literario incomparable para el que algunos críticos cretinos no ven humana
explicación. Normal, si lo miden por el rasero de su propia infecundidad. Hay quien sostiene que Marlowe no
fue apuñalado a los veintinueve años en una reyerta ta-
bernaria, sino que escenificó y fingió su muerte para esquivar a sus enemigos y continuar escribiendo bajo el
apellido Shakespeare; hay quien defiende que el verdadero autor de su obra fue Bacon y quien dice que fue
Heywood o fue Fletcher, o varios en comandita; otros
apelan a Kyd o a Middleton, otros a Webster o a Beau-
mont, o incluso a Rowley, Chettle, Lord Brooke, y aun
a Florio o a Fludd, todo absurdo, todo ridículo. —Había oído en mis clases un par de esos nombres, la mayor
parte no. Me quedé admirado de sus conocimientos, era
como un diccionario biográfico andante, aunque también pensé que podían ser figuras inventadas, ante la ignorancia se puede inventar—. Frushta —le sirvió de
breve pausa otra de sus onomatopeyas originales—.
Ahora hay este engreído que cree poder probar que tras

Shakespeare se escondía Edward de Vere, me lo confió en un congreso con extrema confidencialidad, encareciéndome que le guardara el secreto. Hasta dentro
de varios años, imagínate. Pero yo no he tenido reparo en correr la voz, bien para que lo desmientan antes
de su gran parto, bien para que se le adelanten y le revienten el hallazgo, mis colegas carecen de escrúpulos,
roban ideas sin cesar y el sujeto me cae mal. —'No
hace falta que lo jure', pensé escandalizado—. Se atrevió a discutirme un detalle del *Lazarillo* en una ponencia. Ante poco público, cierto, pero a mí. Un anglosajón, sobre el *Lazarillo*, a mí —repitió—. Hoy
cualquier descamisado es invitado a un simposio y se
le permite disertar sobre lo que le salga de los cojones.
Cualquier chisgarabís.

    —¿Qué es chisgarabís? —intervino de nuevo
Bettina. La palabra era ya lo bastante anticuada para
que pudiera no haberla oído ni leído jamás.

    —Eso también te lo cuento luego, rica —insistió Rico sospechosamente en el apelativo asimilador o
embaucador. Había que andarse con ojo con aquel
hombre calvo, era capaz de levantarle a uno una chica
delante de sus narices. Pero seguía sin creer que se aprovechara de su proximidad a Beatriz, por mucho que se
divirtiera ella con él. Hablase de lo que hablase, y aunque no se le entendiera la mitad, sabía retener la atención, seguro que era un magnético profesor, un mesmerizador de alumnos (zotes o linces, daba igual). De
hecho vi que Muriel y Beatriz, que estaban en otras zonas de la casa, se habían asomado a la puerta del salón
al oírlo perorar y lo escuchaban con una sonrisa, raramente sonreían los dos a la vez. Se llevaron el índice a
los labios casi simultáneamente, como si fueran un matrimonio bien avenido hasta la sincronización, para que
no dijera nada ni lo interrumpiera. Pero fue el propio
Rico quien de pronto se extrañó y desconcertó—. ¿Por

qué coño estoy hablando de esto? —preguntó—.
¿Cómo es que he llegado a ese impostor?

—Por mi apellido, Profesor —le contesté.

—Ah sí, es verdad. A ver, ya me explicarás esa
farsa de que te llames De Vere —y volvió a escapársele
'De-Víah', le había tomado afición y le salía como una
explosión.

—No hay misterio, Profesor; y en efecto es una
farsa, muy agudo, aunque ya antigua. Por lo visto el
apellido original era Vera, mucho más común. En mi
familia ha habido y hay ciertos delirios de grandeza u
originalidad. Un bisabuelo o tatarabuelo lo cambió a
Vere por capricho, con sólo una letra ya se distinguía.
Y creo que fue mi abuelo quien se colocó ese 'de'. A mi
padre le gusta y lo ha conservado, tiene sus delirios también y debe de parecerle más acorde con su profesión, en
la que se gastan nombres sonoros. No sabe lo contento
que se pondrá cuando se entere de que detrás de Shakespeare se ocultaba un De Vere —yo lo pronuncié a la española, como es natural, era mi apellido de toda la
vida—, aunque no tengamos nada que víah —no me
pude refrenar y me brotó como un rugido, aún más exagerado que a él; Rico cazó la parodia y me miró un poco
mal—. Presumirá, lo contará por doquier y contribuirá
como nadie a esparcir la voz. Ese colega suyo anglosajón
está fundido. La noticia alcanzará en breve tiempo a
media humanidad.

Pero eso pareció contrariar al Profesor.

—La profesión de tu padre. Es diplomático, ¿no?

—Sí. De carrera, no político.

—Conocerá a mucha gente en todas partes, ¿no?

—Bueno, a bastante, sí. Ya sabe, ha ido de aquí
para allá.

—¿Y dónde está destinado ahora? Espero que en
Argel.

No entendí por qué decía eso.

—Está de cónsul en Fráncfort —contesté—.
¿Por qué?

El Profesor caviló, y mientras lo hacía murmuró cosas como un poseso, a toda velocidad, no precisamente destinadas a mí.

—Demasiado civilizado. Aeropuerto de enlace. Negocios por un tubo. No me agrada, no me agrada. Visitantes a mares. La *Buchmesse* todos los años. Dinero llama. Muchos cultos por allí. *Buchmesse* —repitió, como si fuera una de sus onomatopeyas. Luego intercaló una auténtica, sonó como una interjección—: Áfguebar. Más vale que no. Enviará una circular. A todas las delegaciones del mundo. El mundo es ancho. Nacionales y extranjeras. Multiplicación. Demasiados países. Telegramas. Mejor no. Así me ahorquen. —Y a continuación volvió a dirigirse a mí—: Oye, joven De Vere o De Vera, cuidado. A ver si va a quedar como verdad lo que no puede ser más que patraña. Ese individuo será incapaz de demostrarlo, por mucho que haya investigado y buceado, por mucho legajo que saque y por mucho que haya forzado y retorcido los datos para que casen con su teoría. No se debe salir con la suya. Así que te pido discreción, mejor que no le digas nada a nadie, no me vaya a salir ahora el tiro por la culata con ese padre cotilla tuyo. Sólo faltaría que empezase a ser un lugar común la especie de que Shakespeare fue sólo actor y no escribió ni una línea y todo fue obra de Edward de Vere. Si el fulano publica un libro con eso, se enterarán cincuenta expertos, de los cuales cuarenta y cinco harán caso omiso y los otros cinco, tras practicarle unas calas, se lo cargarán con mala fe, solamente por joder (así es el ámbito de la erudición). Si la prensa se hiciera eco, lo sabría mucha más gente, pero se olvidaría al cabo de un mes. En cambio, el rumor... Es lo que dura, es lo imparable y que no cede, es lo único eficaz. Nada más faltaría brindarle a ese imbécil el triunfo del rumor. Ya lo dijo éste en persona. —Y el Profesor se puso a recitar de memoria, con voz vibrante y súbitamente impostada y un brazo rígido extendido (no a la manera romana o fascista, por suerte, sólo trataba de ser teatral y elocuente, pero el brazo no se le movía)—: 'Abrid los oídos; porque, ¿cuál de vosotros cerrará el orificio que escucha cuando habla el sonoro Rumor? Yo, desde el oriente al encorvado oeste, con el viento como mi caballo de postas, aún despliego los actos iniciados en esta bola terrestre. Cabalgan sobre mis lenguas las incesantes calumnias, que pronuncio en todo idioma, atestando de falsas noticias los oídos de los hombres'. —Rico había tomado impulso y no llevaba trazas de ir a parar en seguida, aquello no era un paréntesis ni una mera apostilla. Absorto, quizá entusiasmado, continuó declamando su retahíla como si nada más que aquel texto antiguo existiera en la habitación o en el universo, y sin duda el texto era largo—. '... ¿Y quién sino el Rumor, quién sino sólo yo, hace congregarse a los temerosos mientras el año grávido parece preñado por la severa guerra tiránica...'? —Miré a Bettina, que escuchaba boquiabierta aquellas palabras que entendería mal. La toqué en el muslo tan acechado por Rico (ahora ya no, la poesía ahuyenta la rijosidad o la suspende) y salió de su trance, me devolvió la mirada como si se acabara de despertar bruscamente. Se dio cuenta de que nos tocaba irnos, había pasado a recogerme camino de un par de fiestas. Miré hacia Muriel y Beatriz, que observaban a Rico con simpatía y divertimiento, era indudable que los dos le profesaban afecto y que en algunos momentos surgía entre ellos cierta complicidad o risa común que acaso provenía de su juventud. Nos hicieron un gesto de que teníamos el campo libre, de que si nos marchábamos no nos echaría en falta el recitador. Y en efecto, con sigilo nos levantamos y abandonamos el salón, sin que el Profesor ni siquiera se percatara, secuestrada su mente por su invasiva memoria, su brazo en alto momificado. No debían de serle infrecuentes estos accesos de literatura oral. Al abrir la puerta de la casa, aún sonaba su voz palpitante a lo lejos, ahora ya sólo para sí mismo y para el matrimonio amigo espectador—: 'Llegan los correos exhaustos, y ni uno de ellos trae otras nuevas que las que oyeron de mí...'.

Si recuerdo y puedo reproducir los versos, o una versión aproximada, es porque pocos días después Muriel me envió a elegir y encargar unas flores en Bourguignon para una actriz, y al salir de mi recado sentí curiosidad: me metí en la biblioteca del Instituto Británico de la calle Almagro, justo al lado de la floristería, y allí los rastreé en su idioma original. Como suponía, eran de Shakespeare (o de Edward de Vere), no fue difícil descubrir en qué obra había éste adoptado la voz del ruidoso Rumor. Lo que no pude encontrar, más adelante, fue una traducción al español que se correspondiera con la que el Profesor había soltado, así que me pregunté si sería de su cosecha, pese a que el inglés no era la lengua que él mejor dominaba. No sonaba del todo mal, en cualquier caso. En ninguna de las existentes (y había varias, ahora hay más) aparecían 'el año grávido' ni 'el encorvado oeste', retuve esos dos adjetivos o imágenes, me llamaron la atención. La próxima vez que lo vea tendré que interrogar a Paco al respecto, así me obliga a dirigirme a él desde hace años, en contra de mi voluntad, y se empeña en decirme a mí Juan, ya no 'joven De Vere'. Aduce razones que no le puedo discutir: ha pasado mucho tiempo, no soy joven, no están Muriel ni Beatriz, que iniciaron y extendieron nuestros apelativos, y a nosotros nos une ser 'de antes' (y así no debemos mostrarnos irónicos ni precisamos formalidades), habernos conocido en una época que empieza a ser tan remota como entonces lo era la Segunda Guerra Mundial, con la perplejidad añadida de que ésta no la habíamos vivido y estaba engullida por la ficción, y 1980 sí y para nosotros es una fecha cercana y enteramente de la realidad. Sí, nos une algo preocupante y triste y que a la vez reconforta: ser supervivientes, es decir, haber sobrevivido ya a demasiados amigos, de los que nos constituimos en la intermitente estela y el breve recuerdo que se transmite en susurros durante cierto tiempo de prórroga, cada vez más quedos.

En honor del Profesor Rico debo mencionar un par de cosas. Unos tres meses después de aquella ocasión, cuando yo ya no frecuentaba en absoluto a Bettina (nada duraba nada en aquellos días de efervescencia), los vi juntos una mañana en la Academia de Bellas Artes de San Fernando, al comienzo de Alcalá, los dos delante de un cuadro de Mengs que, si no recuerdo mal, retrata de cuerpo entero a una dama dieciochesca con un bonete en el pelo, una careta en la mano y un periquito posado en el hombro. Muriel me había enviado a comprar, en el Servicio de Calcografía de allí, un grabado de Fortuny ('El titulado *Meditación,* no te equivoques', me indicó) en el que quería inspirarse para unos planos de una película: un hombre con levita, calzón ceñido y medias, los dedos sobre el mentón y apoyado en una tapia con la cabeza tan inclinada que el alargado sombrero —un bicornio— le tapaba la cara en su totalidad, no se le veía un solo rasgo ni por tanto se le verá jamás. Tras hacerme con la lámina, me asomé a echar un vistazo a las pinturas de ese museo poco visitado y discreto (*El sueño del caballero* la mejor), y los vi a cierta distancia, preferí no aproximarme ni saludar; no creo que él se hubiera sentido violento, sino triunfante, pero quizá ella sí. Rico le daba explicaciones (probablemente prolijas), y Bettina, sin apartar ni un segundo sus bonitos ojos del cuadro, lo escuchaba con devoción, algo muy sorprendente en una chica que, cuando yo más la traté, saltaba rápidamente de una cosa a otra y en ninguna se concentraba. Sin duda mérito del Profesor Magneto, que mientras hablaba le pasaba repetidamente una mano por la espalda y la cintura, de arriba abajo (me imagino que se pretendían caricias, pero había un elemento de lascivia satisfecha y quizá vuelta a despertar), e incluso la aventuraba por el inicio de la pronunciada curva inferior (acaso sólo cubierta por la ligera falda), sin que ella hiciera el menor gesto o movimiento para esquivarla, era evidente que el erudito ya conocía el terreno sin ninguna tela por medio; ni siquiera descarté que se hubieran levantado juntos en un hotel y que, no queriendo desembarazarse de ella con excesivas prisa y brusquedad, y a falta de otras ideas con que distraerla, Rico hubiera optado por instruirla y pulirla sin mayor propósito, porque sí, le resultaba difícil prescindir de su talante pedante y didáctico, fueran cuales fuesen su compañía y sus circunstancias. Hasta entre sábanas debía de aleccionar, o en albornoz. Me pregunté sin ahínco cuándo le habría pedido el teléfono o cómo habría contactado con ella. Me asombré de lo mucho que eran capaces de conseguir unas miradas apreciativas y oblicuas y unos versos recitados de memoria. Siempre me pareció admirable su voluntariosidad.

Para comprobar su precisión, o lo verídico de sus informaciones, hube de esperar diez o doce años, en cambio. Fue hacia 1991 cuando un día vi en la librería Miessner, o en Buchholz, un volumen en inglés cuyo título he olvidado, pero en el que figuraba el nombre de Edward de Vere, al que en el subtítulo se describía como 'Lord Gran Chambelán, decimoséptimo Conde de Oxford y poeta y dramaturgo William Shakespeare', dando por sentado que los dos eran el mismo. Por si eso no bastara, una de las frases de reclamo rezaba: 'Una historia fascinante del hombre que fue Shakespeare'. Lo hojeé un poco y me pareció una obra de ficción, así que no me lo compré, en las novelas hay demasiadas arbitrariedad y mezcla y aquella olía directamente a *pastiche* culterano y docto. Ignoro si era a este texto al que se había referido Rico años atrás (el autor era un profesor universitario anglosajón, eso sí), pero en todo caso me agradó descubrir que no había sido invención ni fantasía suya la identificación, por parte de algún *scholar* chalado o deseoso de notoriedad, de ambas celebridades isabelinas. Claro que a lo mejor entre él y mi padre, que lo proclamó a los cuatro vientos, le habían dado la idea a más de uno y más de diez. Pero sea esto consignado para hacerle justicia al Profesor.

De Edward de Vere había llegado a saber algo más, porque aproveché aquella otra visita a la biblioteca del Británico, a los pocos días, para consultar, además de los jactanciosos versos del Rumor, el monumental *Dictionary of National Biography* de Oxford y buscar en él a aquel noble díscolo y maquinador, muerto hacía casi cuatrocientos años y que curiosamente compartía el apellido conmigo (no dejaba de ser el mío, aunque se tratara en origen de una fabricación o adulteración) y el nombre de pila con Muriel. Leí su larga entrada entera, por ver si había conocido a Shakespeare al menos, y, si no me falla la memoria, allí no se mencionaba la menor coincidencia o vinculación entre ellos. Hubo una frase, sin embargo, en la que me fijé y que apunté en mi libreta, que aún conservo; no porque me remitiera a nada mío, desde luego, sino porque se me antojó ver un leve paralelismo con la singular situación existente entre Muriel y Beatriz. Según la extensa nota biográfica, De Vere se había casado con Anne, hija mayor del Tesorero de Isabel I, Lord Burghley, y la propia Reina había asistido a la ceremonia, 'celebrada con mucha pompa' cuando la novia contaba tan sólo quince años y el Conde seis más. A la vuelta de éste de un periplo italiano, contaba esa nota, se produjo un distanciamiento temporal de su mujer. El 29 de marzo de 1576, cinco años después de la boda, su suegro, Lord Burghley, había hecho la siguiente anotación en su *Diario*, refiriéndose a De Vere: 'Se vio incitado por ciertas personas lascivas a convertirse en un extraño para su mujer'. La biografía no entraba en detalles y zanjaba pudorosamente la cuestión: 'Aunque la desavenencia se subsanó, sus relaciones domésticas no fueron muy cordiales a partir de entonces'. Esa esposa, Anne, había muerto bastantes años más tarde tras una reconciliación de la que nacieron tres hijas (había una primogénita, anterior al extrañamiento), y con posterioridad él había contraído nuevas nupcias con una tal Elizabeth Trentham, antes de las cuales había tenido como amante a otra Anne, Anne Vavasour, que le había dado un bastardo. Se me ocurrió que tal vez ese era el problema de Muriel: que Beatriz Noguera no hubiera muerto cuando acaso le correspondía, o cuando a él le hubiera convenido. El divorcio se esperaba para pronto en España, y de hecho se acabaría aprobando a mediados de 1981, pero aún no existía cuando yo empecé a servir a las órdenes de Muriel, ni había existido durante la totalidad de su matrimonio. Y a lo largo de los siglos, en un país tan anómalo que ha obligado a vivir juntos a quienes se eran indiferentes o se habían llegado a detestar, infinidad de cónyuges han ansiado largamente en silencio el fallecimiento del otro, o incluso lo han procurado o inducido o buscado, por lo general aún más en silencio o más bien en indecible secreto.

No recuerdo todos esos datos y nombres de aquella lectura apresurada y lejana: ahora he vuelto a consultar, en Internet, la entrada del *Dictionary of National Biography* relativa al decimoséptimo Conde de Oxford, para descubrir que ya no es exactamente la misma que en los viejos volúmenes de papel. La actual es más ligera y superficial, menos pudorosa, más chismosa y más explícita. En ella se dice algo que se callaba en la antigua, pero que se me cruzó por la mente no al leer sobre De Vere, que en realidad no me importaba nada (mera curiosidad momentánea suscitada por Rico el enredador), sino al pensar en Muriel y en los posibles porqués de su terminante rechazo de Beatriz. Una de las razones más clásicas para que un marido le vede para siempre la alcoba a una esposa a la que deseó, y la maltrate de palabra convencido de que nunca será suficiente y de tener derecho y justificación, es que esa mujer le haya hecho pasar por suyo al vástago de otro hombre. A lo largo de la historia no han sido pocos los bastardillos a los que se ha entregado en adopción o se ha enviado muy lejos o se ha hecho desaparecer sin más, castigando así a la mujer adúltera con la mayor crueldad: una vez que tienen a la criatura (y a veces antes también), para ellas pasa a segundo plano quién fuera el engendrador; sólo ansían permanecer junto a la cuna, a esa criatura la suelen querer más que a sí mismas y ya no cuenta nada más: es entonces cuando se tornan impávidas. La primera noche en que vi a Beatriz Noguera suplicar ante la puerta de Muriel, éste había contestado así a sus protestas: '¿Algo tan antiguo y tan tonto? ¿Algo tan tonto? ¿Cómo te atreves a calificarlo así, todavía a estas alturas, después de lo que trajo y aún nos trae? Una travesura, ¿verdad? Un pequeño truco, ¿no?, y en el amor todo vale, qué gracia, qué astucia'. Le había vibrado la voz con tonalidad metálica, un susurro helado de indignación. Y más adelante le había reprochado: 'Si no me hubieras dicho nada, si me hubieras mantenido en el engaño. Cuando se lleva uno a cabo, hay que sostenerlo hasta el final. Qué sentido tiene sacar un día del error, contar de pronto la verdad. Eso es aún peor...'. Pensé que podía estarse refiriendo a algo así, a que alguno de los hijos no fuera de él y él no lo hubiera sabido hasta que ya era demasiado tarde para retirarle todo el afecto depositado durante años y aún más para hacerlo desaparecer. Y lo peor sería que ella se lo hubiera revelado innecesariamente, a destiempo, que un día lo hubiera sacado del error, porque eso 'desmiente todo lo habido, o lo invalida, uno tiene que volverse a contar lo vivido, o negárselo', le había dicho, y había añadido: 'Y sin embargo no vivió otra cosa: vivió lo que vivió. ¿Y qué hace uno entonces con eso? ¿Tachar su vida, cancelar retrospectivamente cuanto sintió y creyó? Eso no es posible, pero tampoco conservarlo intacto, como si todo hubiera sido verdad, una vez que sabe que no lo fue'. Y había concluido con este lamento o amonestación: 'Ay, qué idiota fuiste, Beatriz. No una vez, sino dos'. La primera fue el engaño, pensé; la segunda su admisión. Eso podía ser.

En la nueva nota biográfica de Edward de Vere se explicaba que, mientras él viajaba por el continente en 1575 (París, Estrasburgo, Siena, Milán, Padua, Venecia), su mujer había dado a luz a una hija, la primogénita, cuya paternidad él se negó a reconocer. (Debió de entrarle manía, porque había abandonado Inglaterra en febrero y la niña nació en julio; a no ser que no hubiera mantenido relaciones con Anne desde mucho antes de su partida, como era evidente que Muriel no las mantenía con Beatriz desde quién sabía hacía cuánto.) No parece, sin embargo, que esa fuera la causa del distanciamiento, o no al menos la única: tras ser asaltado por piratas al atravesar el Canal de regreso, se dirigió a Londres en una chalana fluvial para evitar encontrarse con su mujer en Gravesend. Quizá fuera por el nacimiento de su supuesta hija en su ausencia y el consiguiente enfado o mosqueo, o acaso por la compañía un tanto caprichosa y excéntrica que se traía consigo: según el *Dictionary* ahora chismoso, 'un niño de coro veneciano llamado Orazio Cogno' (para alguien de lengua española el apellido era un mal chiste acusatorio y brutal), 'y recuerdos de una cortesana veneciana llamada Virginia Padoana' (lo cual parecía también una broma, no sé si patronímica, toponímica o metonímica, o ninguna de las tres). Éstas debían de ser las 'personas lascivas' a las que había aludido en su *Diario* el estupefacto suegro y mentor, Lord Burghley, 'aparentemente incapaz de concebir que su yerno prefiriera la contigüidad del niño de coro, al que mantuvo confinado durante once meses en sus aposentos londinenses, dando pie a sospechas de pederastia'. Las cuales, dicho sea de paso (y a menos que el niño se limitara a cantarle solos sin coro en privado), no serían de extrañar. En este apartado no podía haber paralelismo alguno con Muriel, que se dejaba ir de mujer en mujer bien crecida por lo que yo observaba y sabía, y si digo que se dejaba ir es porque nunca lo vi hacer esfuerzos por conquistar a ninguna, sino que parecía consentir distraídamente en ser seducido de tanto en tanto y sin consecuencias por las más decididas, antojadizas o utilitarias, como quien no quiere la cosa o no se da cuenta o ni siquiera se entera. Una vez una actriz famosa se me quejó dolida en un arranque de humillada sinceridad: '¿Puedes creerte', me confesó, 'que después de acostarnos una noche me siguió tratando como si no lo hubiéramos hecho, hasta que tuve que informarle de que sí? "¿Ah sí?", me dijo. "¿Hemos mantenido relaciones carnales? ¿De veras? ¿Tú y yo? Pues es una página en blanco, primera noticia para mí." Es verdad que había bebido bastante, pero caramba, no haberle dejado ni medio recuerdo del revolcón... Jamás me había sentido tan ofendida en mi vida. Imagínate qué desaire, para una mujer tan codiciada como yo'. Eso dijo, 'codiciada', un verbo infrecuente en ese terreno, ya entonces y ahora más.

Otro dato inútil añadió a mi conocimiento la nueva entrada del *DNB*, tantísimos años después: mencionaba las tentativas de un par de eruditos de atribuir las obras de Shakespeare a De Vere, y las desautorizaba con displicencia ('carecen de mérito', zanjaba). Lo llamativo era que la más antigua la fechaba en 1920, a cargo de un tal Thomas Looney (otro apellido acusatorio en sí mismo, ya que *'loony'* significa 'lunático' en inglés y se pronuncia exactamente igual). Así que aquel colega detestado por Rico ni siquiera era pionero, ni siquiera original. Supongo que le gustará saberlo al Profesor, aunque quizá ya no se acuerde de nada de esto.

Eduardo Muriel y Beatriz Noguera tenían tres hijos, dos chicas y un chico, y éste era el benjamín, y a partir de que se me cruzara la idea de una posible falsa paternidad, empecé a fijarme en sus rostros, en sus gestos y en su porte con una extemporánea mirada detectivesca, intentando descubrir en ellos claros vestigios de Muriel, o bien la absoluta ausencia de parecido y aun de reminiscencia o afinidad con él. La tarea era más bien vana, porque apenas coincidía con ellos: estaban en el colegio la mayor parte del tiempo que yo permanecía en la casa, o si no en sus habitaciones, Beatriz y Flavia velaban por que no hicieran casi incursiones en las zonas del padre, que los trataba con indudable pero distraído afecto, un poco como a invitados, o a huéspedes fijos de un mismo hotel. Pero es que además los tres se asemejaban tanto a la madre que era como si los hubiera concebido ella sola sin intervención varonil. La mayor, llamada Susana, de quince años cuando la conocí, era un calco de Beatriz en las fotos más juveniles de ésta: había un par enmarcadas a la vista de todos, una de su boda con Muriel, en la que tendría unos veintidós o veintitrés y que seguramente se hallaba expuesta por exigencia o imposición de ella (para él sería un recuerdo amargo, aquella vinculación), y un retrato —no me resultaba claro si anterior o posterior— en el que se la veía con un sombrerito pequeño y sin alas, propio de los últimos cincuenta o primeros sesenta, sosteniendo en brazos a un niñito que al principio no sabía quién era: un niño de unos dos años, de rasgos finos, muy mono, con ojos atentos desviados hacia su izquierda (Beatriz quedaba a su derecha), un abriguito de piel quizá exagerado para los fríos de Madrid y una especie de pasamontañas blanco, coronado por una gran borla, que le cubría buena parte del pelo, las orejas y el cuello pero en absoluto la cara, cuyo óvalo sobresalía entero. Tampoco ella miraba al niño, lo sostenía con expresión extraviada, como si estuviera pensando en algo agradable ajeno a la ocasión, que, pese al fondo oscuro que no daba pistas, se me figuró una ceremonia eclesiástica, un bautismo u otra boda. Beatriz se aparecía más delgada pero perfectamente reconocible, no había cambiado mucho en contra de las invectivas de su marido: las cejas alargadas y bien dibujadas, las pestañas muy densas pero no vueltas ni rizadas, la nariz recta con la punta levemente respingada que la dotaba de suma gracia, los labios carnosos y anchos entre los que asomaban —una media sonrisa ensoñada— los dientes algo separados que le otorgaban un aire ligera e involuntariamente salaz que contrastaba con el conjunto de su rostro aniñado, tanto en las fotos como en la realidad. (Bueno, era una de esas bocas que llevan a muchos hombres a imaginarse en el acto escenas inopinadas e impropias, a menudo contra sus respetuosos esfuerzos por suprimirlas de raíz.) Sus facciones, de hecho (o lo que les transmitía su espíritu, cuando ese espíritu se animaba a ratos y salía de su languidez o postración), no acababan de compadecerse con su cuerpo rotundo, era como si aquéllas pidieran un tronco, un abdomen y unas piernas menos potentes, más tenues, y sus formas insolentes una cara menos inocente o ingenua. En la foto de la boda, en la que miraba a la cámara y sonreía sin reservas, con euforia patente o tal vez triunfalismo, sus rasgos resultaban decididamente infantiles, como si se tratara de una cría disfrazada de novia; si bien, en ese caso, prematuramente desarrollada. Muriel, en cambio, ya con su parche en el ojo tanto tiempo atrás, se mostraba, si no sombrío ni grave, sí anublado, como un hombre convencido de estar adquiriendo una enorme responsabilidad. Aunque se lo veía joven, daba la impresión de ser un veterano adulto en comparación con ella. Ella jugaba aún a contraer matrimonio, él iba en serio y lo contraía de verdad, como si fuera consciente de la validez de ese verbo para las obligaciones, las deudas, las responsabilidades y las enfermedades. Y no era sólo que le llevara unos cuantos años, no era tan simple. Era alguien que conocía ya la renuncia, o que estaba al tanto de que el amor siempre llega a destiempo a su cita con las personas, como me dijo con melancolía que había leído, una vez.

En la primogénita, en Susana, se adivinaban ya con nitidez (o era más bien manifestación) la misma expresión cándida de su madre, que ambas conservarían con intermitencias hasta la ancianidad (no hay vida sin intermitencias ni carácter que no se traicione a sí mismo alguna vez), y el cuerpo intimidante, explosivo, que por así decir ya le empezaba a brotar, no sabía si con antelación o no, ni estaba dispuesto a hacerme la menor pregunta al respecto: si me refrenaba cualquier complacencia ante la visión de Beatriz, directamente me la prohibía ante la de su prometedora hija adolescente, visión que por lo demás era siempre fugaz. En el campo de la lujuria, aquella chica coincidía aún menos conmigo, en el tiempo y en el espacio; aún era más una pintura, una representación inanimada, sólo que no pretérita sino venidera, no terminada de plasmar. Con la segunda hija no había ni siquiera peligro de que se me desmandara un ojo: Alicia tenía doce años cuando yo entré en la casa, aunque el parecido con su madre y su hermana se iría incrementando sin ninguna duda con la edad. En cuanto al niño, Tomás, de ocho, también era su rostro una acabada copia del de Beatriz. Los tres como miniaturas de ella, en distintos tamaños, claro está. Imposible por tanto rastrear en ellos trazas de Muriel, ni por supuesto de nadie más, si es que en el engendramiento de alguno había participado otro varón.

Ni su infelicidad ni sus ocupaciones impedían a Beatriz Noguera comportarse como buena madre, supongo. Si bien no vivía sólo por ellos, y delegaba bastante en Flavia, siempre estaba disponible para atenderlos, escucharlos y consolarlos cuando la requerían, en la medida en que podía estarlo una mujer que no descartaba morir por su propia mano, según descubrí más adelante. Era extremadamente afectuosa, y al verla abrazar y acariciar a sus criaturas uno podía imaginarse la clase de cariño, cálido y delicado a la vez, que le habría dado a Muriel de habérselo él consentido, o que acaso le había dado en otro tiempo, invocado por ella y no olvidado. Pero, quizá como acto reflejo —el de perro escarmentado—, quizá influida y acomplejada por los rechazos del marido, no se volcaba ni se prodigaba con los hijos a no ser que ellos la solicitaran. Era como si su existencia entera, o su paso por el mundo, se hubieran teñido de timidez o de contención, quién sabía si desde el arranque, quién si a partir de un momento determinado. Cuando uno es repudiado por el principal objeto de su amor, es fácil que se le instale la sensación general de estar de sobra; de que la manifestación de su afecto puede resultar atosigante o indeseada, de que la calidad de éste se ha rebajado y de que por tanto no debe nunca imponerse sin invitación previa. Así que me daba un poco de lástima ver cómo esperaba alguna señal de los hijos antes de atreverse a achucharlos o a hacerles mimos. Los dos pequeños, para su fortuna, todavía buscaban lo último con naturalidad y regularidad, y ella aprovechaba y disfrutaba las ocasiones con el rostro iluminado por el contento y a la vez la mirada levemente aprensiva y perdida, como si anticipara en el horizonte la caducidad de esas efusiones —los niños crecen y se desgajan y se tornan ariscos durante demasiados años, y cuando al fin regresan ya no son los mismos— y se fuera despidiendo de ellas con una porción de su mente, fatalista e incontrolable. La mayor ya no buscaba eso, se reservaba más, aunque su temperamento confiado e ingenuo la inducía a desarrollar con su madre cierto sentido de camaradería, alguna que otra vez me llegaba el murmullo de sus conversaciones y risas que sin embargo no duraban mucho, conversaciones superficiales y risas breves, ceñidas a alguna anécdota reciente o a cuestiones cotidianas prácticas. A veces me parecía que Beatriz andaba por la casa poniéndose a tiro, por así expresarlo, aguardando a que alguien la llamara o se acercara a ella y reclamara su compañía o su consejo o su mediación o su ayuda, o pidiendo autorización con sus ojos cautos para dar besos y abrazos.

No era una mujer ociosa, como podría inferirse de esta estampa, y ganaba su modesto dinero, en comparación con el que Muriel aportaba (seguramente, además de modesto, era innecesario para la casa y le encontraba otros destinos). Por las mañanas daba clases de inglés a niños en un colegio, tres días a la semana, y algunas particulares, a domicilio, un par de tardes, o esa era la versión que circulaba. No creo que hubiera estudiado jamás esa lengua de manera sistemática, pero, nacida en Madrid hacia el final de la Guerra, había sido llevada con muy pocos años a los Estados Unidos y había vivido allí parte de su infancia, de su adolescencia y de su juventud primera, alternando los periodos en aquel país con estancias en España, aquí bajo la tutela de unos tíos bien avenidos con el régimen y en fraternidad con unos primos. Por pereza no era del todo bilingüe, pero casi. Su padre, que no se había significado durante la Guerra Civil y en principio no estaba perseguido por los franquistas (aunque cualquiera podía estarlo de un día para otro en los años treinta y cuarenta y aun en los cincuenta, bastaba con una enemistad de vecindario, un viejo desdén o agravio a un victorioso o una denuncia caprichosa y falsa, la población procuraba hacer méritos ante las autoridades), había decidido y conseguido exiliarse unos meses antes de la toma de la capital por las tropas franquistas. De convicciones templadamente republicanas y laicas, consciente de lo que podía ser el país en manos de los sublevados (manos libres sin ningún freno), lo habían invadido el desagrado y el miedo, si no el asco y el pánico, y había aprovechado su soledad repentina para marchar a Francia con su niña, en medio de las dificultades habituales y con riesgo para la cría tan chica. Desde allí Ernesto Noguera había logrado viajar hasta México con el apoyo del Ministerio de Exteriores de esa nación generosa (les suavizó la caída a tantos caídos de entonces), en la que había permanecido cerca de un año, hasta que, no sé si a través del poeta Salinas o del poeta Guillén o de los dos, a los que había conocido y admirado en Madrid, o de Justina Ruiz de Conde directamente, le salió un puesto de profesor de español en el Wellesley College de Massachusetts o en Smith o en Tufts o en Lesley o en otro centro de la zona de Boston (acaso los recorrió todos y quién sabe el orden), más estable y mejor pagado que las tareas esporádicas que el inseguro mundo editorial le ofrecería en un México plagado de compatriotas competidores. Tenía la licenciatura de Filosofía y Letras, sacada justo antes del estallido de la Guerra, y en España había enseñado en una academia de idiomas y traducido libros del alemán y el inglés, obras de Joseph Roth y Arthur Schnitzler, de H G Wells, Bernard Shaw y Bertrand Russell, entre otros. Sabía bien esta última lengua, aunque no la hubiera hablado en exceso ni luego se desprendiera nunca del acento español en sus largos años norteamericanos, según su hija.

Lo que he llamado su soledad repentina jamás estuvo del todo claro para ella. La versión que le llegó en su infancia era que su madre había muerto al poco de darla a luz en medio de un bombardeo o mientras caía un obús en la casa que había abierto un tremendo boquete en el piso contiguo, habían tenido suerte dentro de todo. El padre no era nada riguroso con los detalles cuando ella le preguntaba, variaba algo el relato e incluso se contradecía, como si se hubiera inventado aquella historia y sus circunstancias y no se hubiera molestado mucho en fijar la mentira en su imaginación ni en su memoria. Hablaba poco de su mujer y con leve desapego y escasa añoranza cuando lo hacía; no era uno de esos viudos tempranos arrasados por su pérdida y a los que cuesta infinitamente levantar cabeza. Recurría a *baby-sitters*, los fines de semana salía, se acercaba a Boston y regresaba tarde. Sin duda adoraba a su hija y se ocupaba de ella, pero con una especie de connatural negligencia, al fin y al cabo era un hombre solo, bastante joven y torpe, distraído por su propia juventud seguramente. Así que se la enviaba con relativa facilidad a los tíos, que le costearon más de un pasaje de barco: casi todos los veranos y algún curso completo los pasó Beatriz en España, y durante esas estancias había ido oyendo aquí y allá comentarios o insinuaciones —soltados adrede o escapados de los labios de sus familiares paternos, los únicos existentes o visibles; parecían escocidos a veces con su hermano y cuñado, aquellos labios— que la habían conducido a pensar que quizá la madre no había muerto, sino que una de dos: o había abandonado al marido poco después de que naciera ella, y no había querido quedarse con la cría de un hombre al que guardaba demasiado rencor o que la repelía; o bien, por diferencias políticas en aquella época insalvables, se había negado a acompañarlo en su peregrinaje de exilio, sin exigir que la criatura permaneciera a su cuidado en España. En todo caso habría renunciado a ella, o se la habría arrebatado o confiscado Noguera. No fue hasta mucho más tarde cuando Beatriz se atrevió a preguntar abiertamente, de hecho fue poco antes de su boda, no tuvo nunca prisa. Hay cuestiones en las que es preferible mantener una sospecha no acuciante, llevadera, que perseguir una certeza decepcionante o ingrata, que lo obliga a uno a vivir y contarse algo distinto de lo que vivió desde el principio, como Muriel había dicho más o menos, en el supuesto de que sea factible anular lo ya vivido, o sustituirlo. Puede que ni siquiera lo sea anular o sustituir lo creído, si se ha creído mucho tiempo.

No hace falta decir que la mayoría de estos datos los averigüé por Muriel o por Beatriz o por terceros más adelante, e incluso alguno lo he sabido ahora, gracias a Internet y a su información sin resquicios, por más que tantas veces sea inexacta (por ejemplo, las traducciones del padre). Lo cierto es que ella hablaba inglés casi como una nativa, aunque los ya muchos años sin apenas moverse de España le habían oxidado un poco el acento y maleado la sintaxis (cometía errores), y que eso le servía para no ser una mera ama de casa y ganar algo. Pero tampoco era mujer inactiva o lánguida cuando no daba sus clases, parecía querer combatir su infelicidad de fondo, al menos al llenar sus días, al menos a rachas. Las mañanas y tardes que le quedaban libres solía salir sin dar grandes explicaciones y sin que Muriel se las pidiera, no habría tenido sentido dado su extrañamiento. A veces venía Rico a buscarla, cuando estaba en Madrid, y a veces eran Roy o alguna amiga, tenía varias pero dos preferidas, que a mí no me resultaban enteramente agradables. En todos los casos procuraba estar de vuelta para la hora de cenar de los hijos, si no antes, por si la necesitaban para los deberes o para contarle sus cuitas, principalmente los dos pequeños (cuitas escolares, se entiende, de las que aún se cuentan sin reservas).

En las rachas más mohínas, en cambio, se refugiaba en su zona y se la oía practicar mal el piano, con verdadera pereza o desgana, hasta el punto de que lo que más llegaba era en realidad el tictac del metrónomo, en funcionamiento largos ratos sin que sonaran una

sola nota o acorde, como si fuera una perpetua amenaza o una representación del tiempo de sus pensamientos
o del insistente compás de sus sufrimientos, tal vez era
una forma de decirle a Muriel que la vida se le estaba
yendo sin su compañía y sin recuperar su afecto, de hacerle notar su ausencia segundo a segundo, o como mínimo, creo, cuarenta veces por minuto. A mí me ponía
nervioso, a veces me preguntaba si Beatriz habría perdido el conocimiento y estaría caída junto al piano —incluso si se habría muerto—, tan prolongados eran los
intervalos sin música alguna o sin su simulacro, mientras el péndulo oscilaba y batía de un lado a otro, indiferente a la suerte de quien lo ponía en marcha. Nunca
he sabido cuánto dura la cuerda de esos aparatos, en
todo caso tenía la impresión de que, cuando se le acabara al suyo la que le hubiera dado, Beatriz debía de acti-
varlo sin dilación de nuevo, aquel tictac me parecía eterno algunas mañanas o tardes, era como si Beatriz nos
subrayara con él que estaba allí a escasa distancia y así
nos impusiera su presencia invisible, como si pretendie-
ra que no nos olvidáramos de ella en ningún instante,
por distraídos o atareados que nos encontráramos. Pero
Muriel estaba muy acostumbrado o no cedía a la inquietud que producía aquel ruido rítmico, incansable, mo-
nótono, para mí había en él un elemento ominoso, de
insatisfecha espera o advertencia. En algunos momentos era como si viera a Beatriz tamborileando con los
dedos interminablemente, a punto de estallar o de agre-
dir a alguien o de destrozar el piano o de cometer una
locura, por emplear ese eufemismo clásico con el que se
evita nombrar el suicidio. Él, sin embargo, seguía con-
versando o perorando o dictando, como si aquello no
existiera, inmune al recordatorio obsesivo. En esas ocasiones pensaba que había logrado borrarla de la faz de la
tierra, aunque la tuviera allí a diario, tan cerca, y cruzara con ella palabras domésticas semiamables y hasta le

dedicara alguna sonrisa inconsciente de tarde en tarde, como un reflejo automático de la simpatía pretérita de un tiempo lejano o como el palidísimo espectro de un difunto deseo, es difícil mantener el ceño fruncido ante nadie sin jamás darse reposo.

Un día me atreví a expresar mi aprensión, mientras golpeaba el metrónomo durante más de media hora sin que lo atemperara una sola nota del instrumento.

—Perdone, Eduardo —le dije—, no sé si se ha fijado en que hace rato que no oímos música, y el péndulo en cambio no se para. ¿No le habrá ocurrido algo a su mujer? A lo mejor se siente mal o se ha desmayado. Digo. Es raro, ¿no?

—No —contestó él—. Se toma su tiempo, se abstrae, se duerme sentada. Mientras esté ahí no hay de qué preocuparse. Otra cosa es cuando sale por ahí sola.

—¿Qué quiere decir? ¿Que hay que preocuparse entonces?

—No por fuerza —respondió, y pasó a otro asunto o retomó el que nos traíamos entre manos. Me quedó claro que no tenía intención de explayarse ni de añadir nada más, eso seguro. Así que no insistí, y acepté la convención de que mientras oyéramos el tictac todo estaba en orden, más o menos, o Beatriz sana y salva, lo cual no era lo mismo que en su sosiego y cordura.

Los periodos activos eran más frecuentes, por fortuna, me refiero a los de ella. No sé bien por qué —quizá por aquel comentario de su marido; o si lo sé no quiero contarlo o no todavía, más adelante ya veremos—, cuando Muriel estaba fuera, localizando exteriores o viajando a la caza de financiación o rodando la única película suya con la que coincidí mientras estuve a sus órdenes, aquel proyecto alimenticio con el productor inglés Towers cuando volvió a probar suerte en España tras sus cintas de Fu Manchú y de Drácula y de Sumurú y del Marqués de Sade en los sesenta y setenta, con Jesús Franco o Jess Frank como director casi siempre y el propio Muriel en alguna suplencia (pero éste se involucraba tanto como si se le hubiera ocurrido a él la idea y se convencía de que su mano y su ojo acabarían sacando una obra personal y bastante artística); mientras él se ausentaba alguna que otra semana, digo, y yo no tenía más trabajo que confeccionarle exhaustivas listas cronológicas de autores con las que ponerle orden a su biblioteca ingente y tareas por el estilo (he conocido a pocos hombres más leídos), me dio por seguir a su mujer cuando salía sola. No cuando la acompañaban desde el umbral de su casa, claro está, Rico o Roy o sus amigas más bien cizañeras. Sabía que entonces iban al cine o al teatro o de compras o a un concierto o a un museo, o incluso a alguna conferencia o tertulia anticuada (a Beatriz le encantaba el escritor Juan Benet, amigo de Rico, al que además encontraba sumamente atractivo), a su regreso solía comentar sus actividades y aun relatarme alguna anécdota. Rico rezongaba bastante cuando lo arrastraba al cine, pero por complacer remotamente a Muriel la complacía a ella. Roy era mucho más dócil, y así como el Profesor no era descartable como posible amante de nadie, ni de Beatriz siquiera en la teoría (un tipo con peligro, aunque engañaran su aspecto *savant* y su disuasoria actitud displicente, que hacía extensiva a las mujeres a las que pretendía o fingía pretender, le gustaba el juego de medirse o probarse, yo creo, para luego dejar el lance con frecuencia en nada, una vez comprobado que podía haberlo tomado en todo), a él se lo veía inofensivo, un chichisbeo en toda regla, por utilizar el anticuado vocablo italiano que designaba a los escoltas meramente serviciales, en principio no carnívoros, de las casadas desatendidas, las viudas con posición y aun de algunas solteras con timideces sociales.

Poseía una gestoría que había heredado de su padre, que funcionaba casi sola y a la que no dedicaba apenas tiempo, se pasaba por allí un rato por las mañanas a saludar a algún cliente quisquilloso, supervisar el trabajo de sus empleados y simular dar instrucciones. Su verdadera pasión era el cine, y su admiración por Muriel infinita. Había aportado modestas sumas a sus producciones (a fondo perdido, por sentirse partícipe de lo que para él sería siempre algo grande) y escrito un par de monografías breves sobre su obra, publicadas en editoriales de corto alcance, y con ese pretexto se había acercado en su día al maestro, como lo llamaba a menudo, al referirse a él y también en vocativo, como si fuera un director de orquesta o un matador de toros, los únicos que en España merecen el apelativo sin que suene adulador ni impostado. Muriel lo había acogido y le había abierto las puertas (en aquella casa había unas cuantas personas que se presentaban sin anunciarse o con escaso aviso, no era raro encontrárselas por allí, formaban parte del escenario, y además había confianza para aplazarles la entrada o despedirlas en seco cuando resultaban inoportunas) en gran medida por simpatía y en menor por condescendencia y lástima: Roy debía de tener una vida tan vacía y era tan entusiasta que el maestro le permitía llenarla un poco con las sobras de la suya, recogidas por Roy con avaricia. Para él era un acontecimiento cada visita que nos hacía (y digo 'nos' porque yo sí que acabé siendo parte del paisaje, me encargaba de atender el timbre con frecuencia y por tanto de franquear o negar el paso a quienes llegaban), más aún cuando coincidía con algún director, actor o actriz semicélebres, era mitómano. Tomaba asiento apartado, sin intervenir en las conversaciones, se hacía discreto, invisible, un bulto, alguna gente se creía que era una especie de apoderado silencioso y literalmente en la sombra que tenía que ser testigo de ciertas reuniones y encuentros, ni siquiera Muriel lo presentaba siempre a todo el mundo. Disfrutaba cada momento, cada contacto pasajero con quien fuese (hasta conmigo) pero sobre todo con alguien famoso, y una vez se quedó petrificado y sin habla (aunque después le entraron temblores) cuando se encontró en el salón a Jack Palance, el malo de *Raíces profundas* y de tantas películas inolvidables, con el que Muriel había hecho amistad cuando Palance había rodado una demente adaptación de la *Justine* de Sade en España, siempre bajo la batuta (es un decir) de los prolíficos y desaforados Frank y Towers, así como *Las Vegas 500 millones* de Isasi-Isasmendi. Palance había estudiado algo en Stanford, había grabado un disco de canciones *country*, pintaba, escribía poemas, poseía más inquietudes artísticas de las que uno habría intuido viéndolo hacer de Atila, de gladiador cruel o de asesino en caliente o en frío; consideraba un intelectual a Muriel y era ese aspecto suyo el que más respetaba y le interesaba. Al entrar Roy se levantó, un caballero, y como éste era de baja estatura y él altísimo, tuvo que inclinarse mucho para estrecharle la mano, casi pareció que le hacía una reverencia. Perdió un poco el equilibrio, y para recuperarlo apoyó la otra gran mano en el hombro del hombrecillo. Al no lograrlo en seguida, no le quedó más remedio que convertir el gesto en un torpe abrazo, pero, quizá temiendo aplastarlo bajo su peso, se rehízo con agilidad y lo levantó en el aire como si fuera un muñeco. Durante un par de segundos se ofreció a nuestra vista aquella imagen que Muriel y yo recordaríamos: Roy en brazos de Jack Palance, con los pies lejos del suelo y la cara contra su pecho. Palance soltó una carcajada y lo devolvió a la tierra con garbo, como si depositara a una bailarina a la que hubiera sostenido en alto. 'Lo siento, es culpa mía', dijo, 'debería poder achicarme cuando estoy en el sur de Europa.' Y volvió a reír enseñando sus dientes pequeños. Roy no le entendió, sólo acertó a balbucear en supuesto inglés algo que terminaba en *'meet you'*, se alisó la chaqueta y el pelo y se fue a su rincón a observarlo con avidez, si no con arrobo, sin osar pronunciar una palabra más en todo el rato que permaneció allí borrado, estremecido de emoción y como si fuera un espectador en la oscuridad de un cine. Estoy seguro de que aquella noche redactó una larga anotación (como tantos infelices y solitarios, llevaba un diario) en la que, amén de consignar lo poco que hubiera captado de la conversación en inglés, probablemente escribiría con signos de admiración alguna puerilidad del siguiente estilo: '¡Esta misma mano que ahora empuña la pluma ha estrechado hoy la de Jack Palance! ¡Incluso me ha alzado en brazos, el gran pistolero!'. De este último, por cierto, encontré un libro a finales de los noventa, titulado *The Forest of Love: A Love Story in Blank Verse*, asimismo ilustrado por él. Así como su disco de *country* tiene canciones bonitas y la voz es original y agradable (y una de las letras empieza diciendo con notable humor: 'Soy el tipo más malo que jamás ha existido, escupo cuando otros lloran'), en recuerdo de aquella tarde y por admiración incondicional al actor y también por mitomanía, de su verso libre no me atrevo a decir nada.

Así que para Alberto Augusto Roy era un placer y un honor estar disponible para la mujer del maestro, y ella recurría a él, me imagino, cuando no tenía otra compañía más lucida o amena. Roy era bajo, como he dicho (le quedaba a chillona distancia cuando Beatriz calzaba tacones altos, y eso era las más de las veces), pero no enclenque sino más bien fornido, bastante proporcionado en su tamaño, y su cara resultaba grata si se hacía abstracción de las grandes gafas con montura de carey muy claro que le achicaban los ojos verdosos y se la tapaban y uniformizaban, un miope considerable; también le daban un aire levemente profesoral que no acababa de casar con su tez muy tostada, del mismo color que sus labios gruesos, algo morunos, como si ambas cosas, tez y labios, formaran un *continuum* de tonalidades y hubieran estado expuestas por igual a un sol perpetuo y potente desde el nacimiento. A temporadas —arranques de coquetería errados— se dejaba crecer demasiado el pelo, y entonces se lo planchaba hacia atrás y se fabricaba o le salían unos rizos impúdicos bajo la nuca; perdía el aire profesoral sólo por eso y adquiría uno mitad de aspirante a pijo rancio y grasoso, mitad de raro cantaor con lentes. Hasta que Muriel le daba un toque, agitando el dedo corazón con el que le señalaba la zona, como si fuera el cañón de un revólver: 'Alberto Augusto, ya te ha vuelto a brotar esa escarola con la que pareces un hampón meridional de poca monta o un exfranquista nostálgico. A ver qué se va a pensar de mí, si nos ven juntos'. Roy se llevaba la mano al cogote, alarmado; se acariciaba los caracolillos como despidiéndose y en seguida iba al peluquero a cortárselos y a desplancharse el cabello. Todo menos que Muriel lo reprobara en algo.

Parecía estar siempre contento, o era de esas personas que, precisamente por tener una vida vacía, encuentran con facilidad motivos para ilusionarse a diario, quiero decir que pasan de un día a otro con ligereza ayudados por pequeñas promesas, modestas, que ellas convierten en expectativas enormes (en el fondo, bien mirado, es lo que hacemos todos, vida con o sin requerimientos), desde el estreno de una película apetecible —en su caso— hasta una cena con un amigo archivisto en fecha próxima, o —en su caso— con un primo malagueño que venía cada mes o mes y medio, Baringo Roy sus apellidos y también como extrañamente él lo llamaba, al que admiraba por su agitada actividad sexual y sus proezas en ese campo, en ocasiones nos las relataba (le tiraba de la lengua Rico, con malicia) y sonaban todas a fábula, pero él las creía a pie juntillas —no iba a renunciar a un aliciente, aún menos a una ensoñación— y se asombraba, y con deleite se escandalizaba. Y por supuesto era vital su frecuentación del círculo de Muriel, por darle a eso un nombre, y aunque no estuviera constituido como tal círculo en absoluto, sino como azarosa amalgama. Muriel tenía algo muy bueno y generoso y facilitativo, y es que no se oponía ni entorpecía que la gente a su alrededor hiciera amistad entre sí o estableciera vínculos al margen de él. No lo aquejaba el sentido de la propiedad ni de la precedencia, ni recelaba de lo que se cociera más allá de su vigilancia. A diferencia de otros individuos aglutinadores que quieren controlar y supervisar los contactos de los allegados que se han conocido por mediación suya, y estar al tanto de cualquier alianza o acercamiento o encuentro que se produzca entre ellos, él dejaba hacer con libertad, e incluso se lo veía complacido de que se cayeran bien unos a otros y desarrollaran sus propias relaciones. Y, en consonancia con eso, tampoco mostraba ningún reparo en que cada uno tuviera con Beatriz el trato que prefiriera y al que ella se prestara; al contrario, bendecía todos esos tratos, yo creo, y seguramente lo aliviaban. Así, con ser tan distintos y aun opuestos, Rico y Roy, por ejemplo, se profesaban simpatía, se divertían mutuamente, departían y se gastaban chanzas, y lo mismo cada uno de ellos con los demás asiduos de la casa, en mayor o menor grado y salvo excepción siempre obligada.

Esto me incluía, así como al Doctor Van Vechten y a esas dos amigas principales de Beatriz que a mí me ponían nervioso, pero al resto no tanto o en modo alguno. Hasta me sospeché alguna promiscuidad —real o sólo hipotética o sólo cernida— entre la una o la otra y algunos de nuestros visitantes habituales, quizá no a espaldas de Beatriz (me parecía que las tres se lo contaban todo, demasiado), pero sí de Muriel probablemente, que daba la impresión inicial de no enterarse de nada, más por elección que por incapacidad o despiste, como si hubiera decidido hacía mucho que le fueran en verdad ajenos los embrollos ajenos y las ajenas pasiones que los provocaban, los encaprichamientos y las desconfianzas y las susceptibilidades; como si hubiera resuelto que ya tenía bastante con los suyos pasados, que no siempre desaparecen cuando cesan, sino que se acumulan, y aseguran su peso para el resto de la vida.

Una de esas dos amigas era además concuñada, viuda de un hermano mayor de Muriel que había muerto ocho años atrás en un accidente de coche, cerca de Ávila, en pleno invierno nevado y en circunstancias para ella no muy lisonjeras: se encontraron dos cadáveres, el de él y el de una francesa guapa, rubia y más joven que nadie de la familia sabía quién era, o eso dijeron todos los miembros, Muriel incluido. No parecía una profesional, en todo caso, por la ropa de calidad que llevaba (a no ser que fuera de muy alto *standing* y con el gusto educado) y que más bien no la cubría: tenía desabotonada la pechera del elegante traje de chaqueta —a la vista un sostén insuficiente— y la falda en el ombligo, pese a las bajas temperaturas; eso podía haber sido efecto del golpe contra un camión que venía por el carril contrario, invadido por la pareja en un adelantamiento imprudente y atolondrado, pero era demasiada casualidad que el hombre, a su vez, llevara el pantalón abierto —bragueta también de botones—. Fue inevitable pensar que aquellas trabajosas operaciones de desabotonamiento hubieran sido la causa principal del choque, sobre todo si cada uno se había encargado de la botonadura del otro, eso distrae de la carretera por fuerza y puede crear la ilusión —la perspectiva del goce— de sentirse invulnerable. Todo esto me lo contó Muriel más adelante, un día de charla —con desprevención y liberalidad me iba soltando informaciones dispersas sobre su vida, como quien no quiere la cosa ni le da mucha importancia, y en cambio se ponía reservado y en guardia cuando se le preguntaba por algo concreto, como aquella vez con su parche—, para explicarme la tirria que le tenía su cuñada Gloria.

Ésta no se había quedado quieta durante su luto; había llevado a cabo sus pesquisas, seguramente con el concurso de un detective ocioso, y había averiguado que la francesa había hecho algunos papelitos en películas de su país, en *99 mujeres* de los omnipresentes Franco y Towers (habría habido manga ancha para reunir a tantas, si el contenido se adecuaba al título) y en *spaghetti-westerns* rodados en España, y que se había sometido a unas pruebas para obtener uno de mayor enjundia en un proyecto de Muriel. Y aunque había sido rechazada, Gloria se empeñó en sospechar que su cuñado sí sabía quién era en contra de lo que había dicho, y no sólo eso, sino que probablemente se la había presentado a su hermano, o poco menos que ofrecido o tal vez traspasado. O que, en el más leve de los casos, le habría avisado del lugar y la hora en que se efectuaba la criba de atractivas jóvenes secundarias, para que echara un vistazo a las candidatas y luego se las compusiera por su cuenta. Muriel juraba no recordar a aquella francesa ('Cómo voy a retener los rostros de cuantos optan a un trabajo y son descartados') ni tampoco si, por un azar, su hermano Roberto había ido a verlo al estudio el día de aquellas pruebas y allí había coincidido con la pobre difunta despechugada. Lo cierto era que Gloria lo culpaba en desmedida medida de las dos desgracias (y no estaba muy claro cuál más lamentaba ni cuál más la torturaba): de la infidelidad de su marido —pasajera o definitiva, era imposible saberlo— y por tanto del accidente y la pérdida. 'Tú y tus películas y tus actrices', le había reprochado en más de una ocasión. 'Roberto se moría de envidia y así le fue, literalmente muerto, y encima como un mamarracho.' Muriel no solía contestarle, por no enzarzarse, pese a la irritación que le causaba. En el fondo agradecía que Gloria se abstuviera de expresar, delante de él al menos, la ridiculez que no pocas noches debía de atormentarla, por añadidura: tras su mundanidad innegable, era mujer de convicciones religiosas elementales, como tantas señoras elegantes y frívolas y bastante cultivadas, en España uno se lleva esas sorpresas incluso ahora; no hacía exhibición de ello, tenía conciencia de que eso pertenecía al ámbito más privado, pero seguramente pensaba también con horror que Roberto había muerto en pecado mortal o casi, además de como un mamarracho. Muriel estaba convencido de que se preguntaría muchas veces hasta dónde habría llegado la pareja del coche antes de estrellarse, y debía de reconfortarla un poco la idea de que él no podía haber eyaculado al volante, de que no le había dado tiempo. Eso se figuraba Muriel con breve risa amarga. O es que alguien le había contado de los desvelos de su cuñada, casuístico-espirituales.

Pero había algo más que aumentaba aquella tirria: en la actitud de él hacia Beatriz —quién sabía desde cuándo: 'Yo no te cansé, y no es que languideciéramos precisamente'—, Gloria veía sin duda una prolongación o repetición o variante de la que quizá su marido le había dispensado a ella en los últimos tiempos de su existencia. Eso la conducía a sentir, o más bien a manifestar, una solidaridad aspaventosa y deleitosa con su concuñada y amiga, tal vez más de boquilla que sincera, pues Beatriz, como he dicho, por su aspecto demasiado curvilíneo y lozano, apenas suscitaba solidaridad entre las de su sexo ni compasión entre los del opuesto; a tomarse cada desplante o repudio de Muriel —de los que a buen seguro estaba pronto informada—, o cada devaneo suyo que trascendía o se rumoreaba, como una ofensa personal y una traición a ella misma; y hasta a verificar la maldad genética de aquellos dos hermanos, o la crueldad al menos. Así lo interpretaba Muriel, y lo cierto es que cuando yo escuchaba retazos de conversaciones entre las dos mujeres (o las tres, si estaba la otra amiga conspicua, Marcela), mientras mi jefe se hallaba fuera y yo trabajaba en sus listas cronológicas de autores, buscando y completando fechas de nacimiento y de muerte, o en la traducción al inglés de un guión o una sinopsis, o investigándole datos o en lo que fuese, lo que me alcanzaba eran voces y frases malmetedoras y azuzantes, que sólo podían contribuir a que a Beatriz le hirviera la sangre, del tipo 'No sé cómo le consientes tanto', 'Lo hace con recochineo, para humillarte y hundirte', 'No entiendo cómo no le cruzaste la cara en ese instante', o 'Amenázalo en serio con el divorcio, que estará al caer un año de estos, ya van tardando en ponerlo'. Recuerdo que una vez oí la respuesta de Beatriz a esto último, y para escuchar mejor, curioso, levanté la vista de lo que me ocupaba. Yo estaba en mi zona, que era la de Muriel, y ellas en la de Beatriz, puertas abiertas como si yo no existiera o no contara, el sonido de mi máquina garantía de mi desatención, supongo. A veces me sentía como un criado antiguo, de los que asistían a todo y callaban mientras pasaba, equiparados a verdaderas estatuas en la confiada imaginación de sus amos, que más tarde se llevaban sorpresas fatales al descubrirles lengua a esas estatuas.

'Sí, desde el año 77 está al caer, pero no llega, con estos curas tuyos y sus políticos empeñados en que continúe prohibido. Y además, no sé yo qué amenaza iba a ser esa, si él lo debe de estar deseando. Ya me puedo preparar, en cuanto se apruebe, para quedarme con los niños y perderlo a él para siempre. Es lo que tocaría. Y entonces sí que no habrá esperanza.'

Era difícil, con todo, que Beatriz se soliviantara o que la sangre le hirviera. Siempre parecía más triste que enfurecida, más afligida que indignada, cuando estaba con él al menos, también cuando era el tema de sus conversaciones. Tenía calma y tenía aguante, no tanto porque aspirara a que su paciencia lo hiciera cambiar de comportamiento cuanto porque estuviera segura de que lo contrario lo agravaría. De que gritar, rabiar, rebelarse, devolverle los insultos y armar trifulcas lo cargaría a él de razón y lo llevaría a aumentar su saña, y lograría que ni siquiera cupiera en él un momentáneo tono suave, casi de lamentación, pesaroso, ni palabras como las que le surgieron cuando lo empleó ante mis oídos: 'Eso te lo concedo'. No sé, era como si Beatriz quisiera tanto a Muriel, y se sintiera tan en deuda vieja, que le costara hacerle frente y también despellejarlo a sus espaldas, se desahogaba contando y quejándose, no precisaba soltar veneno ni se hacía mala sangre. Luego, cuando no estaba en su compañía ni hablaba de él, Beatriz no se quedaba quieta como una víctima lamentosa. Luego hacía su vida independiente y aparte, como si su marido no le importara o hubiera renunciado a él formalmente.

'No te creas', le contestó Gloria, 'que le saldría por un ojo de la cara y se lo pensaría diez veces antes de solicitarlo. No sabemos cómo será la ley, pero seguro que el cónyuge con menos dinero saldrá muy beneficiado. Y más si se quedan los críos con ella.' —Daba por sentado que todas las mujeres ganaban peor y que los hijos se irían con ellas, así era las más de las veces hacia 1980, como también lo es ahora con excepciones, nada ha cambiado demasiado—. 'No tiene ninguna relación estable, que sepamos. Ninguna mujer que lo presione para que se case con ella. Y además, ¿tú lo ves casándose otra vez? Yo no, ese hombre no aguantaría cerca a nadie nuevo, y una esposa reciente es celosa siempre, y pegajosa, no iba a soportar a alguien pidiéndole cuentas de sus andanzas, e insistiendo en apuntarse a sus viajes. En el fondo está cómodo así, por mucho desprecio que te haga y por mucho que no pueda ni verte. Amenázalo con el divorcio que viene y ya verás como se asusta. Ya verás como se modera y se envaina las impertinencias, por lo menos las más brutales, a veces me cuesta creer que te diga lo que te dice, pero claro, no vas a inventártelo. Y es más, espero que, en cuanto llegue la ley, cumplas con la amenaza. No tienes por qué padecer todo esto, está más allá de lo tolerable por nadie. Y no te faltará quien te recoja.'

Noté cierta mala intención en este último verbo, 'recoger', como si Beatriz, al divorciarse, fuera a caer irremisiblemente en el vacío o en la intemperie y necesitara de otro hombre para amortiguarle la nada o el frío. Pero Beatriz hizo caso omiso, debía de estar acostumbrada a los sonrientes mordiscos de sus amigas, con la boca cerrada.

'No sé cómo me aconsejas tú que me divorcie, y además a toda prisa, en cuanto lo pongan. Tú, tan católica de corazón.'

'Sí, soy católica de corazón, pero vamos', respondió Gloria. 'De piel no tanto, ya lo sabes. Y tampoco es cuestión de hacer el primo. Si hay divorcio legal, pues oye. No se van a aprovechar solamente los agnósticos y los ateos. ¿Tú te crees que no se acogerán a él muchos de los que ahora se oponen? Lo combaten porque les toca, pero todos sabemos que Dios es interpretable y que a todos nos entiende si nos explicamos como es debido y le venimos con buenas razones. Cada cual se las arreglará con él, no te quepa duda. Al fin y al cabo es lo que llevamos haciendo toda la vida: pactos y componendas, regateos y compensaciones. Dios está harto de admitirlos, al menos con los que bien conoce.'

'Así, como si fuera un tendero loco por vender el género', dijo Beatriz, y se rió un poco. 'No me digas que tú te habrías divorciado de Roberto, porque no me lo creo.'

'Bueno bueno. Por desgracia no me ha hecho falta planteármelo, qué más quisiera yo que estuviera vivo. Pero sí, seguramente. Si hubiera seguido en el mismo plan de los últimos tiempos, me habría sentido autorizada. La culpa habría sido de él, no mía. Y también la iniciativa, eso es de la mayor importancia. Aunque hubiera sido yo quien iniciara los trámites legales, él habría empezado. No que no le hubiera dado oportunidades, ojo. No que no hubiera esperado. Pero mira: ya sólo con lo de Ávila podría haberme bastado, si la cosa hubiera sido seria. Eso nunca lo voy a saber, es una maldición, ni te lo imaginas. No tener ni idea de si tu marido se mató por un amor de los malos, de los que te sustituyen, o por una aventura alocada y sin trascendencia. A lo mejor no la habría vuelto a ver. Ni habría vuelto a acordarse. Vaya gaita.' Así solía referirse a la muerte de su marido y a sus circunstancias, todo englobado en 'lo de Ávila'. Y añadió: 'Como la culpa es de Eduardo en tu caso, no tuya. Lo tuyo ha venido después, no ibas a quedarte de brazos cruzados para siempre'.

Hubo un silencio largo, como si Beatriz estuviera pensando o dudando. Llevaba yo un rato sin darle a la máquina, temí que repararan en ello y se callaran por prudencia, imaginando que sin mi ruido sus voces me llegarían nítidas. Tecleé un poco para infundirles confianza, aunque fuera a nivel subconsciente, como se decía aún por entonces. Debían de haberse olvidado de que yo estaba en la casa, tanto daba.

'Es curioso', dijo por fin Beatriz Noguera. 'Es curioso que para mí, que no soy creyente, el vínculo sea más fuerte que para ti, que sí lo eres, a tu manera relativa y poco rígida, más te vale. Yo no podría divorciarme, ni siquiera separarme, por mi iniciativa, atribuírsela a él en origen no me serviría, porque yo daría los pasos y lo pondría en marcha. Otra cosa sería que lo hiciera Eduardo, qué remedio, me tocaría aguantarme. Pero me da igual lo que me haga o no me haga, lo que me diga y que me rehúya, notar que mi sola visión lo irrita cuando no lo llena de desesperación y de cólera, porque hubo un tiempo en que las cosas no fueron así, y mientras yo guarde ese recuerdo, conservo también la esperanza de que vuelvan a ser como fueron, y además fueron estables. Bueno, no me da igual, evidentemente, lo paso muy mal y me siento cada vez más encogida, todas las noches me voy a mi cama angustiada y apenas duermo; pero no por eso voy a marcharme. Uno no borra la memoria a su gusto y, mientras la tiene, la persona con la que compartió las buenas épocas sigue siendo la más cercana a ellas, la que las encarna. Es su representación y su testimonio, no sé si me entiendes, y la única capaz de traerlas de vuelta, la única con posibilidad de devolvérmelas. Yo no quisiera una vida nueva con otro hombre. Quiero la que tuve durante bastantes años, con el mismo hombre. No quiero olvidarme ni superarlo, ni rehacer nada, como se dice, sino continuar en lo mismo, la prolongación de lo que hubo. Nunca estuve insatisfecha, nunca necesité de cambios, nunca fui de las que se aburren y requieren movimiento, variedad, peleas y reconciliaciones, euforias y sobresaltos. Yo podía haber permanecido eternamente en lo que había. Hay gente contenta y conforme, que sólo aspira a que cada día sea igual que el anterior y que el próximo. Yo era de esas. Hasta que se torció todo. Si me alejara de él, si me fuera o lo echara, renunciaría de verdad a lo que quiero, y esa sería mi definitiva condena. Sería lo último.'

'Pero es que ese hombre ya no existe, Beatriz, lo sabes de sobra. Es absurdo que sufras así a diario y sin final, confiando en el regreso de quien nunca va a volver. ¿Por qué habría de hacerlo? De quien ha desaparecido, está muerto, tan muerto como mi marido aunque vaya por ahí tan tranquilo y lo veamos y oigamos. El que vive hoy contigo es un fantasma, un usurpador, un ladrón de cuerpos como los de aquella película. Respecto a ti lo es, al menos. Puede que perviva con otros, pero eso a ti no te atañe ni te consuela, si acaso subraya su deserción de ti, como si sólo para ti hubiera decidido morirse o matarse y quizá no para los demás, aún peor. Qué sentido tiene seguir a su lado. Es como vivir con el reverso de aquel, con su contrario. Cómo se llama eso, con su contrafigura. Lejos de lo que dices, no imagino mayor suplicio.'

Seguramente Gloria no utilizó estas mismas palabras, pero así recuerdo yo ahora, al cabo de tanto tiempo, el sentido de lo que dijo.

Beatriz se quedó otra vez callada, como si meditara de veras lo que su amiga le había expuesto. Solía escuchar bien, ella, a diferencia de la mayoría, que acostumbran a guardar impaciente silencio por mera civilidad (los que a tanto alcanzan) mientras hablan sus interlocutores, a la espera tan sólo de soltar su parte. Ella no, ella prestaba atención y se fijaba, cavilaba sobre lo que oía. Luego contestaba o no contestaba.

'Sí, tienes razón, es como dices; en lo superficial, en apariencia', respondió al cabo de unos segundos. 'Pero, por lo mismo que has dicho, has de tener esto en cuenta: lo más parecido al hombre que según tú ya ha muerto, sigue siendo él, o su usurpador, o su fantasma. A diferencia de lo que pasó con Roberto, que ya no puede recordar nada, la memoria de aquel hombre protector, afectuoso y alegre ha de estar en el que se muestra odioso conmigo desde hace años. En ese que entra y sale, en el que se levanta y se acuesta en esta casa cuando no está de viaje o de interminable juerga, quién lo sabe. En el que me suelta exabruptos y no soporta ni que lo roce, y desde luego nunca se acuesta en mi cama ni consiente que yo lo visite en la suya. Da lo mismo. Si aquel hombre que yo bien añoro está en algún sitio, es metido en él, no en ningún otro. Lo que no tiene sentido es que me aparte de él, aunque sea sólo su sombra. Qué me importan a mí los otros. Prefiero la palidez de este muerto andante al color del mundo entero. Prefiero demorarme y morir en su palidez que vivir a la luz de todos los vivos.'

Seguramente tampoco ella empleó estas palabras, pero ese fue, sin lugar a dudas, el sentido de lo que dijo, mientras yo mantenía el cuello erguido como el animal que escucha, la vista levantada de mi trabajo.

IV

No seguía a Beatriz Noguera cuando salía con estas personas del entorno, ni tampoco, como es natural, cuando cogía la moto de Muriel y se largaba con ella quién sabía dónde, alguna vez comentó que simplemente le gustaba dejar Madrid atrás y creerse (eso dijo, 'creerse', como si fuera consciente de la ilusión) que podía ir a cualquier lugar que quisiera, y sentir el viento fuerte en la cara por carreteras flanqueadas de árboles, secundarias y poco transitadas. Dos veces dijo que había estado en El Escorial (una cincuentena de kilómetros), y sé que algún que otro domingo se llegaba hasta el Hipódromo con sus prismáticos en el bolso (apenas ocho kilómetros) y se pasaba allí la tarde, viendo las seis carreras o al menos las cuatro centrales. Me extrañaba que no llevara compañía a recinto tan social, o quizá es que ya se la encontraba en aquellas viejas tribunas de 1941, debidas al ingeniero Eduardo Torroja y declaradas por aquellas fechas tardías Monumento Histórico Artístico: en un par de ocasiones contó anécdotas del filósofo Savater, gran aficionado, al que conocía, y que le daba consejos para sus parcas apuestas, al parecer bastante acertados, todo un entendido, la ayudaba a regresar contenta con sus modestas ganancias. Por lo visto él no se perdía un domingo de carreras, cuando no estaba de viaje, y acudía con su hijo muy niño y un hermano. O podía ser que ella recogiera de camino a un acompañante —otro motorista, por ejemplo—, y que marcharan juntos hasta La Zarzuela sin que yo pudiera ver de quién se trataba. Con frecuencia adelantaba tareas en el piso de Muriel en domingo, su biblioteca era una mina para documentarse sobre cualquier época y asunto que exigieran un guión o un vago proyecto en ciernes; acabé por entrar y salir cuando consideraba oportuno, casi como si fuera un habitante más de la casa (de hecho me dieron llave); pero carecía de medios para seguir a una Harley-Davidson.

Era eso lo que Muriel se había comprado hacía pocos años, modelo Electra Glide clásica o ultraclásica, no sé, me lo dijo él muy ufano la primera vez que me la enseñó, 'Mira qué portento'. La película *Easy Rider* quedaba ya un poco lejos, pero le había divertido otra posterior, mucho menos famosa, *Electra Glide in Blue*, la azul era la que llevaban los policías de tráfico norteamericanos, con la que hacían barbaridades en dicha película, según creo. Él, por cierto, veía cine bueno, regular y malo, y de todo sacaba enseñanzas, 'Lo bueno incita a emularlo, pero cohíbe; lo malo da buenas ideas y desfachatez para ponerlas en práctica'. Me pareció tan alocado en la conducción de su moto (quizá no era lo más indicado para un individuo con un solo ojo), que, tras un día en que me llevó de paquete por la ciudad a toda mecha, decidí no repetir jamás la experiencia. No la utilizaba mucho, con todo, pasada la fiebre de la novedad y el capricho, y era Beatriz quien hacía más uso de ella, aunque tampoco en exceso, sólo para sus excursiones esporádicas e inicialmente solitarias, me era imposible saber si en El Escorial o en otros sitios se reunía con alguien, lo mismo que su cuñado Roberto había ido a morir cerca de Ávila con una desconocida para todo el mundo. (Jamás se tiene ciencia cierta de con quién va o va a morir nadie.) Se enfundaba unos vaqueros y se ponía el casco, sacaba la Harley del garaje y desde un balcón la veía alejarse a toda velocidad, su figura grande lucía más menuda a lomos de aquella enorme cabalgadura que a mí se me aparecía como cuajada de tubos, y a la vez más segura de sí misma y menos frágil, yo pensaba que aquella imagen le resultaría atractiva a cualquier hombre y que ella estaría al tanto de eso —una mujer corpulenta a horcajadas de algo rápido y potente, es todo un clásico erótico, y en efecto veía cabezas girarse en la calle desde que se montaba—, pero Muriel no estaba allí para contemplarla.

Así pues, me dio por seguirla cuando salía por su cuenta y a pie algunas tardes en que no tenía clases particulares a domicilio, en teoría. La oía arreglarse desde mi zona, canturreando sin darse cuenta de que lo hacía, algo llamativo, pues acostumbraba a estar seria, si no triste, cuando se encontraba a solas, y mi presencia le fue casi invisible durante bastante tiempo —me miraba con simpatía y era amable conmigo, pero en conjunto me pasaba por alto—, hasta que dejó de serlo. Cuando ya oía el ruido de sus tacones más finos por la casa (lo último que se ponía, y cada zapato suena distinto, para el oído atento), sabía que estaba a punto de marcharse. Aguardaba un minuto tras cerrarse la puerta y entonces bajaba con cautela en pos de ella, alcanzaba a divisarla a no mucha distancia del portal y daba inicio a mi seguimiento, su estampa era lo bastante alta y vistosa para que no se escapara a mis ojos entre los transeúntes. Se paraba de vez en cuando a mirar un escaparate o ante un semáforo en rojo, poco más, andaba decidida y a buen paso, incluso con garbo pese a su elevada estatura, durante aquellos paseos comprobé que sabía calzar tacones de más de siete centímetros sin vacilaciones ni tropiezos y sin que se le desviaran las piernas, bien erguida y bien recta; también pude contemplarle a mis anchas el adecuado vaivén de la falda, un vaivén ya infrecuente hoy en día, la mayoría de las mujeres han olvidado cómo se camina con gracia, que no es lo mismo que con contoneo, o no por fuerza. Toda su carne era tan abundante y firme de espaldas —que es como se le ofrece

a uno alguien a quien va siguiendo, insistentemente—
que ninguna tela la disimulaba o apaciguaba del todo,
uno tenía la sensación de estarle apreciando no sólo las
vigorosas pantorrillas al descubierto, sino también muslos y nalgas alzadas, aunque estuvieran tapados. Muriel
la consideraba gorda por eso. O acaso se lo llamaba tan
sólo.

La primera vez que la seguí se llegó hasta un extraño lugar en la calle de Serrano, al comienzo de su
parte alta con palacetes antiguos y muy pocos comer-
cios, y la vi desaparecer por el portal de uno de aquéllos.
Cuando me acerqué, al cabo de tres minutos de precaución, descubrí que no era una casa particular de ricos, sino
una especie de santuario llamado Nuestra Señora de
Darmstadt, así rezaba el letrero formado con azulejos.
Me asomé, aún desde la calle vi un pequeño patio cuidado y unas breves escaleras dobles por las que se subía
hasta un jardín elevado y amplio y un par de edificios
bajos —dos plantas— de aspecto acogedor, con ventanas cuadriculadas por listones de madera lacada en
blanco, como si fueran ventanas extranjeras septentrio-
nales; tanto el jardín como los edificios se distinguían
desde abajo; todo desprendía cierto aire de colegio fino,
pero no se oían ni una voz ni un ruido. En el patiecito
de entrada, a la derecha, había una caseta en la que se
anunciaba 'Información', aquel era un sitio abierto al
público; a la izquierda había otra garita gemela con un
cartel en el que se leía 'Sala Padre Gustavo Hörbiger',
igualmente en azulejos blancos con letras azules, lo mismo que el rótulo central invitador, 'Venid y veréis', no sé
por qué las religiones tienen la maleducada costumbre
de tutear a todo el mundo, incluidos los desconocidos.
Pese a ser libre el acceso, al principio no me atreví a penetrar, por si acaso me veía ella desde donde quisiera
que se hubiera metido. No había movimiento ni actividad, no parecía haber nadie, la oficina de información

comprobé que estaba vacía, allí no había quien la proporcionara, no al menos en aquel instante. Me aburría en la acera, luego resolví arriesgarme y entré despacio, con algo semejante al sigilo, aunque era divisable desde cualquier punto, todo aquello estaba al descubierto. Nadie me salió al paso, de modo que me adentré y subí las escaleras breves y eché un vistazo por el jardín bien mantenido, al fondo del cual había una fea capilla de color cremoso con tejado de pizarra exageradamente picudo y una sola y diminuta vidriera en la fachada, muy alta, cercana ya al escueto campanario, poca luz entraría allí, la construcción tenía algo de *bunker* y a la vez era un poco de cuento, un poco alemana, como el nombre de aquella Virgen —Darmstadt se encuentra en el Estado de Hesse, cerca de Fráncfort y no lejos de Heidelberg— y el de aquel 'Padre' al que le habían españolizado el de pila. La capilla estaba cerrada a cal y canto, en la puerta había una hoja protegida por un cristal que decía: 'Santuario Ciudad de Madrid Nuestra Señora de Darmstadt. Abierto todos los días de 8 a 22 horas', lo cual empezaba por resultar falso, serían las cinco de la tarde. A continuación figuraba un horario de 'Eucaristías', y después se anunciaba no recuerdo qué misa especial de 'renovación de alianzas', que tenía lugar 'los 18 de cada mes' a las 20.30, según la estación con la noche ya próxima o caída. 'Algo portentoso le pasaría a esta gente el 18 de algún mes de algún año', pensé inútilmente. 'Quizá se les apareció la Virgen masivamente a todos los habitantes sin excepción de Darmstadt.' Lo que me pareció más extraño fue que en el jardín, además de macetas con plantas y parterres de flores, a la sombra de los varios árboles altos había bancos para sentarse y también mesitas redondas y sillas con brazos, todas blancas, unas cuantas colocadas y otras apiladas como cuando echan el cierre las terrazas, como si allí pudieran servirse bebidas o meriendas o aperitivos o se celebraran reuniones festivas. 'Tal vez para cuando haya bautizos y bodas en el *bunker*', volví a pensar ociosamente.

No sé muy bien por qué —acaso porque los muros de los edificios bajos estaban adornados con hiedra y se veía el césped impecable—, el ambiente del lugar me recordó vagamente al de la casa en la que estuvo y no estuvo Cary Grant secuestrado una tarde en *Con la muerte en los talones*, y a la vez, con ser muy diferentes y de países distintos —pero los autores con estilo dejan en todo su huella y unifican lo divergente—, al de la zona por la que se aventuraba James Stewart en Londres buscando a un tal Ambrose Chappell en *El hombre que sabía demasiado*, acababa de verlas en un ciclo Hitchcock de la Filmoteca al que Muriel me había arrastrado sin esfuerzo, decía que había que frecuentar sin cesar sus películas porque a cada visión se descubría y aprendía algo nuevo, inadvertido en las anteriores. Tuve la momentánea sensación de que podrían asomarse por el jardín el exquisito James Mason o el ominoso Martin Landau, o salir del santuario un grupo de taxidermistas airados o la bizca actriz Brenda de Banzie, Muriel se conocía a todos los actores secundarios ('Uno nunca sabe si tendrá que utilizarlos') y me apuntaba sus nombres y me enseñaba a distinguirlos. Se me ocurrió que, al igual que Brenda la Bizca en la cinta, que se ocultaba en la Ambrose Chapel o Capilla de San Ambrosio —y de ahí la confusión con el taxidermista Chappell—, Beatriz podía haberse introducido en el santuario en seguida, sola o con alguien, y haber echado el cerrojo por dentro. Así que, con mucho tiento, osé acercarme por un lateral, en el que había una vidriera bastante más grande y baja que la de la fachada, y espiar en el interior en lo posible, procurando que desde allí no se me viera ni la silueta. Pero nadie había, el lugar estaba desierto y en efecto era más bien oscuro y desguarnecido, demasiado para un templo meridional católico, lo alemán prevalecía.

Me picó la curiosidad en exceso, y ésta nos hace perder la cautela. Más aún cuando uno se acostumbra a observar escenas y escuchar conversaciones sin ser detectado, y eso es lo que acaba por hacer cualquiera que medio viva o trabaje en casa ajena. Es difícil que se lo detecte, además, uno siempre tiene la excusa del azar, de la involuntariedad, de la coincidencia, uno anda por ahí y los otros se olvidan de que por ahí anda uno. Pero también me daba cuenta de que estaba desarrollando de manera activa ese hábito y cogiéndole gusto, el del espionaje o el voyeurismo, como se prefiera llamarlo, el segundo es sólo un término pretencioso para denominar lo primero. Algo de culpa tenía Muriel, me decía en mi descargo las escasas veces en que me pesaba la conciencia, muy levemente: en cierto sentido él me había instado a ejercer esa función, a fijarme en el Doctor Van Vechten y ver qué efecto me producía, y a guardarme mis impresiones —esto es, a atesorarlas— a la espera de que él me las solicitara; y ya he dicho que por entonces habría llevado a cabo casi cualquier cosa que me pidiera, mi intención era complacerlo al máximo. Yo había cumplido sus instrucciones cabalmente hasta aquel momento: claro que había coincidido con el Doctor Van Vechten, como Muriel había previsto, y le había prestado la mayor atención en estricto silencio ('No me marees por iniciativa propia, ¿sí?', había sido su advertencia), mientras él no me preguntara nada, qué tal me caía o qué opinaba, o bien me ordenara borrar aquella charla, 'como si no la hubiéramos tenido'. Si aún no he hablado de Jorge Van

Vechten, casi tan asiduo de la casa como Rico y Roy, Gloria y Marcela y algún otro, es porque todavía mi jefe no me había señalado qué camino seguir, pero hablaré de él ya muy pronto.

No me explicaba cómo Beatriz podía haber desaparecido tan rápido, cómo no había rastro de ella, ni en realidad de nadie. El Santuario era un sitio evidentemente habitado, cuidado y venerado, pero en aquel momento parecía abandonado hasta del alma más devota o fanática de Nuestra Señora. 'Será casualidad, habrán salido todos a la vez a recados, o a tomar el té juntos', pensé incongruentemente, como si estuviera en Inglaterra, mientras paseaba por el jardín con cada vez mayor despreocupación y me acercaba, de hecho me pegaba a los edificios bajos intentando atisbar algo por las ventanas de la planta inferior, la que quedaba a mi altura, asomando medio ojo, como quien dice. A nadie vi, y eso que los circundé casi enteros, un muro quedaba a resguardo, no había espacio, el recinto se acababa con él por ese lado. Así que volví a alejarme y me coloqué ante un lateral de la capilla para adquirir perspectiva de la planta superior o segunda. De entrada tampoco vi a nadie, estiré el cuello. Hasta que de pronto una espalda se echó hacia atrás, se llegó hasta una ventana o fue empujada hacia ella, y apareció por tanto en mi campo visual un instante. Estiré más el cuello, quise ser más alto, me puse de puntillas, deseé tener una escalera, miré a mi alrededor, en el jardín no había ninguna, consideré subirme encima de una silla o de una mesita, no ganaría mucho y tendría que trasladarlas a donde me encontraba, dudé, no me moví, permanecí en mi sitio, quizá me sentí paralizado.

Fue tan sólo un instante la primera vez, la espalda fue vista y no vista, pero ya creí reconocer la de Beatriz en aquel fogonazo, no en balde la había contemplado largo rato durante mi seguimiento. Mantuve la vista fija en aquel punto, en aquel recuadro, y no tardó nada en reaparecer esa espalda, y en efecto era como si la persona a la que pertenecía hubiera sido lanzada contra el cristal con algo de agresividad, leve violencia. Si así era, lo que en modo alguno alcanzaba a ver era quién la echaba hacia atrás, quién la empujaba. Me alarmé, temí que alguien la estuviera maltratando, haciendo daño, incluso se me ocurrió la descabellada idea de que intentaran defenestrarla a través de los listones blancos y el vidrio, siempre pueden ceder, siempre pueden romperse y hacerse añicos, un cuerpo atraviesa cristales si se lo arroja con fuerza y éstos son delgados. 'Un árbol', pensé, 'me subo a un árbol', los tenía al lado, mucho más cerca que las mesas y sillas. Yo era muy ágil entonces y eso estaba en mi mano, trepar por el tronco, asirme a una rama baja y desde allí encaramarme hasta la copa, hasta lo más alto. Pero temía perderme algo mientras ascendía, me di cuenta de que era incapaz de desviar la mirada un segundo, veía la espalda de Beatriz chocar una y otra vez contra la ventana, adherirse a ella al máximo y luego apartarse un poco, ahora ya no escapaba nunca a mi campo visual, como si no le dejaran salida ni le permitieran avanzar dos pasos. 'Tal vez la estén golpeando', pensé, 'o le estén dando empellones, y a cada uno la aplastan contra ese tope, la tienen arrinconada, acorralada como a un púgil.' Estuve a punto de soltar una voz y de descubrirme con ello, tampoco sé si se me habría oído. Subir a ayudarla era otra posibilidad, salvarla de lo que fuera, pero ignoraba por qué puerta (había varias) debería meterme para llegar a esa habitación, y si estaría abierta.

Fui víctima de mi ingenuidad, para perderla se requieren muchos más años de los que yo contaba, si es que alguna vez la perdemos del todo los espíritus más bien confiados. En seguida comprendí lo que estaba pasando: alguien —un hombre— se la estaba follando

o se restregaba y la oprimía preparado ya para hacerlo, de
pie, sin prolegómenos, vestida, sin quitarle quizá ni una
prenda, con celeridad o acaso a salto de mata, como se
dice, seguramente disponían de muy escaso tiempo antes de que regresaran los custodios del templo, aprovechaban aquel momento en que les constaba que se quedaba desierto por algún motivo, por costumbre. Yo veía
la espalda de Beatriz sólo de cintura para arriba o ni siquiera tanto, la parte superior del tórax y su nuca decimonónica, su pelo recogido aquel día. El individuo que
la apretaba o embestía —no me gusta este verbo, pero
puede ser el adecuado— quedaba más alejado de la ventana, obviamente, y además ella lo tapaba con su com-
plexión fornida, era algo ancha de hombros, menos que
de caderas, por suerte. Él me resultaba invisible, un fantasma, nada aparecía de él, ni un cabello. Y ya no me
cupo ninguna duda de lo que sucedía cuando Beatriz se
dio de repente la vuelta —fue con brusquedad: o se la
dieron— y se inclinó hacia adelante, y me pareció que
sus manos se apoyaban en la parte inferior del marco o
no sé si eso es alféizar, o se agarraban. En vez de su espalda y su nuca vi su rostro, ahora sólo su rostro y el cuello
y de su cuerpo nada, y me llevé un enorme sobresalto: lo
mismo que yo la divisaba desde abajo, ella me divisaría a
mí desde arriba. Corrí a esconderme detrás de un árbol
—dos saltos—, y desde allí continué observando. La
precaución fue superflua, al menos en primerísima instancia, porque Beatriz tenía los ojos cerrados con fuerza,
no miraba hacia el exterior ni hacia ningún sitio, estaba
absorta en sí misma, supuse, y en sus sensaciones. Imaginé que el hombre, al darle la vuelta, le habría subido la
falda —ya no habría vaivén, o sería de otra clase— y le
habría bajado medias y bragas hasta medio muslo para
penetrar en ella con la comodidad imprescindible, dada
la relativa incomodidad de la posición vertical de ambos,
sobre todo de él, ella se habría encorvado.

Me entró pudor, pese a sentirme bastante a cubierto detrás del árbol, me asomaba lo justo, media pupila de nuevo. Ya no era que me diera apuro ser visto, sino que me creaban mala conciencia tanto espionaje y estar viendo lo que veía ahora: la cara de Beatriz durante lo que me figuraba un orgasmo, o más de uno, o qué sé yo, un preorgasmo, tampoco he sabido nunca diferenciarlos tanto, las mujeres tienden a la concatenación y no suelen ser nítidas, también se dice que fingen de maravilla, y encima aquí se me ofrecían nada más las facciones aisladas, pegadas al cristal, como un extraño retrato con los ojos muy apretados, apenas los hay así en la historia de la pintura —cuando se pinta o se dibuja a un durmiente o a un muerto los párpados no hacen presión y están en sosiego—, no podía contemplar la posible aceleración de sus movimientos ni la probable agitación o temblor de sus miembros, ni desde luego oír nada, ni un gemido ni un jadeo ni una palabra, si es que ella pronunciaba alguna —no parecía—, en esas circunstancias hay quienes hablan y se espolean, o incluso sueltan obscenidades poco creíbles arriesgándose a hacer el ridículo o a provocar el rechazo, como si escenificaran para su testigo único o para sí mismos, y unos pocos gastan bromas, y hay quienes se concentran y callan. También hay quienes cierran los ojos con mucha fuerza para ayudarse a imaginar que están con otra persona de la que los abraza o sujeta y hurga, me pregunté si sería este el caso, si Beatriz fantasearía en aquellos instantes con Muriel el esquivo o si tendría bien clara y presente la identidad del individuo con el que se acoplaba o juntaba, nada habría entre sus sexos, no se tomaban precauciones entonces, el sida aún no se conocía en España, ni siquiera tal vez en el mundo.

Sí, sentí vergüenza pero miré y miré el rostro a través de la ventana, casi aplastado contra ella en algún momento —algo de vaho—, a veces es difícil distinguir a qué responde la expresión de una mujer a la que están follando, uno supone que es de placer pero puede asemejarse a la de dolor (uno se detiene y escudriña y pregunta: '¿Estás bien? ¿Te hago daño?'), o hasta a la de desesperación o profunda pena o amargura, en alguna ocasión he sospechado que alguna estaba conmigo en esa situación tan íntima sólo para amortiguar su tristeza, o para vengarse de otro sin su conocimiento (pensando curiosamente 'Si él lo supiera', en lugar de 'Cuando se entere': como si nunca fuera a contárselo), o para paliar durante un rato la soledad de su cama afligida, o incluso para rebajarse en su imaginación a conciencia y sentirse viscosa y sucia y traicionera, momentánea e ilusamente, muy poco dura esa sensación de fango, se diluye demasiado pronto, al día siguiente ya no queda ni rastro y se está tan limpio como antes, la limpieza es persistente, casi todo puede lavarse. A veces he sospechado que yo era sólo un mecanismo, una pieza, un instrumento. La expresión de Beatriz podía responder a cualquier cosa y yo no estaba con ella, no cabía detenerme y preguntarle: '¿Estás bien? ¿Te hago daño?'. Porque no era yo el que se lo hacía, si es que se lo estaban haciendo.

'¿Y si la están violando? ¿Y si está bajo amenaza, del tipo que sea? ¿Y si está cediendo, y si está sometida a un chantaje?', se me ocurrió pensar sin dar el menor crédito a estos pensamientos, fue como jugar a pensarlos. Pero contribuyeron a que me venciera el deseo de averiguar la identidad del individuo, de ver su cara conocida o desconocida. No creía que fuera el chichisbeo Roy, en absoluto, aunque Muriel —seguramente por mortificarla y por chanza— lo hubiera dado por seguro amante de Beatriz la noche de la paciente espera ante la puerta y los ruegos y nada sea descartable bajo el distraído sol ni aún menos bajo la vigilante luna; también a Rico, él sí podía ser, era improbable pero no imposible, en algunos terrenos no sería escrupuloso, en otros sí, hay bastantes hombres como él, que sí lo son en el de la amistad y no en cambio en el de las mujeres, el conflicto los abrasa cuando se les presenta la oportunidad de acostarse con las mujeres de amigos, no aguantan mucho quemándose. Pero en este caso suponía que prevalecería la lealtad a Muriel —quizá lealtad indeseada, quizá éste prefería que Beatriz tuviera sus entretenimientos plenos y no le diera a él la matraca—, ya he dicho cuánta veneración le profesaba. Además estaba muy enamorado de su esposa que no venía a Madrid, tal vez jamás era adúltero más que en complacida hipótesis, lo mismo que si fantaseara con un paseo y una conversación con Petrarca.

'¿Por qué aquí, en este sitio inadecuado y extraño, dedicado al culto, un santuario?', me pregunté a continuación. 'Aunque no estén en la capilla, eso habría sido profanación o sacrilegio, me imagino, o ambas cosas. ¿Por qué con celeridad y vestidos, o al menos ella vestida? Tampoco me lo imagino a él, sea quien sea, completamente desnudo mientras Beatriz conserva su ropa, no creo que se haya despojado del todo ni de una sola prenda, medias y bragas bajadas, no quitadas, sería demasiado contraste. ¿Por qué a esta hora anodina en la que nada tienta y todo cuesta un poco de esfuerzo? ¿Por qué no se encuentran en casa de él, o alquilan una habitación de hotel, por qué arriesgarse a ser descubiertos por un jardinero, un custodio, un empleado, o todavía peor, un cura o una monja o un feligrés fervoroso? Por aquí debe de haber unos cuantos cuando Nuestra Señora no esté abandonada.' El lugar olía a extrema derecha, muy activa en aquellos años, y rabiosa; había estado en el poder durante treinta y siete y hasta hacía sólo cinco, todos conocíamos bien esa peste, en verdad era inconfundible, lo sigue siendo aún ahora, tres décadas más tarde, para los que vivimos ahogados por ella: la captamos al instante, en un local, en un salón o un recinto, en un sujeto civil, hombre o mujer, en un obispo, en un político que se finge democrático y se ufana de haber sido votado, una parte de España olerá así eternamente. 'Beatriz no es religiosa, ¿qué diablos hace aquí? Claro que no ha venido a poner velas precisamente, si acaso a que le pongan una a ella.' Y me sorprendí de este pensamiento zafio o mal juego de palabras, no es mi estilo ni lo era tampoco entonces, a veces cedemos a la facilidad y a la grosería, la mente se nos escapa aún más que la lengua. No es grave si nos damos cuenta y paramos, ni siquiera lo es mucho si no, al fin y al cabo nadie escucha nuestras asociaciones, nuestra errabundia, nuestros desdenes y maldiciones. También me asombró mi falta de respeto hacia ella: quizá había decepción —tanto amor por su marido para esto, como si tuvieran relación las dos cosas—, o un inconsciente despecho platónico;

o resulta imposible sentirlo por quien uno ve en esas faenas. 'He de subirme a este árbol', pasé rápidamente a lo práctico, 'antes de que terminen y se vayan, o se vaya ella, que es la que ha hecho la visita, la que ha acudido a la llamada. Si no no sabré quién es, no lo veré, a ese tipo.'

Así que empecé a trepar, no me costó alcanzar con una mano una rama, desde la cual me trasladé a una más elevada y luego a otra, hasta quedar a la altura de la ventana o incluso un poco por encima, ni siquiera tuve que encaramarme a la copa, no se me daban mal en aquella época los volatines ni las semiacrobacias, me planté allí en cuestión de un minuto o menos. Me asenté sobre la rama elegida, agazapado, cuidando de que me tapara el follaje. Pero aún no veía al individuo, también él debía de haberse encorvado, seguía oculto tras la cara de Beatriz pegada o tan cercana al cristal, ella no había abierto los ojos en ningún instante. Ahora podía interpretar su expresión mejor, al estar enfrente, si es que hay algo interpretable en la de una mujer en ese trance, todo son conjeturas. Su rostro resultaba más atrayente que de costumbre, la piel más tersa y juvenilizzada, los labios más carnosos o gruesos, como si invadieran zonas ajenas y más porosos y esfumados, más rojos, entreabiertos para dejar escapar los jadeos, puede que también algún educado gemido (gritos no, era seguro), las pestañas más largas o más visibles al ocupar el lugar de la mirada sin tregua, era notable que ni una vez hubiera despegado los párpados, como si no quisiera verificar dónde se hallaba. Yo he visto a mujeres no muy guapas ponerse guapísimas en esa situación de medio olvido, no les dura más que lo que dura el polvo, sea mal dicho y a las claras. Pero me pareció que no le importaba mucho el sujeto con el que estaba, que éste era rutinario, o ni siquiera, quizá funcional tan sólo, como ya he dicho que me he sentido yo a veces, probablemente todos los hombres y las mujeres hemos experimentado esa sensación, y el que no la acepte va listo, tampoco representa un drama y aun puede ofrecer ventajas, según el caso. 'El tipo aguanta bastante', me dije, 'entre unas cosas y otras lleva ya dándole un rato', y me dio un poco de envidia, yo era todavía muy joven para siempre saber adecuarme, contenerme. Eso lo aprendí algo más tarde, con la práctica y el distanciamiento y la figuración de imágenes errantes.

Y fue nada más pensar esto cuando él cesó o terminó, y entonces lo vi por fin emerger, separarse de Beatriz e incorporarse, echarse hacia atrás dos o tres pasos y quedar de pie, muy alto como era, erguido, con su dentadura sonriente y grande y sus ojos azules satisfechos, no con una satisfacción sexual, como sería lógico, sino más bien mental, como si estuviera pensando 'Toma ya' o 'Ahí queda eso' o —aún más pueril— 'Se la he metido hasta el fondo', o bien algo más amplio, 'Continúo causando estragos y la cuenta sigue aumentando'; como si no lo complaciera tanto el goce físico que había obtenido cuanto la conciencia de lo que había hecho en lugar impropio, a deshoras y con mujer casada, con la mujer de un amigo, aunque ese amigo no quisiera tocarla ni menos aún adentrarse donde él había escarbado y penetrado. Vestía una bata blanca de médico, como correspondía a su título; nunca lo había visto con ella, naturalmente. La llevaba abierta y debajo su ropa normal, corbata sobre la camisa cruda, la chaqueta se la habría quitado. El Doctor Van Vechten se había despeinado bastante el pelo rubio, se le había descolocado con los empujones rítmicos, casi se le había desmoronado y le caía en flequillo, cuando lo llevaba con la raya lateral bien hecha le abultaba compacto y alzado, de lejos daba la impresión de portar en equilibrio una barra de pan en la cabeza y no cabello, tenía el mismo color que las cortezas claras. En seguida se lo alisó un poco con la mano, mientras Beatriz se apartaba de la ventana y abría por fin los ojos —pero no debió de verme, no sólo por mi camuflaje entre las ramas, sino porque no debió de ver nada, la mirada turbia y perdida como si saliera de una ensoñación o un ensimismamiento o una siesta involuntaria— y se alejaba con paso titubeante y lento hacia el fondo de la habitación, los muslos quizá adormecidos por la postura, seguramente iba a un cuarto de baño, él le cedería la preferencia para recomponerse. De Van Vechten sólo el torso me era visible, de cintura para arriba, supuse que todo lo abdominal lo habría guardado en los pantalones, aunque todavía no hubiera podido lavarse, quizá tenía gasas a mano y con ellas se había apañado, no entraba en mi campo visual esa zona. Lo vi medio sentarse en una mesa y encender un cigarrillo. Mantenía su gran sonrisa perenne, sabía de su dentadura deslumbrante, llamativa como la de un actor extranjero, era uno de sus principales activos y no sería capaz de borrársela casi nunca, ni siquiera a solas, estaría demasiado acostumbrado a llevarla siempre puesta para la gente, deduje que la tenía petrificada y que quizá no significaba nada en contra de lo que había creído, lo había tenido por persona exageradamente cordial, confianzuda. Incluso me pareció que se reía de pura ufanía, solamente de decirse lo que acababa de ocurrir, hacía un instante. Hay hombres que computan cada encuentro sexual como una condecoración o como un triunfo, aunque sean adultos o aun maduros. Es algo más propio de jóvenes, de la edad en que todavía no ha habido muchos, pero hay varones que conservan ese espíritu medallístico durante la vida entera.

Al cabo de un par de minutos volvió Beatriz, al no haberse desvestido no habría tenido mucho quehacer en el baño. Él aprovechó para entrar un momento, durante el que ella se estiró la falda lo que pudo, se retocó con los dedos el pelo y cogió el bolso, como si no viera motivo por el que demorarse allí y sin dilación fuera a marcharse. Polvo echado, visita acabada, me dio que era una situación de esas: poco que hablar antes, y después nada. Él debió de gritarle 'Espera' desde el cuarto de baño y ella dejó el bolso de nuevo, sobre la mesa, y se apoyó un puño en la cadera, leve gesto de impaciencia. Cuando él reapareció ya bien peinado —su *baguette* habitual coronándole el cráneo—, le dijo algo a ella acercándose mucho, casi al oído. Beatriz negó con la cabeza, con cierta seriedad, con énfasis. Desde luego no parecía una amante feliz, ni cariñosa ni siquiera contenta, me pregunté cuánto tiempo llevarían aquellos dos viéndose así, incluso si sería la primera ocasión, que casi siempre es algo dubitativa y arisca —la ronda el arrepentimiento inmediato—; por cálculo de probabilidades lo juzgué del todo imposible: mucha casualidad habría sido que la primera vez que la seguía fuera también la inaugural de una relación suya de esta índole, y además con el Doctor Van Vechten precisamente, con el hombre del que Muriel sospechaba fealdades pasadas y en el que me había encomendado fijarme. El médico le hizo una caricia a Beatriz en la mejilla y ella apartó la cara. 'No, nada de caricias', pudo haberle dicho a la vez que esquivaba la gentileza de la mano enorme. (Y al instante me vino esa frase en francés, como si la hubiera leído en algún sitio: *'Non, pas de caresses'*.) Pero yo no oía nada.

—Hijo, ¿qué haces ahí arriba? Te vas a romper la crisma.

Eso sí lo oí de pronto, una voz desagradable que venía de abajo, hacía siglos que no escuchaba la expresión 'romperse la crisma', sólo la utilizaban los viejos y en efecto era una monja vieja la que la había empleado. La tenía a mis pies, es decir, al pie del árbol, y me di cuenta entonces de lo absurdo de mi situación y de mi proceder: cómo es que estaba allí encaramado, difícil de justificar, los jóvenes se comportan como excéntricos y hacen cosas inexplicables, no se me ocurría otra excusa, era muy pobre. La monja vestía hábito azul y llevaba una de esas tocas o cofias volanderas o aladas, no sé su nombre, recuerdan a un pájaro de papiroflexia y también a una ligera embarcación de vela, no se veían con frecuencia en España, quizá más en Francia e Italia. Ahí se acababa mi espionaje, en todo caso, y aún pensé que más me valía salir del recinto volando, antes de que Beatriz se despidiera y bajara, no fuera a encontrarme con ella en el jardín o en el patiecito de entrada, convenía que alcanzara la calle lo antes posible y me alejara. Mientras descendía pensé cómo lograr que aquella monja no me entretuviera, no me pidiera demasiadas explicaciones de quién era, por qué había entrado, por qué me había subido a una rama bastante alta. Cuando llegué al suelo sólo me vino la idea de fingirme ofendido, para desviar la atención de mi presencia y colocación anómalas:

—Haga el favor de no llamarme 'hijo', madre —le dije con tono algo severo y desparpajo—, porque yo no soy hijo suyo, y más nos vale. No debe usted tomarse tantas confianzas, con el primero que pasa. —Era una completa sandez regañarla por llamarme 'hijo' y a la vez llamarla yo 'madre'. Pero sabía que esto último gusta y ablanda a las religiosas de edad (que acaso son madres superioras), lo mismo que se derriten los curas cuando se les dice 'padre', a lo que aspiran: muchas pretensiones todos ellos.

Se quedó levemente desconcertada y me miró con curiosidad. Tenía las cejas picudas.

—Está bien, hijo —insistió sin darse cuenta—. No te lo tomes a mal, es la costumbre. A los jóvenes que vienen aquí no les molesta. A ti no te conozco. Pero ¿qué hacías ahí subido? Podías haberte dado una buena toña.

Me extrañó el término tan coloquial, también hacía mucho que no oía la palabra 'toña'. La monja debía de ser de pueblo, o de ciudad pequeña.

Vacilé un instante, tenía que apresurarme. Contesté la primera imbecilidad que se me ocurrió:

—Quería ver si desde lo alto se me aparecía Nuestra Señora. De Darmstadt —especifiqué como si hiciera falta—. Sé que ha prodigado visiones.

No tenía la menor idea, pero lo di por hecho: no hay Virgen con santuario que no se haya aparecido varias veces suspendida en el aire o sobre las aguas o sobre una roca o incluso en la copa de un árbol (ahí es donde yo había estado o casi, al fin y al cabo). Así señalan el terreno en el que ha de erigírseles un templo, esa es la fama. Y aun se plasman en distintos lugares, para conseguir aquí una basílica, allí una ermita, más allá una hornacina, no se conforman con nada.

—No se aparece así como así, a voluntad del creyente. Sería ostentoso. Y estaríamos medrados. —Ni siquiera conocía esta última expresión. Sonaba muy anticuada, aunque deduje su significado. Definitivamente aquella monja venía de algún sitio recóndito, o no sé, del medievo.

—Entiendo. Es recatada. Ya le toca. Y en efecto: estaríamos medrados, usted lo ha dicho —repetí la frase, como si me fuera de uso corriente y estuviera al cabo de la calle. Miré hacia la doble escalera, por la que suponía que tendría que bajar Beatriz camino de la salida. Desde donde estaba sólo una me resultaba visible, la otra me quedaba oculta; confiaba en que Beatriz descendiera por ésta, no me vería como yo no veía esos escalones. O en que Van Vechten la hubiera retenido un poco más. En todo caso, debía largarme de allí lo antes posible—. Bien, madre, ahora tengo prisa. Disculpe mi reacción, mi ignorancia, el susto y las molestias. Ha sido un placer conocerla.

Le besé la mano como si fuera un cardenal o un obispo, carecía de práctica en el trato con eclesiásticos, pero había observado que a algunos se les estampa un beso en sus gruesas sortijas moradas, por cierto ostentosas, no se merecía menos la monja de tiempo o de lugar remotos, había sido indulgente pese a su voz desagradable. De unas zancadas me encontré en la puerta. Miré a un lado y otro, no vi a nadie más, por suerte, y confié en que ni Beatriz ni Van Vechten se hubieran aproximado a la ventana durante los escasos minutos de mi charla al pie del árbol. Me alejé del portal, eché a andar con presteza, y no había dado veinte pasos cuando me frené en seco al divisar a Beatriz en la distancia, el vaivén de su falda era inconfundible, si bien ahora me pareció algo más rígido, la prenda se le habría arrugado un poco por fuerza. Había sido rápida, no le había permitido a Van Vechten caricias ni tampoco palabras ('*Non, pas de mots*', así podría haberle cortado, de haber estado en un libro), se había marchado inadvertida mientras yo aún hablaba con la anciana. Se disponía a entrar en el Museo Lázaro Galdiano, que estaba cerca, cruzada una calle ancha, en la acera opuesta. Ahí ya no fui tras ella, no creía que en ese edificio la esperase un segundo amante.

Sin embargo sí pensé que podía haber un segundo en otro de mis seguimientos, unos días más tarde, durante la misma ausencia de Madrid de su marido. En aquella ocasión Beatriz también salió a pie y a parecida hora. Caminó durante un rato por la propia calle Velázquez en la que vivía o casi vivíamos, yo pasaba en la casa cada vez más tiempo, no sé si voluntaria o distraídamente; al llegar a Lista (los madrileños de entonces aún llamábamos así a la que se conoce oficialmente como José Ortega y Gasset y como tal figura en los mapas y guías; de hecho la llamamos todavía al modo antiguo), torció a la derecha y recorrió poco trecho, hasta la Plaza del Marqués de Salamanca. La vi introducirse en uno de los altísimos portales de esa plaza. Dejé transcurrir unos minutos antes de acercarme a mirar las pequeñas placas metálicas —unas cuantas, en general doradas— que instalan en los laterales, para que se vean desde la calle y no haya pérdida o para anunciarse discretamente, empresas que tienen su sede en el edificio en cuestión o bien profesionales de cierto postín o renombre o los que aspiran a serlo y tientan la suerte y se adelantan. Había siete en aquel portal: tres eran crípticas para mí, 'Meridianos', '22B BS' y 'Gekoski', debían de ser empresas. También lo sería 'Marius Kociejowski. Viajes a Oriente Medio', pero al menos indicaba su dedicación (amplia pero específica, me dio que no se trataría de una mera agencia), me pareció una coincidencia llamativa que hubiera dos apellidos más o menos polacos, a eso me sonaban, no había tantos en Madrid como década y pico más tarde, tras la caída del Telón de Acero, y los que vinieron a raíz de eso no solían ser empresarios. También lo era sin duda 'Deverne Films', pero ésta resultaba diáfana, era el nombre de una distribuidora cinematográfica muy potente y activa, asimismo propietaria de numerosas salas de cine, quién no había visto como prolegómeno aquel enorme cartel que ocupaba la pantalla y rezaba: 'Deverne Films presenta'. Recordé que Muriel tenía tratos con esa familia, como probablemente todos los directores. De hecho lo había acompañado, hacía meses, a una reunión en una cafetería con el fundador y un hijo suyo que aún no había cumplido la treintena y ya participaba en el negocio. La distribuidora intervenía en la producción de películas, anticipaba dinero para posibilitar su existencia y asegurarse su exhibición desde el principio, si el producto final le interesaba, o bien cobrar por la cesión a otra. Las dos placas restantes eran más anodinas, por así decir, de profesionales: 'Juan Mollá. Abogado', se leía en una, y la última era igual de parca: 'Doctor Carlos Arranz. Consulta médica'.

Crucé la calle Príncipe de Vergara y esperé ante una tienda llamada La Continental, de decoración, muebles, vajillas, toda clase de cosas para el hogar, de buen gusto. (O eso creo: no estoy seguro de si existía entonces y desde luego ya no existe ahora; sin embargo es esa tienda la que ha quedado en mi memoria, no sé si porque más adelante pasé largos ratos con mi mujer allí, escogiendo artículos para nuestro piso y echando ojeadas rememorativas, sin querer, hacia el número 2 de la plaza.) Podría meterme en ella para distraerme, no perder de vista el portal y estar al tanto de la salida de Beatriz, deseaba saber al menos cuánto tiempo permanecía dentro, aunque para ninguna actividad hace falta mucho, la duración de los encuentros en realidad indica poco. No pude evitar especular mientras aguardaba: no creía que hubiera ido al abogado ni al médico, si bien nada era descartable. Lo de 22B BS me hizo sospechar que aquello fuera una agencia de detectives; tras darle tres vueltas al extraño nombre me fue imposible no relacionarlo con 22B Baker Street, donde vivían y recibían sus encargos Sherlock Holmes y el Doctor Watson. A esos profesionales sí me pegaba más que Beatriz hubiera acudido, las personas desdichadas se empeñan en averiguar muchas veces la magnitud de su desdicha, o en indagar vidas ajenas para abstraerse de las suyas. Claro que podía estar visitando a Gekoski o Meridianos, fueran lo que fuesen, o a Marius K con sus viajes, o también a alguien que no exhibiera placa en el exterior del edificio. Pero me incliné por Deverne Films, al fin y al cabo pertenecían al mismo gremio que su marido y era fácil que los conociera. Yo no había prestado mucha atención a la charla en aquella cafetería, pero sí recordaba la muy buena presencia del hijo del fundador, Miguel Deverne se llamaba aquel joven, no era mucho mayor que yo pero vestía traje y corbata con sorprendente naturalidad e incluso lucía gemelos, algo para mí muy anticuado. Era un hombre muy cordial, de risa pronta y sonora, atractivo para cualquier mujer, hasta para una de cuarenta cumplidos, sobre todo si su marido la apesadumbraba y frustraba desde tiempo atrás con sus rechazos.

La visión de Beatriz con Van Vechten, unos días antes, me había revelado una dimensión suya nueva, activa, o me había envuelto o contaminado a la persona, por así expresarlo (la verdad es que nada había visto, tan sólo su cara con los ojos cerrados), y eso me llevaba a imaginarla en la misma actitud continuamente, lo cual era bastante inadecuado e injusto, en la casa su comportamiento diurno era discreto o incluso a veces apocado —en presencia de Muriel sobre todo, como si le pidiera perdón por su existencia—, éste había conseguido encogerla, disminuirla pese a su robustez y su estatura, hacerla sentir que estaba de sobra como una imposición de la costumbre o de un compromiso muy antiguo, que precisamente de puro viejo ya no se cuestionaba; también ante mí daba la impresión de disculparse un poco, durante meses no se atrevía a entablar mucha conversación conmigo por pertenecer yo claramente a la órbita de su marido y tenerle tanta aprensión ella a éste, si no miedo directamente. Así que me figuré que, estuviera con quien estuviese en la Plaza del Marqués de Salamanca, el encuentro sería de naturaleza sexual, por mucho que me dijera, al mismo tiempo, que no tenía por qué ser así, que bien podía haberse citado con el abogado Mollá para prevenir un posible divorcio cuando el divorcio fuera aprobado; o con el médico Arranz por cualquier preocupación o síntoma o hipocondría, y además cabía que ese doctor fuera un psiquiatra o psicólogo, la placa no mencionaba especialidad alguna y no habría sido raro que Beatriz se sometiera a sesiones para desahogarse y mejor sobrellevar su pena; podía encargar una investigación privada acerca de cualquier suceso o individuo del presente o del pasado (acaso le interesaba ahondar en el origen de su infortunio), o planear un viaje a Egipto o Siria; podía interceder por Muriel, tratar de favorecer un proyecto suyo pendiente de uno o dos hilos, ante la familia de distribuidores; podía hacer negocios con Gekoski, el nombre me pareció verosímil para una casa de subastas oscuras, por ejemplo, o aun de empeño de valiosos objetos, si es que éstas aún existían. Y no obstante estos razonamientos, en todo caso me la imaginaba en situación similar a la que había compartido con Van Vechten. Hasta se me ocurrió, en mi deriva, que podía prostituirse por beneficiar al marido —la incondicionalidad no rehúye la paradoja y desde luego es capaz de todo, ya lo dice la palabra— y ofrecerse al fundador Deverne, que andaría por la sesentena o más y no le haría ascos sin duda.

'Su cama está desconsolada', pensé, 'por eso Beatriz visita otras, o ni siquiera hace uso de camas, y así no se arriesga a notar el contraste con la suya, a la que vuelve todas las noches sola y fría. No se está quieta ni se conforma, se procura incursiones y aventuras. Desearía tenerlas con Muriel, pero al faltarle él no languidece ni siempre se consume en casa, en sus épocas más animadas busca sustitutivos como casi todo el mundo, son muy pocos los que consiguen lo que ansían, o si lo logran no lo conservan durante mucho tiempo, quién sabe durante cuánto lo tuvo ella.' Nos afanamos por conquistar las cosas sin pensar, en el ahínco, que jamás estarán seguras, que rara vez perseveran y son siempre susceptibles de pérdida, nada está nunca ganado eternamente, a menudo libramos batallas o urdimos maquinaciones o contamos mentiras, incurrimos en bajezas o cometemos traiciones o propiciamos crímenes sin recordar que lo que obtengamos puede no ser duradero (es un viejísimo defecto de todos, ver como final el presente y olvidar que es transitorio, por fuerza y desesperantemente), y que las batallas y maquinaciones, las mentiras y bajezas y traiciones y crímenes se nos aparecerán como baldíos una vez anulado o agotado su efecto, o aún peor, como superfluos: nada habría sido diferente si nos los hubiéramos ahorrado, cuánto denuedo inservible, qué malgasto y desperdicio. Nos guiamos por la malvada prisa y nos entregamos a la venenosa impaciencia, como le oí decir en una ocasión a Muriel, sin saber si citaba a alguien. No alcanzamos a ver más allá del mañana y lo vemos como el término del tiempo, lo mismo que si fuéramos niños de corta edad, que creen que la momentánea ausencia de la madre es definitiva e irreversible, un abandono en toda regla; que si tienen hambre o sed y no les ponen inmediato remedio las padecerán ya para siempre; que si se hacen un rasguño ese dolor no acabará nunca, ni siquiera adivinan la costra; que si se sienten protegidos y a resguardo eso no sufrirá variaciones durante el resto de su vida, el cual tan sólo conciben de día en día o de hora en hora o de cinco en cinco minutos. No cambiamos mucho, en ese aspecto, cuando somos adultos, ni cuando somos viejos y ese resto se acorta. El pasado no cuenta, es tiempo expirado y negado, es tiempo de error o de ingenuidad e insipiencia y acaba por ser tiempo digno de lástima, lo que lo invalida y envuelve es a la postre esta idea: 'Qué poco sabíamos, qué tontos fuimos, qué inocentes, ignorábamos lo que nos aguardaba y ahora estamos al tanto'. Y en ese saber de ahora somos incapaces de tener en cuenta que mañana sabremos otra cosa distinta y el hoy nos parecerá igual de tonto que el ayer y el anteayer y que el día en que nos arrojaron al mundo, o quizá fue en plena noche bajo esa luna desdeñosa y harta. Vamos de engaño en engaño y no nos engañamos al respecto, y aun así, a cada instante, el último lo damos por cierto.

Esperé y esperé y se me hizo muy larga la espera. Entré y salí de la tienda un montón de veces, la inspeccioné sin comprar nada, sorteando como pude a las dependientas solícitas ('No, gracias, sólo estoy echando una ojeada, ya volveré cuando me decida'). Miraba hacia una u otra ventana del edificio de la plaza, en ninguna veía a nadie, imposible averiguar el piso al que Beatriz había ido. Estuve tentado de asomarme al portal y preguntarle al portero, pero habría resultado impertinente y me habría contestado con malos modos y un seguro tuteo: 'Y a ti qué te importa, chaval, por qué quieres saberlo. No es asunto tuyo a quién visita esa señora, quién te manda. Voy a avisar inmediatamente al señor Gekoski, al Doctor Arranz, al señor Mollá, a Mr Holmes, al señor Kociejowski, a los señores Deverne, para que tomen medidas y estén enterados de tu entrometimiento'. Amenazándome con un nombre, me habría dado la respuesta. Seguí esperando, y cuanto más rato pasaba más probabilidades veía de que el encuentro de Beatriz fuera carnal, y al cabo de unos segundos opinaba lo contrario, se tarda más en hablar que en echar un prefijado polvo, sea de nuevo mal dicho y para mejor entendernos.

Transcurrió casi una hora antes de que reapareciera, con cuál de ellos habría estado y qué habría hecho. No aprecié variación ni en su actitud ni en su aspecto, en primera instancia; tal vez sí en su expresión, que me pareció —cómo decirlo— deshilvanada o desdibujada, como si una parte del rostro reflejara intensidad y otra hastío, como si acabara de experimentar algo audaz pero no grato. Empezó a deshacer el camino que había hecho desde su casa. Todavía la seguí a distancia, por ver adónde iba, hasta que se metió en una tienda de ropa buena de la calle Ortega y Gasset, antes Lista. Y fue en ese tramo cuando advertí que lucía una considerable carrera en una media, casi un desgarro, y que la parte posterior de la falda se negaba a descender del todo hasta su inicial altura, enganchada con el estropicio, pese a los intentos de ella por bajársela mientras caminaba. Basta con rozarse con algo para que se produzca una carrera, bien lo sé y lo sabía, pero para mí fue una confirmación de mis suposiciones, entonces: con quien quisiera que se hubiera acostado —es un decir, siempre hay respaldos y paredes y mesas en los que apoyarse—, ese hombre había sido menos cuidadoso que Van Vechten; si se conserva la ropa puede ensuciarse o romperse. Cuando salió de la tienda se había cambiado las medias y el vaivén de su falda era el adecuado, sin ya encontrar ningún obstáculo. Se las habría comprado allí mismo, para eso habría entrado.

Nadie me mandaba, en contra de lo que habría creído el portero si le hubiera inquirido por la destinación de Beatriz Noguera en aquel inmueble, por su visitado. No, nadie me había ordenado ir tras ella cuando salía sola, y por entonces yo mismo no sabía del todo por qué lo hacía, o no precisaba decírmelo o no quería reconocérmelo, pese a mi carácter meditativo. Es una de las ventajas de la juventud: uno se permite mucho más actuar por impulso y con zigzagueo, se siente original —aunque resulte no serlo, sino en realidad sólo tópico— al tomar decisiones raras sobre la marcha, piensa que no le van mal ciertas dosis de extravagancia o irresponsabilidad o incluso de locura impostada, o es más bien que son tiempos para consentir en ella —en la locura esporádica, aunque ese coqueteo siempre entrañe algo de riesgo— sin que eso traiga apenas consecuencias ni casi nunca nos deslice hacia una más seria y constante; y todavía está uno cerca de las edades infantil y adolescente en las que se mira a sí mismo como a un personaje de novela o de tebeo o de cine y trata de emular a algunos, consciente o inconscientemente, tal vez yo imitaba ahora a criaturas de Hitchcock, sugestionado por aquel ciclo al que Muriel me había llevado sin que yo me resistiera en absoluto, en esas películas hay largos tramos en los que nadie abre la boca y no hay ni el más leve diálogo, en los que sólo se ve a gente ir de un lado a otro y sin embargo el espectador mira la pantalla imantado, con creciente intriga y enorme zozobra, sin que para ello haya a veces la menor justificación objetiva. Es la simple observación la que nos crea la zozobra y la intriga. Basta con posar la vista en alguien para que empecemos a hacernos preguntas y a temer por su destino.

Con eso despachaba yo mi comportamiento: mera curiosidad, estaba intrigado, también sentía algo de zozobra por la suerte de Beatriz y la índole de sus compañías; o acaso era que pese a mi juventud, y a la general libertad de aquella época, me azoraban sus visitas a tiro hecho, de las que Muriel no sabría nada. A él le traerían sin cuidado, en todo caso, o incluso las celebraría de conocerlas. Aunque ella me llevaba muchos años mi actitud estaba teñida de un extraño y respetuoso deseo de protegerla, así fuera sólo como acompañante ignorado y como testigo invisible: teñida de paternalismo incongruente. Como si ella fuera también un personaje, a éstos los escrutamos con inquietud y miedo cuando consiguen importarnos, en ese campo de la ficción no es infrecuente que un niño vele por un adulto, desde su butaca en la oscuridad o desde sus ojos sobresaltados al pasar las páginas con la respiración contenida. En ese terreno no hay mayores ni menores, no hay edades. Nos angustiamos por quienes son más fuertes, más sabios, más diestros, más viejos y experimentados, y el niño, que aún no distingue en su elementalidad nítidamente, ansía o se esfuerza por avisar a quien no puede oírle, de que lo están engañando o de que lo acecha un peligro; él lo ha visto, puesto que es el testigo elegido (ensimismado en su contemplación o en su lectura, cree ser el único, de hecho). Y algo había en Beatriz de desorientación aparente, de desvalimiento no subrayado ni del que ella sacara provecho, ya he dicho que me caía bien y que inspiraba lástima —'pobre mujer infeliz, amorosa y doliente; o incluso pobre alma, pobre diablo'—, y lo hacía sin proponérselo. De haberlo yo percibido como táctica para andar por el mundo, para atraerse su benevolencia y obtener ventajas, nunca la habría cuidado de

aquella manera pasiva, distante y callada —aunque quizá 'cuidar' no sea el verbo—, sino que me habría producido un poco de irritación y recelo. No me gustan las
víctimas con excesiva conciencia de serlo.

Fue días después de regresar Muriel de aquella
ausencia cuando por fin me hizo la encomienda. Una
mañana en que no había nadie más en la casa pasamos
a su salón junto al despacho y cerró la puerta, no siempre observaba esa costumbre. Luego se echó en el suelo
con naturalidad cuan largo era, como en otras ocasiones, sirviéndole un antebrazo de almohada para la nuca:
llegué a pensar que era una forma de evitar mirarme de
frente, de mantener el ojo perdido en las alturas, en el
techo, en la parte más elevada de la biblioteca, en el cuadro de Casanova el hermano, una forma de decir las cosas sin decirlas del todo, de aparentar hablar solo o de
dejar que sus frases —sus indicaciones, sus digresiones,
sus confidencias, sus suaves órdenes— las recogiera yo
del aire, no de su pupila y sus labios directamente. Me
pareció que dirigía la vista hacia el óleo, representaba a
un exótico jinete con bigote de puntas caídas y raro go-
rro o sombrero emplumado, vestido de rojo y medio
vuelto, el ojo derecho fijo en Catalina la Grande de Rusia o en cualquier otro espectador para siempre, sólo ese,
el izquierdo casi escondido o acaso sin visión —lo poco
que asomaba de él se diría defectuoso, entrecerrado;
o tal vez mal pintado—, podía tratarse de un tuerto
como Muriel que se hubiera quedado así en una batalla,
era un soldado, Muriel no, a veces sospechaba que llevaba el parche para asemejarse a John Ford, a Raoul Walsh,
a André De Toth, a Nicholas Ray y no sé si a Fritz Lang,
directores que admiraba y que lo habían lucido, extraña
plaga entre individuos cuyo trabajo dependía de su mirada en gran medida. Más al fondo se veía a otros seis jinetes, todos alejándose con sus caballos, todos de espaldas y
con sombreros de ala más ancha o más normales, resulta-

ban vagamente velazqueños, no así el de rojo del primer término, que volvía el ojo atrás a diferencia de los demás, como si quisiera retener, antes de irse, la imagen de los muertos que habría causado, como si fuera él el único que atendiera a la muda petición de éstos, que en todas las guerras parecen murmurar desde sus cuerpos quietos como las figuras de un cuadro: 'Recuérdanos. Al menos a mí. Recuérdame'.

Muriel sacó su pastillero con brújula y se puso a mirarle la aguja, erguido norte.

—¿Te acuerdas de lo que te conté del Doctor Van Vechten? —me preguntó sin preámbulo.

Creo que me ruboricé —fue muy breve, un instante, no debió de notármelo— al oírle mencionar su nombre que ni siquiera había entendido meses antes. Ahora era distinto. No sólo lo conocía y lo había tratado en reuniones y cenas y timbas, en grupo, sino que estaba enterado de algo íntimo suyo que además atañía a Beatriz, por expresarlo esta vez con delicadeza. A partir de la escena parcial a la que había asistido en el Santuario de Darmstadt había temido que Muriel volviera sobre el médico algún día. No sabía si debería informarle, en ese caso, de lo que había presenciado subido a un árbol o si convenía callarlo; dependería de lo que me preguntase o solicitase, ya decidiría entonces, me decía, deseoso de no tener que decidir nada.

—Sí. Bueno, en realidad no me contó usted apenas, se mostró remiso, ¿lo recuerda? Me anunció, más que contarme. Me expuso sus dudas. Y también me advirtió que quizá me pediría que olvidara la conversación; lo que bordeó, lo anunciado. Es lo que he hecho más o menos, hasta ahora. —Le refresqué la memoria acerca de esta posibilidad con la esperanza de que se inclinara por ella, aunque no iba a ser así, era evidente. Todo lo relacionado con Van Vechten me incomodaba desde aquella tarde, pensaba que cuando lo viera de

nuevo tendería a rehuirlo—. Pero sí me acuerdo, claro. No se olvida a voluntad, eso tampoco.

—Bueno, Juan. Te anuncié una posible encomienda. Pues es esta —siguió, mirando aún al techo o al cuadro—: quiero que te hagas amigo de Van Vechten. Es más, quiero que lo conviertas en compañero de farras, que lo incorpores lo que puedas a tus correrías y salidas nocturnas. Tú vas por ahí muchas noches, ¿no?, a discotecas, a conciertos, a bares de copas, la famosa movida, ¿no? Invítalo a que te acompañe. Aunque sea mucho mayor, ganas no le faltarán, te lo aseguro. Agradecerá contar con un guía. Preséntale a amigas o a conocidas tuyas, a chicas jóvenes o de cualquier edad, todas me valen, y fíjate en su comportamiento con ellas, con las mujeres en general. Gánate su confianza. Háblale de tu vida sexual. Cuéntale de tu promiscuidad, de tus éxitos (tendrás éxito, ¿no?), de tus hazañas en ese campo, y si no son muy allá te las inventas. Presume. Jáctate. Ponle los dientes largos. Él fue joven en una época más ardua, de infinitamente menos posibilidades. Al ver lo fácil que es hoy, maldecirá no haber nacido un par de décadas más tarde. No temas resultar vulgar al referirte a las mujeres, incluso despreciativo. Mejor cuanto más lo seas, exagera. Tírale de la lengua y obsérvalo. La cuestión es que él se anime a su vez a contarte, tanto de ahora como del pasado, de sus años más gloriosos. Siempre fue muy mujeriego, aún lo es, lo habrás notado. Con bastantes logros, no creas. Pero le tocó un tiempo en que ellas se hacían mucho de rogar, en este país más que en otros. Qué digo, la mayoría estaban acorazadas, blindadas, había que recurrir a promesas y a ardides. A ver si te cuenta del pasado, lo que más me interesa está en el pasado. No hay como alardear de hazañas propias para que otro suelte las suyas, aunque sean muy antiguas, eso no falla. Mira a ver cómo establece su trato con las mujeres, cómo es en acción, cómo intenta ligárselas, y lo intentará a menudo, estate seguro. Ahora que le costará más, hasta dónde llega. Muéstrate miserable y sin escrúpulos, a ver cómo reacciona a eso, si se siente comprensivo o incluso afín, si te jalea o te desaprueba. A ver qué te cuenta y qué impresión te hace. A ver si me sacas algo en limpio.

—¿En limpio de qué, Eduardo? No acabo de entenderle. Que el Doctor es propenso a tirar los tejos salta a la vista, a la menor ocasión y hasta si no parece haberla. Él sondea por si acaso, eso sí, con las que valen algo, los ojos no se le van tras las feas, ni tras las asexuadas, aunque tampoco tenga la manga demasiado estrecha. Eso lo ve cualquiera, que es un oteador a la caza, también se le irán las manos, supongo, cuando no tenga testigos. A su lado el Profesor Rico es un herbívoro, un respetuoso, un delicado, por mencionar a otro amigo suyo que lleva esas antenas bien puestas. Un contemplativo. Eso lo sabe usted mejor que yo, que conoce al Doctor de media vida. Pero no sé lo que quiere que indague, o que le sonsaque. Es difícil tirar de la lengua, si uno ignora lo que han de contarle. ¿No me puede orientar un poco más, especificar qué anda buscando?

Muriel tamborileó con las uñas sobre su parche abultado, de baquelita o de lo que fuera, cric cric cric, el sonido agradable, el tacto envidiable. Luego volvió hacia mí su ojo azul oscuro e intenso, con rapidez, con aquella penetración de la que era capaz, intimidatoria a veces, como si con ella compensara la inmutable opacidad del otro. Hasta entonces no me había dirigido la vista. Pareció pensarse la respuesta unos segundos, estaba tentado de complacerme. Por fin resopló, quizá con contrariedad por verse obligado a negarme los datos, la ayuda, o quizá impacientado por mi imperfecta memoria.

—No, no debo. Te lo dije la otra vez: si empiezo a hablar de mis sospechas, si empiezo a revelar la historia que me ha llegado y que puede o no ser verdadera, tal vez cometa una injusticia irreparable. Y el Doctor es un gran amigo, no lo olvides, al que no quisiera perjudicar sin motivo. O bueno, sin un atisbo de certidumbre, valga la contradicción de los términos; sin más indicios. A mí no iba a contarme nada de lo que tuviera que avergonzarse tanto, ya te lo expliqué; otras cosas sí, de unas cuantas estoy enterado que no son para proclamarse; pero no esto. Porque conmigo se avergonzaría. Me conoce bien, sabe que soy lo opuesto a un puritano y nada estricto, pero que cierta clase de indecencias no las admito. —Recordé que había empleado el adjetivo correspondiente cuando más explícito había sido, la vez anterior: 'Según esa información', había dicho, 'el Doctor se habría portado de manera indecente con una mujer, o con más de una tal vez'. Y para mi asombro había concluido: 'Para mí eso es imperdonable, es lo peor. ¿Entiendes? Es lo más bajo en que se puede caer'—. Contigo sería distinto, dale pie. A ti podría contarte. A ti no te conoce apenas. —Se calló. Me miró con más intensidad todavía y con algo semejante a la curiosidad, como si de pronto me viera por primera vez, o cayera en la cuenta de lo que no tardó en añadir—: Ni siquiera yo sé cómo eres. —Luego desvió el ojo, volvió a fijarlo en el techo o en el cuadro y a acariciarse el mentón con la cajita de plata, tirado cuan largo era. Lo que dijo a continuación le salió en un tono indolente, como si fuera una obviedad y estuviera de sobra—: Ni tú tampoco. Aún no estás hecho del todo.

Para él sería una obviedad, para mí fue una sorpresa e incluso un motivo de desasosiego. Probablemente nadie esté nunca hecho del todo, y todavía menos los jóvenes, y es normal que los mayores los veamos así, incompletos, indecisos, turbios, tanto como un cuadro inacabado o como una novela a medio escribir o leer —la diferencia no es grande—, en la que aún puede suceder cualquier cosa o no tanto —pero demasiadas—, puede morir un personaje u otro o puede no morir ninguno; y hasta alguno tal vez mate y entonces sí estará hecho del todo, o así aparecerá ante los ojos del autor o del lector severos; lo que se relata en ella puede interesar sobremanera o en absoluto, nada, y entonces el paso de cada página se convierte en un suplicio del que el índice se cansa y ya no repite más el gesto, no espera a la última hoja tras la cual no hay más remedio, así quiera el dedo, por el contrario, seguir indefinidamente en ese mundo y con esa gente inventada. Lo mismo ocurre con las personas en su itinerario, hay vidas que no suscitan curiosidad y a las que asistir da enorme pereza, pese a estar llenas de vicisitudes, y hay otras que inexplicablemente hipnotizan, aunque nada muy llamativo parezca estar aconteciéndoles, o lo mejor nos quede oculto y sean sólo suposiciones.

Pero cada individuo cree estar hecho del todo en cada fase de su existencia y cree tener un determinado carácter sujeto sólo a variaciones menores, y se considera propenso a ciertas acciones e inmune a otras, cuando lo seguro es que de niños y jóvenes la mayoría no nos hemos sometido aún a pruebas, no nos hemos visto en encrucijadas ni tan siquiera en dilemas. Sí, tal vez nunca nos hagamos del todo, pero nos vamos configurando y fraguando sin darnos cuenta desde que se nos avista en el océano como un punto diminuto que se convertirá más tarde en un bulto al que habrá que esquivar o acercarse, y a medida que transcurren los años y nos envuelven los sucesos, a medida que tomamos o descartamos opciones o dejamos que se encarguen los demás por nosotros (o es el aire). Tanto da quién decida, todo es desagradablemente irreversible y en ese sentido acaba todo nivelándose: lo deliberado y lo involuntario, lo accidental y lo maquinado, lo impulsivo y lo premeditado, y a quién le importan al final los porqués, y aún menos los propósitos.

Ahora miro a mis hijas jóvenes y no las veo lo bastante forjadas, como es natural a la edad que tienen; pero ellas se juzgarán hechas del todo, como seres casi inamovibles, lo mismo que me consideraba yo a mis veintitrés años y me había considerado antes siempre, supongo, uno presta poca atención a sus cambios, se olvida de cómo era y los olvida después de sufrirlos. Había terminado la carrera con buenas notas y sin tropiezos; aunque con la mediación de mis padres, gracias a su conocimiento antiguo de Muriel, había conseguido pronto un empleo y además a las órdenes de una persona notable, a la que admiraba sin apenas reservas y cuyos beneplácito y confianza contribuían a que me iluminara una luz muy favorable a mis propios ojos, no podía evitar sentirme orgulloso, pensar que algo había visto en mí mi jefe, que le había caído bien como mínimo, para contratarme y conservarme, a veces tenía la sensación halagadora de que no siempre se acordaba de mis lazos familiares, de cómo había llegado a él, de que era hijo de sus viejos amigos de juventud los De Vere a los que jamás había perdido el afecto pero luego había tratado más por carta o de tarde en tarde, mis padres siempre alejados por esos mundos y yo pocas veces con ellos. Había leído mucho, y visto bastante pintura y aún más cine; poseía cuantiosos conocimientos —era un joven sin duda pedante, pero lo refrenaba donde no tocaba serlo, por ejemplo cuando salía de noche con mis amistades o con chicas—; hablaba bien una lengua extranjera y otra aceptablemente, y sabía que en la mía disponía de un léxico amplio, mucho más que el de la mayoría de mis coetáneos, lo cual me permitía participar sin estridencias en las conversaciones de Muriel y su círculo, gente de edad y saber superiores (en teoría al menos), aunque en esas oportunidades tendiera a escuchar y no intervenir demasiado y sus charlas, a menudo, descendieran de cualquier altura y discurrieran por terrenos muy llanos entre risotadas; había pasado temporadas en otros países, cuando mis padres me incorporaban a sus prolongadas y variadas estancias diplomáticas, por lo general preferían que permaneciera en Madrid y asistiera con continuidad al mismo colegio, querían que adquiriera unas raíces sólidas o ese era el pretexto para dejarme durante el curso, e incluso cuando ya no lo había, al cuidado de mis tíos Julia y Luis, les parecía bien que creciera junto con mis primos Luis y Julia, sus hijos, que para mí han sido como medio hermanos, ya que hermanos no he tenido. Nunca nadie me controló muy de cerca, y la mayor parte del tiempo —excepto cuando venían mis padres de visita o en vacaciones, y en éstas no siempre venían, a menudo las aprovechaban para viajar por ahí por su cuenta— disponía para mí solo de la casa paterna bajo el ojo negligente de diferentes ayas o amas de llaves o como quiera llamárselas, que no duraban lo suficiente para cobrarme gran cariño ni ejercer sobre mí autoridad verdadera. Estuve desde adolescente acostumbrado a no rendir muchas cuentas a nadie, a regresar a deshoras y a elegir dónde dormía, si en mi casa o en la de mis tíos o en ninguna de las dos alguna noche: esto ya en mi juventud primera, desde que empecé a ser universitario a los diecisiete años, digamos.

A mis veintitrés mantenía ese régimen o aún más autónomo: el piso paterno para mí solo, con un fondo de asistentas cambiantes que me dejaban comida en la nevera y limpiaban, que no me veían mucho y a las que yo veía aún menos. Mis padres no eran tanto adinerados —tampoco pasaban el menor apuro, desde luego, pero vivían bastante al día— cuanto superficiales y despreocupados. Pese a sus vagos delirios de originalidad o grandeza, la carrera diplomática de mi progenitor no había sido fulgurante, su mayor logro era el consulado en Fráncfort y le llegaba un poco tarde, pero conservaba un optimismo juvenil enquistado propio de los espíritus frívolos, y lo compartía con mi madre. Con frecuencia tuve la sensación de estar levemente de sobra en sus vidas, o no tanto: de ser un viejo conocido suyo por el cual velaban a distancia, sin fervor y sin aprensión pero con cariño innegable; se comportaban como un matrimonio sin hijos, o como si ellos fueran más bien mis tíos o mis padrinos; nunca tuve queja, los dos eran livianos y encantadores, o es que a todos nos parecen normales el mundo y la situación que al nacer encontramos, sean cuales sean. No podía contar, de todas formas, con la perspectiva de una herencia suficiente (el piso sí, era comprado), de ahí que tuviera conciencia temprana de que me habría de ganar la vida como cualquiera pese a mis privilegios de infancia y adolescencia; de ahí mi contento por tener un empleo e ingresos, así fueran provisionales, ignoraba a qué me dedicaría cuando Muriel prescindiera de mis servicios, y eso ocurriría alguna vez, era seguro. Pero por entonces no sentía necesidad de 'independizarme', puesto que llevaba ya mucho tiempo viviendo con total independencia, tal vez desde demasiado pronto, y acaso por eso me iba demorando cada vez más horas en la casa de Muriel, en la que al fin y al cabo había una familia, compañía que iba y venía y entraba y salía, e incluso me iba quedando algunas noches en aquella alcoba alejada, más allá de la cocina, que hasta cierto punto ya era la mía, el uso nos convierte en dueños tácitos mientras éste no se nos retire o prohíba expresamente, hay tanta gente que llega a un sitio de paso y después no hay manera de echarla y permanece allí media vida. Nunca hay que dejar entrar a nadie, ni un solo día, a menos que esté uno dispuesto a que se quede para siempre.

En todo caso me tenía por plenamente formado, por hecho del todo, y creía conocer mi carácter a grandes rasgos. No sabía dónde había aprendido ciertas normas y conductas por las que procuraba regirme (sin duda no de mis padres, que carecían de ellas o las iban variando a cada temporada, lo debe de dar ser diplomático), aunque sin solemnidad ni aspavientos, jamás he soportado a los individuos admonitorios y campanudos, a los recriminadores, a los que dictan pautas generales en vez de guardárselas para sí mismos sin empeñarse en exportarlas. Quizá las había aprendido sin más de las películas, de las novelas, de los tebeos, hasta hace no mucho los niños y los jóvenes se adiestraban en ellos a falta de modelos nítidos en la realidad (y en la vida real nada es muy nítido: ni siquiera puede contarse), sobre todo cuando esas obras narrativas eran perturbadoras y ambiguas y no simplezas edificantes. Me consideraba bastante respetuoso y leal y con escrúpulos, capaz de callar lo que se me confiaba si se me pedía que lo callara, de mantener algo en secreto; mi principal temor era defraudar a quienes quería o admiraba. Muriel se contaba entre los segundos desde el principio y poco a poco entre los primeros —pero no, la verdad es que fue muy rápido—: a quien uno no le pone la proa le va tomando afecto con el trato, indefectiblemente (casi no hay término medio, la indiferencia apenas existe aunque tantos se esfuercen por alcanzarla); y eso es lo que me sucedía con él y por supuesto con Beatriz Noguera, y con sus vástagos, en especial con la mayor, con Susana, por su parecido con la madre y su buena fe y su simpatía; y aun con Flavia y Rico y Roy, y con Gloria y Marcela pese a que me pusieran nervioso y me irritaran y las viera dañinas para su amiga. Y hasta con Van Vechten antes de aquella tarde en el santuario de Darmstadt, ahí se me había atragantado sin razón objetiva, no era asunto mío lo que hiciera Beatriz, no digamos lo que hiciera el médico, allá ellos. Una de las normas que intentaba seguir era esta aproximadamente: juzgar lo menos posible y no inmiscuirme en las vidas ajenas, aún menos intervenir en ellas. Mi anhelo habría sido no distinguir bulto alguno en el océano, y no tener que decidir nada al respecto. Pero eso es imposible, aunque sólo sea porque también uno es un bulto del que los demás se apartan, o hacia el que enfilan, o con el que se tropiezan.

V

Así, no me gustaba la índole de la tarea que me había encargado Muriel, no me gustaba en sí misma. Al Doctor Van Vechten le había retirado parte del superficial aprecio que le había cogido, lo uno tan arbitrariamente como lo otro, uno se permite la arbitrariedad más absoluta con quienes sólo se cruzan, con quienes ve provisionales o circunstanciales y no ha elegido, con quienes son ramificaciones o herencia de otros, lo malo es que si esos otros nos son importantes uno se siente en la obligación de aceptarlas y aun de cuidarlas y protegerlas, esas herencias, más aún si el transmisor no ha muerto y puede comprobar si lo complacemos o no, agradecérnoslo o reprochárnoslo con su ojo rápido, y en todo caso anotarlo. A veces alguien a quien bien queremos nos lo dice explícitamente ('A esta persona trátala como a mí mismo, como si fuera yo; dale lo que te pida y ayúdala en todo'), a veces ni siquiera hace falta y nos adelantamos mentalmente ('Escucho la señal. Entiendo, y ya no haré más preguntas'). Si somos incondicionales de un amor, o de un amigo, o de un maestro, tendemos a acoger a cuantos los rodean, no digamos a los que les son esenciales: a los hijos imbéciles, a las mujeres exigentes o venenosas, a los maridos pelmazos y aun despóticos, a las amistades turbias o desagradables, a los colegas desaprensivos de los que dependen, a aquellos a los que no vemos cosa buena ni hallamos la menor gracia y que nos llevan a preguntarnos de dónde procede la estima que les profesan esos seres por cuya aprobación nos desvivimos: qué pasado los une, qué sufrimiento compartido, qué vivencias comunes, qué saberes secretos o qué motivos de vergüenza; qué extraña nostalgia invencible. Intentamos mostrarnos amables y gratos e inteligentes, y ganarnos una palmada en la espalda —de nuestro amor un beso o lo que suele seguirlos, o por lo menos una mirada que nos prolongue un poco más la esperanza—, y no entendemos que haya individuos estridentes o romos o deficientes o muy limitados que, a nuestros ojos sin merecimiento alguno, obtienen gratis lo que a nosotros nos cuesta tanta inventiva y tanto brío y tanta alerta. La única respuesta es con frecuencia que esa gente viene de antes, que nos precede desde hace mucho en la vida del amor o del amigo o maestro; que ignoramos lo que se fraguó entre ellos y probablemente lo ignoraremos siempre; que han recorrido mucho camino juntos, quizá ensuciándose en el barro, sin que nosotros estuviéramos allí para acompañarlos, ni para presenciarlo. A la vida de las personas siempre llegamos tarde.

Van Vechten era para mí uno de esos individuos, hasta cierto punto, no enteramente. Desde luego no era ningún tonto, pero le faltaban la hondura y la sagacidad de Rico y también su comicidad sólo a medias voluntaria, la devoción y el conocimiento exhaustivo de la obra de Muriel que poseía Roy y que hacían comprensible la paciencia de mi jefe con él y que lo resguardara bajo su manto, el ingenio o la bondad de otros. A aquellas alturas Van Vechten era un muy reconocido pediatra con consulta privada de gran éxito en el barrio de Salamanca, que también hacía las veces de médico de cabecera o de guardia con la familia Muriel y algunas otras prestigiosas o cercanas (quiero decir que, al ser el doctor más amigo y más a mano, por comodidad y confianza se lo llamaba para cualquier cosa en primera instancia, se recababa su opinión aunque la dolencia nada tuviera que ver con lo suyo y aquejara a un pleno adulto; luego él indicaba qué hacer o a quién acudir si se terciaba, en las escasas ocasiones en que veía recomendable una visita remitía a un especialista del faraónico hospital, inaugurado en 1968 con trompeteo, en el que se lo había nombrado Jefe del Servicio de Pediatría). Como no pocos de su profesión, gustaba de codearse con el mundo intelectual y con el del espectáculo, tradicionalmente izquierdosos o por lo menos antifranquistas, y en ellos era bien recibido —entre otros motivos, supongo: su influencia y su dinero entre ellos, me temo— porque en los años difíciles de la dictadura, que habían sido la mayoría y se hicieron interminables, se había portado muy bien con los perseguidos y represaliados, pese a haber militado durante la Guerra en el bando franquista y estar bien avenido con el régimen y haber hecho carrera en parte gracias a ello. Su inicial filiación había quedado diluida si es que no olvidada y más tarde ignorada por las generaciones más jóvenes, como sucedió con la de tantos que supieron apartarse o disimular bastante pronto, o nadar entre dos aguas y mostrarse generosos y comprensivos con los perdedores de la contienda: personas sinceras a veces, y partidarias de la concordia (eso sí, controlada por ellas); en otras con capacidad de anticipación a largo plazo y más bien oportunistas. Estas últimas siempre fueron conscientes de que incluso en una situación de absoluto dominio por parte de los vencedores y aplastamiento del contrario o de sus dispersos y maltrechos restos, les convenía estar medio a buenas con todo el mundo o tenerlo medio en deuda, o al menos no ser percibidas como acérrimas enemigas por nadie. Este tipo de gente sabe que no hay resto que antes o después no se reagrupe y se recupere algo, no se reorganice un poco y reconquiste los espacios que el tirano desdeñe y deje libres, más que nada por no ocurrírsele qué diablos hacer con ellos: en España, por ejemplo, los de la cultura y las artes.

Van Vechten había sido de los sinceros, o esa era su gran fama. Se contaba que ya en los años cuarenta y cincuenta, cuando la represión era todavía minuciosa e hiperactiva y él podía haberse visto perjudicado por sus caridades políticas, se había prestado a visitar a domicilio, sin cobrar ni nada, a los hijos enfermos de individuos que habían sido purgados y a los que se había prohibido ejercer sus profesiones, y por tanto condenado a carecer de ingresos o a sacarlos de donde no les tocaba, si es que podían o sabían (algún eminente botánico acabó de jardinero, y algún catedrático, a hurtadillas, en una modesta academia de idiomas); a que sus mujeres e hijas más crecidas se ofrecieran como costureras o limpiadoras en las casas adineradas de quienes los sometían o de los estraperlistas que se aprovechaban de todos. Van Vechten había sido reconciliador o magnánimo y compasivo, como algún otro colega suyo, y había acudido puntualmente a curar las gripes y los cólicos y los sarampiones, las paperas y las varicelas, incluso las meningitis y otras dolencias más graves de aquellos niños proscritos. Había aliviado y salvado pequeñas vidas por las que no se podría haber pagado, o muy difícilmente, con endeudamiento insaldable y quebranto. Se había creado una reputación de hombre bueno y afable, civilizado y solidario, y con el transcurso del tiempo —parsimonioso en las dictaduras y que todo lo convierte en leyenda, a menudo embellecida, más aún si el interesado contribuye a propagarla— las personas democráticas y cultivadas habían pasado a considerarlo sin más uno de los suyos, haciendo caso omiso de cuánto había prosperado bajo el régimen o atribuyéndolo tan sólo a su competencia profesional extraordinaria, a su habilidad para llevarse bien con todo el mundo y desenvolverse en cualquier ambiente, y a un poco de la imprescindible suerte que acompaña a todo logro. De ahí que tuviera un aura de izquierdista moderado y teórico pero también semiheroico, de alguien que en las épocas más duras había arrimado el hombro y corrido ciertos riesgos por ayudar a quienes, siendo valiosos y útiles, se habían visto arrojados al ostracismo y la intemperie.

Nadie daba relevancia al hecho de que terminara sus estudios de Medicina con tan sólo veinte años en 1940, primero de la victoria, habiendo mediado una guerra de tres durante la que las Universidades permanecieron cerradas; a que con veintitrés (mi juvenil edad de entonces) fuera nombrado Médico Adjunto de Pediatría en el Hospital de San Carlos; o a que con treinta y uno pudiera abrir consulta de su especialidad, de éxito y renombre inmediatos, en la aún flamante Clínica Ruber, fundada en 1942 por los muy franquistas y avispados Doctores y empresarios Ruiz y Bergaz, que unieron las primeras letras de sus apellidos para bautizarla de manera absurda. O es que todo esto se desconocía, sencillamente, como en los años de la Transición se quisieron desconocer o negar tantos pasados de individuos opuestos al régimen —a partir de algún instante más temprano o más tardío del tiempo parsimonioso— a los que se adjudicó una trayectoria impecable, sobre todo si eran gente desenvuelta y notable, no digamos si vociferante. Nadie se aplica a rastrear los pasos ni los orígenes de quien aprecia y respeta, todavía menos si le guarda agradecimiento. A nadie le llamaba la atención, tampoco, que Van Vechten gozara desde siempre de prestigio, fama y dinero. Se suponía que se los había ganado a pulso, con sus facultades, su dedicación y su esfuerzo.

Nada sabía de todo esto último cuando Muriel me hizo su encomienda, claro está. Sólo de la buena fama del médico y de sus servicios desinteresadamente prestados a quienes carecían de medios por represalia política, eso era *vox populi* y a uno se lo contaba cualquiera al que le preguntara. Pero no era difícil averiguar los datos de su biografía y su carrera: nadie se molestaba en consultarlos pese a estar bien a la vista, aparecían en enciclopedias españolas, por ejemplo en la Durban, e incluso en la edición más reciente del *Who's Who in Europe* que encontré en la biblioteca británica de la calle Almagro; me sorprendió verlo ahí, ignoraba entonces que suele haber ciertos atajos para conseguir figurar en casi cualquier índice de personalidades, si uno está muy empeñado. Fue a raíz del encargo cuando me preocupé de mirar a quién exactamente tenía que tender una trampa, buscando añadirme razones. Era esto lo que no me gustaba de la extraña misión de arrastrarlo por ahí de farra y observarlo, con vistas a informar a Muriel de su comportamiento, en particular con las mujeres. Aunque se me había atravesado un poco (la verdad es que desde el primer instante podía haberle dado una información muy concreta a mi jefe sobre cómo, dónde y con quién follaba Van Vechten, una tarde al menos, pero justo esa había decidido callármela, o reservármela por el momento); aunque a Muriel le hubieran venido con una historia fea pretérita y ahora albergara sobre él graves sospechas que hacían peligrar su amistad y lo desasosegaban; aunque descubriera yo pronto que las conexiones del Doctor con el franquismo no debían de haber sido nulas en el pasado remoto o quizá no tan remoto (tal vez meramente pasivas, eso sí, o de consentimiento: qué remedio para la mayoría de los que no renunciaron a prosperar o a enriquecerse a lo largo de cuarenta años, hacía falta mucha entereza para abandonar toda esperanza), me desagradaba la idea de engañar a alguien desde el principio, de brindarle una camaradería que en modo alguno era iniciativa mía —de qué le habría propuesto yo acompañarme en mis noches a un hombre de unos sesenta años, si bien aparentaba diez menos— y que estaba teñida de falsedad de arriba abajo. No solamente por ser fingida sino porque además ocultaba un propósito, un afán de desenmascaramiento, la colocación de señuelos con que tentarlo.

Me di cuenta de lo incómodo que resulta ser espía, por buenas que sean las causas y aquí ni siquiera estaba muy al tanto de esas causas, me limitaba a cumplir instrucciones. Hay algo vil, hay algo sucio en hacerse pasar por quien no se es, en conducirse taimadamente, en ganarse la confianza de otro tan sólo para traicionarla, aunque ese otro sea un malvado, un enemigo, un asesino. En eso consiste la tarea de los topos y los infiltrados y los agentes encubiertos o dobles que pueblan todas las esferas del mundo, hasta las más inocuas; de los policías que a veces se pasan años metidos en una organización terrorista o en una mafia, por ejemplo, como si fueran uno más de la banda. Estarán muy convencidos de la nobleza final de su representación, tendrán presente cada día, al levantarse o al acostarse, que gracias a su impostura van a salvarse vidas o a evitarse crímenes. Y sin embargo, pensaba, yo no habría podido ser uno de ellos. Quizá sea cuestión de entrenamiento, de adiestramiento y acostumbramiento, y de alimentar el odio previo; de desarrollar sentido de la rectitud e indignación, severidad e indiferencia y dureza, de renunciar a todo escrúpulo hacia aquellos que tiene uno cerca, de modificar y neutralizar la conciencia. Pero me figuraba que me habría sentido mal notando el creciente afecto por mí del criminal o del fanático, el paulatino abandono de sus recelos y el aumento de sus confidencias, la sincera simpatía que me habrían ido tomando, su posible incondicionalidad a largo plazo, si es que todo eso puede darse entre ellos. Supongo que sí, que los sentimientos de lealtad y amistad están al alcance de cualquiera, hasta de una bestia despiadada y maligna. Quién no tiene una debilidad, un amor, una hija, un colega, un camarada.

No me costó lo más mínimo persuadir a Van Vechten (ni siquiera este verbo es adecuado). Hasta cierto punto fue un juego de niños y el niño era él, eso contribuyó a mi mala conciencia. En aquellos años de permisividad y libertades que ya venían durando unos cuantos, desde bastantes antes de la muerte de Franco, no era raro que los hombres de las generaciones anteriores nos miraran a los jóvenes con asombro y envidia, y se imaginaran que llevábamos una vida desenfrenada, a la que ellos habían aspirado en vano en sus tiempos más oprimidos y estrictos. En una ocasión, en una timba a la que me incorporó Muriel con gente de su edad o algo mayor (participaban un torero y un actor en ella, recuerdo, tipos a los que, dentro de todo, no habían precisamente faltado oportunidades para cierta promiscuidad folklórica o gremial, en ambos casos ya anticuada), la curiosidad se centró en mí durante unos minutos, por joven. Descubrí que, como me encontraban bien parecido, con ingenuidad enternecedora daban por descontado que me pasaría las noches follando de cama en cama —esa fue la expresión que utilizaron—, tanto como se me antojara. Y el más ingenuo o el más rijoso, el más curioso de todos, fue justamente Van Vechten, que, aprovechando la campechanía de la que gustaba hacer gala a veces —sólo a veces—, culminó el breve interrogatorio o despliegue de ensoñaciones maduras preguntándome sin rodeos:

—A ver, joven De Vere. —Así me presentaba Muriel y así me llamaban inicialmente sus amistades—. Desembucha, tú que eres guaperas, aquí en confianza: en estos tiempos que corren, con las tías liberadas, ¿a cuántas vienes a tirarte al mes, más o menos? Un mes bueno. No debes de parar, me imagino. —Y se dispuso a esperar mi respuesta con mirada salaz, los ojos anticipatoriamente codiciosos y admirados, podría haberle dado cualquier cifra y se la habría tragado con entusiasmo. Se figuraban un mundo que no existía o sólo entre los cazadores más activos y afortunados, similares a los de cualquier otra época sólo que con más facilidades: un mundo sin cortapisas ni trabas morales ni de ningún otro carácter, una especie de neopaganismo de película escandalosa con ademán artístico, en el cine europeo hubo una plaga en aquellos años, y esos hombres iban a verlas, no las de Jess Franco pero sí las más famosas y las que ofrecían mejor coartada. Aún no había sida, además, ya lo he dicho, o se desconocía su existencia, de modo que el temor y las precauciones estaban ausentes. Fue un periodo privilegiado en ese campo, como no ha vuelto a darse hasta ahora.

A mí me daba reparo hablar de esas cuestiones, más aún presumir de mujeriego, no era mi estilo. Noté que la verdad —algo normal, algo modesto, aunque no me quejaba en absoluto— les habría resultado decepcionante, en particular a Van Vechten, el más febril, el más ansioso, el más iluso. Sus fantasías me parecían deprimentes, de vieja escuela, algo patéticas, no muy distintas de las de los adolescentes que se reúnen en torno al adelantado que afirma haber tenido ya experiencias sexuales y que se dispone a relatarlas con detalle, en el patio del colegio, a un público crédulo por ignorante, que espera embustes y exageraciones o que los exige, porque sin ellos no hay narración que merezca escucharse. Sus fantasías me daban algo de lástima, o era grima. Había allí dos mujeres, amantes o amigas o más bien ex-amantes del actor o del torero o de ambos, que no jugaban a los naipes pero hacían compañía y decoraban y se entretenían la una a la otra, a Van Vechten se le iban los ojos tras ellas de vez en cuando, llevaban faldas estrechas y enseñaban bastante las piernas realzadas por sus tacones altos. Vi que dejaban de hablar entre sí para atender a mi respuesta, lo cual me dio aún más apuro que si sólo hubieran estado presentes varones, hablamos con más libertad y creemos hacer menos el ridículo en las reuniones exclusivamente masculinas. Dudé. Luego recordé que a muchas mujeres no les produce mala impresión que un hombre o un joven tengan aventuras múltiples de esta índole. Al revés, lo aprecian imaginativamente y les provoca intriga, incluso les supone un acicate para convertirse ellas mismas en aventuras suyas, en seguida o en el futuro, como si anotaran en su memoria: 'Este tipo es sexuado y gusta a muchas, conviene tenerlo en cuenta y no descartarlo'. Vi que Muriel aguardaba también mi contestación. De él no habría partido preguntarme (no navegaba por esos mares), pero ya que lo había hecho otro, esperaba que les brindara satisfacción y diversión a sus amigos, como si fuera responsabilidad suya al haberme él traído. Y así se atrevió a expresarlo, al hacerse mi silencio un poco largo, creando más expectación de la debida:

—¿Qué, se te ha comido la lengua el gato, Juan? Muy pudoroso te veo. Venga, no me dejes en mal lugar y contéstale al Doctor, que quiere saber cómo os las gastáis los jóvenes sin restricciones de ahora.

Decidí mentir, entre unas cosas y otras. Ponerles los dientes largos a los hombres maduros, que era lo que deseaban: asombrarse y maldecir haber nacido antes de tiempo. Atizar la imaginación de las dos mujeres, que tendrían treinta y pocos años y me verían como a un casi niño incansable y quizá furioso de las camas. Agradar a mi jefe, que me había juzgado digno de estar allí, con los mayores. Se trataba de pasarlo bien, al fin y al cabo, era una ocasión festiva.

—En un mes bueno, como dice usted, Doctor —dije por fin (pese a sus protestas lo llamaba de usted y 'Doctor' al principio, luego ya no hubo forma, cuando empezó a venir conmigo a sitios a los que nunca habría ido solo)—, caerán siete u ocho, no menos. En un mes flojo, tres o cuatro. —Y creo que me ruboricé visiblemente, más por mi descaro en la falacia que por ningún otro motivo. Ellos seguramente pensaron que me sonrojaba por confesarme tan ávido.

Se produjo cierto revuelo a mi alrededor, algún silbido de estupefacción, me encontré de protagonista un instante. El torero y el actor debieron de sentirse disminuidos en sus gloriosos pasados de castigadores. Muriel me pareció entre sorprendido y complacido ('Tantas, ¿eh?', se le escapó paternalmente). Las mujeres se miraron entre sí de reojo, arquearon las cejas, descruzaron y volvieron a cruzar las piernas las dos a la vez (un relámpago de muslos), como si se tratara de una coreografía ensayada o como si fueran mellizas. A Van Vechten los ojos casi se le salieron de las órbitas y se tiró de la corbata repetidamente hacia abajo y luego del nudo hacia arriba para ajustárselo, era un gesto que hacía cuando se agitaba o excitaba ante alguna perspectiva o promesa. Lo más llamativo fue que ninguno se mostró escéptico, en verdad no conocían el mundo, por veteranos que en él fueran, o conocían sólo el de su juventud, el único que llegamos a aprehender naturalmente y sin esfuerzo: ya en vida experimentamos un poco lo que sucederá a nuestra muerte, cuando el tiempo nos deje atrás a velocidad inconcebible y nos torne pasado remoto y nos asimile a las antigüedades. Ya en vida nos damos cuenta de que es imposible seguir su paso, nos quedamos desfasados en cuanto perdemos energía y empezamos a cansarnos de tanta mudanza y nos decimos: 'Hasta aquí llega mi época, a lo que venga después ya no me subo; lo próximo ya no es mío; disimularé, a lo sumo, lo mejor que pueda, que me voy convirtiendo en un anacronismo y que ya me estoy demorando'. La cosa habría sido mínimamente distinta de haber estado presente el Profesor Rico. No porque él conociera más el mundo, en absoluto, sino porque no se habría permitido impresionarse delante de testigos y habría soltado algún comentario despreciativo: 'Bagatelas', o 'Insignificante', o incluso '¿A eso lo llamas un mes bueno, joven De Vere? Yo te creía más apto y más ducho'. Pero él no estaba en Madrid aquella noche, así que nadie rebajó el impacto de mi farol, y Van Vechten, el más proclive a creérselo y azuzado por su dimensión, intentó tirarme más de la lengua, con la aquiescencia de los demás como rumor de fondo.

—A ver, cuenta, cuenta —dijo el Doctor muy animado, como si se iniciara otra fiesta—. ¿Edades? ¿Sitios? ¿Escenarios? ¿Dónde te las levantas? —La sola expresión 'levantárselas' delataba cuál era su concepción de esos encuentros, el mundo antiguo al que pertenecía—. ¿Te limitas a las de tus años, o hasta dónde no las ves como señoras? Tendrás tus fronteras, supongo. El que aún puede elegir se las pone, yo al menos a tu edad lo hacía. —Echó un vistazo rápido a las dos mujeres, le bailó algo en la punta de la lengua, me temí lo peor, una venganza mezquina porque no le hacían ningún caso visual, no le respondían. Me temí que añadiera algo así como: 'Estas dos damas tan bellas, sin ir más lejos, entonces me habrían parecido mayores y ahora en cambio me las comería'. Por suerte no aludió a ellas, pero ya la ojeada resultó inconveniente y grosera en aquel contexto. Eran bastante guapas, aquellas dos ex-amantes del actor o del torero, una en un estilo algo arrasado, la otra más delicada. No merecían que nadie las tuviera en poco, ni siquiera hipotéticamente, ni retrospectivamente. No se les pasó por alto la mirada de refilón de Van Vechten y su significado. Se lanzaron de nuevo un pestañeo como para comprobar que habían entendido lo mismo, volvieron a descruzar y cruzar las piernas, ahora no con aprobación hacia el joven, sino molestas con el hombre otoñal. El Doctor era impertinente a menudo, y expansivo, y poco consciente de sus años porque no los llevaba pintados en el rostro todavía terso ni en el cuerpo todavía ágil; su ausencia de tacto obligaba a que con él se ensancharan todas las mangas.

Yo no estaba dispuesto a continuar por el camino que me proponía. Una cosa era meterles una bola en unos números, en un par de frases, por broma y por no defraudarlos, y otra seguir haciéndolo en descripciones y relatos, esto es, sostenidamente y con inevitable jactancia, aunque fuera fabulada. Había algo antipático o malsano en su interrogatorio, así fuera el tono jovial o jocoso; una falta de respeto hacia las mujeres que, no por archiconocida y vigente en muchos ámbitos de la vida española y no española, de entonces y también de ahora, dejaba de incomodarme. No es que yo no pudiera incurrir en ella a veces, hasta cierto punto (tampoco voy a dármelas de haber sido siempre caballeroso), pero la suya era excesiva, lindaba con la vejación o es más bien que propendía a ella. Tener hijas lo cura a uno de ese desdén involuntario o reflejo que heredamos demasiados hombres. En el del Doctor había deliberación: tenía hijos e hijas, según supe más tarde, y no se le había pasado por ello.

Me disculpé con una sonrisa:

—No, Doctor, no se crea. Usted sería más apuesto que yo. Yo sólo pillo lo que puedo, como casi todo el mundo. Lo que no les he dicho es con cuántas lo intento, y si hago el cómputo total, cosecho muchos más fracasos que éxitos.

El actor y el torero y Muriel y algún otro se rieron ante mi salida, que también era un embuste, no era yo de los que andaban por ahí tirando tejos a diestro y siniestro. Los dos primeros debieron de sentirse algo aliviados, pensando que nada cambia nunca tanto y que en ninguna época hay logro que valga sin arte y fortuna y esfuerzo. Van Vechten no se rió, o si lo hizo fue con retraso, a imitación desganada del resto. Me miró como si le ocultara datos útiles, como si le escamoteara las anécdotas que se había aprestado a escuchar con deleite, tal vez con deseo de aprender sobre el mundo nuevo que no estaba muy a su alcance. Se enfrascó en la partida de póker con un gesto de pueril resentimiento.

Al cabo de poco rato una de las mujeres quiso marcharse, ya no le daba más de sí la velada. Eran cerca de las tres (esas timbas empezaban después de cenar, hacia la medianoche, en aquellos años trasnochaba la gente de todas las edades y en Madrid se ha dormido siempre lo mínimo) y alguien debía acompañarla, pero el torero y el actor (con uno de los dos había venido, o con ambos) no estaban por levantar aún el campo, preferían recuperarse de pérdidas o irse algo más ricos y victoriosos.

—Que te acerque el muchacho en un taxi —dijo el primero—, que no tiene cuartos en la mesa. —Y se sacó un billete del bolsillo y me lo tendió, para el gasto, yo se lo recogí por no dejarlo con la mano congelada en el aire, un desaire. En efecto, yo no jugaba apenas, me habían hecho hueco para cinco o seis manos en un rato de descanso y malas cartas y mal humor de Muriel, como sustituto suyo. Ni siquiera había apostado dinero mío, sólo de él y le había cambiado la racha, eso lo había animado a volver a su sitio.

—Anda, déjame a mí ahora, salado, a ver si me engancho a tu buen tino —me había dicho, dándome un golpecito cariñoso en la silla, para que se la cediera. Me hizo gracia que me llamara 'salado', había recobrado el humor, sólo se llama así a quien se tiene simpatía o afecto sinceros, y se suele reservar para los niños. O se solía, es un término más en desuso, como la mayoría, nuestras lenguas se van reduciendo perezosamente—. Si me dura, ya te daré un porcentaje del botín que saque. Un cinco por ciento, no te creas —añadió con guasa.

La mujer y yo tuvimos que caminar un buen trecho en busca de taxis, debería haber pedido uno por teléfono pero ella se había puesto impaciente para aguardar a que llegara, le urgió salir de allí una vez que decidió que se iba. No pasaban, ni ocupados ni libres, por la zona residencial en la que estábamos, más o menos El Viso o aledaños, con sus chalets u hotelitos, ni un solo comercio o cine la iluminaban, ni un bar ni un restaurante, y además era tarde, las farolas espaciadas. Era una noche primaveral hacia el verano, ella no llevaba nada de abrigo, sólo su falda y una prenda con escote de pico ajustada y sin apenas mangas, el brazo casi entero al descubierto, y nada de medias, sin duda no había contado con tener que andar ni veinte pasos, o sólo los que separaran la casa de un automóvil, el del actor o el del torero. Los tacones altos la hacían avanzar un poco lenta y yo tenía que adecuarme a su ritmo, pero caminaba bien, procurando mantener un discreto contoneo. Me hizo pensar que no le era indiferente cómo yo la viera, que aspiraba a gustarme, aunque eso no significaba mucho, hay personas que necesitan gustar a quien esté delante, así sean el monstruo del averno o una piara de cerdos si van por el campo. Era la que he definido como de estilo más delicado, lo cual sólo quiere decir que lo era más que su compañera, no que *per se* lo fuera. Para eso le sobraban pronunciamiento en las curvas (no que mi vista le pusiera a eso reparos) y los pendientes de amplísimo aro, y su falda era algo corta hasta para la moda descarada de entonces, permitía apreciar casi enteros sus muslos tostados, toda ella era tostada, no debía de perdonar la piscina municipal o de amistades pudientes en cuanto asomaba el buen tiempo. Le pregunté cómo se llamaba (no nos habían presentado formalmente), contestó que Celia y se interesó a su vez por mi nombre, nadie se había referido a mí más que como 'joven De Vere' o 'el muchacho' o 'guaperas', o incluso 'este pollo' a lo largo de la velada.

—¿Conoces mucho a ese Doctor Jorge? —El apellido Van Vechten quizá era incapaz de retenerlo o no le daba la gana de esforzarse en decirlo.

—No mucho. Sólo de reuniones como esta y así. Sólo en grupo.

—Es un poco cerdo. —Lo dijo con seguridad, sin esperar corroboración mía. Pero no sabía si por lo que acababa de oír, por sus inquisiciones sobre mis andanzas, o porque hubiera tenido trato con él y estuviera al tanto de sus maneras o sus manías.

—¿Por qué lo dices? ¿Por su insistencia? ¿O has salido con él y te ha hecho algo?

—No, yo con ese ni a remar en el lago del Retiro, que está lleno de gente. Pero una vez me vio como médico, tenía unas molestias y me mandó Rafael a su consulta para que me echara un vistazo. —Rafael era el torero, el maestro Rafael Viana—. Ya sé que es médico de críos sobre todo, pero como era amigo, que me mirara si veía algo raro.

—¿Y qué pasó? ¿Tenías algo?

—No, dijo que no era nada, que ya se me pasaría y tuvo razón, porque esas molestias no me han vuelto. Oye, no, si como médico debe ser bueno, tiene fama. Pero me pareció que me tocaba más de la cuenta, eso lo nota una en seguida. Me hizo tumbarme en una camilla y medio desnudarme, hasta ahí normal, vale. Pero luego, venga de '¿Te duele aquí?' y '¿Aquí notas presión?', '¿Y ahora?', y '¿Y si aprieto más qué pasa?'. No sé, demasiado rato y en zonas un poco alejadas de donde yo tenía los pinchazos. Y 'Pon el estómago blando' y mucho rondar el abdomen, como que se le iban los dedos hacia donde no debían, ¿sabes?, y mucho rozarme los pechos con la manga de la bata y con la muñeca, así como por accidente. Pero casi ningún roce es sin querer, eso lo sabemos todos, una casi siempre se da cuenta del tacto, quiero decir de lo que toca o de lo que la toca a una, y si no se aparta es que ya le vale. No digo más, pero sí el roce, el contacto. Yo me encogía lo más que podía, pero él nada, dale. No pasó de ahí la cosa, pero la verdad es que hasta salí con mal cuerpo. No del malestar que traía, eh, eso se me fue como por arte de magia en cuanto me dijo que no había de qué preocuparse —'La mano del médico que tranquiliza y disipa', pensé, 'y su palabra como un bálsamo'—, sino de la sensación de sobeteo disimulado. Yo creo que no se atrevió a más por venir yo de Rafael, por temor a que yo pudiera contárselo y él se enfadara, que si no...

—¿Que si no qué? ¿Se habría puesto abusón, en plan forzar las cosas? No sé, los médicos tocan. Es fácil malinterpretarlos. En América cualquier susceptible les pone una demanda por la primera locura que se le ocurra. A mí me parece que la mayoría están tan acostumbrados que no sienten nada, como si tocaran corcho. Quiero decir con los pacientes.

—Yo sé lo que sentí y no soy una timorata ni una histérica. Yo sé lo que me digo. —No sonó ofendida, sólo puntualizadora—. Pero no, no violento, no me pega que sea de esos, a alguno he conocido. Pero pesado, sabes, de los que se controlan pero no del todo. No sé, guarro, cerdo, como quien acumula sensaciones y se las guarda para más tarde, ya me entiendes. O como quien no quiere la cosa pero prueba una y otra vez a ver si consigue algo, a ver si cuela. Creyendo que te va a acabar excitando a lo tonto, te roza aquí, te palpa allí, o que tú vas a ir cediendo por no crear una situación incómoda. Hay hombres que se aprovechan de las mujeres tímidas, o de las muy jóvenes, o de las educadas, de las que tienen horror al enfrentamiento. Incluso a dar una negativa clara. Las hay, aunque no te lo creas. Que al final se dejan mucho, sólo por no hacer un feo o no montar una escena.

—¿Sí? ¿A estas alturas? Eso suena a novela del siglo XVIII o XIX. Y además rural, con señoritos y campesinas.

No pareció que le fastidiara mi involuntaria pedantería. Seguro que tenía más estudios de los que le había supuesto en primera instancia.

—¿A Dickens y esos? Pues no sé a lo que suena, pero te aseguro que eso aún existe, y bastante. Te ruegan y cedes. Te insisten y cedes. Te halagan, no voy a decir que no, eso también cuenta y a veces convence. Total, no es que te haga mucha gracia, pero casi que te cuesta menos ceder que negarte. No es mi caso, ojo, pero les pasa a muchas.

—¿Ah sí? —Pensé en el torero, que le sacaría veinte años—. ¿Tú vas sólo con quien quieres de veras? ¿Con quienes ya te han gustado antes de que te hicieran notar que les gustabas tú a ellos? A veces uno se fija en alguien sólo porque ese alguien se ha fijado en uno. A veces consideramos sólo a quien ya nos ha considerado. No es nada raro que la mirada del otro condicione la nuestra, hacia ese otro.

Sonrió y me contestó nada más a la pregunta inicial, el resto debió de parecerle un rollo.

—Más o menos. Alguna excepción hay siempre. Seguro que tú también las has hecho, con alguna chica muy cariñosa o muy entusiasta a la que te daba no sé qué rechazarla. Venga, confiesa, que no te faltarán pretendientes. —Y me dio con el codo en el mío muy ligeramente, no resultó vulgar el gesto, mientras caminábamos hombro con hombro por las calles vacías o a ratos se me agarraba del brazo para mejor mantener el balanceo, nuestros pasos se oían demasiado, los de ella más con sus tacones (el sonido de una promesa). A cada pisada le bailaban los pendientes con gracia, antes o después se los quitaría con pesar, supuse, si tardábamos mucho más en encontrar un taxi, tanto vaivén debía de molestarla.

Lo tomé como un cumplido simpático, no como un tejo. Me llevaba unos diez años, quizá más, podía permitirse tratarme como una hermana mayor improvisada, algo así. Sabía bastante pero no lo bastante, o se le había olvidado cómo somos muchos jóvenes, a fuerza de frecuentar a mayores como el actor o el maestro. Se le habría olvidado que para la mayoría cualquier relación sexual es todavía un milagro, un regalo (o lo era hacia 1980), a no ser que la tía en cuestión nos repela o nos dé grima, esté descartada desde el primer vistazo, sea una gorda intolerable y blanda o un adefesio insalvable. De joven se es muy poco tiquis miquis, apenas escrupuloso, aún impera el trazo grueso, en ese terreno y en otros. No se le da la espalda a casi ninguna oportunidad aceptable, sobre todo si no ha de tomarse uno tarea. Los jóvenes son con frecuencia desalmados, me refiero a los varones, en ese campo. Al menos desaprensivos. Yo era así, no voy a negarlo, me duró todavía unos años. El miramiento se aprende, así como la conveniencia de no forjar vínculos tan alegremente. Parece que no, pero siempre hay más vínculo del que creemos, aunque sólo se establezca una noche de farra y lleguemos a olvidarnos del nombre de la persona al cabo del tiempo, y aun de su existencia, y casi del hecho. Pero en realidad uno nunca olvida con quién ha estado, si vuelve a encontrárselo, pese a que paradójicamente no guarde imágenes, es decir, recuerdo. Hay como un registro mental, está anotado ese dato, que reaparece al instante al ver el rostro de nuevo, o a veces al oír el nombre si el rostro está ya muy cambiado. Uno lo sabe, sabe que tuvo esa experiencia, que se la metió a esa mujer en otra vida, con otro yo del que sin embargo hay constancia, más que memoria. Es así, tiene poco sentido, saber algo que no se recuerda.

Iba a contestarle a Celia 'Sí, es verdad, alguna vez me ha pasado, lo cual me lleva a sospechar que a alguna chica le pueda haber pasado lo mismo conmigo, y la idea no es agradable. Pero qué se le va a hacer, tampoco se mete uno en los pensamientos de nadie; y más vale así, o no daríamos ni un paso, ni rozaríamos nunca una mano'. Iba a contestarle algo parecido cuando vimos un taxi libre, una luz verde a mucha distancia, y empezamos a agitar el brazo como desterrados o náufragos, a ella tenían que dolerle los pies, con gran dignidad no se quejaba, ni se le ocurrió quitarse los zapatos en ningún momento, ni siquiera ya dentro del coche. La dejé pasar primero, todavía no había aprendido que en un automóvil debe entrar antes el hombre, sobre todo si la mujer lleva falda, y más si ésta es corta y estrecha. Al tomar asiento se le hizo aún más breve, daba casi la impresión de que no llevara (pero llevaba, y esa era la gracia), la vista se me fue de reojo hacia sus muslos tostados, lisos, compactos, caminando a su lado me los había perdido, todo aquel rato. Le pregunté dónde vivía, contestó que en la calle Watteau e inició una explicación complicada, yo no tenía ni idea de dónde estaba ni de que ese pintor contara con una calle en Madrid. Al chófer tampoco le sonaba nada, tiró de guía en busca del mapa, ella se lo deletreó ('Joder, vaya nombrecitos ponen a veces', maldijo el hombre cuando por fin se hizo con la *w* y el resto), le acabó de dar unas indicaciones a las que no presté oído y arrancamos. Bastante pronto me vi por zonas que desconocía totalmente, como si me hubiera trasladado a otra ciudad, el taxímetro ascendía rápido. 'Menos mal que Viana me ha soltado pasta', pensé. 'Si no iba listo.'

No continuamos la conversación anterior, había quedado atrás. Le pregunté en qué trabajaba.

—En un Ministerio —me dijo escuetamente—. Soy funcionaria.

—¿Ah sí? —Creo que no supe disimular cierta sorpresa, y para arreglarlo añadí—: ¿De alto nivel?

—Bueno. —Sonrió. Hizo una pausa—. No bajo.

No hice por darle más charla, estaba pendiente de otra cosa, una de esas que lo inducen a uno a permanecer lacónico, a contener un poco la respiración y a dedicarles toda la atención mientras se prolongan. Celia no se había metido hasta el fondo del taxi (quizá por dejadez momentánea o pereza, quizá por la falda), se había parado casi en medio del asiento (o no tanto) y a mí no me había quedado más remedio que ponerme pegado a ella, de modo que su muslo derecho rozaba claramente el mío izquierdo, o más que rozarse se apretaban contra el uno el otro. Era obvio que a ella no la importunaba eso (se habría deslizado hacia más allá, disponía de espacio). Acaso estaba demasiado cansada para reparar en ese detalle o le traía sin cuidado, me veía como a un casi niño y ni siquiera se planteaba si incansable o furioso, no me consideraba. Tampoco yo me aparté. No tenía mucho margen, pero algo sí, o podía haberle pedido que se corriera un poco y me hiciera más hueco. En modo alguno. No quería pedírselo. No era carne contra carne sino carne contra tela, pero daba lo mismo, yo la notaba a ella y notaba la densidad y el calor de esa carne, y prefería seguir notándolos. Me pregunté si me notaría ella a mí o ni eso. Hacía tan sólo unos minutos había hablado de esa cuestión a propósito de Van Vechten, había dicho: 'Pero casi ningún roce es sin querer, eso lo sabemos todos, una casi siempre se da cuenta del tacto'. ¿Qué más necesitaba? Y sin embargo sí necesitaba más: hasta los jóvenes a quienes otros ven bien parecidos son inseguros, y hasta los atrevidos son tímidos. Había la salvedad de ese 'casi', ella podía considerar que precisamente nuestro roce en el taxi era sin querer, y esta podía ser la vez excepcional en que ella no se percataba del tacto. Había añadido: 'Una se da cuenta de lo que toca o de lo que la toca a una, y si no se aparta es que ya le vale'. ¿Y si estaba probando a ver si era yo el que se apartaba, yo el tocado, o si 'ya me valía' aquel contacto con su muslo insistente? Yo no me encogía ni me retiraba ni retrocedía, estaba claro. Ella tampoco, pero el otro nunca está claro, es siempre oscuro, hasta nuestra mujer y nuestros hijos nos resultan opacos, y en efecto uno no se mete en los pensamientos de nadie y a veces los otros ni siquiera están pensando, sólo reaccionan, sólo actúan o responden a estímulos, pasando el cerebro por alto o no haciéndole caso o sorteándolo, no dándole tiempo a expresarse ni a formularse, yo nunca he contado con esa suerte, será más suerte que desgracia, probablemente.

Y al no haber contado con ella ni en mi juventud siquiera, opté por algo voluntario y medio calculado, pero que todavía me salvaguardaba, que no me disiparía la duda pero me la aminoraría. Le ofrecí un cigarrillo, no lo quiso en aquel instante, aunque fumaba. Encendí el mío, y en contra de mi tendencia —siempre fumo con la zurda—, sostuve el pitillo entre el índice y el corazón de la diestra y dejé caer la otra mano, con el mechero agarrado en ella, sobre el muslo resplandeciente bajo las farolas como fogonazos o bajo la intermitente luna. No la palma, claro está, eso habría sido un descaro, sino el dorso. Y no plenamente, desde luego, sino más bien el borde al principio, o digamos el canto, y después algo más, como si la mano se fuera venciendo sola o me la inclinaran los baches ocasionales o la conducción veloz del taxista cuando empalmaba semáforos verdes. Parece una estupidez, una mano es una mano, pero hay una enorme diferencia entre el envés y la palma, la palma es la que palpa y acaricia y habla y suele ser deliberada, y el envés finge y calla.

No movió el muslo, no lo alejó ni un milímetro, no evitó ni rehuyó aquel nuevo contacto y lo tenía bien fácil, había hueco a su izquierda; ahora era carne contra carne, aunque aún precavidas, casi quietas, con la máscara de la casualidad todavía. Me atreví a mover mínimamente ese dorso durante lo que quedó de trayecto, como si se debiera al ligero balanceo del coche en las curvas, al doblar esquinas o bordear glorietas, en Madrid hay muchas por todas partes. No hablamos. No hablamos. No hablamos. Cuanto más tarda en hablarse más costoso parece volver a hacerlo, y no es cierto, basta con abrir la boca y decir una sola sílaba o dos con sentido: 'Sí', o 'No', o 'Qué', o 'Cómo'; o 'Ven', o 'Vete', o 'Más', o 'Nada'. O quizá 'Quieres', a continuación vienen más siempre. Pero no la abrimos mientras estuvimos en marcha, ni siquiera hubo que guiar más al taxista, ya se había hecho su composición el hombre. Cuando acabé el cigarrillo lo apagué en el cenicero de mi lado, pero mi mano izquierda siguió donde estaba, con el mechero agarrado como si fuera un talismán o una reliquia, eso me permitía mantener el envés sobre su pierna, el envés que a cada pequeño viraje acariciaba un poco como si no lo hiciera. No hubo oposición, no hubo esquivamiento, Celia no se molestó ni en cambiar de postura. '¿Y ahora qué', pensé, 'cuando paremos? ¿Nos separaremos sin más, dos besos en las mejillas? Es lo natural, sólo hemos andado un trecho juntos, eso es todo, un minúsculo episodio nocturno —y hay tantas noches en estos años— que ni recordaremos. Bajaré del coche, para que ella salga por donde ha entrado, siempre es peligroso hacerlo por la portezuela izquierda, y sería feo no acompañarla hasta el portal, tras toda esta excursión y tanta vuelta, no tengo ni idea de dónde estamos. Hasta que esté sana y salva, y aun así no lo estaría, he oído de asaltos a mujeres en el ascensor, cuando ya se creían seguras, tipos que se eternizan ahí esperándolas, si están al tanto de sus trasnoches, o que surgen de la oscuridad y se cuelan antes de que las puertas se cierren, y ellas quedan atrapadas tan cerca de sus hogares, de sus camas acogedoras o desconsoladas. Quizá deba ir con ella hasta arriba, depositarla en su piso, jugar a ser un caballero de los que ya apenas existen y así aproximarme lo más posible a sus sábanas, parece una estupidez pero la vecindad facilita y da ideas, e incluso tienta al que se consideraba inmune, al que lo había desechado todo desde el principio, que de pronto cambia y sucumbe al argumento más endeble y decisivo: "¿Por qué no?", se dice. "Si me lo propongo, será como si no hubiera ocurrido".'

La calle Watteau era corta y estrecha, más una afrenta para el pintor francés que una honra. Descubrí con sorpresa que la paralela inmediata se llamaba Juan de Vera, casi mi nombre, o el que le tocaría haber sido, me pareció una señal y un estímulo, me pregunté quién diablos sería. Más importante que Watteau para el Ayuntamiento, en todo caso, y más o menos como la Batalla de Belchite, de la que Watteau era bocacalle. No conocía ninguna de ellas pero sí había reconocido la zona de golpe, tardíamente, se me ocurrió que acaso el chófer nos había hecho dar un rodeo y Celia se lo había consentido o lo había inducido con sus instrucciones, para alargar el viaje y calibrarme sin prisa. Estábamos a dos pasos del Paseo de las Delicias por un lado, por otro al lado del Museo del Ferrocarril, por otro no muy lejos del río. Casi enfrente de donde vivía Celia había un Complejo Penitenciario Femenino, así rezaba el rótulo, confié en que no fuera funcionaria de prisiones, del Ministerio del Interior, suponía, de repente me cruzó esa triste y enfriadora idea. Miré los muros y las ventanas sin luz, todas altas. Las reclusas dormirían profundamente desde hacía horas, sin tentación alguna o sólo en sueños o quién sabía, para ellas todas las noches de aquellos años febriles serían iguales. Se olerían unas a otras irremediablemente, olores fuertes a veces, yo olía a Celia de cerca y su olor era suave, incluso tras la caminata que nos había sofocado un poco y a ella la habría hecho dolerse de sus pies no muy pequeños. Se detuvo el coche. Permití adrede (me hice el distraído, el desorientado) que el taxista parara el taxímetro, subiera la bandera, fingí lamentarme.

—Ay, ha subido usted la bandera —dije. Podía haberle advertido de que continuaría, desde mucho antes, me había abstenido. Tendría que devolverme a casa, él u otro, eso era seguro.

—Como no me ha dicho nada... ¿Entonces seguimos?... Qué, ¿la bajo de nuevo o le hago un cálculo?

No hizo falta que respondiera, que vacilara, que remoloneara, que le inquiriera a Celia con la mirada, que muriera un instante en mi palidez y destapara mis expectativas de palabra. Tuve la sensación de que me salvaba la campana, como se decía más antes, cuando aún había boxeo y no se lo condenaba.

—¿Quieres subir un rato? —me preguntó Celia. Lo preguntó con naturalidad, o es más, con certeza inequívoca. Se trataba de subir a secas, no para tomar una copa ni por haber congeniado enormemente ni para no interrumpir la animada conversación que no teníamos. Me llevaba unos diez años, le habría resultado transparente desde el primer minuto hasta el último, también ahora. Tal vez mi jactancia falsa al responderle a Van Vechten había surtido su efecto intrigante, pese a ser inmediatamente desmentida por mí mismo, en parte. Hay faroles y bromas que despiertan la curiosidad porque jamás hay certidumbre absoluta de lo que es un farol o es una broma. Y por si cupieran dudas de si su pregunta lo era, de si me la había hecho con la boca pequeña y por cortesía, o por ponerme a prueba, me la repitió como afirmación—: Sí, quieres subir. Pues venga, vamos. —No contesté en seguida, no hice nada en el acto. Me sonrió como se sonríe a un pasmado—. Vamos, ¿qué esperas? Págale.

Abrió la portezuela y se bajó por su lado. No había separado el muslo hasta entonces, al instante lo eché en falta. Aún calculé si me llegaría el dinero para otro taxi más tarde o a la mañana siguiente, cálculos y temores de jóvenes, siempre cortos de fondos. Bueno, a la mañana podría coger un autobús o el metro, y además qué más daba. A esas edades uno va donde sea y regresa andando kilómetros y atraviesa la ciudad entera, y se queda varado en el lugar más remoto de madrugada ante la perspectiva o promesa o mera posibilidad de un polvo que pueda valer la pena y rememorarse, es así de crudo y así de zafio; eso se cura con los años en la mayoría de los casos, a partir de los treinta y cinco o por ahí uno es más cauto y más vago, empieza a darle pereza despertarse en cama ajena y tener que desayunar con una sombra desmejorada y despeinada y desmaquillada, le da pereza desnudarse a altas horas, y aunque eso no sea necesario se la da mezclarse y establecer ese vínculo que acaso el otro no olvide, o no tan inmediatamente como uno mismo. También tiene en cuenta sus lealtades, hacia la persona que lo espera en casa o está de viaje y hacia las parejas ignorantes o ausentes de las mujeres, a las que quizá nunca ha visto; aprende uno a ponerse en el lugar de cualquiera, incluso de un imbécil desconocido (casi todos los maridos parecen imbéciles desde el punto de vista del amante, por fugaz y ocasional que éste sea, como todos los amantes resultan cretinos a la imaginación de los maridos, aunque no sepan quiénes son ni estén seguros de su existencia). Pero nada de esto cabe a los veintitrés años, todo lo contrario. Es entonces cuando uno es capaz de engañar, de emplear ardides y convencer con sofismas y consumar felonías, de jugar a la baja y de humillarse con un propósito y procurar dar mucha pena, de fingirse atormentado o enfermo, de mentir a una mujer y de traicionar a un amigo, de incurrir en bajezas de las que le tocará avergonzarse, o que intentará no recordar para hacerse la ilusión de que no tuvieron lugar o de que el que las cometió está sepultado: 'Ese ya no soy yo, ese era un chico, y no cuenta lo que hacen los chicos. El verdadero cómputo se inicia hoy, o quizá mañana'. Uno alarga a voluntad lo que considera su edad irresponsable.

Le pagué al taxista y salí por mi lado. El coche se quitó de en medio, desapareció en un segundo, y nos quedamos los dos en la calle Watteau diminuta, separados por el espacio que había ocupado el vehículo. No me fijé en el edificio ni en el portal ni en nada, de eso no conservo memoria. Sólo tenía ojos para Celia, a la que por primera vez en mucho rato contemplé con un poco de distancia, sus tacones altos, su figura completa, en ningún momento se los había quitado. La falda se le había quedado algo subida y se le había arrugado durante el trayecto. Me tendió la mano, cambió de idea, me cogió del brazo y echamos a caminar hacia la entrada. A lo mejor para ella también era un acontecimiento, llegar a casa con alguien joven. No, en realidad no lo creía, ella podría arrastrar a cuantos jóvenes quisiera, unos son impacientes y ansiosos, otros son apocados y agradecidos y otros son insaciables. Probablemente yo tenía todavía algo de las tres clases. No pude evitar mirarnos con ojos de espectador o de coleccionista un instante, con los ojos de la imaginación, que son los que mejor retienen una escena y luego mejor recuerdan. Y no pude evitar pensar que si el Doctor Van Vechten nos hubiera visto, me habría anotado una muesca y se habría sentido algo orgulloso de mí. Y me habría odiado.

Pero yo no sabía entonces que se curase nada con los años, ni que se aplacase, ni que uno se pudiera volver cauto y vago, ni que se atendiera a las lealtades y éstas obraran de cedazo y guía y freno, y además no me faltaban ejemplos de que no era así para muchos, de que hay personas maduras que nunca cejan y que son siempre insaciables y ansiosas, al menos mentalmente, quiero decir: es como si debieran seguir actuando tan sólo para satisfacer a la mente tiránica que no reposa ni conoce pausa, demasiado acostumbrada a sí misma durante demasiados años —la juventud y la plenitud son muy largas, las fronteras de su terminación son difusas—, independiente de las necesidades y vicisitudes y capacidades del cuerpo, al que cada vez ve más como instrumento irritante al que hay que requerir mayor esfuerzo; acostumbrada a llevar ciertos cómputos irrenunciables —con cuántas mujeres distintas me he acostado este año, por ejemplo; sin pagar con cuántas— o a estar ocupada con ensoñaciones futuras —quién será el próximo hombre que me llene este vacío, por ejemplo; me basta con que haya uno más, para con él quedarme, y luego ya no haré más preguntas—. (Del mismo modo que hay ancianos que parecen atemperarse y tornarse inofensivos, y cuyas mentes indescifrables o volátiles o ausentes —nadie se mete en los pensamientos de nadie— acaso maquinen sin cesar vilezas, y acumulen mala fe hacia cuantos les estén en torno. Son las mentes, engañadas, las que jamás se rinden, las que se sienten iguales que siempre y no ven motivos de cambio. Y si acaso alcanzan a mirar atrás con distancia, es sólo para pensar: 'Mi culpa ha pasado. Los años la han diluido, estoy limpio. Ya puedo empezar otra cuenta, aunque también sea cuenta de culpas. Pero será otra, será nueva, será distinta y más corta, porque ya no me queda todo el tiempo'.)

Veía cómo Beatriz no renunciaba a eso, o era a eso a lo que me figuraba que respondían sus visitas vespertinas en parte, pese a que intuidas desde fuera parecieran pautadas y rutinarias y en modo alguno esperanzadas, y pese a saber que en el fondo para ella el próximo hombre era el de toda la vida, el más antiguo al que no descartaba ('Sólo me interesas tú y te quiero a ti, cómo tengo que decírtelo, por mucho que me ahuyentes'), vuelto en contra y vejatorio. En días de mal humor o de excesivas contrariedades con Towers, Muriel no sólo la llamaba 'foca' y 'saco de harina' y 'ser paquidérmico' y 'bola de sebo' y 'vaca gorda', no sólo la comparaba con la campana de El Álamo o con la diligencia de *La diligencia* o le encontraba parecido con Shelley Winters en sus años más gruesos o con 'la giganta de Baudelaire' (alusión que se me escapaba entonces), sino que la asimilaba a actores obesos ('Sólo te faltaría un bigotito para estar igual que Oliver Hardy', o 'Espero que no pierdas pelo, o te confundiría con Zero Mostel, ¿te acuerdas?, fue compinche sudoroso de nuestro amigo Palance'), a sabiendas de que ella captaba todas las referencias cinematográficas, más que yo mismo. Eran sus insultos tan injustificados y desproporcionados, en realidad tan disparatados y malintencionados y absurdos —casi rozaban lo humorístico—, que quizá por ello mismo a ella no le hacían demasiado daño —puede que hasta le dieran algo de risa, en lo más recóndito de su fuero interno—, aunque sin duda resultaran ingratos de oír y le minaran los ánimos y le crearan inseguridades terribles, a veces me preguntaba cómo no desfallecía del todo y abandonaba sus expediciones nocturnas hasta la puerta de la habitación del marido, es posible que se rehiciera de los rechazos y sacara aplomo de sus encuentros con Van Vechten en aquel marco ultrarreligioso y con quien quisiera que fuese el individuo de la Plaza del Marqués de Salamanca en uno laico (pues ambas visitas se repitieron), y quién sabía si con alguien más en El Escorial o en otro sitio al que tuviera que desplazarse en moto. Y tal vez ella adivinaba lo que no podía saber y yo sí sabía: si bien Muriel le soltaba esas groserías a la cara, jamás se refería a ella en tales términos en su ausencia, quiero decir que delante de ninguna otra persona hablaba de Beatriz como del 'barril de amontillado' ni como de 'Charles Laughton', siempre era 'Beatriz' o 'mi mujer' ante terceros, y 'mamá' o 'vuestra madre' ante sus hijos, y 'la señora' o 'Beatriz' ante Flavia, y llevaba buen cuidado de que los apelativos desagradables carecieran de testigos, yo incluido en principio, sólo que delante de mí se le escapaban injurias (llegué a ser tan como el aire), y además yo espiaba, y escuchaba lo que no debía. Eso me parecía una débil muestra de respeto por su parte, o acaso un débil resto del afecto que en la prehistoria le habría tenido: que en presencia de los demás se abstuviera de denostarla brutalmente.

Tampoco veía a Muriel, cercano a la cincuentena o en ella, renunciar enteramente a sus efusiones con mujeres, si cabía esa palabra. Él no parecía nunca anhelante ni a la caza de nadie, se las daba de distraído o lo era en ese terreno, y mantenía una actitud negligente y contemplativa. Daba la impresión de sorprenderse cuando se descubría apetecido por una bella advenediza o por una seductora de alcurnia. En esas ocasiones, sin embargo, no se paraba a pensar si las pretendientes le querían sacar algo —un papelito en una película, la mera intimación con su nombre— ni las rehuía cuando eso era evidente. Se dejaba conducir y manipular en apariencia, pero después solía mostrarse desinteresado e impávido o ni siquiera recordaba —alguna vez eso dijo, y ya he hablado de un caso— haber compartido la cama con quien deseaba frecuentarla de nuevo a partir de entonces —se entiende que con él dentro— o se atrevía a reclamarle un favorcillo. Si él nada había ofrecido, en nada se sentía obligado, era asunto de ellas dónde hubieran querido meterse sin que nadie se lo propusiera. Nunca lo vi 'emparejado' en serio con ninguna, lo máximo a que se prestaba era a reiterar varias salidas con alguna mujer concreta que le cayera bien y le gustara, más que nada como acompañantes en estrenos y *cocktails,* salidas superficiales, por lo general con más personas, grupales, me daba que debía de aburrirse cenando con ellas a solas, o de charla tras sus desahogos de colcha que imaginaba algo maquinales, más higiénicos que morbosos y desde luego no apasionados. Seguro que le provocaban bostezos jóvenes o semijóvenes, advenedizas o de alcurnia, que no tuvieran ni idea de quién era Zero Mostel, o Andy Devine o Eugene Pallette o Sydney Greenstreet, por mencionar a otros actores gordos con los que en días de ira o de guasa excesivas hubiera podido comparar a Beatriz Noguera, ni por supuesto el poeta Baudelaire con giganta o sin ella. En cuanto a las que de verdad admiraba o le interesaban o lo fascinaban, las Cecilias Alemany, en cambio, no sólo eran escasas, sino que no acostumbraba a gozar de oportunidades con ellas, pertenecían a otros ámbitos en los que él era un mísero, o a lo sumo un artista curioso que podría dar algo de brillo lateral o amenidad a una cena. Y quizá se permitía elogiarlas y anunciar que las adoraría justamente por ser quimeras. A veces se me ocurría que Muriel habría tenido en su vida una o dos o tres mujeres tan importantes e inteligentes, a las que se habría entregado sin reservas, tan cabales, que le costaba mucho no tomarse a broma a casi cualquier otra que se le aproximara. Yo estaba convencido de que una de las dos o tres —si es que habían sido dos o tres— sería la Beatriz de otros tiempos, la que había vivido en América y con la que se había casado, la voluntariosa y optimista y risueña que todavía se rastreaba, la que aún no estaba semitrastornada ni era insistentemente desdichada. O, cómo decir, errante.

El Profesor Rico era bastante más joven que Muriel y aún no le había llegado la edad de que se le curara nada, aunque se fuera acercando. Pese a frisar ya los cuarenta, seguía siendo pueril y verbalmente procaz y dictaminador y presumido, y en eso consistían en gran medida sus considerables gracia y encanto (para quien se los veía, claro, había gente que lo detestaba), que le deparaban no pocas conquistas, al menos teóricas o hipotéticas, como creo haber explicado. Podía ser de los que llevaban esa clase de cómputo masculino a que antes me he referido ('Con cuántas'), sólo que él debía de anotar mentalmente la muesca nada más ver la seducción 'hecha' o segura, nada más cerciorarse de que, como en ocasiones afirmaba con conmovedora alegría —no, con ufanía—, 'esa mujer puede ser mía en el momento en que yo lo quiera, es manifiesto e indudable', razón por la cual no siempre veía la necesidad de llevar la seducción a efecto, o de 'rematarla', término más de Van Vechten que suyo, este último.

No, no me parecía que a casi nadie a mi alrededor se le pasaran los afanes del todo —quizá era por el periodo novedoso, agitado—, y al que menos al renombrado pediatra, el de mayor edad precisamente, a Muriel le llevaría unos diez años y a Beatriz y a Rico unos veinte, y a mí casi el doble que a éstos. Y aunque ya he dicho que aparentaba unos cincuenta y se conservaba terso y ágil, no dejaba de ser incomprensible e incongruente que yo lo invitara a salir por ahí conmigo y con mis amistades. No me costó persuadirlo, sin embargo, no se hizo de rogar ni se resistió ni afectó ningún dengue, un juego de niños, terreno abonado. Su avidez era de tal calibre; tan agudo su pesar por estarse perdiendo una época permisiva y fácil; tan punzante su desesperación al imaginar lo que se le escapaba por una estúpida incompatibilidad de fechas (y eso es algo que mientras nos queda vida creemos posible remediarlo, si es que no revertirlo), que en realidad vio el cielo abierto cuando lo animé a frecuentar en mi compañía sitios de copas primero, y en seguida también discotecas y salas de música en vivo. En aquéllos había gente de variadas edades, se charlaba pese a los decibelios y se estaba sentado a ratos, él podía no sentirse muy fuera de lugar, sobre todo porque algunos locales eran viejísimos conocidos suyos que habían vuelto a ponerse de moda con un público entusiasta y nuevo, en general ignorante del pasado y con características casi opuestas a los de sus diversos tiempos antediluvianos. Creo que era el caso de El Sol, en la calle de Jardines, o algo más tarde el del Cock, en la de la Reina, o desde luego el de Chicote, en la Gran Vía, que estaba en pie desde antes de la Guerra Civil si no me equivoco, y del que inevitablemente había escrito Hemingway en sus reportajes y novelas más turísticas. Después, durante la postguerra, había sido local tomado por putas de relativa categoría que guardaban cierto decoro, por toreros, actores, cantantes, futbolistas, actrices y por altos funcionarios franquistas, empresarios afines al régimen y de vez en cuando algún ministro jaranero, las primeras iban buscando principalmente a los tres últimos grupos y éstos a aquéllas, así que se lo ponían fácil y se encontraban allí sin más rodeos. Me preguntaba si Van Vechten no habría sido asiduo del sitio en aquella época eterna, cuando oficialmente estaba a buenas con los vencedores de la contienda (bueno, en los años cuarenta él era uno de ellos, se olvidaba eso siempre) y se beneficiaba de sus contactos; si no habría acompañado a prebostes y medradores a tomarse

los famosos *cocktails* de Chicote y echar vistazos a los taburetes de la barra en la que solían acodarse las mujeres
desparejadas poniéndose de medio perfil (para no ofrecer exclusivamente una monótona visión de posaderas)
y fingiendo departir unas con otras, hasta que eran in-
vitadas a incorporarse a una mesa. Hacia 1980 todavía
se veía a alguna despistada y añosa, que tal vez, al observar
el lugar animado de nuevo tras un largo periodo de decadencia, se atrevía a ocupar su taburete giratorio de antaño creyendo que por milagro habían retornado los
tiempos de gloria y se había revertido el calendario. De
hecho una de esas veteranas se acercó una vez a nuestra
mesa, se quedó mirando fijamente a Van Vechten y le
dijo con simpatía:

—Yo a ti te conozco, ¿verdad? Con esos ojos tan
azules y ese pelo tan rubio. No se te ha puesto canoso, y
lo conservas todo. No has cambiado apenas.

Pero Van Vechten, sin nerviosismo, con expresión de sincera sorpresa y sin duda con mala idea, le respondió desde su asiento:

—No, señora. Debe de confundirme usted con
mi padre, al que me parezco. ¿No ve que la gente que
frecuenta el local ahora —hizo una pausa despiadada,
mirándonos a mí y a mi grupo como si se incluyera con
satisfacción y arrogancia— es toda bastante joven?

Era todo menos cohibido, el Doctor Jorge Van Vechten, hasta el punto de que mis iniciales temores resultaron, más que infundados, ridículos: de que viera sospechosa e impropia mi amigable sugerencia de agregarse de vez en cuando a mis salidas nocturnas. Pero Muriel lo conocía de sobra, por eso me habría hecho el encargo sin aprensión ninguna, sabedor de que a Van Vechten nada que supusiera diversión para él, y halago, se le aparecería gratuito o inmerecido. Yo había creído al principio que se debía a un mal cálculo de mi jefe, a la falta de sentido de la realidad que daba la impresión de padecer a menudo. No era tanto así, sin embargo, poco a poco observé que casi nada de lo esencial se le escapaba, de las personas ni de las situaciones; que bajo su aspecto distraído, si no absorto en ocasiones, registraba y se daba cuenta de mucho más de lo que aparentaba. Cuando no acertaba a descifrarlo en absoluto me imaginaba que estaría planificando mentalmente, quiero decir figurándose planos de películas y movimientos de cámara futuros, y era posible que así fuera, pero no por eso perdía de vista nunca la historia que estuviera contando o que a él se le relatara, o la idea que lo inquietara. Tenía un estilo muy reconocible, pero no era un simple estilista, aún menos un esteticista, ni en su cine ni en la vida. Le gustaba fingir que se enteraba poco de cuanto sucedía a su alrededor, y prefería callar lo que percibía. Yo creo que percibía mucho y que se enteraba de casi todo.

Van Vechten tenía en efecto unos ojos tan azules y un pelo tan rubio que solían recordarse en un país en el que la gente con estos colores abunda mucho más de lo que se cree y concede, pero en tonos más impuros o mezclados que los suyos: los ojos claros son aquí con frecuencia grisáceos o verdes o reminiscentes de diferentes licores o de un azul bastante oscuro como el único de Muriel que miraba, y el rubio de los cabellos raramente es nórdico ni desvaído. Él parecía en verdad un extranjero, como si sus numerosos antepasados de Arévalo se hubieran ido cada vez a Holanda cuando les tocaba contraer matrimonio. Por eso resultaba inconfundible, la veterana puta de Chicote no se habría equivocado a buen seguro, aunque él no me respondía en nada al tipo clásico del putero. Conservaba una mirada juvenil y brillante —la intensidad sí era meridional, luego podía hacerse obscena y ofensiva—; sus rasgos eran muy correctos por no decir que agraciados (de joven no se habría quejado), sonreía con una dentadura deslumbrante y de muy sana apariencia —unos incisivos grandes y rectangulares—, la mandíbula era muy fuerte y el rostro tirando a cuadrado; lo único que lo afeaba un poco eran una nariz y unas orejas levemente picudas, como de duende, y una pequeña protuberancia en el mentón, no llegaba a ser de bruja. Una vez le dije a Muriel que se parecía a un actor secundario americano, casi episódico, que intervino en mil películas pero del que pocos supieron jamás el nombre: 'Robert J Wilke', le solté con mi juvenil pedantería deseosa de hacer méritos, y él asintió rápidamente: 'Uno de los tres pistoleros que se pasan esperando el tren casi todo *Solo ante el peligro*', me contestó, al cabo de la calle. 'Tienes razón, está bien visto. Y además es curioso: aparte de salir en infinitos *westerns,* me suena que Wilke apareció más de una vez con bata de médico.' Así lo había visto yo ya por entonces, a Van Vechten, follándose a Beatriz en el Santuario de Darmstadt, los dos de pie y vestidos. Pero Muriel no sabía que yo guardaba esa imagen del Doctor, la bata abierta.

En aquellas facciones se adivinaba un carácter triunfador y expansivo, lo mismo que en su manera de andar por el mundo: con gran seguridad, con una simpatía demasiado estable para no ser un poco impostada —quizá la que convenía a un pediatra que debía infundir confianza en madres y en niños—, con jovialidad innegable y una acogedora sonrisa perenne, un hombre que contaba chistes blancos o verdes según en qué compañía estuviese y hacía bromas con facilidad, con prontitud excesiva —como si fueran su carta de presentación—, un tipo de humor agradecido que sin embargo a mí me resultaba anticuado (pero tal vez eso era normal, nos separaban muchos años de calendario) y que acaso por eso asociaba injustamente con la larga época franquista que a toda velocidad se nos tornaba lejana, al fin y al cabo todo había caído u ocurrido en esa época, cuánto no habría sido idéntico bajo otra clase de régimen. Desde niño alguien debía de haberle aconsejado: 'Con esos hermosos dientes que tienes, tú sonríe siempre, Jorgito, venga o no a cuento; eso te ganará incondicionales, y también voluntades; eso te allanará el camino'. Era muy alto, tanto como Muriel o más, y notablemente corpulento. Por eso era dado, yo creo, a soltar palmadas en la espalda, a agarrar a la gente del brazo y tirar de ella o sacudirla amistosamente en medio de carcajadas mecánicas, tenía fuerza, sin duda podría hacer daño si se lo propusiera, a mí me hizo un poco algunas veces al obsequiarme con empellones de afecto o plantarme una de sus manazas en el hombro, era como si cayeran a plomo desde considerable altura y a continuación apretaban con supuesto cariño, pero como garras, al instante deseaba uno quitárselas de encima, zafarse del peso y la tenaza.

Al lado de su campechanía, uno notaba en él algo voraz y desasosegante, como si nada lo complaciera del todo ni le bastara, como si fuera uno de esos individuos que siempre quieren más y que llega un momento en que no saben de qué quererlo: les es difícil aumentar el éxito profesional, el dinero, el aprecio de quienes los tratan, el poder y la influencia en su ámbito. Miran a su alrededor, se revuelven en busca de objetivos nuevos y ya no los encuentran, de modo que desconocen cómo encauzar la ambición y la energía que se niegan a dejar de rondarlos, a remitir el cerco, a levantar el campo. Hasta cierto punto se puede decir que la edad los traiciona, que no les brinda sus enseñanzas normales ni los aplaca, no los suaviza ni los hace más lentos ni mansos, respeta su personalidad demasiado y no se atreve con ellos, o no se molesta en contentarlos, menos aún en conformarlos. Así, se convierten en personas sin apenas conciencia del paso del tiempo por ellas, sienten este último como una especie de eternidad invariable en la que llevan instalados la vida entera y que no es previsible que desaparezca ni cambie el paso, que se les retire ni los abandone: son rehenes suyos, o sus víctimas gustosas; cabe señalar en su descargo que el tiempo es desleal con ellos, rehúsa cumplir su cometido en parte: se limita a minarlos poco a poco, pero —cómo decir— sin avisarlos. Son individuos que, si se les anunciara una enfermedad mortal y un pronto término, de entrada reaccionarían con tanta incredulidad o escepticismo —con tanta altanería, de hecho— como para responder de esta manera, más o menos: 'Ay, mire, no sé qué decirle. En estos momentos me vendría mal morirme. Ando con muchos quehaceres, no contaba con ello, no estaba en mis planes próximos. Si le parece, vamos a dejarlo para más adelante'. (Y en el fondo es comprensible, pues, a excepción de los suicidas y de los ya muy cansados, ¿quién no quiere dejarlo para más adelante, por tarde que se presente el ahora?) Muriel nunca habría contestado eso, sin embargo, pese a compartir con Van Vechten cierta inmunidad al transcurso, como conté al principio, y a que tampoco los años arrojaran sobre su aspecto más que una lenta aguanieve o penumbra. Pero en él, a diferencia de en su amigo, no había voracidad ni desasosiego ni insatisfacciones difusas, sino más bien estatismo y pausa y calma: simplemente hacía caso omiso del paso del tiempo, como si fuera algo tan consabido que no valiera la pena dedicar ni un minuto a lamentarlo ni a ponderarlo. O como si a él ya le hubiera ocurrido todo lo fundamental en el pasado.

Nada pudo venirle mejor al Doctor, que buscaba acomodo a su permanente codicia sin claro blanco ni rumbo, que mi sugerencia, o lo que él vio como mis tentaciones: asomarse con un guía o un iniciado a la vida juvenil y desaforada de entonces. En realidad yo no le era muy preciso, la época era tan efervescente que todo parecía repentinamente permitido y normal por contraste con las plúmbeas décadas de Franco, aunque ya desde un lustro antes de la desaparición física de éste hubieran fenecido esos tiempos, o se les hubiera dado con decisión la espalda. La gente de cualquier edad se sintió libre de frecuentar cualquier sitio, cualquier ambiente, como si todo el mundo estrenara nuevas costumbres, o nueva juventud acaso. Quienes no mucho antes, y en virtud de sus años, no se habrían visto 'autorizados' a salir varias noches a la semana hasta las tantas, ahora tenían la sensación de que nada se lo impedía, y aún es más, de que el burbujeo y la agitación generales los conminaban a hacerlo y a aventurarse donde no les correspondía, por edad o por posición o por su trayectoria de dignidad y compostura observadas durante largo tiempo. Pero, con todas estas facilidades y estímulos, no era lo mismo contar con un veinteañero auténtico que lo introdujera a uno en los lugares de moda, que lo presentara y mezclara con sus amistades y, por así expresarlo, le otorgara la venia para dirigirse a cualquier chica de su círculo en supuesta igualdad de condiciones y para fingir formar parte de una especie de pandilla privilegiada.

Fue un periodo en el que en Madrid casi nadie dormía, porque tras las noches de farra, y salvo los estudiantes y los artistas y los vagos profesionales, no había noctámbulo que, inverosímilmente y bien temprano, no se encontrara a la mañana siguiente en su puesto de trabajo. Yo el primero y también Van Vechten, que no faltó ni una vez a su consulta, y lo mismo Muriel y Rico y Roy, y Beatriz y Gloria cuando trasnochaban, lo hacían todos de vez en cuando, nadie era capaz de sustraerse enteramente a la ebullición nocturna de aquellos años anómalos, festivos pese a las zozobras políticas y las incertidumbres de toda índole, si tenía algo de dinero y aunque fuera muy desdichado. Por entonces no eran raros los atascos de tráfico, en bastantes zonas, en medio de la madrugada de un miércoles, de un lunes y hasta de un triste martes. Debió de parpadear alguna noche el soñoliento ojo obligado de nuestra luna centinela y fría.

Se me confunden los locales de hacia 1980 y los de un poco antes y un poco después, pero creo haber llevado a Van Vechten, además de a los ya mencionados, al Dickens, a El Café, al Rock-Ola, a diversas terrazas de Recoletos y al Universal (a éste no probablemente, me parece que fue posterior), y a unas cuantas discotecas en las que desde luego yo pasé demasiados ratos a lo largo de aquellos años, en su compañía o no, quién lo recuerda, como Pachá y Joy Eslava y otras cuyo nombre se me escapa, una cerca del río (¿Riviera?) y otra vecina de la Estación de Chamartín, y otra en la calle Hortaleza y otra más por Fortuny o Jenner o Marqués del Riscal (¿Archy quizá?), se me superponen los tiempos y las personas, el alcohol no ayuda a distinguir, la cocaína sí mientras su efecto dura pero *a posteriori* no, se la ofrecían a uno de vez en cuando y la tomaba para alargar las veladas y seguir hablando a gritos en perdida lucha contra el estruendo. No pude ir a tantos sitios con el Doctor, fue un periodo breve, me aparté de él en cuanto cumplí mi misión. A la que sí es seguro que lo conduje fue a una *boîte* renovada y modernizada (así se la había bautizado en sus anticuados orígenes) llamada Pintor Goya, en la calle del mismo nombre, es decir en Goya.

Los ojos a la vez gélidos y devoradores se le iban, como en la noche de timba tras Celia y su compañera, detrás de las mujeres de casi cualquier edad (los locales eran bastante 'intergeneracionales' en aquella época, dentro de los razonables límites), y hasta de los travestis que empezaban a apostarse provocativos y descarados en la Castellana a la altura de Hermanos Bécquer y que luego se fueron extendiendo y adueñando del territorio adyacente. Siempre me extrañó que se pusieran de moda y que sus clientes fueran sobre todo heterosexuales, mucho padre de familia, al parecer: por muy conseguidos que resultaran como mujeres, había que llevar a cabo un proceso mental, un autoengaño, de difícil comprensión para mí, que lo convenciera a uno de que en verdad lo eran, quiero decir mujeres, y de que en medio de una faena no iban a aparecer por ningún lado unos órganos genitales inadecuados y disuasorios. El Doctor Van Vechten, recuerdo, no estaba dispuesto a creer que se tratara de varones hormonados, u operados, o mitad y mitad, cuando los veíamos desde su llamativo coche. Los miraba de reojo mientras conducía y hacía amago de volverse hacia mí y hacia mis amistades.

—Pero ¿qué decís? ¿Cómo van a ser hombres? Está clarísimo que son mujeres, si lo sabré yo. Mirad qué pechos, mirad qué piernas. Me queréis tomar el pelo. —Y sonreía, medio divertido y medio desconcertado, con su sonrisa favorecedora.

—Demasiado altas la mayoría, ¿las había tan altas en tu juventud? —le contestaba yo. Me había obligado a tutearlo en seguida—. Demasiado fuertes muchas piernas. Demasiado tiesas las tetas. Un poco anchas las manos de algunas. La mayoría no calza menos de un treinta y nueve. Pero, por encima de todo, tienen nuez, fíjate bien.

—¿Cómo me voy a fijar en eso a esta distancia y a esta velocidad? —En la larguísima recta de la Castellana se podía ir como un bólido a horas tardías, aunque él aminoraba la marcha al acercarse a la zona de los travestis, como mínimo le suscitaban una gran perplejidad—. Desde aquí no veo una sola nuez. Qué tonterías decís, son mujeres indudables, y bien espectaculares. La raza ha mejorado, por eso son altas. O serán extranjeras, había ahí una mulata de quitar el hipo. Estáis locos. Me queréis volver loco. —Ahí se notaba mucho que pertenecía a una generación muy distante. También en sus expresiones vetustas, alguna se le escapaba: nadie de mi edad habría dicho 'de quitar el hipo'.

—Bueno, vete una noche con una. No tienes más que parar el coche y recogerla. Si no te limitas a una mamada, lo comprobarás con facilidad. Tampoco te va a costar mucho dinero, por lo que yo sé. Y ya me lo contarás. El susto, quiero decir.

Sabía que cobraban barato por un amigo transitorio de entonces, Comendador, cinco o seis años mayor que yo, al que le había dado por contratar sus servicios de tanto en tanto. Había sido siempre heterosexual, de hecho lo era y tenía una novia que le gustaba indeciblemente. Trató de relatarme detalles de aquellos encuentros ambiguos pero yo lo paré en seco, preferí no escucharlos. Él los veía como a mujeres llamativas, eso era seguro, como también que estaba al tanto de que no lo eran. Todo eso era raro para mí.

Van Vechten se quedaba callado unos instantes (hubo más de una conversación parecida a la que acabo de referir), como si dudara. Miraba hacia las aceras, luego hacia delante, volvía a mirar a las aparentes mujeres con faldas o pantaloncitos cortísimos y los pechos casi al descubierto, las apreciaba con rijosidad. Lo curioso es que la duda parecía deberse a otra cuestión, no al problema del sexo indeciso o engañador.

—No, no, ni hablar, yo no he pagado en la vida —decía al fin, descartando la posibilidad—. Y a estas alturas no voy a estrenarme.

Debía de ser verdad, y en efecto no era putero, por lo que yo vi. Quizá no había tenido nunca necesidad, quizá su altura y su pelo amarillo pálido, sus dientes cautivadores y sus ojos azules tan claros que adquirían una cualidad acuosa a ciertas luces, habían bastado para difuminar o esconder un elemento repelente que yo percibía en él —no sé definirlo, una mezcla de engreimiento, simpatía subrayada y jocosa y falta de piedad; y todo ello se le pintaba en el rostro, vagaroso como es— y que desde mi punto de vista no podía pasar inadvertido a las mujeres, a las de su presente y a las de su pasado, era algo intrínseco y no cosa de la edad. Claro que me he equivocado en eso a menudo, y he asistido a enamoramientos de mujeres notables, a su absoluta entrega o rendición a tipos en verdad nauseabundos, y él tampoco llegaba a tanto. Y aunque ahora no le quedaba el menor rastro de juventud, ya he dicho que se conservaba mejor que bien. Eso no era suficiente explicación, sin embargo, para que algunas de mis conocidas o amigas no sólo no lo rehuyeran u omitieran en las salidas nocturnas en grupo, sino que le dieran charla con gusto, a veces levemente apartadas del resto, quiero decir que no es que hablaran con todos y lo incluyeran también a él —al fin y al cabo estaba allí, y tenía mi carta de presentación—, sino que podía suceder que hablaran tan sólo con él. Serían los chistes y bromas rancios que encadenaba cuando se lo proponía, pensaba yo al verlas reír, serían su resabio y su capacidad de adulación, tan sensibles a ésta son los jóvenes que con frecuencia basta con administrarles unas buenas dosis para conseguir mucho de ellos, casi en cualquier terreno.

Yo observaba a Van Vechten sin cesar, mi encomienda era esa en parte y quería serle útil a Muriel, y dos o tres veces lo vi encaminarse con alguna joven hacia los lavabos del local en que estuviéramos. Computaba mentalmente el tiempo durante el que se ausentaban, no me pareció que en cada ocasión les diera más que para meterse una raya, algo así (la cocaína no corría como años después, pero empezaba ya a haberla y a perdérsele el temor, y Van Vechten tenía mucho dinero, podía comprarla como reclamo y para hacerse pasar por uno de nosotros, esto es, para adular), ni siquiera para una mamada rápida. Yo empleaba este término y otros aún más groseros con él. No me salían espontáneamente (siempre fui bastante educado), pero era lo que me había ordenado Muriel, junto con otras indicaciones que me costaba aún más seguir: 'Presume. Jáctate. No temas resultar vulgar al referirte a las mujeres, incluso despreciativo. Mejor cuanto más lo seas, exagera. Muéstrate miserable y sin escrúpulos, a ver cómo reacciona a eso, si se siente comprensivo o incluso afín, si te jalea o te desaprueba'. Todo eso me era desconocido o contrario, pero me violenté y así lo hice, como si fuera el actor de una película al que Muriel dirigía a distancia y a ciegas y al que —eso me causaba frustración y pena, que no me viera interpretar el papel— no cabía felicitar ni aplaudir. Y al poco ya no tuve reparo en vanagloriarme de supuestas proezas que no había llevado a cabo, en hablar de las mujeres cosificándolas, como si fueran impersonales, intercambiables, objetos, melones, alcachofas, sandías, sacos de harina o sacos de carne. Al principio de oírme con tanta desaprensión, Van Vechten me miraba con los ojos entornados —así resultaban glaciales— y me escuchaba entre condescendiente y sorprendido, como si ya hubiera calado mi carácter respetuoso con anterioridad y no le cuadrara mi actitud con la idea que se había hecho de mí en casa de Muriel, en las cenas y en las esporádicas salidas y timbas, al verme tratar con Beatriz y sus hijos y Flavia, con la que solía ser exquisito, y hasta con las insidiosas Marcela y Gloria, a las que procuraba no mostrar la antipatía que les profesaba.

Pero a todo se acostumbra uno pronto y toda idea se sustituye. Supongo que dio por bueno que yo fingía en mi puesto de trabajo y que mi verdadera faz era la que aparecía cuando andaba libre y suelto por ahí, y no tardó en irse adaptando a mi lenguaje menospreciativo y soez y a mi comportamiento depredador. Aunque la palabra 'comportamiento' es inexacta: yo seguía actuando con mis amigas y ligues y con las nuevas (siempre se conocía gente en la acogedora noche de aquellos años) como era propio de mí —otra cosa habría dejado a las primeras y segundas atónitas—, pero luego me refería a todas como un desalmado y le relataba a Van Vechten aventuras y jugadas algo ruines que a veces no habían tenido lugar o que, si habían ocurrido, no se habían desarrollado con tanto utilitarismo y aprovechamiento, tanto camelo y desafecto o engaño por mi parte como yo se las ofrecía a él después. Más que mi comportamiento, lo desdeñoso y atravesado era mi narración de él. Hice caso del consejo de Muriel: 'No hay como alardear de las hazañas propias para que el otro suelte las suyas, aunque sean muy antiguas, eso no falla'. Y sí, Muriel tenía razón, eso rara vez falla.

VI

Hay quienes disfrutan con el engaño y la astucia y la simulación, y tienen enorme paciencia para tejer su red. Son capaces de vivir el largo presente con un ojo puesto en un futuro impreciso que no se sabe cuándo va a llegar, o cuándo ellos van a decidir que se cumpla y por fin se haga presente, y por lo tanto pasado muy poco después. A veces alargan o aplazan el momento de la venganza, si es venganza lo que buscan, o de la consecución, si su empeño es conseguir un objetivo, o de la absoluta maduración de su plan, si es un plan lo que han urdido; y a veces esperan tanto que nada alcanza a realizarse y todo se les pudre en la imaginación. Hay quienes operan continuamente en el secreto y en la ocultación, y también tienen paciencia para no desmontar nunca la red. Extrañamente no se cansan de eso ni echan en falta la diafanidad, lo sencillo y lo límpido, las cartas sobre la mesa y la mirada de frente, y poder decir: 'Quiero esto y a esto voy. Ya no quiero confundirte ni burlarte más. Te he mentido y he fingido y llevo haciéndolo desde hace mucho, casi desde que te conocí. Fue necesario o me vi obligado, obedecía órdenes o de ello dependió mi felicidad, o eso creí. Fui débil o fui fiel a otros, tuve miedo de perderte hasta la eternidad o se me persuadió de obrar así. Me importabas demasiado o me dabas totalmente igual, te engañé a mi pesar y contra mi conciencia o no me costó lo más mínimo, para mí lo eras todo o no eras nadie, tanto da, tanto da ahora. Me siento mal y estoy exhausto. Lleva infinito trabajo silenciar lo cierto o contar embustes, mantenerlos es tarea titánica y más aún recordar cuáles son. El temor a meter la pata, a contradecirme sin darme cuenta, a ser pillado en un renuncio, a desdecirme sin querer, me fuerza a no bajar nunca la guardia y me resulta agotador. Mi culpa se ha atenuado, ya no es tan grande como para impedirme el intento, así que voy a decirte lo que hay. Al fin y al cabo mi mentira se remonta muy lejos, las cosas son como han sido y ya no tienen vuelta de hoja ni tiempo para regresar. A estas alturas la verdad es inexistente y ha sido sustituida, sólo cuenta la que hemos vivido a partir de su suplantación. Puede que aquel engaño lejano se haya convertido en la verdad. Nada va a cambiar mucho porque ahora sepas la que un día fue. Ya no es. Y yo tengo que descansar'.

Sí, hay afortunados que nunca sienten la tentación de decir esto, de rectificar y confesar. No soy yo uno de ellos y es lástima, porque en cambio pertenezco a los que guardan algún secreto que jamás podrán contar a quien vive y aún menos a quien ya murió. Uno se convence de que ese secreto es pequeño, de que poco importa y en nada afecta a nuestras vidas, son cosas que pasan, de juventud, cosas que se hacen sin pensar y que en el fondo carecen de significancia, y qué falta hace saberlas. Y sin embargo no ha habido jornada en que no me haya acordado de eso, de lo que hice y pasó en mi juventud. En verdad no es grave, no lo fue, creo que a nadie perjudiqué. Pero es mejor que por si acaso lo siga callando, por nuestro bien, por el mío, quizá el de mis hijas y sobre todo el de mi mujer. Y cuando aquí lo diga (pero aquí no es la realidad), tendréis todos que guardármelo y callar también, no podréis ir por ahí revelándolo desde el oriente al encorvado oeste, con el viento como caballo de postas, como si hubiera pasado a ser algo nimio que os perteneciera y fuerais cada uno una lengua sobre la que cabalga el rumor. Ni una palabra de ello mencionaréis, por favor, si otros os pidieran escuchar mi historia. Lo harían sólo para entretenerse o para acumular datos inútiles, que olvidarían nada más esparcirlos indiferentemente, más allá y un poco más.

A mí me molestaba no ir derecho, ir velado y esperar. Habría deseado decirle a Van Vechten detrás de qué andaba —aunque yo no lo supiera muy bien, por los escrúpulos de Muriel— y acabar lo antes posible con la pantomima y con su compañía, zafarme de su presencia que en conjunto me desagradaba o empezó a hacerlo pronto. No es que el hombre no fuera simpático o tratara de serlo, a la mayoría de mis amistades les caía bien pese a la grandísima diferencia de edad, fue mejor acogido de lo que me esperaba. Al principio, cuando aparecí con él, lo miraron como a un marciano, pero al poco logró mimetizarse bastante —hasta donde podía ser, claro está— y no ser percibido como un absoluto intruso o un estorbo o un guardián. Ponía de su parte, era festivo y lisonjero, daba consejos a quien se los pedía, era inevitable que mis conocidos lo vieran como a una persona con experiencia, y además le consultaban sobre sus malestares y aprensiones, en cualquier ámbito un médico lleva terreno ganado, tiene mucho a su favor. Pagaba numerosas rondas y eso ayuda siempre a la aceptación, y al final de la noche —si aguantaba hasta el final, algunas se cansaba comprensiblemente cuando a los jóvenes nos quedaba aún larga cuerda— nos depositaba a cada uno en su casa con su coche espectacular como si de repente tuviéramos chófer, y eso era muy cómodo, una bendición, nos ahorrábamos un taxi caro o una dura caminata bajo los efectos de cualquier exceso. Para tomarse semejante molestia, Van Vechten pretextaba que no podía permitir que las muchachas volvieran solas a altas horas, a las damas había que acompañarlas, él había sido educado así, debíamos aprovecharnos de su antigüedad.

Observé que casi nunca hacía el recorrido más lógico, que no nos soltaba en el orden que más convenía y que le evitaba dar vueltas o salvar innecesarias distancias, sino que procuraba dejar siempre a una chica para la última estación, es decir, quedarse a solas con ella en el automóvil tras perdernos de vista a los demás. Con casi todas yo tenía confianza para preguntarles, entre risas y como de broma: '¿Qué tal la otra noche con el Doctor? Era evidente que se quería quedar sin testigos contigo, y me pareció que tú no le hacías ascos a la idea'. Yo sabía que un hombre mayor tendría en principio dificultades para conseguir nada de una joven, pero también he sabido siempre que a muchas de éstas —al menos mientras recorren la noche noche tras noche, y es una época que atraviesan tantas— les impresionan la riqueza o su apariencia o sus símbolos, y el aplomo, y que el individuo experimentado las deslumbra a menudo con facilidad, sobre todo si además se le da bien el halago, antes de conseguir algo y también después. Hay jóvenes que se sienten enaltecidas si notan que se interesa por ellas un hombre de edad muy superior, y más aún al descubrirse capaces de proporcionarle un incomparable placer, eso es lo que les dice él: 'Nunca en mi vida, óyeme bien, nunca, y mira que a mis años he conocido mujeres...'. Aprendí pronto a no descartar nada, las conjunciones más inverosímiles se pueden dar. Desde la madurez causa vergüenza reconocer lo sencillo que resulta a veces engañar a la juventud.

Cada vez que les hice a una amiga o a una conocida o a una ex-novia esa pregunta u otra similar (novia en el más amplio sentido de la palabra, el que incluía a las de un solo azar), me encontré con un silencio tirando a serio y un rápido desvío de la conversación, como

si algo hubiera ocurrido al término del trayecto y prefi-
rieran no hablar de ello, o lo quisieran olvidar. Así que
le pregunté a él:

—¿Qué tal te fue la otra noche con Maru? Saltaba a la vista que te querías quedar solo con ella. Vaya
rodeo que diste para dejarla en último lugar.

Fue la primera vez que le pregunté abiertamente. Van Vechten sonrió sin azoramiento, como alguien a
quien le divierte ser pillado, o que se aprecien sus maniobras, aunque esta fuera de lo más común. O que
agradece la oportunidad de presumir.

—¿Tanto se me notó?

—Bueno, no sé los otros, iban todos muy coci-
dos. Yo te lo he notado ya dos o tres noches. Descuida, no
te abochornaré mencionándolo cuando nos lleves. No te
tomaré el pelo con eso. Si te tomo el pelo se acabó. Las
chicas se escamarían y se sentirían violentas, ya no con-
sentirían en quedarse para el final. Pero dime, ¿cómo te
fue? Bueno, y las otras veces. ¿Sacas algo?

En ese interrogatorio primero no aprovechó enteramente la oportunidad de presumir. Aún no me había
ganado su complicidad, el Doctor aún ignoraba ('Jorge',
como me instaba a llamarlo, sobre todo en presencia de
los demás) hasta qué punto yo era como él o no, si él era
como podía ser. Se mostró un poco remiso a contarme,
a contestar, respondió con inconcreción.

—Bueno, alguna noche sí y alguna no. Pero no
se portan mal estas chicas tuyas, vaya suerte tenéis.
Considerando mi edad y la suya, la verdad es que no me
puedo quejar.

—Yo te podría orientar y aconsejar. No que te
haga falta, imagino, debes de verlas venir antes de que
ellas sepan que van. Pero unas son más putas que otras,
como en todo grupo, como en todas partes. —Jamás
habría utilizado esa expresión para calificar la conducta
de ninguna, pero Muriel me había recomendado ser

miserable y despreciativo, y así inducirlo a serlo a él, de nuevo si es que lo era o lo podía ser. Tenía toda la pinta de poderlo ser. Y casi no hay hombre que no sepa serlo si se lo propone. Yo sabía, aunque no lo fuera en general.

Al cabo de unos días me jacté ante él de conquistas imaginarias con recién conocidas, las que se supone que tienen más mérito y dan más envidia: una tía a la que me había acercado me la había acabado chupando en un rincón oscuro de La Riviera o como se llamase, que tenía zonas al aire libre y algo de vegetación; me había ligado en Pintor Goya a la hija de un ministro que estaba buenísima y que todo el mundo conocía por ambas razones, por ser hija de quien era y por estar cañón, me la había llevado a mi casa y me la había follado dos veces. El léxico era este o peor, claro está. Nada de esto había tenido lugar, pero le dije que había sucedido en noches en las que él no había salido, el hombre no se nos unía siempre, no podía mantener nuestro supuesto ritmo, más que nada por sus obligaciones, familiares y profesionales. Si digo 'supuesto' es porque, durante aquel periodo, muchas de las noches en que no lo sacaba yo no iba a ningún sitio, me quedaba en casa, o hasta tarde en la de Muriel aunque él no estuviera (empezó a rodar la única película que coincidió con mi tiempo, producida por Harry Alan Towers y en cuyo guión yo le había echado una mano), trabajando en sus exhaustivas listas de autores o en cualquier otra minucia, haciéndoles compañía discreta a Beatriz y a sus hijos, oyéndola a ella tocar un poco el piano, carecía de constancia, se cansaba pronto. Para entonces se me había hecho patente que los ocasionales encuentros sacros entre ella y Van Vechten eran meramente utilitarios por las dos partes. En el caso de él, visto lo visto, no iba a desdeñar un polvo de vez en cuando con una mujer casi veinte años más joven que él, el mundo de las que tenían treinta y cinco menos se le acababa de abrir.

El Doctor entró al trapo, se animó a especificar, no iba a ser menos a pesar de su edad. Tenía rasgos de juvenilismo impropios, de incorregible inmadurez.

—Pues a mí esa Maru me la mamó en el coche, ante el portal de la casa de sus padres, cuando la llevé la otra noche. ¿Qué te parece?

Lancé un silbido de admiración, no sólo por celebrárselo, también es cierto que me sorprendí. Su conquista, sin embargo, podía ser tan imaginaria como las mías. Pero me pareció que no, que era real.

—¿De verdad? ¿Tanto como eso? No me lo habría figurado, si te soy sincero. ¿Cómo lo conseguiste? Oye, no es por hacerte de menos, ya sabes que tienes una pinta cojonuda, como de actor americano o inglés. Pero claro, podrías ser su padre si no más, y no me pega que la cosa saliera así de ella, perdóname. Me había imaginado que a lo sumo te habría dejado tocarle las tetas, o se habría prestado a enseñártelas sin tocar, y por tu insistencia. Disculpa si te resulto ofensivo, pero vaya, entiéndeme, sí que tienes poder de persuasión. ¿Cómo fue? Cuéntame, ¿le ofreciste algo a cambio? ¿Asistencia médica vitalicia? ¿Le propusiste auscultarla y el asunto derivó?

Mi tono era ligero, de chanza mezclada con asombro. Desde la noche de la timba con Celia me atrevía a tomarle un poco el pelo, después de aquellas preguntas directas a las que me había sometido. Tal vez me había excedido ahora. Noté que de entrada no le hacía gracia mi reacción, como si le reventara la idea de que yo lo juzgara incapacitado para seducir por sí mismo. Los ojos se le enfriaron y endurecieron, le desapareció la sonrisa rectangular que había mantenido mientras se ponía su pequeña medalla competitiva, mientras me hacía su revelación. Era uno de esos individuos que, por aparentar muchos menos años de los que tienen, acaban creyéndose que en realidad no han cambiado nada desde la juventud. Bueno, si no son tontos se lo creen nada más que a ratitos y a solas, y saben que sí; y Van Vechten no era tonto. Se enorgullecía de su excelente aspecto y se aprovechaba de él, pero no era un simple fatuo ni estaba ciego ante el espejo, o quizá su espejo era una mujer a la que veía por las mañanas a diario, mucho más deteriorada que él y que le recordaba su verdadera edad. No la llevaba a casi ninguna parte, a aquella esposa suya. Tal vez sus vidas discurrían tan separadas como las de Muriel y Beatriz o más, acaso sólo aguardaban la llegada del divorcio a España, de una maldita vez. Eran incontables las parejas que lo esperaban con impaciencia o desesperación. Durante más de cuatro décadas los matrimonios espantosos se tuvieron que aguantar. Bueno, llevaban siglos aguantándose, la breve tregua de los años treinta apenas contó.

Al cabo de unos segundos se le suavizó la mirada y recobró la sonrisa, su encanto y arma principal. Y aún es más, rió mis ocurrencias, no sé si forzadamente o no.

—Asistencia vitalicia. Auscultación —repitió—. Tienes ingenio tú, ¿eh? Eres gracioso. Se te ha olvidado una exploración, podría haberme ofrecido directamente a palpar en busca de quistes, ¿no?, aunque a la edad de estas chicas eso ni se les pase por la cabeza. Pero yo no ofrezco, te lo tengo dicho. Nunca he pagado, y lo que tú sugieres medio en broma sería parecido a pagar. Un precio muy bajo, por lo demás.

La sonrisa no le había variado mientras decía las últimas frases, pero el tono había sido levemente más serio. Me apresuré a puntualizarle, no se lo hubiera tomado a mal.

—No es medio en broma, Jorge, es en broma total, hombre. Pero ¿entonces? ¿Cómo vino la cosa? ¿Cómo fue? Así, de buenas a primeras. Me dejas pasmado, de verdad. Para quitarse el sombrero. —E hice el gesto de descubrirme.

—No pretenderás que te cuente mis métodos, Juan. —Ahora ya volvía a sonreír sin reservas, la lisonja nos ablanda a todos y a menudo nos condena y nos pierde. Desde luego nos lleva a hablar de más.

—Dame una pista al menos. Para aprender de un maestro. —Me mordí la lengua al instante, había exagerado la nota y lo mismo se mosqueaba—. Venga, no te hagas de rogar. Al fin y al cabo, a todas estas tías te las he presentado yo.

Vaciló. No, no era tonto, y no podía pretender convencerme de que lo que quisiera que hubiera habido con Maru había partido de ella ni había sucedido sin más, sin alguna treta suya, sin alguna súplica, sin algún ardid. Aunque Maru fuera una joven bastante alocada y que soltaba la carcajada a la menor oportunidad, viniera o no a cuento, podía haberse tronchado hasta con los chistes anticuados del Doctor. Pero de ahí a hacerle una felación agarrado al volante, en pleno centro de Madrid, había un trecho abismal. Se encogió de hombros y decidió ponerse enigmático, pero le noté ganas de pavonearse de sus métodos que todavía no quería revelar. No me cupo duda de que hablaría más a la siguiente ocasión.

—No se trata sólo de cómo conseguir algo, Juan —dijo, y le salió cierta entonación de maestro, quizá no había exagerado yo tanto la nota—, sino de conseguirlo con el mayor grado de satisfacción. Y nada da más satisfacción que cuando no quieren, pero no pueden decir que no. Y luego quieren, te lo aseguro, la mayoría, una vez que se han visto obligadas a decir que sí. Lo quieren cuando ya han probado, pero siempre les queda el recuerdo, el conocimiento, el rencor, de que no tuvieron más remedio la primera vez. Y tú seguramente no puedas saberlo, pero eso es lo mejor que hay: el deseo nuevo mezclado con un antiguo rencor.

Era nebuloso lo que había dicho, si es que no un poco críptico, pero me pareció digno de mención, quiero decir de informar a Muriel. Van Vechten se había referido a algo que podía tener que ver con las primeras frases semiexplícitas de mi jefe, con las dudas que quizá había sembrado en él 'alguien despechado y retorcido que le guardara un rencor inaplacable' a su amigo, 'de los que no caducan jamás'. Así suponía Muriel que se habría defendido el Doctor de haberle él preguntado cara a cara por el feo cuento con que le habían venido, el que lentamente había puesto en marcha mi misión: 'un infundio, un sucio ajuste de cuentas', nada más que basura malintencionada. Aquellas primeras frases se me habían quedado grabadas, como casi todas las de todo el mundo, en realidad: 'Lo que me impide dar carpetazo a este asunto, negarle todo crédito y ni siquiera prestarle oídos, es que, según esa historia, el Doctor se habría portado de manera indecente con una mujer, o con más de una tal vez. Y para mí eso es imperdonable, es lo peor. Es lo más bajo en que se puede caer'. Ahora Van Vechten había afirmado que nada daba más satisfacción que 'cuando no quieren, pero no pueden decir que no', y había hablado de 'verse obligadas', de 'no tener más remedio la primera vez' y de 'un antiguo rencor'. Yo había intentado retener con exactitud sus palabras a medida que las decía, eso siempre se me dio muy bien, siempre he sabido transmitir *verbatim* lo que la gente suelta en mi presencia, sin resúmenes, paráfrasis ni aproximaciones, si no son largas parrafadas. Pese a que me resultaran confusas, estaba en condiciones de repetírselas a Muriel, seguramente para él tendrían más significación que para mí, o acaso podría arrojar sobre ellas entera luz. Lo que más me desconcertaba era que, si Van Vechten no pagaba ni ofrecía nada, no me imaginaba ningún motivo por el que Maru o cualquiera de mis conocidas hubieran de decir que sí en contra de su voluntad inicial. De violencia, de amenaza física, no veía en absoluto capaz al Doctor. Y, de ser esa la vieja acusación, Muriel no habría empleado un vocablo tan matizado y moral como 'indecente'. En el fondo tan tenue para una actuación por la fuerza, o una violación.

Así que osé molestar a mi jefe en medio de su película: me citó dos mañanas más tarde, muy temprano, aprovechando que volvía a Madrid para rodar unas escenas en estudio, pasaba días fuera cuando le tocaban exteriores, muchos de ellos en Ávila, Salamanca, La Granja y El Escorial, más adelante tendrían que trasladarse a Baeza y Úbeda y finalmente a Barcelona. No iba a pisar la casa en aquella breve estancia, andaba demasiado atareado y se alojaría con los intérpretes en un hotel. Cuando llegué estaba haciéndole tomas de un severo parlamento al actor británico Herbert Lom, no tan mítico para mí como Jack Palance pero al que conocía, admiraba y de hecho temía desde mi infancia en los cines de programa doble, lo había visto en un montón de películas, con frecuencia haciendo de villano más o menos refinado o exótico (tendía a vestir ropaje oriental). Comprobé en persona su buena voz y su elegante dicción inglesa, y eso que ahora he sabido, a raíz de su reciente muerte a los noventa y cinco años, que era checo de nacimiento —más bien austrohúngaro— y que no había llegado a Inglaterra hasta los veintiuno, huyendo de la invasión nazi y con un apellido tan impronunciable, enrevesado y largo como era simple, fácil y corto el que había adoptado para su profesión: Kuchačevič ze Schluderpacheru se llamaba en origen, dudo que le hubieran admitido eso en una pantalla o en un cartel. Había hecho papeles secundarios en producciones importantes, interpretando a Napoleón en *Guerra y paz,* probablemente más por la baja estatura que por el parecido, aunque algo ayudara la frente grande salpicada por un mechón; había sido el Capitán Nemo y el Fantasma de la Ópera y uno de los asesinos de *El quinteto de la muerte,* y había salido en *Espartaco* encarnando a un embajador cilicio; pero sobre todo me había dado miedo en *El Cid* como el almorávide Ben Yúsuf, vestido de negro y embozado a lo largo de todo el metraje (se le veían sólo los ojos), fanático con atamboradas huestes que desembarcaban en mi propio país. No importaba mucho que la acción transcurriera en el siglo XI, el pánico viaja con facilidad en la ficción, o en lo que uno vive como tal.

Lo cierto es que cuando Muriel hizo un alto en el rodaje para atenderme y escuchar mi informe, el resto del equipo se dispersó momentáneamente, pero Herbert Lom, tras serle yo presentado, no se movió, se quedó allí, quizá para no perder la concentración. Sacó un cigarrillo de su pitillera, lo insertó en una boquilla que extrajo de su diminuto estuche y se puso a fumar con una distinción de otro tiempo. Ya a finales de los años sesenta su ascendente carrera se había frenado y había caído por un lado en manos del Inspector Clouseau (había dado vida a su desquiciado jefe en las secuelas de *La pantera rosa),* y por otro en las de Towers e incluso en las de Jess Franco (había participado en la fantasía lésbico-carcelaria *99 mujeres* y en un *Conde Drácula* que nadie recuerda como la mejor versión). Sin embargo Muriel lo consideraba un gran artista y lo trataba con el máximo miramiento ('Ha trabajado a las órdenes de Vidor y Huston, de Mackendrick, Kubrick y Anthony Mann, de Dassin y Carol Reed', exclamaba embelesado). Según me había contado, era además un hombre extremadamente culto y tenía escrita una novela sobre el dramaturgo Marlowe, al cual, me había ilustrado Rico, algunos han atribuido una muerte fingida y la entera obra de Shakespeare. De modo que, por no hacerle un feo al artista y dejarlo sin entender palabra, mi jefe me pidió que le informara en inglés. 'Al fin y al cabo no va a saber de qué hablamos y si lo supiera da igual', me dijo antes en español; 'pero en ningún caso quiero que se sienta excluido u orillado, mientras decida permanecer en nuestra compañía.' '¿No le puede indicar que se aleje, o irnos nosotros a un rincón?', le pregunté con aprensión. 'Va a resultar muy artificial que hablemos usted y yo en inglés, y tampoco se crea que tengo tanta costumbre.' Él había rodado en los Estados Unidos, yo sólo había ido a Inglaterra de visita.

A pesar de su corta estatura, me imponía o atemorizaba mucho la presencia allí de Lom, y no sólo por los malos ratos que me había hecho pasar a oscuras en la niñez (se me cruzaron imágenes con sombrero de su personaje otra vez fanático y traidor en *La India en llamas,* con Lauren Bacall y Kenneth More). Tenía unos ojos tan vidriosos como magnéticos, de una frialdad intensa que casi llegaba a turbar. Su labio superior tan fino (ninguna proporción con el inferior, más bien abultado) era sin duda una de sus armas para irradiar una crueldad sardónica que mantenía intacta pese a los sesenta y pocos años que por entonces ya habría cumplido. No obstante su actitud era afable y su expresión amigable, después de su perorata vehemente de ficción se lo veía relajado y contento, en una mano su cigarrillo y en la otra un pañuelo de seda de color verde androide con el que jugueteaba casi al modo de un prestidigitador. 'No, cómo voy a hacer eso, criatura.' Y Muriel me regañó con su único ojo. 'A ver si aprendes modales, Juan. Un respeto para esta eminencia. Venga, no tenemos mucho tiempo antes de reanudar. Pero no te ahorres nada importante. Anda, cuéntame.' Y añadió, para darme ya la entrada en inglés: *'So tell me'*. A él no le costaba pasar a esa lengua, ya lo había visto con Palance y Towers.

Así que hice un esfuerzo y le relaté mi conversación con Van Vechten lo mejor que pude. De vez en cuando me volvía hacia Lom, como si también lo atañera y precisamente para no excluirlo. Lo que hablábamos no le iba ni le venía ni le sería muy comprensible, pero observé que prestaba suma atención, como si fuera un individuo alerta, incapaz de no prestársela a lo que sucediera a su alrededor, y como si cualesquiera narración o charla pudieran ser de su interés. Quizá era uno de esos actores que lo absorben todo por si algo les es de utilidad. Cuando llegó el momento de transmitirle a Muriel las últimas frases del Doctor, las que me habían parecido un posible avance en la investigación, las traduje malamente al inglés y acto seguido le pedí permiso para repetírselas en español. Me disculpé de antemano con la eminencia Lom, para mí Ben Yúsuf y Napoleón:

—Perdone, señor Lom, pero lo que aquí dijo este amigo del que hablamos fue un poco ambiguo y complicado, y será mejor que se lo transmita al señor Muriel tal cual.

Herbert Lom hizo ondear la mano del pañuelo en un ademán de largueza y generosidad, y exageró tanto el gesto que me pasó la tela por la nariz. Eso me hizo estornudar, una vez y otra vez y otra más.

—Adelante —dijo tras esquivarme con agilidad y comprobar que ya había parado—. Faltaría más. Muy interesante todo esto, si se me permite decirlo. Por favor, siéntase libre, Juan.

Había captado mi nombre a la primera. Me sentí muy honrado y, dados sus antecedentes cinematográficos, también me causó un poco de preocupación. Con la misma deferencia lo había visto numerosas veces tratar a sujetos a los que se pensaba cargar.

Muriel se quedó con cara de preocupación, tal vez de desánimo y decepción, cuando oyó las frases tal como habían salido de los labios de su viejo amigo. Como si hubiera preferido que yo le hubiera venido con las manos vacías, sin ningún progreso, o poder desestimar mi información. Pero ésta pareció hacerle mella.

—¿De verdad dijo eso? —me preguntó con voz ronca, buscando algún resquicio para la incredulidad—. ¿Dijo eso, 'Nada es más satisfactorio que cuando no quieren, pero no pueden decir que no'? ¿Estás seguro, Juan? —Por respeto a Lom seguía hablando en inglés, y tradujo la frase a este idioma con más precisión de la que yo había sido capaz de alcanzar en mi versión del relato.

—Creo que no me equivoco, Don Eduardo, Eduardo. —La presencia del gran artista me impulsó a anteponerle el 'Don', lo que ya nunca hacía. No quería que pensara que me tomaba confianzas. Que lo tuteaba, por así decir—. Tengo buena retentiva. Palabra de más o de menos, fue eso lo que vino a decir. ¿Le aclara, le ilumina algo a usted?

—Puede ser. ¿Y tú qué le contestaste? ¿No aprovechaste para tirarle de la lengua? Te encomendé que le tiraras de la lengua, que le sonsacaras. Parecía una buena ocasión.

—Sí, claro. Le contesté que no entendía bien, que qué era eso del rencor. Le pedí que me lo explicara.

—¿Y?

—Nada. Se echó a reír y no respondió. Se acercó una sobrina de García Lorca que va por esa discoteca y la conversación se diluyó. Es medio americana, esa sobrina, ha sido bailarina en Nueva York. Muy guapa, unos años mayor que yo. Al Doctor se le fueron los ojos detrás de sus piernas e intentó darle charla, pero no creo que con ella tenga la menor posibilidad de nada. Está con un pintor. Luego, la verdad, no quise volver a eso, para no parecer demasiado interesado. Quizá no hice bien. Pero me da que será más propenso a contar otro día si no se le insiste.

—Bueno, está bien —dijo Muriel con condescendencia, o distraído. Lo abrumaba la preocupación.

Entonces le comenté lo que más me desconcertaba: cómo podía lograr nada Van Vechten de Maru o de mis amigas jóvenes si no pagaba ni ofrecía. Era un misterio para mí. Muriel permaneció pensativo, como si también se preguntara al respecto. O quizá se preguntaba por el pasado, allí tenía puesto su foco en realidad.

Ante el silencio meditativo de los dos, intervino Herbert Lom agitando su gran pañuelo con un gesto que anunciaba elocuencia esta vez. Me dio con la punta en un ojo, que durante un rato hube de mantener guiñado, como si me hubiera entrado una mota o aún peor, un insecto bravo. O como si me hubiera colocado encima el parche rígido de Muriel.

—En la medida en que he captado la naturaleza de la cuestión —dijo con su excelente y profunda voz; su mirada un par de clavos, eso no se le alteraba en la vida civil—, si ese amigo de ustedes no ofrece nada ni paga, ese Doctor holandés; si no promete ni tienta, entonces será que exige. En principio no cabe otra opción.

Muriel y yo lo miramos con sorpresa, no habíamos creído que se enterara apenas de lo que hablábamos, por mucho que lo hiciéramos *contra natura* en inglés (mediano el mío en aquella época, luego lo mejoré). Pero al parecer se había hecho rápidamente una acertada composición de lugar. Un hombre vivo, inteligente, quizá tan temible como sus personajes, quién sabía si muchos creados para que los interpretara él.

Muriel iba a hablar pero yo me le adelanté:

—¿Qué quiere decir, señor Lom? ¿Exige qué? —No sé ni cómo me atreví a interrogarlo tan directamente. Aunque era menudo, me sentía cohibido por él.

—Es evidente —respondió con desenvoltura aquella Ilustrísima del cine secundario, como si fuera cosa de cajón. Lanzó el pañuelo al aire y lo recogió con el antebrazo, remedando a un halconero que recibiera tras su vuelo a un halcón. Esta vez no me rozó, pero empezaba a hartarme de la tela verde androide, o quizá era verde Nilo, aquella temporada debía de estar de moda ese color, al Profesor Rico le había visto corbatas o pañuelos más pequeños en esos mismos tonos, los últimos asomándole del bolsillo pectoral exterior—. Si alguien quiere conseguir algo que se le negaría, y no ofrece nada ni paga por ello, es que está en condiciones de exigirlo. Si no da nada, entonces su moneda de cambio es la omisión.

No acababa de seguirlo. Muriel por lo visto sí, porque le contestó:

—Lo que habrá concedido a cambio el Doctor es abstenerse de hacer o contar algo que podría perjudicar a esas mujeres. Eso es lo que quieres decir, ¿no, Herbert? —Ellos sí se tuteaban, por expresarlo con impropiedad.

Lom se había metido ahora su seda bajo la manga, por la parte inferior. Le quedaba casi entera colgando como una servilleta de camarero, pero al menos no se le podría disparar. Aprovechó para hacer un ampuloso ademán que equivalía a decir 'Voilà', y el pañuelo flotante subrayó la floritura. Un hombre de mundo, Kuchačevič ze Schluderpacheru a no dudar. Y a continuación lo dijo —'Voilà'— como si citara de un diálogo:

—'Voilà. Si me das lo que quiero, callaré y me estaré quieto, y no te haré daño con lo que podría hacer o contar.' —*'I shall not harm you',* fue la expresión inglesa, que también admitiría como traducción 'No te perjudicaré' o 'No te lastimaré'. A mí no se me había ocurrido que esas pudieran ser el arma y la actitud de Van Vechten, me costaba imaginar cuál sería su posible omisión con mis amigas y conocidas. A Muriel sí, porque asintió con pesadumbre, o tal vez era resignación. Claro que él sabía lo que buscaba del Doctor, yo aún no.

—Me temo que ese pueda ser justamente el caso —musitó. Parecía no tener ganas de decir nada más.

Pero en cambio Herbert Lom se había animado mucho.

—Sea como sea —añadió—, y si es amigo, esperemos que no esté involucrado en ninguna actividad como la que le trajo tantos disgustos con el FBI a nuestro querido productor. Por fin se le acaba de arreglar ese asunto, pero ya sabes —y se dirigió ahora sólo a Muriel— que le ha costado veinte años en los que ha tenido prohibido pisar los Estados Unidos. O más bien se habrá guardado él de hacerlo: supongo que habría ido derecho a la cárcel de haber puesto un pie allí. Esas cosas suelen terminar mal.

—¿Harry? ¿Buscado por el FBI? No sé de qué me hablas, Herbert, ni cuál es esa actividad. O bueno, ahora que lo dices, me suena muy vagamente que algo me soltó una vez Jesús Franco. Pero yo no sé nada de esa historia. Cuéntame, ¿qué pasó? —De pronto se le había evaporado toda la preocupación a Muriel. Le había picado la curiosidad y eso era más fuerte, al fin y al cabo es llamativo enterarse de que un medio amigo, o falso amigo temporal (alguien para quien se trabaja y de quien se cobra), es o ha sido un fugitivo del FBI.

Era palmario que a Herbert Lom le gustaba dar sorpresas y contar. Sonrió con deleite, su labio fino desapareció. Probablemente había hecho mención de aquel episodio con el solo propósito de divulgarlo.

—¿Ah no? ¿No lo sabes? —Y añadió para justificar su indiscreción—: Bueno, ahora que ha pagado una multa y le han retirado los cargos, me imagino que ya no importa que lo sepas. Aun así, por si acaso, no te des por enterado con él. No creo que le molestase, conmigo se ha reído abiertamente del caso en más de una ocasión. Pero nunca se sabe. También es verdad que a veces se ha lamentado de no haberse podido establecer en Hollywood por culpa de aquel equívoco.

No tenía mucho de particular que Towers sí hubiera hablado del caso con Jesús Franco y con Lom. Al primero le había producido ocho o nueve películas, algunas tan eróticas como podían ser, y con el segundo había colaborado en al menos cinco oportunidades, la presente sería la sexta, aunque como nuestro proyecto no llegó a concluirse ni a estrenarse jamás, no aparece en ninguna filmografía, según he comprobado hace poco en Internet: ni en la de Muriel ni en la de Towers ni en la de Lom.

—Tienes mi palabra. Dime, ¿qué ocurrió? —A Muriel le encantaba que le relataran chismes, siempre que fueran novelescos y de interés. En pocos segundos se había olvidado de Van Vechten y estaba ansioso por escuchar aquella peripecia delictiva de su productor. Éste era un hombre de aspecto muy común, con pelo canoso, mentón fofo al que amenazaba papada, nariz chata y ancha y cejas bastante pobladas y más oscuras que el cabello. Tendría unos sesenta años, yo había coincidido con él una vez o dos, apenas me había dirigido la palabra. No significaba nada, con los secretarios y subalternos eso suele suceder.

—La historia es incompleta y contradictoria y confusa, claro está —dijo el antiguo Napoleón, y encendió otro cigarrillo tras encajarlo con esmero en su boquilla, se lo veía satisfecho de haberse hecho con nuestra atención—. Lo que yo sé (y no lo sé todo por él) es que en 1960 o 1961 Harry se llevó a Nueva York a una joven medio checa y medio inglesa llamada Mariella Novotny, con la que había iniciado una aventura. Muy ligera, como es natural. Él le había prometido labrarle una carrera como estrella de anuncios televisivos, con poco se conformaba la joven. Por entonces Harry se estaba abriendo camino en Hollywood, en Toronto y en Nueva York, así que contaba con numerosos contactos norteamericanos. Se alojaron en un hotel en el que Mariella empezó a recibir a caballeros influyentes de la política y de otros ámbitos, siempre a instancias y con la intermediación de Harry, y también, más adelante, en el apartamento que éste compartía con su madre, una madre singular la de nuestro productor. Eso fue al menos lo que Novotny declaró al FBI: que él le había proporcionado clientes importantes asegurándole que complacerlos la ayudaría a triunfar, la había inducido por tanto a la prostitución y además se quedaba con el 75% de lo que ella ganaba con sus variados actos sexuales, incluidos tríos, como es de rigor. Añadió que Harry estaba presente en la mayoría de las funciones, lo cual parece improbable que aceptaran los elevados *partenaires* de la joven. (Tenía un cierto aire a Anita Ekberg, tanto de cara como de cuerpo, menos lujosa, y a buen seguro eso contribuyó mucho a su éxito.) Claro que, según el FBI, cuando los dos fueron detenidos a Harry lo encontraron escondido en un armario lleno de ropa, de modo que quién sabe si su asistencia era siempre furtiva. Él lo niega todo, huelga decirlo. —A Herbert Lom se le escapaba una breve risa en algunos momentos, y se la contagió a Muriel y posiblemente a mí, para qué voy a negarlo, había algo cómico en todo aquello, o lo hacían gracioso las apostillas del redivivo Ben Yúsuf—. A algunas de las fiestas que Mariella empezó pronto a frecuentar, solía acudir encubierto un hombre de Hoover. —Mi cultura cinematográfica me permitía saber quién era, el Director del FBI—. La conocida mitomanía de Harry sostiene que lo que debió de alarmar a Hoover fue enterarse de que en una de ellas Novotny había coincidido y establecido contacto, seguido de varias secuelas, con Peter Lawford, cuñado y correveidile del Presidente Kennedy. —Su término fue algo más elegante, lo llamó 'go-between'—. Y no paró la cosa ahí: en otra fiesta posterior, en casa del cantante Vic Damone, nada más serle presentado formalmente Kennedy, Mariella fue conducida a un dormitorio en el que se acostó con él. La mitomanía es insaciable, y sugiere un *coitus interruptus,* porque al poco de desaparecer los dos en la alcoba, se produjo un tremendo alboroto en el salón: la novia asiática de Damone se había encerrado en el cuarto de baño y allí se había cortado las venas, no hace falta decir que sin consecuencias definitivas. Pero el piso se vació al instante, y el primero en esfumarse fue Kennedy con su pequeño séquito y su guardaespaldas.

—Esa anécdota puede ser verdad —intervino Muriel—. Es un clásico entre ciertas mujeres: encerrarse en el cuarto de baño y hacerse cortes en las muñecas. Es llamativo que casi nunca acierten a encontrarse las venas.

—Sin duda —respondió cortésmente Lom—, pero no sé yo. No hay mujer que se precie de su belleza en esos años que no estuviera en la cama con Kennedy. O bueno, en una piscina, una barca o un ascensor, tanto da. De creerlas a todas, no le habría dado tiempo a gobernar. Ni siquiera a viajar a Dallas, y aún lo tendríamos aquí. Harry, sin embargo, me mostró una vez una copia de un *memorandum* interno del propio Hoover relativo al escándalo Profumo. En él se mencionaba a Mariella Novotny, y entre paréntesis se indicaba: '(Véase expediente Hermanos Kennedy)'. También se hablaba brevemente de 'su proxeneta Alan Towers', y, muy ufano y entre carcajadas, me enseñó lo que se decía de él: 'Al parecer ahora reside permanentemente detrás del Telón de Acero. Novotny afirma que Towers era un agente soviético y que los soviéticos necesitaban información con el fin de comprometer a individuos prominentes'. Bueno —añadió Lom con una sonrisa entre divertida y escéptica—, es posible que ese *memorandum* sea apócrifo, una falsificación de Harry para deslumbrarnos a los amigos, lo creo capaz de eso y de más. Pero lo cierto es que fue eso exactamente lo que Mariella declaró al FBI tras su detención por captar clientes en el ejercicio de la prostitución —Lom fue mucho más conciso y utilizó una sola palabra, *'soliciting'*—, y que esa acusación fue misteriosamente retirada en seguida, a diferencia de los cargos contra Harry por infringir la Ley de Trata de Blancas y no sé qué más. —En inglés sonaba aún peor: *'White Slave Traffic Act'*, la llamó—. Se le imputó haber transportado a Mariella de Londres a Nueva York con el exclusivo propósito de dedicarla a la prostitución y sacar beneficios de ello. También fue significativo que el incidente en la fiesta de Vic Damone se silenciara en la prensa, pese a los numerosos testigos y a haber estado presente en ella el hombre de Hoover que tan buena vida se daba en su misión y que sin duda instruyó a un colega de su departamento para que contratara por teléfono (conversación grabada) los servicios de Maria el día de la detención. Ésta se produjo en cuanto ella acabó de desvestirse para dicho agente-cliente en el apartamento de Harry y su madre. Según nuestro admirado productor, él ignoraba por completo estas actividades sucias de su *protégée,* no tenía ni idea de que fuera puta. —*'A hooker',* fue el término que el Capitán Nemo eligió—. Aduce que estaba escribiendo tranquilamente un guión en el cuarto de al lado cuando la joven irrumpió desnuda diciendo que había un policía en la otra habitación. Eso alegó Harry ante el FBI y eso alegó ante mí. Se tachó a sí mismo de ingenuo y estúpido, pero el FBI no le creyó, motivo por el cual optó por fugarse a Inglaterra antes de la celebración del juicio, aprovechando su libertad bajo fianza, tras haber permanecido un par de semanas entre rejas. Perdió el dinero y no ha podido regresar a América en todos estos años. Ahora, como os he dicho, ha arreglado cuentas y podrá por fin volver.

Muriel estaba disfrutando aquel relato, se había olvidado del resto del equipo, que aguardaba por allí. Escuchaba con una sonrisa suspendida en los labios, y yo veía brillar su ojo como cuando se le ocurría una idea atractiva para un argumento o una escena.

—¿Se escapó sin más? ¿Harry decidió convertirse en un prófugo de por vida? —preguntó con una mezcla de incredulidad e hilaridad—. Tomó mucho riesgo, ¿no? Pese al puritanismo americano, tampoco parecía tan grave la cosa. Dudo que en el peor de los casos le hubiera caído más que una condena simbólica, no sé. En los años sesenta todavía había cierta comprensión con los vicios, creo yo.

—Ah no, hizo bien, menos mal que se largó a tiempo —respondió Lom—. Él también lo niega y se ríe, pero más adelante, cuando ya no estaba al alcance de la justicia americana, se lo acusó de dirigir una red delictiva —'a vice-ring', fue la expresión en inglés— en el seno de las Naciones Unidas, y eso sí era infinitamente más peligroso y más grave, con sus derivaciones políticas y demás. Era una mala época de la Guerra Fría, 1961. Como comprenderás, no es lo mismo el edificio de la ONU que un apartamento compartido con una madre en el que una ex-novia se tomaba libertades a sus espaldas. Todo esto en el supuesto de que esa segunda acusación fuera verdad. Harry dice que no y por lo tanto para mí es que no. Y aún es más: realmente me pregunto por qué el FBI no le quiso creer a la primera: él siempre ha escrito guiones, ¿por qué no iba a estar absorto en ello mientras Mariella se desnudaba en la habitación contigua con enorme sigilo y se preparaba para hacer el amor quedamente y con discreción, como ha sido siempre la costumbre entre las prostitutas y sus enamorados? Conociendo además su incorregible ingenuidad, yo sí le creo, faltaría más. —Y ahora Herbert Lom se echó abiertamente a reír. Trazó una rúbrica final con su pañuelo, estrujado a aquellas alturas; al darse cuenta lo tiró al suelo con asco—. ¿Qué, vamos a seguir rodando hoy o no?

Ahora que existe Internet y que sobre casi todo hay en ella retazos de información, he sentido algo de curiosidad retrospectiva acerca del astuto Harry Alan Towers y de aquella historia (dentro de todo, trabajé indirectamente para ese productor que no murió hasta 2009); y he comprobado que lo que nos relató el señor Kuchačevič ze Schluderpacheru (probablemente habrá vuelto a ser él) se ajustaba bastante a la verdad o a lo que se sabe de ella, pues aún hoy parece incompleta y contradictoria y confusa, como anunció el insigne actor Lom.

He leído en algún que otro sitio que en efecto las miras de Towers en Nueva York eran más amplias que las de su apartamento, y que durante ese periodo suyo de supuestas mayor ambición y capacidad para comprometer a gente influyente, había estado en constante contacto principalmente con dos personas: su madre ('una madre singular la de nuestro productor', había comentado Lom de manera enigmática pero sin énfasis) y 'un tal Leslie Charteris', que ya hacia 1980 mi cultura cinematográfico-televisiva me habría permitido saber quién era: el autor de las novelas y cuentos en que se basaron las varias series de Simon Templar, El Santo. He leído con curiosidad que a Charteris, durante bastante tiempo, se le negó la residencia permanente en América al verse afectado por la Ley de Exclusión China, que prohibía la inmigración de quienes tuvieran la mitad o más de sangre oriental, y el auténtico apellido del creador de El Santo era inesperadamente Bowyer-Yin (Bowyer la madre, el padre Yin), y él había nacido en Singapur. Lo cual quizá hace aún más extraño que en 1937 se encargara de la traducción y edición inglesas de *Juan Belmonte, matador de toros,* el célebre libro del español Manuel Chaves Nogales. Sin embargo no he encontrado más vinculaciones de Charteris con las Naciones Unidas ni con ningún *'vicering'.* También me ha dado que pensar enterarme de que el propio Lom vio truncada su carrera en Hollywood al no concederle la embajada americana en Londres el visado para entrar en el país. Había huido de los nazis, sí, pero al parecer se lo consideraba simpatizante comunista o 'compañero de viaje'. No hay quien no haya tenido problemas con las autoridades estadounidenses, por un motivo o por otro, una vieja tradición.

Si menciono todo esto es más que nada, yo creo, como una forma supersticiosa y hueca de compensación, pues lamento mucho que Muriel no lo vaya a saber. A él le encantaban estos entresijos literario-cinematográficos (se habría pasado las horas ante el ordenador). Uno nunca se acostumbra a no hablar con los muertos que conoció, a no contarles lo que se imagina que habría sido de su diversión o interés, a no presentarles a las personas importantes nuevas o a los nietos póstumos si los hay, a no darles las buenas o malas noticias que nos afectan y que tal vez los habrían afectado a ellos también, de seguir en el mundo y poderse enterar. En algunas ocasiones uno celebra egoístamente que no se puedan enterar: no sólo se habrían llevado un disgusto o se les habría creado una preocupación, sino que se habrían enfadado mucho y nos habrían lanzado una maldición, nos habrían retirado la amistad y el saludo y hasta cabe que nos hubieran puesto la proa para hundirnos y acabar con nosotros. 'Salvé la cara mientras estuvieron vivos', piensa uno, 'y ahora ya no pueden ver como traición lo que a buen seguro les habría parecido una traición. El que muere estará eternamente en el engaño, porque no sabe lo que ha venido después, o lo que ya vino en su tiempo pero no alcanzó a descubrir.' En el fondo hay algo positivo en que desaparezcan los seres queridos: se los echa indeciblemente de menos, pero también se siente el alivio de la irrevocable impunidad. De más de una cosa me alegro de que Muriel nunca estuviera al tanto, sobre todo de una ocurrida en vida suya y de otra acaecida después. La segunda era enteramente imprevisible, la primera se la oculté.

En cambio sí le habría gustado conocer la descripción de Mariella Novotny hecha unos años más tarde por su compañera de profesión Christine Keeler, principal causante de ese escándalo Profumo que estalló en 1963. Creo que le habría gustado porque la siguiente vez que nos vimos aún rumiaba el relato de Lom más que el mío sobre Van Vechten, se notaba que lo había deslumbrado saber de las pasadas andanzas de su falso o transitorio amigo en el mundo de la alta política y de la alta prostitución.

—¿Qué diablos tendría esa Novotny —murmuró— para seducir o enredar a tantos hombres importantes, si es verdad lo que nos contó Herbert Lom? Fíjate, Juan: probablemente a los dos Kennedy y al cuñado Lawford, a algunos multimillonarios y quién sabe a cuántos destacados cargos de las Naciones Unidas. Que esa gente corra tales riesgos no se consigue así como así, ni siquiera en los años sesenta en que había menos cautelas; eso no lo habría logrado una puta cara del montón. Algo especial debía tener, aparte de parecerse a Anita Ekberg. —Se quedó meditando un momento y añadió—: ¿Sabes? Me ha dado por imaginármela tan atractiva como Cecilia Alemany, esa gran mujer. ¿Hemos sabido algo de ella últimamente, por cierto? Quiero decir en la prensa o en la televisión, con el rodaje no me entero de nada. Ella nunca condescendería a llamarme, eso ya lo sé.

Una posible respuesta a aquellas especulaciones está ahora al alcance de cualquiera. Christine Keeler escribió en 1983: 'Tenía una cinturita de avispa que realzaba su voluptuosa figura. Era una sirena, una atleta sexual de proporciones olímpicas; podía hacerlo todo. Lo sé. Yo la vi en acción. Conocía cuantos placeres extraños se precisaran y era capaz de proporcionarlos'. Algunos la identificaban como Maria Capes, Maria Chapman o Stella Capes. Herbert Lom la había llamado 'Maria' en una ocasión. *A posteriori* he pensado que seguramente la conoció en persona, siendo además los dos de origen checo y al parecer nacidos en Praga. Pero yo entonces ignoraba eso de él, ojalá le hubiéramos preguntado.

Mariella Novotny apareció muerta en su cama en febrero de 1983, a la edad de cuarenta y un años, de una sobredosis de droga según la policía. En 1978 había anunciado que iba a escribir su autobiografía, en la que revelaría detalles de sus tareas para el MI5. En 1980 amplió la información: contaría los pormenores de 'una conspiración para desprestigiar a Jack Kennedy', y agregó: 'Llevé un diario con todas mis citas en el edificio de la ONU. Es dinamita, créanme. Ahora está en manos de la CIA'. El libro jamás apareció. Christine Keeler sospechó: 'El juez de instrucción de Westminster dictaminó muerte accidental... Yo sigo pensando que se trató de un asesinato'. No es que las opiniones de Keeler hubieran de tenerse en consideración, pero la revista *Lobster* aseguró que 'poco después de la muerte de Novotny entraron ladrones en su casa y robaron todos sus archivos y sus extensos y minuciosos diarios, que cubrían desde los primeros años sesenta hasta los setenta'.

Todo esto le habría encantado saberlo a Muriel, tan aficionado a lo novelesco, como también ver unas cuantas fotos de Mariella o Maria o Stella colgadas en Internet, y es cierto que tenía un aire a Anita Ekberg de cara. La que más me gusta y más le habría cautivado a él parece salida de una película, no ya de 1961, cuando fue tomada, sino incluso anterior. Es una demostración más de que cuando pasa el tiempo todo lo real adopta un aspecto de

ficción, será ese el sino de nuestros retratos cuando nos alejemos, parecer de gente inventada y que nunca existió. Yo ya voy teniendo esa sensación cuando miro los de Beatriz y Muriel, en el caso de él el parche negro acentúa la impresión de que es sólo un fotograma aislado, o tal vez la ilustración de un libro, y eso que para mí sí existieron y conozco su historia tenue, contada al menos una vez.

En esa foto se ve a Mariella Novotny con la mirada pensativa o un poco ida, tocada con un sombrerito ridículo y bien recatada —tapada hasta el cuello—, en el momento de su detención en el apartamento de Towers o quizá al entrar en comisaría poco después. El agente del FBI que la custodia es un tipo fornido y gordo de cara, con unos ojos severos y una boca despreciativa. Tal vez fuera el que se fingió su cliente y le tendió la trampa, esperemos que no: ella habría sido demasiado tonta, porque se le nota a la legua que es un poli o si no un matón. Claro que acaso lo parece ahora más, cuando el tiempo ya ha arrojado sobre ambos suficiente dosis de irrealidad.

Con todo, Muriel no se olvidó enteramente de mí ni de por qué había insistido en verlo durante el rodaje, ni siquiera aquel día en que se adueñó del protagonismo Herbert Lom. Antes de despacharme para reanudar su escena con él —no quería presencias innecesarias, y me quedé sin ver más actuar a aquel gran y temible actor—, me hizo un aparte en español.

—Oye, joven De Vere. Respecto a lo que me has contado al principio: sigue por ese camino, sigue por ahí. A ver si el Doctor te habla del pasado, de si alguna vez logró que una mujer que no quería no pudiera decir que no, esa ha sido su expresión, ¿verdad? Lo que haga ahora no me importa mucho, son otros tiempos, y todo tiene menos gravedad. O bueno, cuídate tú si quieres, a mí me pillan muy lejos esas jovencitas tuyas. A ver si te cuenta cómo lo consiguió. —Y concluyó, como con un hilo de esperanza—: Si es que fue así, y lo consiguió.

Por contraste con su ojo oscurecido y colérico al mencionarme por primera vez el posible comportamiento indecente de su amigo con una mujer, me sorprendió su ojo benévolo y algo humorístico ante el indudable comportamiento indecente de Towers con varias, sobre todo si era cierta la historia de la red delictiva o '*vicering*' en las Naciones Unidas. No sólo no pareció molestarlo nada de aquello, ni la sospecha de que las hubiera utilizado, además de para ganar dinero desde su cómoda posición de chulo, para chantajear a individuos prominentes y celebridades, sino que el relato de Lom le creó una especie de fascinación adicional hacia el personaje, al que veía merecedor de una obra de ficción. Ahora lamentaba que Towers no se pasara apenas por el rodaje y anduviera casi siempre en el extranjero de aquí para allá, mientras se realizaba uno de sus proyectos él planeaba y buscaba financiación para los siguientes. Deseaba coincidir más con su empleador, por ver si éste se animaba a contarle directamente a él, a ampliarle la narración de sus turbias actividades de los años sesenta y de sus turbulencias con el FBI, a confirmarle si su antigua y ligera amante Novotny había fornicado con Kennedy y con el hermano Robert y el cuñado Lawford, si todo aquello eran hechos reales o fantasías y mitomanías. Uno no debe fiarse de lo que encuentra en Internet, pero en algún sitio he leído que Mariella y otra prostituta de nombre Suzy Chang se disfrazaban de enfermeras para atender atléticamente al fingido paciente presidencial; de ser así, los gustos de Kennedy no diferían gran cosa de los de cualquier vulgar varón. Me sorprendió esa reacción de mi jefe con Towers, pero en parte la comprendía: él, como casi toda la gente de cine, vaya o no de intelectual y artista, era tan mitómano como el que más.

También he observado que en la exacerbada y frenética filmografía de Harry Alan Towers hay un vacío llamativo tras nuestro fallido proyecto, como si el fracaso y la desgracia de Muriel le hubieran dado mala suerte o algo así: su siguiente título como productor no llegó insólitamente hasta 1983. Pero para entonces él ya había desaparecido de nuestras vidas y nosotros aún más de la suya (bueno, yo nunca estuve), si acaso convertidos en un nefasto recuerdo que convenía dejar atrás. Y hasta es posible que, desde que nos perdió de vista, Towers ya pudiera visitar a veces el país del que se había fugado y la prohibida ciudad de Nueva York. Lo que me malicio es que nunca le permitieron establecerse allí: he visto que continuó rodando en lugares tan a trasmano como Sudáfrica y Bulgaria, que adoptó la nacionalidad canadiense y que fue en Toronto donde murió en 2009, con ochenta y ocho años. La verdad es que duró mucho para tener todas las trazas de haber sido desde muy pronto un consumado rufián, en el mundo del cine y en alguno más. Un rufián que, sin embargo, obtuvo desde el principio el inmediato perdón de Muriel.

Éste no tuvo apenas oportunidad de indagar durante lo que quedó de película. Entre los continuos viajes de Harry y que se había comprometido con Lom a no darse por enterado de nada si el productor no iniciaba una conversación sobre aquellos asuntos remotos, no estuvo mucho en su mano preguntar. Aprovechando una visita de Towers a Madrid para supervisar la marcha de todo y ver copión de lo rodado en su ausencia, lo invitó a cenar a su casa una noche junto con su mujer, la austriaca Maria Rohm, Lom y Van Vechten y Rico (estos dos se defendían algo en inglés, desde luego mejor que Roy), el hispanista de Oxford Peter Wheeler, hombre muy ingenioso que estaba de paso en la ciudad, un matrimonio de la embajada británica y dos de las actrices de la película: la veterana Shirley Eaton, que se había hecho famosa pintada de oro en la aventura de James Bond contra *Goldfinger*, y la jovencísima Lisa Raines. Además de Beatriz, claro está, con la que su desapacible marido contaba siempre para recibir en casa y organizar una cena en regla y agasajar a un productor o a un hipotético financiador. Su propósito era conducir la charla hacia aquel terreno político-escandaloso-sexual de los primeros años sesenta, para lo que el concurso de Wheeler le venía de perlas: como tantos *dons* de Oxford y Cambridge, estaba muy enterado de los manejos del MI5 y el MI6 en tiempos pasados, y además había conocido muy bien a Profumo, Ministro de la Guerra británico cuando estalló el escándalo que llevó su nombre.

Confiaba Muriel en tentar así a Towers a disputarle el protagonismo al malicioso y hablador hispanista y a presumir y contar, aunque fuera la versión descafeinada y más favorable para él (según se mire; ante la policía y un juez sí, en una recepción mundana no), la de su completa inocencia y su ingenuidad y estupidez.

Pero precisamente por culpa de la anfitriona, aquella cena no se celebró, aunque todos los invitados llegaran a estar reunidos en la casa de Muriel y yo les abriera la puerta y ayudara a Flavia y a Susana a atenderlos y los viera moverse y pasar: pululaba como siempre por allí y además me tocaba entretener a Lisa Raines por ser el más cercano a ella en edad; pero ni siquiera iba a caber en la mesa, ni estaba convocado como comensal.

VII

Llevaba Beatriz un periodo en su modalidad mohína o en lo que yo identificaba como tal. Durante el rodaje Muriel estaba poco presente y muchas noches no venía a dormir, porque anduviera por ahí con sus exteriores o prefiriera alojarse en un hotel, y a pesar de las malas relaciones esa ausencia contribuía probablemente al abatimiento o desgana de su mujer —nada se echa en falta como el adversario, cuando se está acostumbrado a defenderse y resistir, y bajo la luna a persuadir e implorar—. Quizá veía en ese vacío el anuncio de lo que la aguardaría un día, cuando se aprobara por fin el divorcio. No descuidaba sus quehaceres matutinos o vespertinos como profesora de inglés, pasaba más rato con los hijos tan idénticos a ella, pero el resto del tiempo no la veía salir: ni con Rico ni a Nuestra Señora de Darmstadt ni a la Plaza del Marqués de Salamanca ni en moto a quién sabía qué lugares. Y en cambio oía prolongadamente el tictac del metrónomo desde su zona, cuarenta veces por minuto si no más, acompañado de unos cuantos acordes en alguna ocasión pero en la mayoría acompañado de nada, a palo seco, batiente y oscilante el péndulo como un reloj heterodoxo y ruidoso que contara algo distinto del tiempo: la música no interpretada o las palabras pensadas y guardadas a su compás, los latidos del aburrimiento o una dubitativa cuenta atrás, abortada y reiniciada siempre, una y otra y otra vez. Puesto que Muriel no estaba allí, ya no era un recordatorio de su existencia, no era una amenaza ni un quejido ni una representación sonora de sus sufrimientos, no era el tamborileo de sus dedos que preludiaban un estallido. Pese a lo que me había dicho mi jefe ('No. Se toma su tiempo, se abstrae, se duerme sentada. Mientras esté ahí no hay de qué preocuparse'), yo me inquietaba cuando durante una hora larga no oía más que el ominoso y desquiciador tictac. Interrumpía mis tareas y me acercaba a la puerta cerrada que daba acceso a su zona, pegaba el oído a la espera de que me llegara algún lamento o suspiro, algún canturreo o interjección o sollozo; o de que hablara a solas como los locos o los aislados o los que se compadecen exageradamente a sí mismos, de que lanzara una maldición. Y cuando sólo seguía alcanzándome el impávido metrónomo, me atrevía a llamar con un nudillo como hacía Beatriz algunas noches ante la alcoba de Muriel, y al responder ella '¿Sí? ¿Quién es?', o incluso desiderativamente (yo creo) '¿Eres tú, Eduardo? ¿Estás en casa? ¿Has vuelto?', me sentía aliviado y ridículo y le contestaba:

—No, perdona, Beatriz, soy Juan. Es sólo que me preguntaba si necesitabas algo y estabas bien. Hace muchos minutos que no te oigo tocar, y ya sabes que me gusta oírte tocar. —A las mujeres se las tutea sin reserva y en seguida, como si fueran menores de edad, o son ellas las que incitan a hacerlo, como si les costara infinitamente más que a los hombres aceptar un 'usted' que se figuran que las avejenta. Al fin y al cabo ella tenía por entonces cuarenta y uno o cuarenta y dos años, la edad de Mariella Novotny cuando la mataron o murió o se mató; hoy no cabría duda, se la consideraría todavía joven a todos los efectos. No lo era para mí sin embargo, por la época y por la diferencia que me sacaba. Pero tampoco era lo contrario, o si no habría carecido de sentido mi muy vaga o teórica admiración sexual, que me atrajera su carnalidad de otro tiempo y de otro espacio, o de una dimensión inanimada y pretérita, como he dicho con anterioridad.

—No te preocupes, Juan, estoy bien. Aunque no esté tocando dejo sonar el metrónomo, me tranquiliza y me ayuda a pensar. —Eso o algo parecido me murmuraba a través de la puerta (la voz era perezosa y débil, como si la hubiera arrancado del sueño o de una imaginación o maquinación), que no abría cuando yo llamaba así. Me preguntaba si estaría visible o quizá en ropa interior, y regresaba a mi quehacer.

El día de aquella cena anduvo con preparativos y no puso en marcha el tictac. Había pedido a Mallorca o a Lhardy los platos principales, o a alguno de los restaurantes del Palace, no sé. Pero dio sus instrucciones a Flavia y se ocupó de los vinos y el postre, qué sé yo, a mí no me tocaba prestar atención. Muriel tenía rodaje en estudio y no se esperaba que volviera hasta las ocho y cuarto o por ahí, en compañía de las dos actrices y de Herbert Lom, aguardaría en el hotel a que se ducharan y cambiaran para traerlos él mismo en su automóvil. A Rico se le había ordenado (de joven era más complaciente que ahora) recoger a los Towers y a Wheeler, el resto llegaría por su cuenta. Aunque la mayoría de los invitados eran extranjeros, Muriel no los había citado hasta las ocho y media con idea de sentarse a la mesa hacia las nueve, era el final de la primavera y el sol ya tardaba en largarse, lo deprimía cenar con luz muy diurna, solía decir. Antes de las seis —antes de que volvieran del colegio los hijos—, Beatriz pareció tenerlo todo listo y en orden, se cambió de ropa, se arregló rápido, se calzó zapatos de tacón alto y salió. Llevaba tantos días sin hacerlo excepto para acudir a sus clases —su racha apesadumbrada o más abúlica— que no pude resistir la curiosidad y salí tras ella como otras veces, quería saber a quién había echado de pronto en falta o quién la había arrebatado a la misantropía, si Van Vechten o el morador de la Plaza del Marqués de Salamanca, o si acaso no se disponía a ver a ninguno de los dos. Vestía falda, lo cual hacía improbable que cogiera la moto, aunque no imposible, una vez la había visto montarse a horcajadas con esa prenda llamativamente subida, enseñando sus muslos fuertes casi tanto como la funcionaria Celia, sin concederle importancia y sin ningún pudor.

No dio muchos pasos, su recorrido apenas duró. La vi pararse ante la puerta del Hotel Wellington, a escasos metros en nuestra misma calle y en nuestra misma acera, y mirar hacia arriba como si esperara una señal de alguien alojado en una habitación exterior, alguien que tal vez le dijera con la cabeza y las cejas: 'Sube, sube, ya estoy aquí'. Si eso era así, se trataría de un tercer amante, pensé, a santo de qué iba a encontrarse con Van Vechten o con los polacos Kociejowski o Gekoski, o con Deverne o Mollá o Arranz, en un sitio distinto del habitual, y además tan cerca de la casa de ella, en la tarde previa a la noche en que tendría a un montón de invitados de semicompromiso para complacer a Muriel. O a lo mejor sí era por eso, para estar al lado y no correr el riesgo de ser impuntual. Miró hacia las ventanas o los balcones durante unos treinta segundos y después entró. Me llegué entonces hasta el elevado portal —un portero uniformado lo custodiaba, supongo que ahora también, hace tiempo que no paso por ahí, o más bien evito pasar— y traté de atisbarla en el interior desde el exterior, por ver si se quedaba en el vestíbulo o se encaminaba hacia el bar o tomaba un ascensor. Pero ya no la vi más, pese a aguardar en la acera tres o cuatro minutos o cinco, un par de pitillos encadenados. Si me hubiera metido dentro, el portero ni se habría inmutado, en ese hotel siempre había toreros y yo podía ser un peón joven o incluso una brillante promesa de matador; pero lo más prudente era no aventurarse a que ella me cazara allí, no habría cabido duda de que la había seguido, precisamente por lo corto del trayecto y la proximidad. Quizá iba a tomar algo con Gloria y Marcela en el bar, para no

aburrirse en la casa hasta la hora de la cena, con semejante perspectiva social no podía instalarse en su tictac.
Mientras yo oteaba, se bajó de un automóvil con volante a la derecha —una Daimler o un Jaguar, yo creo— el
director de orquesta Odón Alonso, vestido de frac como
si ya estuviera preparado para marchar a un concierto.
Le dejó las llaves a un aparcacoches y pasó tarareando y
sonriente junto a mí. Se contaba que mantenía en el
Wellington una *suite* en alquiler permanente, a la que
curiosamente casi siempre iba con su mujer. Se me cruzó la ocurrencia de que Beatriz fuera a verse con él. No
sé por qué, la descarté.

Así que me volví a la casa a esperar. Si no atravesaba el umbral no había modo de averiguar, y eso me lo
prohibí.

Como estaba previsto, a las ocho y cuarto apareció Muriel con el antiguo Fantasma de la Ópera, la
que fue mantenida y víctima de Goldfinger y la futura
Fanny Hill en otra película de Towers, Lisa Raines.
Desde mi cuarto le oí preguntar a las chicas y a Flavia
por Beatriz, un poco extrañado de que no se encontrara ya allí.

—No estaba cuando hemos vuelto del colegio
—respondió Susana.

—Ha salido —dijo Flavia—. Estará al llegar.

—¿A qué hora? —preguntó él.

—Algo antes de las seis.

—¿Dijo dónde iba?

—No. Sólo que volvería a tiempo para la cena.
Pero está todo listo, no se debe preocupar.

—Habrá ido a la peluquería o algo así —supuso
Muriel—. ¿Y el joven De Vere? —Me llamaba muchas
más veces así que 'Juan', tanto en vocativo como al referirse a mí, lo mismo que a Rico 'el Profesor' y a Van
Vechten 'el Doctor'.

—Está en su habitación.

—Ahora voy por él. Le traigo una belleza de su edad a la que tiene que atender.

El cuarto más allá de la cocina, en el que había pasado mi primera noche en la casa, se había convertido en 'mi habitación', y ya no era excepcional que me quedara a dormir allí. Preferí no salir por el momento, para que Muriel no me preguntara directamente por Beatriz y no tenerle que mentir. No era lo mismo no contarle lo que había visto por mi cuenta, por ejemplo en el Santuario, que responderle: 'No tengo ni idea de adónde ha ido. Salió sin despedirse de mí'. Aunque esto último habría sido verdad. Y pensé con fastidio: 'Muriel está en las nubes, no distingue: una belleza de mi edad'. Lisa Raines tendría dieciséis o diecisiete años, ella sí que era un peón; para mí casi tan niña como Susana, a mis veintitrés.

Muriel no vino a reclamarme en seguida, se tenía que ocupar de los convidados que había traído. Pero al cabo de cuatro o cinco minutos sonó el timbre y en unas zancadas se acercó hasta mi zona y sin asomarse me dio una voz:

—Joven De Vere, ¿quieres hacer el favor de ir a abrir? Flavia está con sus cosas y Beatriz no ha llegado. Y no sé si la joven Raines se está empezando a aburrir. Venga, ve a hacerle caso y deja de hacerte el ofendido. Que no tengas asiento en la mesa no te exime de ser servicial. Y a lo mejor al final te hacemos un hueco, dependerá de que te dé el visto bueno la niña prodigio.

Salí en el acto, lo vi caminar de espaldas por el pasillo y meterse en el salón, yo continué hasta la puerta de la calle. Se sucedían los impertinentes timbrazos, llegaba Rico con los Towers y Wheeler (y no, el Profesor tampoco era complaciente entonces, excepto con Muriel y Beatriz siempre que fuera para disfrutar de su compañía: yo creo que si había acatado la orden de hacer de chófer por ahí era porque le interesaba el insigne hispanista de Oxford, al que daba charla en español, sin que le importaran medio huevo el productor ni su mujer). Los conduje hasta el salón, y al poco se presentó el matrimonio de la embajada británica, todos los extranjeros con relativa puntualidad. Repetí la operación y a los seis o siete minutos el que llamó fue Van Vechten con su irreversible sonrisa rectangular, me pregunté si Lom repararía en su parecido con Robert J Wilke, habían trabajado los dos en *Espartaco*. Al entrar y ver a tanta gente comentó con satisfacción, en mediocre y presuntuoso inglés, como de locutor español de televisión:

—Vaya, debo de ser el último. Lamento haber hecho esperar a la distinguida compañía. —Dio un taconazo anacrónico y se presentó a la generalidad—. Doctor George Van Vechten. —Absurdamente se tradujo el nombre de pila, no dijo 'Jorge' sino 'George'.

La verdad es que no lo esperaba nadie, ninguno de los extranjeros había oído hablar jamás de él, y el único de los invitados que lo conocía, Rico, lo tenía archivisto, para el Profesor era un bulto más de los que salían y entraban en la abigarrada casa de Muriel.

—No eres el último, Doctor —le dijo mi jefe en nuestra lengua, un aparte—. Nos falta precisamente Beatriz. Realmente es muy raro que aún no haya llegado. —Y miró el reloj—. ¿Por casualidad tú has sabido algo de ella hoy?

Van Vechten contestó a la defensiva, pero solamente yo podía notarlo:

—No, no, ¿qué habría yo de saber?

Entonces Muriel se volvió hacia mí. Con el trasiego de personas e idiomas me había librado hasta aquel instante de que me interrogara al respecto. Eran ya pasadas las nueve, y la patulea de ingleses y adheridos estaba a punto de desfallecer.

—¿Tampoco tú sabes nada, joven De Vere?

No, a Muriel no iba a mentirle, o sólo a medias, lo imprescindible para resguardarme:

—Bueno, no sé. A media tarde salí a un par de recados y casualmente la vi entrar en el Wellington, desde la acera de enfrente. Pero eso fue hace ya rato, hacia las seis.

El ojo de Muriel se posó con incredulidad en los míos y relampagueó con alarma, como si se le acabara de representar una escena que no estaba más que a su alcance, quizá porque ya la había visto en su vida, quizá porque su imaginación visiva llegaba más lejos que la de los demás. Cerró el ojo una fracción de segundo, como con hartazgo o anticipado cansancio, ante la tarea inminente o ante su visión. Tal vez como si con ello hiciera acopio de energía y paciencia y se diera tiempo a decirse, antes de actuar: 'Otra vez, habrá que ocuparse otra vez. O acaso no haya que ocuparse más'.

—¿En el Wellington? ¿En el Hotel Wellington? ¿Por qué no lo has dicho antes?

Su tono fue tan alterado y tan alto que el murmullo de los convidados cesó y lo miraron todos con preocupación o incomprensión. El Profesor Peter Wheeler era el único que sabía perfectamente español, pero también lo entendía el matrimonio de la embajada, aunque no llevara todavía demasiado tiempo aquí.

—No sé, no me preguntó usted, Eduardo. ¿Qué pasa, qué importancia tiene? Fue hace horas. No se me ocurrió —balbuceé sintiéndome ya culpable de una falta grave, ignoraba exactamente de cuál.

Pero Muriel no me había preguntado para que le respondiera, de hecho no creo ni que oyese mi contestación.

—Vámonos rápido, Jorge —le dijo a Van Vechten—. Ven tú también, Juan. —Se dirigió a Rico y le pidió—: Paco, haz el favor de entretener a esta gente e invéntate una explicación. No sé si la cena se va a tener que cancelar. En cuanto pueda os digo algo, u os mando aviso con Juan.

Esta vez nos llamó a los tres por nuestros nombres, lo cual significaba que no había lugar ni para una pizca de guasa refleja, como solía ser la suya cuando estaba rodeado de sus espectadores y cómplices habituales. Yo era ya uno de ellos. En su ánimo ahora sólo cabían la angustia y una seriedad mortal.

Nunca lo había visto correr, ni tres pasos. 'Correr es indigno, joven De Vere', me había dicho alguna vez, regañándome por una breve carrera mía para alcanzar un taxi al que se le iba a abrir el semáforo, o al ver pasar a gente penosa o pletórica en el ejercicio que por entonces se llamaba en España *'jogging'* o *'footing'*, no sé, un país tan negado para las lenguas en general como propenso a utilizar términos ajenos que no entiende ni sabe pronunciar. Nunca lo había visto correr y creo que nunca he visto a nadie correr de esa forma en la calle, como lo hizo él entre su casa y el Wellington, tan desesperado y veloz, una corta distancia, muy poco duró su indignidad, y además en aquellos momentos sería lo último en lo que pensase, en los trayectos extremos uno no se mira viajar. Corrió tanto a sus cincuenta años o así —la chaqueta abierta, los faldones y la corbata volándole como estandartes hacia atrás—, que ni yo con menos de la mitad habría sido capaz de mantenerle el ritmo doscientos metros más, no digamos el Doctor Van Vechten, por mucho que se machacase en gimnasios un decenio mayor que Muriel. Pero el trecho era tan corto que más o menos llegamos los tres a la vez, él en cabeza, eso sí, no sólo porque acelerase como alma que llevara el diablo —esa expresión se decía y la comprendía todo el mundo, aunque nadie hubiera visto una jamás—, sino porque él sabía mejor a lo que iba y lo que había que hacer. En ese fugaz trayecto lo inferí yo también, y sin duda el Doctor Van Vechten todavía más, si es que no lo había hecho ya antes: no temía Muriel que a Beatriz se le hubiera pasado la hora, se le hubiera ido el santo al cielo enfrascada en sus necesidades o en sus apasionamientos o apetencias sexuales —un amante fijo, el gerente; un huésped, acaso el portentoso primo sureño de Roy, Baringo Roy; un botones o camarero ocasional, daba lo mismo—, no creo ni que se le ocurriera imaginar una escena así; lo que se le había representado era lo que a mí se me había escapado al intentar vislumbrar su figura desde el exterior: Beatriz habría reservado una habitación, quizá ya de mañana o incluso la noche anterior, por eso no se habría entretenido en la recepción solicitando la llave ni rellenando ningún papel, se la habrían entregado nada más verla aparecer o la llevaría ya consigo, según el tipo de hotel; había subido a esa habitación cuya ventana se había parado a mirar desde la calle figurándose ya dentro, como quien contempla su ataúd; había pedido alcohol o lo había saqueado del minibar y había dado comienzo a una ingesta de pastillas, tirada en la cama, descalza, posiblemente en ropa interior para mayor comodidad y con la televisión puesta para no sentirse tan sola, para ver rostros que no la verían a ella ni podrían intervenir, para oír voces de fondo que le hicieran más llevadera la transición entre estar en el mundo y dejar de estar en él —la irreversible transformación—, como se duermen más conformes los niños con el lejano rumor de la conversación entre sus padres y algún invitado, cuando alguno hay: como si se demoraran un poco en el territorio adulto y despierto que se resisten a abandonar, todavía no, todavía no. La luna no estaría presente, o acaso Beatriz habría aguardado a verla asomar aún muy pálida, intimidada por el sol tardío, para morir en su palidez.

O tal vez habría llenado la bañera con parsimonia y se habría metido en ella para cortarse las venas una vez allí —si se las corta uno antes la sangre empezará a gotear de inmediato o a fluir, no sé, y manchará suelo y toallas y el impoluto albornoz del hotel, casi ningún suicida es indiferente del todo a los estropicios que causa y al cuadro que va a ofrecer—, y de ser así todo dependería de varios factores: de la extensión y profundidad de las heridas, de cuántos cortes se hubiera infligido y con cuánta decisión, de si en una sola muñeca o en las dos, de que el agua estuviera bien caliente o no tanto, porque el frío haría que se contrajeran las incisiones y se retrasara la muerte, todavía no, todavía no, y el frío llega antes o después; y habría dos posibilidades para las mayores rapidez o lentitud de esa muerte: si perdiera el conocimiento por la carencia progresiva de sangre y se le deslizara la cabeza dentro del agua, moriría por ahogamiento, a no ser que se le quedara el cuerpo encajado en la bañera, nariz y boca sin sumergir; y en este caso, si no se hundiera, seguiría viviendo inconsciente hasta que el corazón se parase por ser ya incapaz de bombear la escasa sangre restante en el compartimento vascular. Todo sería cuestión, así pues, de cuándo se hubiera sajado con la cuchilla y del número de veces y la determinación, de que lo hubiera hecho a las seis y pico, poco después de subir al cuarto, o de que hubiera esperado y se hubiera entretenido anticipando o saboreando lo que sucedería en su casa cuando ya estuvieran los invitados allí y a ella no se la viera aparecer; o de que hubiera dudado más de la cuenta y se le hubiera ocurrido que no habría lugar para el arrepentimiento ni la postergación una vez rasgada la piel y abierta la carne, ahora sí, ahora ya sí, no es fácil mantener la serenidad para cortar la salida de la propia sangre cuando ésta ya ha brotado; o de que hubiera sentido curiosidad por saber qué desconocido ganaba un concurso de tarde en la televisión —nos detiene a veces lo que no nos importa— y los minutos hubieran ido pasando sin que los notara, o creyendo en todo instante que serían muy pocos más, hasta que fuera eliminado el concursante bruto o proclamado vencedor. Y con las pastillas lo mismo, serían fundamentales el momento en que hubiera empezado a tragárselas, y el ritmo —la garganta se rebela y hay que hacer altos—, y la cantidad de alcohol. Y según cómo hubiera sido esto, llegaríamos a tiempo los tres o no, la presencia del Doctor nos aseguraba que no habría ni un segundo de vacilación o estupor, que él sabría lo primerísimo que en cada circunstancia convendría hacer, era probable que estuviera sobre todo en sus manos la vida de Beatriz, si todavía había vida en Beatriz. Y una tercera posibilidad no estaba aún descartada: que hasta entonces no se hubiera arrojado por el balcón no significaba que no pudiera sentarse sobre la barandilla y saltar justo mientras nosotros corríamos y llegábamos —en mi carrera no miré hacia arriba, acaso la habría visto encaramada en el antepecho y dispuesta a dejarse caer—, o preguntábamos en recepción por la habitación en que se habría encerrado, o convencíamos al personal de que había que forzar la puerta o recurrir a la llave maestra ante la inminencia o el acaecimiento de una desgracia, los empleados se habrían opuesto o resistido en principio, y habrían llamado al gerente o al director del hotel para que se hicieran cargo y autorizaran la intrusión, perdiéndose así minutos tal vez vitales. Y aún cabía que Beatriz se hubiera colgado valiéndose de las sábanas con las que habría hecho tiras y subiéndose luego a una silla que habría derribado con sus propios pies, y en ese caso no tendríamos dilación ni proceso ni margen, estaría muerta cuando penetráramos en el cuarto ya atardecido, o desde el interior se lo vería ya anochecido, encendidas todas las luces para no matarse sin ver bien o también para no morir a oscuras, es imposible no figurarse que después sólo va a haber larga tiniebla y adelantarla no tiene sentido, a no ser que uno prefiera irse acostumbrando con los ojos abiertos y la boqueante conciencia y los hilos últimos de vida.

El tiempo de los suicidas ha de ser extraño porque está enteramente en su mano terminarlo, y son ellos quienes deciden cuándo, esto es, el instante, que puede ser un poco antes o un poco más tarde, y no debe de ser fácil determinarlo, ni saber por qué ahora y no hace unos cuantos segundos o dentro de unos cuantos más, ni siquiera por qué hoy y no ayer ni mañana ni anteayer ni pasado mañana, por qué hoy cuando tengo un libro a medio leer y pronto se emitirá la nueva temporada de una serie de televisión que he seguido a lo largo de años, por qué decido que ya no los voy a continuar y que ignoraré para siempre sus desenlaces; o por qué interrumpo la visión distraída de una película que pasan en un canal en el que he ido a caer por azar en esta habitación de hotel —el pasajero lugar elegido para contener mi muerte sin testigos y a solas—, cualquier cosa nos suscita curiosidad cuando estamos a punto de despedirnos de ella y del resto: de nuestros recuerdos y nuestros saberes acumulados pacientemente, de las zozobras y los esfuerzos que ahora nos parecen baldíos o que no eran en verdad para tanto; de las infinitas imágenes que han pasado ante nuestros ojos y de las palabras que nuestros oídos oyeron, pasivamente o en vilo; de las risas despreocupadas y las exultaciones, los momentos de plenitud y los de angustia, los de desolación y optimismo, y también del tictac incesante que nos acompañó desde nuestro nacimiento, está en nuestro poder acallarlo y decirle: 'Hasta aquí has llegado. Ha habido periodos en los que no te he hecho caso y otros en los que he vivido pendiente de ti, escuchándote, esperando a que algún otro sonido tuviera suficiente fuerza para tapar el tuyo y permitirme olvidarte, unas palabras ansiadas o el ruido del apasionamiento, el jadeo, la amorosa furia, las frases entrecortadas y obscenas que repelen y atraen al mismo tiempo, y nos absorben mientras se pronuncian. Ahora te pararé y pondré fin a tu imperturbabilidad, en lo que a mí respecta. Sé que nada te detendrá de veras y que seguirás existiendo, pero será para otros, no para mí, a partir de esta hora me habré sustraído y estaré fuera de tu alcance, y así habrás dejado de computar mi tiempo'. Sí, no ha de ser fácil decidir el instante, el viejo instinto de supervivencia nos llevará a pensar: 'Todavía no, no todavía, qué mal puede hacerme quedarme unos minutos más en el mundo, asistir a la salida de la luna centinela y fría que habrá visto a tantos como yo abandonarlo, ni siquiera parpadeará su soñoliento ojo entreabierto, cansado del inacabable espectáculo del llanto contra las almohadas y el adiós de los seres que hablan; pero al menos yo podré mirarla'. Y el hartazgo y el sufrimiento nos llevarán a pensar: 'Está bien, ya es la hora y para qué demorarlo, qué sentido tiene permanecer unos minutos más, o unos días que nos parecerán arduos e iguales en cuanto los prolonguemos un poco sin darnos cuenta, y seguir con la conciencia activa que tantas veces nos causa tormento; preguntarnos una vez más qué será de nuestros hijos, a los que no veremos crecer más ni cumplidos, deberán arreglárselas sin mí como muchos otros que los precedieron y estará Eduardo para ayudarlos, a mis ojos él vivirá eternamente puesto que continúa vivo al final de mi tiempo y nadie me puede asegurar que no lo vaya a estar siempre, para mí nunca habrá muerto; en cambio es demasiado pedir que yo asista y guíe a los niños indefinidamente, me falta la voluntad de vivir, el dolor me hace daño y no son bastante para retenerme. Ya no puedo más, nada importa. Me aturdiré para dejarme ir como si no me fuera, y cuando no esté aquí y sea pasado, ya podrán venir acusaciones de egoísmo y condenas y reproches y juicios severos, que yo no me enteraré de ninguno. Entonces, entonces, ahí me las den todas'.

El trecho fue corto y se hizo largo, como siempre que se teme no llegar a tiempo de lo que sea, de coger un tren, de deshacer un malentendido, de parar una información o acelerar una carta, de retirar un ultimátum o una amenaza, por supuesto de evitar una muerte, como era el caso. Los empleados del hotel se mostraron comprensivos: en la duda —les hablaba un renombrado médico, no solamente un jovenzuelo y un tuerto— decidieron no consultar con sus superiores o bien avisarlos ya en marcha, uno de ellos se fue a buscar al gerente y otro nos acompañó hasta la habitación y llamó a la puerta con sus nudillos enérgicos, Beatriz se había inscrito con su nombre. Llamó tres veces con sus correspondientes esperas, que al parecer era lo preceptivo o lo mínimo antes de irrumpir sin permiso, mientras Muriel lo urgía a utilizar de una vez la llave maestra, o la de repuesto, o lo que fuera. La puerta permaneció cerrada y tampoco hubo respuesta tranquilizadora (aunque podría haber sido engañosa, la de alguien a punto de tumbar una silla y quedarse suspendido en el aire) —'Ya voy, un momento', o '¿Quién es? No puedo ahora, vuelvan más tarde'—, en vista de lo cual se animó a abrir por sus medios, no le constaba que la señora hubiera salido, podía estar en la cafetería o en un salón pero también en efecto en su cuarto, el hombre ya empezó a sugestionarse. Muriel fue el primero en entrar y a continuación Van Vechten, los dos a la carrera, luego el empleado que nos había conducido, contagiado el paso rápido, y yo fui el último, tenía miedo de ver la escena, sobre todo si se había colgado o había sangre, y a la vez no deseaba perdérmela, una vez hasta allí llegado, aún no había contemplado a ninguna persona muerta. Antes de cruzar el umbral vi venir por el largo pasillo a un individuo apresurado pero que no era capaz de correr por su muy grueso volumen, debía de ser el gerente avisado. También atisbé a una pareja trajeada que salía en aquel instante de su alojamiento y que al notar la agitación se quedó parada a la expectativa.

La habitación era amplia, una especie de *suite junior,* como las llaman ahora, quizá no entonces, a Beatriz debía de darle lo mismo el gasto, si no iba a salir por su propio pie ni a cerrar ella la cuenta. No había nadie, allí no se había ahorcado ni estaba tirada ni acurrucada en la cama bajo la acción de pastillas, faltaba el cuarto de baño, cuya puerta no cedía por las buenas, tenía echado el pestillo, y desde su interior no respondía nadie, ni protestaba por el atropello.

—¿Tiene usted manera de abrir esto? —le preguntó Muriel al empleado, casi a la vez que le daba un empellón a la puerta. El rostro se le desencajó por la angustia, aunque el parche impedía que resultase muy notorio.

—Aquí no, desde luego. De hecho no sé si la hay, para los cuartos de baño. —Para entonces ya había aparecido el gordo, llevaba la chaqueta descolocada por la prisa y una corbata muy ancha y larga que le invadía el pantalón más de la cuenta, seguramente una forma simple de cubrirse la barriga un poco, y contraproducente, el ojo se iba hacia aquel colgajo. El empleado se dirigió a él—: ¿Hay manera de abrir los cuartos de baño, Don Hernán? —Y añadió, presentándolo incongruentemente—: Don Hernán Gómez-Antigüedad, el gerente. —No pude evitar reparar en el nombre pretencioso y algo extraño, aunque luego he descubierto que ese apellido no es rarísimo. El matrimonio trajeado se había asomado a curiosear, parecían franceses los dos, a lo tonto ya éramos siete en el cuarto.

Gómez-Antigüedad hizo ademán de ir a estrechar alguna mano y contestó 'Ni idea, habría que preguntar a Mantenimiento', pero nadie se la cogió, porque ya Muriel y Van Vechten estaban dando patadas a la puerta y los demás mirábamos con el alma en vilo, parecía que era cuestión de insistir para que saltara hecha pedazos, en seguida sufrió mella, por fortuna no era muy consistente.

—Tal vez tendríamos que ponerles llave, y no pestillo —dijo con deformación profesional el gerente, al observar el estropicio—. Pero menuda tarea, cambiarlas todas. Tampoco esto va a pasar con frecuencia, digo yo. —Hablaba como para sí y con aliento escaso, aún se reponía de su apresuramiento.

La puerta cedió por fin y nos precipitamos todos a mirar el interior, pero Muriel, antes de nada, nos hizo retroceder con un gesto autoritario, como si no quisiera que viéramos a Beatriz en ropa interior ni el agua teñida de rojo, eso fue lo que llegué a vislumbrar antes de obedecer y retirarme, e instar a la multitud allí congregada a que hiciera lo mismo, se iban acercando otros huéspedes atraídos por el alboroto y el retumbar de las patadas, nadie renuncia a la posibilidad de contar algo anómalo. Beatriz, consciente de que la descubriría el personal del hotel probablemente, no se había desnudado del todo para meterse en la bañera, en un rasgo de pudor había conservado el sostén y las bragas, deduje, aunque estas últimas no alcancé a vérselas, sólo la parte superior del tórax velado por el rojo y la espuma, debía de haberse lavado para oler a limpio, sin acordarse de que la sangre huele, hasta mí llegaba el extraño efluvio metálico, como de hierro. Por suerte tenía un codo sobre el borde y no se había hundido, no se había ahogado, quizá eso le había dado especial miedo o grima y lo había tenido en cuenta, y de ahí el brazo apoyado. Pero podía estar ya muerta por el desangramiento, me eché hacia atrás sin todavía saberlo.

—Dejen trabajar al Doctor, que él se ocupe —murmuré mientras empujaba al grupo hacia el exterior. Gómez-Antigüedad no tuvo inconveniente en echarme una mano y salir con los intrusos y quedarse ya fuera con ellos, se lo veía fatal, mareado y amarillento, dejó allí a su empleado en representación del establecimiento o por si se lo necesitaba. Iba a ser difícil que no se corriera por el hotel la voz del episodio.

Así pues, fueron las venas. No lo vi, pero supongo que Van Vechten intentó comprimir los cortes con telas o trapos (le dijo a Muriel que le pasara una sábana y éste la arrancó de la cama deshecha —luego Beatriz había estado acostada— de un tirón, con violencia), y que, de seguir sangrando, improvisó torniquetes. Yo me quedé pegado a la puerta de la habitación, ya cerrada, veía entrar y salir a Muriel del cuarto de baño y oía dar órdenes a Van Vechten, que durante bastantes minutos no apareció, se me ocultaba, desconocía su expresión y su grado de angustia, o quizá no sentía ninguna, sería el único en saber si la mujer sobreviviría y en todo caso estaba afanado. También oí el agua acabar de irse por el desagüe, habría quitado el tapón para mejor manejarse sin líquido, o sólo con el más denso e incontrolable.

—Eduardo, ve llamando a la clínica, a la Ruber, que está más cerca. Que envíen una ambulancia urgente y di que es de mi parte. Pregunta por el Doctor Troyano y si no por la Doctora Enciso, y si no da lo mismo, díselo a quien te lo coja, me conocen todos. Diles que digo que no tomen nota, que es un solitario, ya me entenderán ellos. Que la envíen sin más, yo acompañaré a la paciente y una vez allí daré instrucciones. —Y le dictó el número y Muriel lo retuvo a la primera sin apuntarlo, su memoria bien alerta por la incertidumbre.

Vi salir a mi jefe y abalanzarse sobre el teléfono de la mesilla de noche. Estaba ya salpicado, en la camisa eran visibles numerosas gotas de sangre aguada y algunas manchas de sangre sin mezcla. El Doctor estaría aún más sucio y mojado, los dos vestidos para una cena apacible, me alegré de que no me hubieran dejado pasar, de haberme librado, habría tenido que tirar mi ropa a buen seguro.

—¿La línea exterior?

—El cero, espere tono y luego marque —respondió el empleado comprensivo.

Al cabo de un rato supuse que las hemorragias habían cesado o amainado al menos, porque Muriel volvió a salir del cuarto de baño, ya más sereno, y me dijo:

—Joven De Vere, aquí no haces nada. —Que volviera a llamarme así indicaba que se había repuesto del susto y que la vida de Beatriz seguramente no corría peligro—. Vete a casa y dispersa a los invitados, a los que no se hayan hartado de esperar y todavía no se hayan ido. —Miró el reloj y a continuación golpeó la esfera con el dedo corazón un segundo, un ademán de fatalidad y desánimo—. Que se vayan todos. Les pides disculpas en mi nombre y que ya los llamaré uno por uno en cuanto pueda, mañana.

—¿Y si quieren saber qué ha pasado?

—No, que ni siquiera tengan que preguntar, cuéntales la verdad desde el principio. Explícales lo ocurrido. Verán que es causa de fuerza mayor, lo entenderán, se harán cargo. En el mundo del cine están acostumbrados a las tentativas, incluidas las que tienen éxito; nadie va a escandalizarse. Eso sí, no hace falta entrar en detalles, describir escenas tan aparatosas como esta. —Y señaló con un gesto de la cabeza hacia donde Beatriz aún yacería, aparte de todo estaría cogiendo frío a no ser que Van Vechten la hubiera cubierto con el albornoz o toallas—. Si preguntan cómo, que no sabes.

Me acordé de que no mucho antes, cuando Lom había contado los supuestos sucesos de 1961 en la casa del cantante Vic Damone, que habrían provocado un acto fallido y la espantada de Kennedy, Muriel se había atrevido a burlarse de las mujeres a las que Beatriz había imitado hacía un rato. 'Esa anécdota puede ser verdad', había dicho con natural desdén. 'Es un clásico entre ciertas mujeres: encerrarse en el cuarto de baño y hacerse cortes en las muñecas. Es llamativo que casi nunca acierten a encontrarse las venas.' Probablemente ahora él no recordaba esas palabras. O tal vez sí —con amargura, reprochándose haber sido ingenuo— si Beatriz se había practicado sus cortes donde no había venas, basta con rasgar la piel para que salga sangre.

—Ya, pero ¿y si están sus hijos delante? ¿Lo cuento igualmente?

—Quita al niño de en medio, si es que no está ya acostado. Las chicas pueden escucharlo, qué más da, no se sorprenderán demasiado.

—¿No? ¿Y eso?

En seguida pensé que había vuelto a preguntar más de la cuenta, para el gusto de mi jefe. Pero ya lo había hecho, era tarde para despreguntar, no existe eso, y además me creí con derecho, al fin y al cabo Muriel me había involucrado en un episodio que estaba fuera de mis competencias, si es que a aquellas alturas quedaba algo fuera; uno va cediendo, uno va prestándose, uno está dispuesto a complacer al máximo, y de repente se encuentra con que se le puede pedir u ordenar cualquier cosa, hasta que cometa un crimen. En todo caso ya iba siendo hora de que Muriel me contestara a algunas preguntas. No en aquellos momentos, desde luego, pero muy pronto. Me miró con su ojo marítimo de arriba abajo un instante, como si registrara mi exigencia tácita, y la admitiera.

—Bueno —respondió sin dar importancia al comentario—, con una madre como la que tienen, más vale que estén hechos a la idea de que un día pueden perderla. Las chicas ya lo están, no te quepa duda. Anda, ve, que Towers estará perplejo, si no furioso. No te digo su señora.

—¿Cómo está? —me interesé antes de irme. Y señalé con la cabeza hacia el cuarto de baño cuyo interior permanecía fuera de mi campo visual, remedando su gesto. Poco vi del estado calamitoso a que Beatriz se había sometido, tan sólo el fogonazo inicial al entrar en el cuarto. Tampoco logré verla apenas en ropa interior, por tanto (los tirantes del sostén caídos), lo cual, con vergüenza de mí mismo, me di cuenta de que me habría gustado incluso en aquellas circunstancias dramáticas, o ahora que parecía que el mayor riesgo había pasado. No es lo mismo una mujer muerta que una inconsciente y malherida, o quizá no se diferencian tanto si la muerta está recién muerta y aún no ha cambiado nada, quiero decir que el atractivo no se le ha ido, no ha dado tiempo. Hice lo posible por desechar aquellos pensamientos o imaginaciones o lo que fueran, era joven pero no desalmado. Aunque la mayoría de los jóvenes tengan el alma —cómo decir— aplazada.

Entonces asomó Van Vechten, que no había salido del cuarto de baño en todo el rato, bien manchado de sangre y con los brazos empapados hasta los hombros, a los médicos les toca ponerse perdidos con relativa frecuencia, necesitarán un vestuario amplio, aquel traje quedaría inservible aunque se hubiera quitado la chaqueta pronto. Se encargó de contestar él a mi pregunta, tenía mayor conocimiento de causa:

—Por suerte las heridas no son muchas ni muy profundas, le debieron doler lo suficiente para asustarse un poco. No para arrepentirse, pero sí para frenarse instintivamente, involuntariamente. Y el agua no estaba demasiado caliente. Yo creo que hacía poco más de una hora que se había puesto manos a la obra. No correrá peligro, sobre todo si llega de una puta vez la ambulancia y podemos hacerle transfusión, me cago en la leche.

—El puto tráfico —dije, los tacos se contagian.

Fue soltar eso y oír la sirena, debía venir a toda velocidad, en seguida sonó ya muy cerca. Van Vechten fue hasta el balcón y comprobó que era la nuestra.

—Ahí está —dijo.

—¿Se encontró Beatriz las venas? ¿Ha llegado a cortárselas? —osé preguntarle todavía, ya a punto de salir, con un pie en el pasillo, vi que en él seguía habiendo grupos de huéspedes y revuelo, controlados por el gordo vacilante, indispuesto, a cierta distancia. Pero sí, ya me largaba: prefería ahorrarme el espectáculo de los camilleros y eso, y además Muriel me había urgido a ir a casa.

—Pues claro —respondió el Doctor poniéndome mala cara—. Qué pregunta.

Mala cosa es el agradecimiento sobrevenido, repentino, reciente, nos hace olvidar las afrentas de golpe o abandonar un plan de venganza, nos entumece el rencor y aplaca todo afán de justicia; pasamos por alto las faltas y estamos dispuestos a disipar las sospechas, o a renunciar a la curiosidad y suspender las pesquisas, a encogernos de hombros y apaciguarnos, y a convencernos de desistir con simulacros de razonamientos: 'Qué más da, al fin y al cabo; es tanto lo que queda impune que una más no va a notarse, ni se alterará el mundo por ello. Qué más da que no os recuerde'. Mala cosa sentirse en deuda con quien nos hizo daño o se lo hizo a los próximos o a los lejanos, tanto da a veces, con quien se portó de manera indecente o incurrió en lo peor y en lo imperdonable y cayó en lo más bajo, porque todo eso puede cancelarse abruptamente ante el sentimiento de deberle algo crucial, algo de peso. A eso recurren en ocasiones los ofensores consciente y deliberada y aun calculadoramente, 'Voy a quitarme este frente, voy a neutralizar a esta persona que me detesta y me tiene agravio haciéndole un favor inesperado, sacándola de un gran apuro, halagándola y provocando así su desconcierto, prestándole dinero cuando más le urge y le falta, o entregándoselo a través de terceros si a mí no me lo aceptara (esos terceros se irán de la lengua cuando ya lo haya gastado y sea tarde para rechazarlo, y esté en mi mano aumentar su gratitud no reclamándoselo), logrando que conserve su empleo pendiente de un hilo, ayudando a sus hijos que se han metido en líos y que le son lo más importante, salvándole la vida a su mujer que ha intentado suicidarse'.

No era este el caso de Van Vechten, desde luego, que ni siquiera sabía del resquemor y el recelo de su amigo de tantos años, menos aún que hubiera emprendido una solapada y azarosa investigación sobre posibles hechos de su pasado —tan solapada como errática, propia de un aficionado— por medio de un joven a su servicio que ignoraba lo que buscaba y por tanto se movía a tientas. Su ayuda de aquella noche había sido natural, desinteresada, la de todo médico, y seguramente se la habría prestado a cualquiera, hasta a una desconocida que se hubiera encerrado con una cuchilla en un cuarto de baño —a la novia asiática del cantante Damone si hubiera estado en aquella fiesta de 1961, por ejemplo—, no digamos a la mujer de un gran amigo a la que además se tiraba de vez en cuando, por lo que había entrevisto en Darmstadt ese era el verbo adecuado y verdadero, nada de yacer ni hacer el amor ni tan siquiera de ser amantes, no me había parecido, o esto último sólo técnicamente. Claro que Muriel carecía de estos datos, entre otros motivos porque la vida que llevara Beatriz le debía de traer sin cuidado, lo extraordinario era que le importara tanto que la perdiera o la conservara, se me había aparecido angustiado, demudado, tan amarillento o más que el gerente Antigüedad en algún instante, como si no pudiera vivir sin la mujer que lo irritaba y a la que hacía tan desdichada, corriendo como un loco por la calle Velázquez, él que nunca corría. Y por ese agradecimiento a Van Vechten, nuevo o más bien renovado, puso fin a mi encomienda: el efecto de la rutinaria intervención del Doctor en el Wellington fue que dos días después, cuando Beatriz aún estaba en el hospital bajo observación y cuidados, en uno de los ratos en que no la acompañaba y pasaba por casa a ocuparse de asuntos y refrescarse, Muriel, como recompensa al médico, anulara las órdenes previas y mi misión, si es que no es muy pretencioso llamarla de este modo.

—Escucha, joven De Vere, tengo que decirte algo. —Se había vuelto a tirar por tierra en el salón, cuan largo era, cada vez se me agudizaba más la impresión de que en ocasiones era una artimaña para no mirarme directamente a los ojos, para hablarme sin que yo pudiera desentrañar cabalmente su expresión, es difícil cuando las personas no están a la misma altura, de ahí que los reyes exigieran siempre su elevación y todavía la procuren los poderosos, muchos llevan alzas en los zapatos o se fabrican un tupé. Él optaba por descender, pero el resultado era similar, un grado de opacidad—. Ya viste cómo se portó de bien el Doctor anteanoche. No es el primer gran favor que le debo, a lo largo de mi vida han sido unos cuantos; y cuando no consiguió salvar al niño se desvivió e hizo todo lo posible. Ahora ha salvado a Beatriz y no es justo que yo le pague con sospechas y maquinaciones, poniéndole una especie de espía. Da lo mismo si lo que me contaron es cierto. Aunque lo fuera de cabo a rabo, cuentan otros elementos. Cuenta más mi relación con él y lo que ha hecho por mí y mi familia. Sería un ingrato, un justiciero, un fanático, si le retirara la amistad por algo que no me concierne, habiendo tanto bueno por su parte que sí me concierne. —'Tal vez entre lo bueno está que te distraiga y quite de encima alguna tarde a Beatriz', me asaltó ese pensamiento, 'y estás al cabo de la calle o incluso lo has propiciado, Muriel'; la cabeza tiene más tendencia que la lengua a tutear—. Lo de anteanoche me ha obligado a recordar, y a reflexionar. Así que déjalo estar, olvídate de todo, no sigas con lo que te encargué, no hace falta que lo pasees ya por más antros, y aún menos que le sonsaques y observes, suspéndelo. Si en otro tiempo hizo algo ruin, es asunto de quienes lo padecieron, no me corresponde a mí averiguarlo ni tomar ninguna decisión.

Ni siquiera me toca saberlo. Me he dejado llevar por el rumor. —Quería interrumpirlo desde hacía varias frases, pero me di cuenta de que aún no era el momento, de que había hecho una pausa sólo para continuar, o para rematar. Fijó el ojo de nuevo en la pintura de Casanova (el posible jinete tuerto al que sus posibles víctimas le pedían desde fuera del cuadro, desde el lugar del espectador: 'Recuérdanos'), aunque determinar su trayectoria pertenecía al terreno de la adivinación. Y añadió—: En realidad todo lo que se cuenta, todo aquello a lo que no se asiste, es sólo rumor, por mucho que venga envuelto en juramentos de decir la verdad. Y no podemos pasarnos la vida prestándole atención, todavía menos obrando de acuerdo con su vaivén. Cuando uno renuncia a eso, cuando uno renuncia a saber lo que no se puede saber, quizá entonces, parafraseando a Shakespeare, quizá entonces empieza lo malo, pero a cambio lo peor queda atrás.

Ahora sí me pareció que se callaba y que podía preguntarle lo que me acuciaba. Pero la mención de Shakespeare hizo que antes acudiera a mi memoria algún verso de los recitados por Rico con brazo momificado y notable teatralidad: 'Cabalgan sobre mis lenguas las incesantes calumnias, que pronuncio en todo idioma, atestando de falsas noticias los oídos de los hombres...'. Tal vez Muriel había reparado bastante en lo declamado por el Profesor, y había comenzado a recapacitar ya aquel día sobre la injusticia de dar crédito a lo que le hubieran denunciado del Doctor. Si así había sido, no había bastado para frenar sus recelos y su desazón, se había impuesto tantear, eso más que averiguar.

—¿Cuando no consiguió salvar al niño? ¿Qué niño? No sé de lo que me habla, Eduardo. —Era eso lo que me quemaba desde que se lo había oído, Muriel había hecho referencia de pasada, como si creyera que yo estaba al tanto de lo que quisiera que fuese. En seguida

lo intuí: más o menos a la vez que él, con cara de sincera sorpresa si no de estupefacción, señalaba con el dedo
índice la foto, a todos los ojos visible, de Beatriz joven
sosteniendo en brazos a una criatura de unos dos años,
el niño con abriguito de piel y pasamontañas blanco coronado por una gran borla al que ella no miraba, el niño
de rasgos finos que a su vez desviaba los ojos atentos hacia su izquierda. Allí estaba el retrato enmarcado y expuesto acerca del cual nunca había preguntado. En realidad había preguntado muy poco (en el fondo un joven
discreto, aunque espiara), desde que Muriel había sido
brusco conmigo al inquirirle por el origen y razón de su
parche.

—Qué niño va a ser. Javier, nuestro primogénito,
el que se nos murió. Ahí está. Creía que lo sabías, cómo
es posible que no lo sepas. ¿Cuánto tiempo llevas aquí?

—No sé si ha caído en ello, Eduardo, pero a mí
no me cuenta usted casi nada. Me cortó en seco cuando me interesé por su ojo perdido. No ha habido forma
de que me dijera qué es lo que sospecha del Doctor, así
que voy a ciegas con él. También ignoro qué le ha hecho su mujer para que se muestre tan desabrido con ella,
no siempre se esfuerza ante los demás por disimular su
rencor. Ojo, no se lo pregunto, líbreme el cielo, no me
incumbe. Pero no sé por qué se sorprende de que no
esté enterado de esto. Nadie me lo ha contado nunca, y
me guardo de preguntar lo que no sea estrictamente
necesario. Por no saber, ni siquiera sé todavía por qué se
ha intentado matar Beatriz, y eso que fui yo quien la
vio entrar en el hotel. Pero en fin, no se me escapa que
eso puede no tener contestación.

Muriel se incorporó un poco y me miró más de
frente, todavía no a mi altura, claro está, los codos apo-
yados en el suelo.

—Tienes razón, Juan. A veces doy por sentado
que todos los que venís por aquí estáis informados de los

principales hechos de mi vida, de los que son comprobables o públicos, quiero decir. Que habéis sido testigos de ellos o que habláis entre vosotros. Claro, tampoco tenéis por qué hablar de mí, aunque sea el nexo común. Estoy seguro de que los demás saben de la muerte del niño, algunos estuvieron presentes, me refiero a que asistieron al entierro e intentaron consolarnos en los primeros días. Se me olvida que tú eres reciente y que tienes otra edad.

—¿Qué pasó?

Muriel se colocó el pulgar bajo la axila como hacía en ocasiones, a modo de diminuta fusta o de ridícula muleta, como si buscara un apoyo simbólico para aguantarse todo el cuerpo. Quizá lo hacía cuando le pesaba el ánimo, que invade el abdomen y los miembros y el tórax, y la cabeza también.

—Bueno, no me gusta mucho hablar de ello. —Y en efecto lo dijo con cierta dificultad, como si le hubiera sobrevenido una ligera afonía, o al menos una carraspera que un segundo antes no tenía—. No se sabe bien. Jorge no se supo pronunciar y tampoco era cuestión de hacerle una autopsia, pobre cuerpecillo, para qué. Se había muerto, no importaba demasiado el porqué, frente a la magnitud del hecho daba igual. Y entonces no era como ahora, en que la gente anda rastreando culpables de todo, a ver si saca dinero de sus desgracias. Se puso malo una tarde, con fiebre alta. No creímos que fuera nada grave, unas anginas, a los niños les sube mucho la fiebre con facilidad, pero en seguida llamamos al Doctor y él vino corriendo como siempre, siempre ha estado a nuestra disposición. Ya te he dicho, hizo lo que pudo, se desvivió, ninguno de los tres nos apartamos de su cama y vimos cómo aquella misma noche se apagaba de golpe. No, no fue de golpe. Fue gradualmente, pero con insoportable rapidez. La verdad es que en ningún momento se nos ocurrió temer por su vida, hasta que resultó que se había muerto sin que nada pudiéramos hacer. Ya te imaginas que no fue comprensible. Más allá de nuestro entendimiento, quiero decir. No creo que el de Beatriz lo haya asimilado nunca. El mío, no sé.

—Pero ¿no se supo qué fue, ni siquiera una aproximación?

—Bueno, Jorge nos habló de meningococos con una localización suprarrenal, como posibilidad. Las cápsulas suprarrenales destruidas por meningococos. Algo infrecuentísimo y que entonces al menos no tenía arreglo. Imposible de diagnosticar a tiempo, también imposible de curar. Nos aseguró que nadie podría haberlo salvado. Nada ni nadie. No lo sé. No insistimos en saberlo, en todos estos años jamás hemos insistido. Para qué hurgar en eso, tan sólo nos habría afligido más. Pasó, y ya no puede dejar de pasar. —Ahora lo llamaba 'Jorge' a veces y a mí me había dicho 'Juan', como la noche del suicidio; la seriedad devuelve los nombres, no tolera apelativos cariñosos ni irónicos. Volvió a señalar la foto—. Beatriz se empeña en que esté ahí, a la vista, como si temiera que nos olvidáramos. O para que sus hermanos lo tengan presente, aunque no lo hayan conocido. O le gusta ver al niño al pasar. Es la más reciente que hay de él, en el bautizo de Susana, que es casi dos años menor. Ya lo ves, el niño estaba bien. Estuvo bien hasta aquella tarde, no hubo aviso. —Se quedó unos segundos con el dedo estirado, pensando o rememorando, apoyado en un solo codo—. Por fortuna yo estaba en Madrid. Si hubiera estado fuera no me lo habría creído. Pero estaba, y lo vi. —Había asistido a ello y nadie se lo había contado, luego no había sido un rumor, eso fue lo que entendí. Y repetí para mis adentros la paráfrasis que acababa de oírle: 'Quizá entonces empieza lo malo, pero a cambio lo peor queda atrás'.

—Beatriz también lo vio —dije al cabo de unos instantes, cuando él dejó de señalar el retrato y bajó el brazo y volvió a tumbarse; antes se sacó la brújula de un bolsillo trasero del pantalón y empezó a pasársela por una mejilla con parsimonia (quiero decir la cajita), como si se atusara una inexistente barba, tenía tendencia a eso, algún día se la dejaría crecer—. Para las mujeres, para las madres, suele ser aún más trágico algo así. Se recuperan menos, ¿no?, si es que se recuperan alguna vez. El niño se ha formado en su interior y lo conocen desde mucho antes, todo eso, ¿no? —Solté estas trivialidades porque no sabía qué decir.

—A menos que sean madres impávidas, sí —contestó—. También las hay de éstas, no creas, ninguna leyenda es universal. Pero sí, eso la hizo más quebradiza en un sentido, la desequilibró aún más. No más frágil ni más aprensiva respecto a los demás hijos, eso no, más bien al revés: si le había sucedido lo peor imaginable, no iba a volverle a suceder. Obró casi como una vacunación, se despreocupó de las niñas mucho más de lo que lo había estado nunca por Javier. Quizá porque era el primero, quizá porque era varón y nos persigue esa fama de meternos en más peligros, temió por él como por ningún otro. A veces me pregunto si no fue tanto mal presentimiento lo que lo llevó a cumplirse. El pánico atrae las desgracias y las catástrofes. A veces propiciamos que ocurra lo que más tememos porque la única manera de librarnos del pavor es que el mal haya acontecido ya. Que esté en el pasado y no en el futuro ni en el reino de las posibilidades. —'Que ya quede atrás', volví a decirme, aquella paráfrasis me daba que pensar—. Por espantoso y atroz que sea, el pasado nos parece más inocuo que lo venidero, o lidiamos mejor con él. No sé. Pudo ser eso o que ella se dio cuenta de lo inermes que estamos; de que no sirve de nada tomar precauciones ni protegernos ni proteger a nadie, y por tanto es absurdo padecer de antemano; de que, por mucho que uno haga y prevenga, lo más grave puede pasar. Basta con que pase y ya es tarde. Basta con que pase y ya está. Ya ves que a sus hijos se los toma ahora con bastante naturalidad. Hasta el punto de dejarlos huérfanos por sorpresa.

—Bueno —dije—, lo que no creo es que ninguna aprensión de Beatriz pudiera traerle a su niño esa enfermedad. Infrecuentísima, ha dicho usted.

A esto no se molestó en responderme, era obvio que su comentario había sido literario, no literal, una forma supersticiosa de explicarse lo inexplicable, la literatura consiste en eso, las más de las veces, más o menos. Cambió de tercio:

—Bien, ya te he contado. A ver, ¿qué más quejas tenías, 'a mí nadie me explica nada' —me imitó—, qué más querías saber? Ah sí, lo de mi ojo. No tiene mucho misterio, simplemente tampoco me gusta contarlo, ni recordarlo, me pone triste y me hace viejo. Fue siendo niño, al comienzo de la Guerra. Mi hermano y yo estábamos jugando en la azotea de mis padres. Un disparo de un paco rebotó cerca y me dio. Me quedé tuerto, entonces fue un drama. Pero en fin, así llevo desde el 36. Eso es lo que me hace viejo: una herida de guerra, pese a mis pocos años. Pero decir que perdí el ojo durante la contienda suena como si ya hubiera estado en edad de combatir, a ver si no suena así. ¿Algo más?

No pude evitarlo y se me escapó aquella ocasión. La mayoría no soportamos no entender lo que se nos dice en el acto.

—¿Un paco? —pregunté, en vez de aprovechar e insistir en el Doctor o en Beatriz. De haber sido paciente, me lo habría aclarado el diccionario más tarde. Según él, primero fueron los moros emboscados de la Guerra de África y la palabra luego se extendió. No duró mucho, ya se vio.

—Se llamaba así a los francotiradores, en las primeras semanas o meses hubo bastantes y causaron estragos en Madrid, y no lo digo sólo por mí. Era por el ruido de sus disparos, que sonaban en dos fases, la segunda no sé si era el impacto o el eco: 'pa-co', o más bien 'pa-có'. Hasta había el verbo paquear. Tú no tienes por qué saberlo, claro.

—Lo que no comprendo es qué hacían usted y su hermano en la azotea, si había francotiradores en las alturas.

Muriel levantó la cabeza y su ojo no paqueado me miró con sorna.

—Como si los niños nunca desobedecieran ni hicieran lo que se les prohíbe, ¿verdad? ¿Qué clase de niño has sido tú? De hecho estábamos jugando justo a eso, a ser pacos, mi hermano y yo, con unos palos que figuraban fusiles. Los críos siempre juegan a lo más peligroso que ven, o de lo que oyen hablar. Más de una vez me pregunté si el tío que me dio no se percató de que éramos niños, nos tomó por otros como él y en consecuencia nos tiró a dar. O si sí se percató y aun así tiró a dar. En aquellos días la gente era muy cabrona, todo puede ser. Nunca lo sabré. Pero nos hemos desviado mucho: libera al Doctor, joven De Vere. No lo investigues más y déjalo vivir en paz. —Había vuelto a los apelativos, se le había pasado el momento de gravedad.

No me hacía muy feliz la contraorden. Después de haber encajado a regañadientes la orden, ahora era yo quien sentía curiosidad, siempre da lástima no concluir con éxito algo que se ha empezado y que requiere paciencia y habilidad. Supongo que por eso hay sicarios que advierten a sus clientes de que no habrá marcha atrás. Aunque les paguen de todas formas, no quieren tirar por la borda el tiempo empleado en estudiar las costumbres e itinerarios de la víctima y en tantear el terreno, los preparativos, su buen trabajo. Da rabia que el esfuerzo quede en nada.

—No puedo hacer eso de golpe, Eduardo, así como así —le contesté—. Él está encantado de salir conmigo por ahí, de conocer la noche de ahora y a gente joven. Ni en sueños se habría imaginado acceder a las chicas a las que ha accedido gracias a mí, ya le conté. ¿Qué quiere, que de pronto ya no lo saque a ningún sitio, que le diga que ya no lo ajunto? Protestaría, me insistiría, se llevaría un disgusto descomunal.

—No tiene por qué ser abrupto, y hay buenas excusas —dijo Muriel—. Espacia las salidas. Dile que estás muy ocupado conmigo echándome una mano, el rodaje está empantanado con lo de Beatriz y ya veremos en qué para. Por desgracia, es la verdad. No sé cuántos más días me permitirá Towers no aparecer por allí, está que se sube por las paredes, cada jornada que pasa es dinero malgastado o tirado. El director de segunda unidad está adelantando algunas secuencias de acción en la sierra, pero no hay muchas de esas, ya lo sabes; los actores no soportan permanecer de brazos cruzados, se aburren y eso no va a durar. O dile que te has echado una novia formal y que os veis todas las noches, que ya no puedes zanganear por ahí. También puedes, de momento, anunciarle otra verdad: mañana o pasado Beatriz volverá a casa y yo no voy a estar apenas si reanudo la película: hay que ir en seguida a Barcelona, para las escenas del Parque Güell y alguna más. Con las niñas no cuento mucho, y Flavia es Flavia, da de sí lo que da de sí. Y a Marcela y a Gloria más vale dosificárselas; mantenerlas a distancia sería lo ideal en estas circunstancias, imagínate la ponzoña y la histeria. Quiero que te instales del todo, al menos durante la primera semana en que yo estaré ausente. Que duermas con un ojo abierto y estés muy al tanto de ella. No es que tema que lo vuelva a intentar de inmediato, entre una tentativa y otra ha solido dejar pasar años. Pero nunca se sabe. Hazle compañía, procura darle conversación, entretenla, sácala. Que no se deprima o lo menos posible. No sé si el Profesor se queda días en Madrid o no, pero a dormir no se va a quedar. Y Roy, bueno, Roy. La juventud anima más que la mediana edad. Dile al Doctor que estás de guardia con Beatriz, eso lo aceptará. Pero vendrá de visita, y lo que ahora te ruego es que no le preguntes ya por el pasado ni trates de averiguar. —Aunque había dicho 'te ruego', el tono seguía siendo imperativo—. Es lo último que se merece, después de lo de anteayer. Ni siquiera presumas con él de carecer de escrúpulos, como te sugerí; no lo tientes más. Si él careció de ellos una vez o varias, no fue delante de mí y ya no lo quiero saber. Lo siento, cuando te hice mi encargo me dejé llevar, me dejé sugestionar. En realidad uno sólo debe ocuparse de lo que ha visto y de lo que lo atañe. No puede andar escuchando las historias con que le viene cualquiera ni hacer de juez universal. No puede dedicarse a castigar, ni siquiera con su actitud, o retirando la amistad, a quien tal vez haya hecho algo malo en alguna ocasión. No acabaríamos, no nos dedicaríamos a nada más. —Se detuvo un instante y concluyó—: De hecho hay que contar con que todos hemos hecho algo malo en alguna oportunidad. Tú también, o si no: dispones de todo el tiempo del mundo, demasiados años por delante; esa es la pega de ser joven. Así que ya lo harás.

De nuevo una frase me quemaba la lengua, de nuevo esperé a que Muriel terminara, o hiciera un punto y aparte, lo mismo que lo aguardamos al leer un silencioso libro que no se podría molestar, antes de interrumpir su lectura y salir o irnos a dormir.

—¿Entre tentativa y tentativa, ha dicho usted? ¿Cuántas ha habido, entonces?

Muriel alzó a la vez el meñique, el anular y el corazón.

—Esta ha sido la tercera.

—¿Siempre de la misma forma?

—No. Cada vez algo distinto, los precedentes no nos sirven para prevenir, ni para sospechar. Pero que te haya contado alguna cosa no te autoriza a estar enterado de todo, así que no me preguntes cuáles fueron, tampoco de eso me gusta hablar. Dejémoslo aquí. Me parece que ya has sabido bastante por hoy.

Muriel se esforzaba ahora por volver a sacar las púas, pero lo cierto es que estaba ablandado o cansado, quizá lo había amansado temporalmente el susto de dos noches atrás, le había reducido la aspereza y el vigor. Intuí que todavía podía forzar la suerte un poco más.

—Dígame al menos quién le vino con la historia del Doctor. ¿Qué pasa si él me cuenta una bajeza un día, aunque yo no le sonsaque? ¿Cómo sabré si es aquella tras la que anduvimos? —Empleé a propósito el verbo en primera persona del plural, para recordarle su desasosiego y su enfado ahora extinguidos, o ahuyentados, o mantenidos a raya por la gratitud—. Fue así como lo llamó usted, una bajeza, ¿no? Una indecencia con una mujer. Supongo que se la contaría la afectada, es decir, una mujer.

Muriel se levantó del suelo y se sentó a su mesa, yo moví mi silla para quedar frente a él. Apoyó una mejilla en una mano, más que al revés. Como si le pesara mucho el rostro o hubiera sufrido un mareo al ponerse de pie, lo había hecho demasiado bruscamente, sin transición. Por mucho que uno quiera limitarse y medir, no es fácil echar el freno una vez que empieza a contar, siempre acaba por soltar algo más de lo que preveía, algo más de lo que desea. Habló sin mirarme, con la cabeza inclinada, el ojo en la correspondencia que tenía en la mesa, se la había dejado yo para que la viera cuando tuviera ganas o tiempo, no era nada urgente, si ahora leía algo era involuntariamente, sin enterarse y sin que le importara nada de lo que ponía allí.

—Sí, una mujer primero, y luego me trajo alguna más —me contestó, acaso sin excesiva conciencia de estar contestándome, esto es, de tener enfrente a un interlocutor y de que éste oía y tomaba nota mental—. Una mujer que en principio me merece toda la confianza. Una antigua amiga, una antigua actriz, aunque cuando la conocí no lo era, eso vino después. —Hizo un alto, se interrumpió, pero a veces la lengua es víctima de su malvada velocidad—. Un antiguo amor. —Hizo otro alto, pero sucumbió aún más fácilmente a esa celeridad—. El amor de mi vida, como suele decirse. O eso es lo que durante mucho tiempo creí, y durante todo ese tiempo me sentí en deuda con ella. De ahí que ahora, al reaparecer por segunda vez, me sintiera obligado a tomármela en serio, a no dudar de su palabra y a creer su versión. Con una mínima reserva, claro está. A intentar remediar el escándalo que le provocaba mi amistad. ¿Qué interés podía tener en contarme un embuste relativo al Doctor? ¿Privarme de un viejo amigo? Poca cosa como venganza contra mí, si es que hubiera sido una venganza por algo muy lejano y a lo que ella dio su consentimiento, o que al menos aseguró entender. 'Haz lo que te parezca que debes hacer', me dijo. 'Haz lo que te vaya a causar menos tormento, aquello con lo que más puedas vivir. Pero entonces no nos recuerdes, a ti y a mí. Nunca nos recuerdes juntos si no quieres lamentarte día tras día y todavía más noche tras noche. Ni siquiera nos recuerdes separados, porque al final siempre se junta, al recordar', eso me dijo, me aconsejó. Le hice caso, mientras pude. La otra deuda me habría pesado más, la deuda con Beatriz. En aquel entonces trataba lo más posible de cumplir con mi deber: otra pega de ser joven, no son pocas las que se dejan atrás al hacerse uno mayor. Lo malo es que están dados los pasos y no hay vuelta de hoja, para cuando le descubren a uno lo muy idiota que fue. La película está rodada y montada, los actores se han dispersado y el equipo también, ya no hay modo de añadirle planos ni de cambiar el desarrollo o el final, es como es y así será para siempre. Son demasiadas las vidas configuradas sobre el engaño o el error, seguramente la mayoría desde que el mundo existe, por qué iba yo a librarme, por qué no la mía también. Ese pensamiento me sirve de consuelo a ratos, convencerme de que no soy el único sino, por el contrario, uno más de la inacabable lista, de los que intentaron ser rectos y ceñirse a lo prometido, de los que tuvieron a gala poder decir lo que cada día más se percibe como una anticuada estupidez: 'Mirad, tengo palabra'... Cuando ya casi nadie la tiene, ni se considera una virtud... —Se quedó callado, levantó la vista de los papeles y me vio, fijó el ojo agudo en mí. Se había desviado de mi pregunta, se había puesto a rememorar en voz alta. No es que no hubiera estado al tanto de mi presencia, no es que se hubiera olvidado de que yo estaba allí o se hubiera figurado que no. Era más bien que momentáneamente se había entregado al soliloquio y le había traído sin cuidado que le escuchara, como al personaje de un drama cuando está sobre el escenario, y habla para sí mismo sabiendo que eso carece de punta si no le oímos los demás. Ahora le trajo cuidado de nuevo y quizá se arrepintió. Logró embridar con sostenido silencio la malvada rapidez. Miró el reloj. Golpeó la esfera con el dedo. Y por fin añadió—: He de irme al hospital, voy a relevar a Susana, que ha dormido hoy allí. Pero zanjemos esto del todo, Juan: veo improbable que el Doctor te cuente ninguna bajeza, a no ser que no me hagas caso y le tires de la lengua para tu propia satisfacción. Eso no te lo puedo impedir. Pero si ocurriera, no quiero que ni siquiera me digas que ha ocurrido, no pretendas poner a prueba mi curiosidad. Guárdatelo, cállatelo. Me ha costado decidir que ya no quiero saber, sin embargo la decisión es firme desde anteanoche. Tampoco lo cuentes por ahí. Aquí se cometieron muchas vilezas durante muchos años, pero se ha convivido con quienes las cometieron, y algunos hicieron favores también. Se ha de convivir con ellos hasta que nos muramos todos, y entonces todo empezará a nivelarse y nadie se dedicará a rastrearlas. Nos importarán tan poco como los tiempos de Napoleón, ninguno los sentimos en carne viva, ¿verdad? Y serán como si no hubieran sido, o nos sonarán a ficción. Me incluyo sólo retóricamente en ese 'nos', también hará falta que me muera yo. Sí, aún es pronto, lo sé, y aquí se cometieron muchas vilezas durante muchos años. Pero en qué época no, en qué sitio no.

VIII

Sería exageración llamar vileza a lo que vino poco después. Claro que todo depende del punto de vista, y nunca coinciden el de quien escucha o lee la historia —al fin y al cabo el de quien atiende a un rumor, por mucho que el relator jure contarlo de primera mano y haber cometido el acto o haber tomado parte en él— y el de quien la vivió y construyó. Cuando oímos o leemos algo, siempre nos parece decepcionante y menor ('Vaya cosa'), un relato más ('Vaya novedad'), un acontecimiento similar a otros, casi previsible tras habernos visto anegados por tantos desde que se nos dirigió la palabra por primera vez; son ya demasiados los cuentos contados, y es raro que nos sorprenda o nos espante alguno o aun despierte nuestro interés, tenemos la impresión de que todo ha sucedido en la vida y lo que no en la imaginación, diseminada por las incontables páginas impresas y las multiplicadas pantallas, las de los viejos cines y las televisiones y los ordenadores e incluso los ridículos móviles que hoy todo el mundo consulta de cerca como si fueran bolas de cristal, y hasta cierto punto es lo que son: si no adivinan el futuro, informan de lo que hace un segundo no existía ni había pasado, del presente recién alumbrado en cualquier rincón del planeta, y a veces se apresuran tanto que avisan de lo que no ha ocurrido, una falacia, una calumnia, un bulo que no resulta fácil desmentir ni echar atrás, nuestra credulidad vuelve a ser medieval, intuye años grávidos por todas partes hinchados de gran aflicción —desde el oriente al encorvado oeste— y detesta comprobar, y lo acepta todo como verosímil porque todo ha sucedido ya, o eso creemos.

Cada vez nos asemejamos más a la anciana vigía de nuestras existencias, para la que eso que vino después y yo contribuí a construir no podría ser nunca vileza, sino un archiconocido y vulgarísimo episodio más, incapaz de sacarla del tedio al que vive condenada noche tras noche desde que no había nadie en el mundo, quizá los primeros hombres y mujeres le supusieron novedad y distracción, antes de que inevitablemente se empezaran a repetir. Pero ya dije que acaso se fije menos en los combates y en los tumultos de las monótonas masas, en los pavoneos y la vociferación, que en los seres que parecen andar de puntillas y estar ya de prestado o de paso en la vida mientras la recorren, en aquellas personas que se acabarán en sí mismas, en las que uno ve desde pronto que no dejarán poso ni huella y apenas serán recordadas cuando desaparezcan (también yo soy como nieve que cae y no cuaja, como lagartija que trepa por una soleada tapia en verano y se detiene un instante ante el perezoso ojo que no la registrará, como lo que escribió con pulcritud hace mil años una profesora en la pizarra y borró ella misma al terminar la clase, o el siguiente que vino a ocupar el aula), aquellas de las que sus allegados ni siquiera rememorarán las anécdotas, sabedora esa luna de que algunas de ellas más bien se ocultan y guardan historias más curiosas o interesantes, más civiles, más nítidas, que los chillones y los exhibicionistas que cubren y aturden la mayor parte del globo y la agotan con sus aspavientos.

Pero aunque nos asemejemos cada vez más a ella en nuestra indiferencia y saturación, el punto de vista de los que aún vivimos y hacemos tiende a dotar de alguna trascendencia a lo que vivimos y hacemos, aunque no la tenga en el cómputo de los acontecimientos acumulados y además la pierda —también, ay, para nosotros— en cuanto decidimos contarlo y es escuchado, y pasa a engrosar las rebosantes filas de lo relatado. 'Ah ya', piensa el que oye o lee o contempla, 'esta historia me suena, y además era de prever, ahora que estoy enterado; no me ha sucedido a mí, así que no me sorprende y le presto tan sólo medio oído; lo que les ocurre a los otros es siempre difuso y nos parece que no es para tanto, y que quizá ni siquiera valía la pena contarlo.' Y el que lo cuenta siente algo similar al desprenderse de ello, como si ponerlo en palabras o imágenes y en orden equivaliera a abaratarlo y a trivializarlo, como si sólo lo no revelado o lo no enunciado conservara el prestigio y la unicidad y el misterio. 'Lo que para mí era un hecho importante o grave —quizá una vileza por mí cometida— pasa a ser un cuento más, nebuloso e intercambiable, a lo sumo una originalidad que sirve de entretenimiento', piensa uno después de haberlo narrado, oralmente o por escrito o en representación, da lo mismo. 'Lo que era singular para mí mientras era secreto y desconocido, se convierte en vulgaridad una vez expuesto y arrojado a la bolsa común de las historias que se oyen y se mezclan y olvidan y que además podrán ser transmitidas y tergiversadas por cualquiera que pase o al que le lleguen, porque después de soltarlas ya están en el aire y no hay manera de impedir que floten o vuelen si las envuelve la bruma o las empuja el viento, y que viajen a través del espacio y los años desfiguradas por los muchos ecos y por el filo de las repeticiones.'

Volvió Beatriz a la casa y marchó Muriel a Barcelona con Towers ojo avizor y escamado y temeroso por su proyecto, con Lom y los demás actores apenados por lo que le había ocurrido a su director pero sobre todo desconcertados, preguntándose si estaría en condiciones de continuar el rodaje con su mujer casi recién suicidada a seiscientos kilómetros de distancia, ellos no sabían del trato que él le dispensaba a ella, del rechazo constante y de los ocasionales insultos, 'Sebo, siempre sebo, para mí no eres más que eso', 'Creo que ya no la aguanto, he de cerrarle la puerta, eso debe ser', y la puerta llevaba mucho tiempo cerrada a cal y canto, después de haber hecho mal en quererla 'todos estos años, lo más que pude, mientras no supe nada', y eso pese a no ser el amor de su vida, 'como suele decirse'; o de haber hecho bien según ella, 'seguramente no hayas hecho nunca nada mejor'. A lo que él había respondido extrañamente, con suavidad, con deploración: 'Eso te lo concedo'. Claro que en seguida había añadido: 'Razón de más para que tenga la convicción de haber tirado mi vida. Una dimensión de mi vida. Por eso no te puedo perdonar'. Pero quizá aquel antiguo querer de tantos años pasados, 'todos estos años atrás', explicaba en parte la reacción aterrada de Muriel ante la posibilidad de que Beatriz hubiera coronado con éxito su tercera tentativa, bien cerca y a mala idea, era de suponer, en el Hotel Wellington y precisamente una noche en que tenían la casa repleta de invitados a cenar. También da pavor que se esfume el testigo de lo mejor que uno haya podido hacer, aunque haga mucho que dejara de hacerlo y lo haya compensado con lo que para ese mismo testigo habrá sido lo más dañino y peor.

O tal vez los había unido con fuerza en su día la muerte del primogénito, hechos como ese suelen traer consigo una de dos: o un cónyuge culpa al otro irracionalmente por haber sido incapaz de adivinar el peligro y proteger y salvar al niño, y los dos van aislándose y rehuyéndose hasta casi no poderse hablar ni mirar, o bien se apoyan recíprocamente y se sirven de espejo y sostén: al ver el uno la pena del otro acaba apiadándose de él, y entonces le coge con frecuencia la mano y repentinamente lo acaricia o lo abraza cuando se lo cruza en el entristecido pasillo por el que ya no corren pasos pequeños y rápidos, los niños no saben moverse, no saben ir de un lado a otro sin premura y precipitación, y la cría que les quedaba viva, Susana, aún no sabía andar. Si ella tenía quince años largos ahora, ese era el tiempo que hacía de la desaparición del hermano con el que coincidió brevemente en el mundo y al que no llegó a conocer.

Siempre le había tenido simpatía a Beatriz Noguera, me había caído bien; desde que me enteré de esa muerte infantil fue inevitable que se la tuviera aún mayor y que se le añadiera algo parecido al respeto, es imposible no sentir ambas cosas por quien ha padecido la pérdida de un niño chico que sin embargo ya camina y farfulla y va haciendo algunas torpes preguntas porque entiende poco a su alrededor. También se mira con más interés a quien uno sabe que ha debido sobreponerse a un inmenso dolor y además no lo cuenta ni lo menciona ni explota para hacerse compadecer. Así que cuando volvió Beatriz, más delgada pero con excelente aspecto, sin apenas huellas visibles de haberse acercado a la muerte por su propia voluntad, me encontró más predispuesto que nunca a atenderla y a vigilarla, a distraerla y acompañarla, como me había indicado Muriel. De hecho me había ofrecido una coartada para aproximarme y dirigirme a ella, con la que siempre me había mantenido más bien a la espera, con una mezcla de distanciamiento y timidez, o temeroso de que pudiera notárseme algo de mi turbación teórica o de mi vaga admiración sexual, como la ilusoria que provoca un cuadro, ya lo expliqué, nada más.

Más que de un hospital, parecía que regresaba de una cura de sueño, con el cutis muy terso y la mirada embellecida por apaciguada y hasta levemente perdida, y también sus andares se habían aligerado, pisaba con más delicadeza o con menos rotundidad, los tacones casi siempre puestos como si quisiera sentirse lo más atractiva posible el mayor tiempo posible o estuviera a punto de acudir a sus citas, sólo que no salía nada aquellos días salvo cuando Rico, que proclamaba haberse quedado en Madrid para arrimar el hombro —pero probablemente no era así, sino porque lo requerían maniobras mundanas de importancia vital para él—, se presentaba y la convencía de ir de compras o a una conferencia o incluso al cine a media tarde, sin privarse de gastarle bromas impertinentes sobre el desesperado trance a que acababa de someterse y del que acaso prefería no hablar.

—Ea, a ver cuándo me vas a enseñar esos cortes, Beatriz. No los dejes cicatrizar demasiado sin que yo les haya echado un vistazo en rojo —le decía sin el menor tacto, era de los que creían que no había mejor terapia que la de choque ni mejor cura que la burla festiva para cualquier dolencia del ánimo, la parodia; y le señalaba las vendas que llevaba en las muñecas, único vestigio claro de su percance o aventura hotelera—. Quiero comprobar cómo te los hiciste, si en sentido vertical u horizontal, con método o al buen tuntún, si en forma de aspa o de cruz, si con mínima artistería o en plan barbero aquejado de Parkinson; me da que yo, en tu lugar, habría aliviado la espera jugando a las tres en raya con la navaja, tal vez. Urfe, tirsto, érbadasz. —Tenía días más proclives que otros a emitir sus sonidos ininteligibles más o menos onomatopéyicos, y a veces empalmaba dos o tres. Por suerte no vivía en su venerada Edad Media ni en su dilecto Renacimiento, entonces se los habrían tomado por lenguaje diabólico o conjuros a Belcebú y el Profesor habría acabado en la hoguera, no pude evitar imaginármelo un momento atado a unos haces de leña, con sus gafas puestas y un cigarrillo en los labios (total), declamando pasajes soberbios antes de ser devorado.

Beatriz no se molestaba, puede que incluso agradeciera la franqueza, la ligereza y la guasa. Reía lo suficiente para pensar que el Profesor no andaba errado del todo en su tratamiento irrespetuoso del episodio, y le aseguraba que le permitiría ver las heridas algún día, antes de que se le uniformara de nuevo el color de la piel.

—Falta mucho para eso, Profesor. Y además me quedarán siempre las marcas. Tu curiosidad se verá satisfecha antes o después.

—No me mientas, Beatriz. La cirugía estética borra hoy lo que quieras. Y os conozco, a las mujeres. Si no recurres a ella, te taparás con pulserones como argollas y ya no habrá nada que ver. No calibres mal tu futuro pudor al respecto, que te vendrá.

—No te miento, Profesor. Para el próximo cambio de vendas te llamaré. En todo caso no esperes artisticidad —le respondió Beatriz mucho más seria, como si la hubiera atacado con antelación el vaticinado pudor, o estuviera reviviendo el instante de la invasión de un líquido en otro, la primera sangre en el agua extendiéndose, la señal para que ella empezara a morirse, morir en su palidez. De hecho se le quebró un poco la voz al murmurar las palabras que vinieron a continuación. Rico estaba atareado rellenando su pitillera con meticulosidad, pero se enteró, levantó la vista con entendimiento y pena y yo sentí pena también. Me entraron juveniles ganas de levantarme y abrazar a Beatriz y decirle quedamente al oído: 'Ya está, eso ya está, ya pasó'. No se me ocurrió seguir el impulso, habría estado fuera de lugar—. Ya hace uno bastante con atreverse a cortarse, y yo preferí no mirar. La espuma me ayudó a no ver.

Algo parecido a abrazos vino poco después.

El Doctor Van Vechten pasaba por la casa un rato, a última hora de la mañana, para controlar la marcha de las heridas y cambiarle los vendajes. No se demoraba, visita amistosa pero más profesional, en mi presencia nada indicaba que entre él y Beatriz hubiera habido jamás lo que yo sabía que había o quizá ya no había (uno no se entera nunca de cuándo empieza o cesa algo entre los demás), sin duda estaban bien acostumbrados a fingir; o acaso, si no mediaban sentimientos ni grandes vehemencias, nada tenían que fingir. Un día lo acompañé hasta la salida ('No te muevas, Beatriz, ya despido yo al Doctor'), y aproveché para preguntarle en el descansillo, la puerta entornada para no ser oídos:

—¿Cómo es que no va a un psiquiatra o a un psicólogo? —Y señalé con la cabeza hacia el interior—. Creía que era obligado tras un intento de suicidio. O conveniente al menos.

Levantó las cejas y aspiró, se le ensancharon las aletas de la nariz. Espiró como quien se arma de paciencia y contestó:

—Ya ha ido otras veces. En la clínica hemos logrado que ni siquiera conste su ingreso, así que no han intervenido los de Psiquiatría, y más vale así. No creo que a ella le apetezca volver a sesiones, para repetirse de mal grado y escuchar entre silencios alguna que otra generalidad. Me temo que tampoco iban a beneficiarla ni a servirle de ayuda. En su caso no hay mucho que averiguar, ni que indagar. Es una mujer desdichada, ya lo debes de saber a estas alturas, pasando tantas horas como pasas aquí. En algunos periodos lo aguanta, en otros no. Sólo cabe desear que transcurran muchos años hasta la próxima vez que no. —Esto debió de parecerle demasiado simple, porque en seguida añadió—: O, si prefieres, la mayor parte del tiempo le falta determinación, y en algunos momentos no. Sólo cabe esperar que esos momentos tarden lo más posible en regresar. —En realidad había dicho lo mismo, pero quizá juzgó más compleja la segunda explicación.

Supuse que no estaba al tanto de las incursiones nocturnas de Beatriz. Si se aventuraba a ellas es que en algunos periodos albergaba esperanzas de torcer la voluntad de Muriel, así fueran vanas; no que le faltara determinación para ponerse fin.

—Ha habido otras ocasiones, me dio a entender Eduardo. —No quise reconocer que me lo había dicho abierta y gráficamente, no sé por qué discreción.

—Sí, y a menos que se conforme o se canse, o que la venza el miedo, lo normal es que las vuelvas a haber, antes o después, y que no lleguemos a tiempo en una de ellas.

—Y sabiéndolo, ¿qué se puede hacer?

—Poco. Nada. Cuando alguien decide matarse, no hay manera de impedirlo. Lo mismo que cuando alguien decide asesinar a otro y no le preocupa quedar impune ni salvar el pellejo. Lo consigue siempre si se lo propone de veras, siempre se presenta una oportunidad, hasta con la gente más protegida y alerta. Si no, ya me explicarás los magnicidios. No hay manera de librarse: si a alguien se le mete entre ceja y ceja matarte, hagas lo que hagas te acaba quitando de en medio. La única posibilidad es que el asesino o el suicida fallen, sean torpes o poco hábiles, o en el fondo no estén totalmente resueltos y titubeen. Con Beatriz ha habido suerte, nada más. Hasta la siguiente. Si continúa intentándolo, alguna vez no la habrá.

—¿Tú crees que titubeó el otro día?

—Puede que sí, puede que no. Los cortes no eran muy profundos, pero eso no significa mucho. No es fácil rajarse la propia carne con una cuchilla, la mano se retrae instintivamente, se agarrota, se encoge. No tiene que ver con la voluntad. La cabeza puede querer matarse, pero la mano se resiste a hacerse daño. Lo cierto es que, si tú no la ves entrar en el hotel, habría tardado más o menos, pero sólo con lo que se hizo habría acabado desangrada. Hubo suerte, así pues. Seguro que no contaba con eso, con que tú fueras a verla y lo contaras cuando se retrasó.

—La vi horas antes de la cena. Le habría dado tiempo de sobra a no poderse salvar, si hubiera sido más diligente. —Me salió ese adjetivo frío, Van Vechten me contagiaba. Añadí—: Por así decir.

El Doctor hizo un gesto de aburrimiento, como si estuviera harto de explicarme lo que para él eran obviedades, tenía mucha más experiencia que yo.

—Esas cosas requieren su tiempo cuando son tan premeditadas, cuando no obedecen a un arrebato ni a una ofuscación; y es normal que se vayan aplazando, ya sabes, un ratito más. O quizá temía que, si se metía en el agua pronto, se le cortara la digestión, qué sé yo. Parece ridículo pero así es. Alguien dispuesto a matarse puede no estarlo, en cambio, a sufrir un corte de digestión. Ha habido individuos que no han saltado desde una ventana al notar cuánto frío hacía fuera o ver cómo diluviaba. Les fastidiaba más helarse o mojarse durante la caída que estamparse contra el suelo. Vete tú a saber lo que les da más grima en esos momentos, vete a saber lo que cuenta, lo que se les pasa por la imaginación. —Desde luego no se incluía ni hipotéticamente, como haríamos la mayoría; no se concebía en semejante situación—. Bueno, oye, tengo quehacer.

Sí, se había aburrido de mis preguntas. No se lo veía muy afectado por la tentativa de Beatriz. Más bien estaba hecho a la idea de que aquello no era asunto suyo y de que, si ella insistía, no cabía sino dejarla, esperar y ver. Había corrido mucho por la calle Velázquez y en el Wellington no se había dado tregua, había hecho cuanto estaba en su mano; probablemente le había salvado la vida y de ahí el agradecimiento de Muriel. Era un médico responsable, cumpliría con su deber cuando alguien se encontrara en peligro o enfermo. Pero no le correspondía tomar precauciones ni impedir que nadie hiciera lo que quisiera hacer. O sabía que eso no servía de nada, era lo que me había dicho. Con todo, me estremeció su conformismo, ni siquiera era resignación. Pensé que nadie se desvivía por Beatriz, o que para nadie era vital su existencia, sin duda una de tantas personas de las que nadie piensa con apasionamiento: 'Ella no merecería morir. No merecería morir nunca jamás'.

Por las tardes aparecía Rico, como he contado —aquellas primeras tardes de sumo tiento—, que la sacaba o le daba charla, la animaba y la hacía reír con sus calculadas condescendencias y fatuidades, y también Roy más tímidamente, para hacer compañía u ofrecer presencia, menos ameno pero deseoso de ayudar. Flavia vigilaba en silencio desde sus dominios y las hijas procuraban estar más a mano que de costumbre y no se encerraban tanto en sus habitaciones, se las notaba algo apesadumbradas e inquietas por la madre —sobre todo a la mayor—, pero sin exagerar, como si ya supieran de sus tentaciones ocasionales, o de sus fatídicos riesgos, y los tuvieran asimilados en la medida en que eso se puede asimilar. El niño no estaba enterado, aún era demasiado pequeño. A Beatriz no se la dejaba sola mucho rato, y Muriel llamaba desde Barcelona a diario, una o dos veces, según lo atareado que estuviese, como si fuera un marido solícito. (Claro que si hubiera sido de veras solícito, lo habría suspendido todo y no se habría marchado; pero dado su habitual trato rudo, ya hacía bastante con interesarse a distancia, sinceramente a mi parecer. Era como si hubiera juzgado excesivo el peligro de muerte de Beatriz. Aunque no fuera nuevo, debía de asustarlo cada vez. Sin duda la prefería amortiguada, semiborrada en su vida, pero en modo alguno quería su desaparición; aún es más, seguramente no la podría soportar.) Si cogía yo el teléfono, me preguntaba: '¿Cómo la ves?', y yo respondía: 'La veo normal, como siempre, sin novedad'. Luego se la pasaba y hablaban un poco, no mucho (tampoco era fácil inventar qué decirse), yo me alejaba pero oí una vez la parte de Beatriz: 'Sí, no te preocupes, estoy bien... Ya... No, Jorge dice que la cicatrización sigue su curso, va como debe... Sí, claro que me quedarán, pero qué más da ahora... Ya lo pensaré más adelante... No, débil no me siento, en absoluto. Como si no hubiera perdido nunca una gota, la verdad... Dicen todos que se me ve muy saludable y no creo que mientan, porque yo también me veo con buen color y no soy de las que se miran con complacencia, todo lo contrario, ¿no?... Gracias...'. Aquí me pregunté si Muriel le habría hecho un cumplido, lo descarté por insólito, le había oído demasiados denuestos crueles sobre su físico, pero quién sabía, a lo mejor había sido un cumplido piadoso o alentador. 'Sí, están muy pendientes, se creen que no se les nota pero resultan transparentes... Bueno, a mí me divierte, sí, ver cómo hacen por disimular... No, de verdad, tú a lo tuyo, el trabajo es lo primero... ¿Se ha calmado ya Towers?... Vaya, siento haberte causado este trastorno, uno no piensa entonces, piensa después, ahora sí lo pienso todo... Ya, lo malo es que ahora no se fíe de ti... No, cómo que Jesús, ni hablar; si no para, tienes que acabarla tú...' Deduje que Muriel estaba poco concentrado y atento y acaso acumulaba retrasos, que Towers se impacientaba y estaba considerando la posibilidad de que lo sustituyera el torbellino Jess Frank. 'Bueno, dale garantías, convéncelo... ¿Ah, yo? ¿Soy yo la que le preocupa? No, mira, dile de mi parte que esté tranquilo, que no tengo intención de interrumpir su rodaje nunca más... Pues claro que no, no tengo la menor intención... Eduardo, lo que pasa pasa cuando pasa, eso no significa que tenga que seguir pasando. Al revés, lo que pasa ya pasó...' Al cabo de unas frases más, ya de despedida, la oí colgar y regresé al salón. Extrañamente había dejado la mano sobre el teléfono, una vez colgado, y lo miraba con fijeza ensoñada, como si de ese modo visual y táctil quisiera prolongar el contacto con Muriel o retener un momento algunas de las palabras que le había escuchado por el aparato, tal vez el elogio si lo había habido. O como si ella le hubiera mentido en algo y estuviera esperando a que se disipara el embuste y él no volviera a llamarla escamado en el acto, antes de soltar la herramienta de la que se había servido. Como quien aguarda a que la pistola deje de humear y se le enfríe en la mano, después de haberla utilizado.

Pero por las noches no venía nadie y me tocaba a mí dar el paso al frente, estar a mano por si me necesitaba, ofrecerle distracción o conversación o sentarme a su lado a ver una película en televisión o una serie, para que no se le subrayara la soledad nocturna a la que estaba acostumbrada, sin embargo la consigna era ahora ir con cuidado, no duraría mucho, poco más que la convalecencia y las semanas precisas para que nos repusiéramos todos del susto y nos confiáramos, ningún estado de alarma es sostenible. Durante aquellos diez días en que Muriel rodó en Barcelona, creo que hablé más con Beatriz Noguera que en el resto del tiempo en que trabajé para su marido. Por lo general de nada muy personal, de nada espinoso ni delicado, pero ya se sabe, en esas situaciones de vecindad descontada se crea fácilmente una falsa y provisional camaradería, una sensación de cotidianidad que se asienta pronto, no hay como condenar a dos personas no odiosas a su compañía recíproca para que parezca que es así como discurre la vida, o que así podría ser si por algún motivo nada cambiara y se dilataran las circunstancias excepcionales; en tan sólo un par de días se establecen rutinas, se tiende a la repetición, incluso a que cada uno tome siempre asiento en el mismo sitio, en la misma butaca si se juega al ajedrez o a las cartas, en el mismo lado del sofá si se mira una pantalla, como también insisten en el de la cama quienes duermen juntos dos noches seguidas, con eso basta para adjudicarse una plaza.

Cuando ella se retiraba a su cuarto yo me quedaba una hora más levantado, entonces no tenía mucho sueño, y cuando por fin me iba al mío me mantenía, si no con un ojo entreabierto, como me había ordenado Muriel, sí con algún recodo de mi conciencia al acecho, quizá atento como lo están los padres con niños pequeños, sólo que a mí Beatriz no podía importarme tanto ni de lejos. Con todo, la oía en cuanto salía de su habitación, todas las noches en algún instante, y se iba al salón o a la cocina unos minutos, el tiempo de un pitillo o dos seguramente, y después ya regresaba a su zona, cerraba su puerta y yo volvía a dormirme aquietado, como si en su cuarto estuviera más a salvo, me imagino que en realidad era al contrario: en caso de intentar suicidarse de nuevo, habría evitado hacerlo en los espacios comunes, donde correría más riesgo de que la descubrieran sus hijos o Flavia, donde habría más probabilidades de que alguien se lo impidiera, o se lo frustrara antes de la expiración, otra vez a tiempo.

Una noche la oí en la cocina trajinar más rato y entretenerse a la espera del agotamiento o el sueño, tan cerca de donde yo dormía que me resultaba imposible no prestar atención e interpretar sus movimientos. Abrió y cerró la nevera tres o cuatro veces, encendió cigarrillos —el sonido de un mechero fallón reiterado—, se sirvió una bebida fría —el líquido al caer en el vaso, el entrechocar de cubitos de hielo—, me llegó el ruido de una silla o un taburete arrastrados, se sentaba y se ponía de pie a los pocos segundos y volvía a sentarse, lo que no distinguía eran sus pasos, me figuré que andaría descalza o con sus zapatillas tan sigilosas que lograban pasear de un lado a otro ante la puerta del marido sin que éste se percatara, no hasta que ella decidía anunciarse llamando con un nudillo. Ahora no llevaba cuidado, acaso no recordaba que yo dormía allí al lado o le daba igual despertarme, lo más seguro es que estuviera absorta y no pudiera pensar más que en sus pensamientos, es egoísta el insomnio. El persistente arrastre del taburete o la silla —nada más que desazón y nervios, probablemente; había de esos dos tipos de asientos— me hizo concebir un peligro. 'No irá a subirse en ellos', pensé, 'darles una patada y colgarse; no estará con preparativos', e intenté hacer inútil memoria de si había algo en el techo a lo que enlazar una cuerda o cualquier tira de tela. Fue suficiente que se me cruzara esta idea para aguzar el oído y esforzarme por descifrar cada desplazamiento, y para que me preocupara si se prolongaban la quietud y el silencio. En mitad de la noche todo adquiere verosimilitud y dimensiones.

Mientras permaneciera Beatriz allí no iba a vencer yo mi alerta, me reconocí, así que me levanté de la cama. Hacía ya calor, sólo llevaba puestos los *boxers* que desde joven he utilizado, como pantaloncitos cortos, los llamados *slips* los encontré siempre chulescos y además disuasorios. No podía o no debía aparecer así, consideré —aunque habría estado justificado, aquella era ya zona mía, por así decir—, y como no usaba bata, me puse los pantalones vaqueros y la camisa, me dio pereza abotonármela y me la dejé por fuera. Abrí la puerta de mi cuchitril con cautela —no quería sobresaltarla—, algo adecentado por Flavia desde la primera vez que había pernoctado en la casa, algo más acogedor y menos despojado; y la vi de espaldas, en efecto sentada en uno de los taburetes de la cocina, solía desayunarse allí, cada uno por su cuenta o a su hora, los únicos que coincidían eran los niños y sólo en días de colegio, nadie ejercía mucho de núcleo aglutinador, tendía a la disgregación la familia.

Tenía las luces encendidas, luego nada iluminó mi puerta abierta y Beatriz no se dio cuenta de mi presencia, enfrascada en su propia cabeza. Tampoco en esta ocasión se había cubierto con un batín, pese a hallarse Muriel ausente y no haber nadie a quien tentar con su camisón más bien corto, de pie le llegaba hasta medio muslo, era idéntico al que le había visto aquella noche ya lejana a distancia, sólo que no blanco ni crudo sino azul muy claro, quizá se había comprado dos o tres del mismo modelo, al encontrarlo favorecedor en su momento. El calor la había hecho salir así de ligera, supuse, y el ensimismamiento, y el sentirse sola aunque en el piso durmieran otras cinco personas, tal vez contábamos poco, empleados e hijos, en el insomnio. Sentada como estaba, no podía confirmar que, como en la noche de ronda y súplica, no vistiera ropa interior inferior, pero desde luego la superior no la llevaba, como por otra parte es natural, quién va a dormir con una prenda que sujeta y aprieta, a lo largo de mi vida no me he encontrado con mujer alguna que conservara el sostén entre sábanas. Me sorprendió que mi primera ojeada se fijara en eso o tratara de dilucidarlo, qué había o no había bajo el camisón de seda; o no me sorprendió sino que me lo reproché de boquilla un segundo, al fin y al cabo la mirada no se domina, a menudo actúa al margen de nuestras instrucciones y de nuestras censuras, o es que bajo ese pretexto le permitimos desobedecernos. Advertí, además —fue inmediato—, que aquella desinhibición de mis ojos me traía sin cuidado, como si la ausencia de Muriel en la casa me diera esta vez —por irresponsable, por inadecuada— libertad para contemplar cualquier cosa a mis anchas, su mujer incluida. No tenía mucho sentido aquella incontinencia visual sobrevenida, habida cuenta de lo poco que a él le importaba Beatriz físicamente, o de cuánto la repudiaba. Pero uno se siente más dueño cuando no está el dueño, como si ocupara su lugar temporalmente, y lo usurpara. De ahí que todos los sirvientes que en el mundo han sido se tiren sobre los sofás y se revuelquen en las camas, descorchen botellas y se arrojen a la piscina de los amos en cuanto los ven alejarse, o fantaseen al menos con la posibilidad de hacerlo sin que se note, pues también será cosa suya borrar los rastros. A la postre yo era uno de ellos, una especie de sirviente, aunque se disimulara. Influía asimismo en mi descaro que Beatriz hubiera intentado suicidarse hacía poco, me di cuenta: con quien podría estar muerto por su propia mano nos tomamos confianzas extrañas: 'Total', nos decimos, 'de lo peor se ha librado, ya le ha sonreído bastante la suerte; esta etapa es un regalo, de la que no le cabe quejarse; cuanto le pase a partir de ahora, trató de que no pasara, decidió no contar con ello ni conocerlo'. Y de hecho yo pensé allí en la cocina, o fue una ráfaga que atravesó mi mente, en modo alguno tan formulada como al explicarla ahora: 'De no ser por mí, ese cuerpo estaría pudriéndose y ya nadie lo miraría, en una fosa, bajo tierra, o quizá irreconocible en ceniza; luego en cierto sentido me pertenece su supervivencia o parte de ella, unos minutos o unas horas, me he ganado el derecho a recrearme la vista con él cuanto quiera'. Sí, hay culturas en las que, si uno le salva la vida a alguien, se hace responsable de lo que le suceda luego, de que la prórroga a uno debida no sea aciaga, un tormento; y otras en las que se convierte, si no en su propietario, sí en algo semejante a un usufructuario, el salvado se pone a disposición del salvador, o se le encomienda, o se le entrega. De pronto tuve la sensación engreída de que Beatriz estaba en deuda conmigo, si se alegraba de seguir viviendo; de lo contrario se consideraría mi acreedora, si lo lamentaba. Tenía un vaso de whisky con hielo en una mano y en la otra un cigarrillo sin encender, dos colillas en el cenicero cercano. Sus muñecas vendadas blancas contrastaban con sus brazos desnudos, el camisón era de tirantes y el tono de su piel no era pálido, por eso su palidez ocasional daba miedo.

—¿Qué, no puedes dormir? —le pregunté tras un mínimo carraspeo, para avisarla en dos fases, aunque seguidas.

Se volvió y sonrió levemente, sin demasiadas ganas. No volvió la cabeza sino que giró el cuerpo entero, bien al descubierto los muslos robustos, al estar sentada con las piernas cruzadas. (No logré dilucidar todavía, por los pliegues.) No tan destapados como los de la funcionaria Celia en el taxi, pero bastante, bastante. Señaló el whisky como excusándose, no era mujer bebedora.

—Sí, estoy a ver si esto me tumba —dijo—. Como no tengo mucha costumbre... —Y añadió—: Te he despertado, perdóname. A veces se me olvida que estás ahí por las noches. Bueno, estas noches que te han puesto de centinela mío. Bueno, y otras, tú no parece que estés muy a gusto en tu casa, ¿no?

No se le escapaba que pasaba en la suya más tiempo del que me correspondía, pero el comentario fue neutro, no sonó a indirecta ni a queja por mi excesiva presencia. También estaba al tanto de cuál era mi función mientras Muriel rodaba a seiscientos kilómetros sus escenas estrafalarias.

—Sí, sí estoy a gusto —contesté—, pero a veces echo de menos un poco de compañía y aquí la hay de sobra, la verdad. Espero no abusar, no molestar. Si es así, dímelo.

Negó con un golpe seco de cabeza, como si dijera 'Faltaría más, qué disparate'. Como si mi temor fuera una tontería que ni siquiera valía la pena disipar con palabras.

—Anda, siéntate conmigo un rato, hasta que me venga el sueño. Ya que te he despertado. —Y acercó otro taburete, lo colocó a su lado. Tomé asiento a su izquierda y desde ese ángulo se me hizo parcialmente visible el interior de su escote, es decir, parcialmente su pecho derecho y, claro está, el canalillo, ya no me avergoncé de que mi vista diera prioridad a esos aspectos, pero miré de reojo, de buenas a primeras no se puede ser impertinente con la mirada, hay una exigencia de disimulo inicial en todas las ocasiones, incluso en aquellas en las que se sabe en qué terminará todo y a lo que se ha venido, para qué dos personas se han encontrado. No era este el caso, en modo alguno. Yo no sabía nada (me limitaba a acumular elementales deseos, si es que eso en la juventud no es redundante) y por entonces a ella ni se le había ocurrido, Beatriz sólo estaba combatiendo su insomnio y quizá pensando en vacuo, ocupación suficiente para pasar el resto por alto y apenas reparar en nada externo. Tenía cuarenta y uno o cuarenta y dos años, en aquella época aún no eran muchas las mujeres que se sometían a cirugías absurdas y contraproducentes, lo que percibía del interior de su escote era natural, de lo que se mueve, de lo que sube y baja un poco con cada respiración, de lo que a la vez es firme y muelle, todavía firme y abundante y bastante erguido, oscilante y de apariencia suave, y a Muriel le repugnaba o no tanto, al fin y al cabo lo había manoseado aquella noche, aunque su intención fuera vejatoria y despreciativa. Yo no lo habría tocado de ese modo, no en principio, en absoluto, ni en aquella noche ni en esta ni en ninguna otra. Se me iban las yemas de los dedos en esta; es una manera de hablar, no se me iban. Se quedó callada unos segundos, se entretuvo en encender el cigarrillo, aspiró con fuerza y subió el pecho a medias visible, esto es, subieron ambos pero tenía que adivinar bajo la tela el izquierdo; y entonces hizo por primera vez referencia a mi intervención—: Así que me salvaste la vida. Así que fuiste tú quien me quitó de la muerte.

El verbo elegido en la segunda frase me pareció algo raro (pero en las noches de insomnio se enrarece la conciencia, y también el vocabulario que la atraviesa) y me hizo dudar si me estaba transmitiendo un reproche o un agradecimiento, o si ninguno de los dos y estaba sólo constatando un hecho. Al menos no había dicho 'quien me arrebató de la muerte', eso habría sonado tan rebuscado como acusatorio.

—No. Bueno, sólo muy indirectamente. Fue una casualidad que te viera entrar. —No lo había sido, nadie sabía que me dedicaba a seguirla algunas tardes, y sin esa costumbre ella se habría adentrado en su término sin testigos—. Pero no fui yo quien ató cabos, a mí nunca se me habría ocurrido. Supongo que fue una suerte, por lo menos para nosotros. Para ti no sé. Espero que sí.

—Esperemos que sí, te lo diré dentro de un tiempo —contestó con un dejo de ironía—. ¿Y quiénes sois vosotros, si puede saberse? ¿A quiénes incluyes?

No sé por qué había recurrido a ese plural, me imagino que para no singularizarme ni señalarme ni deber explicarme. En aquellos instantes, en aquella noche cerrada, me parecía una suerte para mí que estuviera viva y palpitante, aunque sólo fuera por mi admiración sexual ya nada vaga ni amortiguada sino bien concreta y palpable y creciente, mi mirada había abandonado toda conveniencia de edad, posición o jerarquía, restaba únicamente la de la cortesía, o es del fingimiento. El deseo también es egoísta, casi todo le importa poco —mentir, halagar, arriesgarse, convencer con tretas, hacer falsas promesas, lograr que la persona aguante y se demore en el mundo para disfrutarla ahora— hasta que se ve satisfecho. Luego ya es otra cosa, luego todo vuelve a su cauce y resulta ridículo haber puesto en juego o dejado de lado tanto por conseguir lo que en seguida sufre un abaratamiento y a veces empieza a olvidarse en cuanto ha ocurrido.

—No sé, a todos —respondí—. No creo que ninguno de los que te tratamos pudiera haberse tomado tu muerte con indiferencia. Para Susana, Alicia y Tomás habría sido un desastre. Para Flavia. Para tus amigas, para Eduardo. Para mí, para Rico y Roy. Para Van Vechten. Para todos. Y para otros que yo no conozco, supongo. —Me acordé del habitante, quien quisiera que fuese, de la Plaza del Marqués de Salamanca.

—No exageres, Juan. Quizá la habrías lamentado, no digo que no, pero para ti no habría sido un desastre, me conoces poco y además eres muy joven. Ni para Eduardo.

—Tendrías que haber visto cómo corría, lo angustiado que estaba cuando fuimos a buscarte.

—Ya. Eso me ha dicho Jorge. Ha hecho bastantes películas. —Se levantó y fue a la nevera. La abrió, miró sin saber qué quería, sacó una coca-cola y echó la mitad en su vaso de whisky. Entonces vi que sí llevaba bragas, lo vi a través de la seda cuando estaba de espaldas, su culo no era pequeño pero dibujaba una agradable curva empinada y lo habría envidiado toda verdadera gorda, todo saco de harina o saco de carne, todo sebo, toda foca o campana de El Álamo, Muriel estaba loco para llamarla esas cosas, o no era locura sino frío castigo de años, o tal vez la veía así de veras en su resentimiento, cuando uno decide mirar con malos ojos nada se salva, hasta lo que veíamos con buenos ayer se nos aparece plagado de defectos y pegas, nada resiste los malos ojos, aún menos nadie. Quizá yo mismo podría ver a Beatriz distinta, notablemente peor si satisficiera mi deseo, quiero decir una vez aplacado, el inicio de la lamentación no es del todo infrecuente tras las consecuciones. Pero no pensaba en ello como en algo real, seguía tan sólo en la fase visiva, cualquier contacto intencionado o consciente me parecía un imposible. A ella ni se le había pasado por la cabeza, ni siquiera se había percatado aún del carácter codicioso de mis miradas, ni de las menos furtivas y cada vez lo eran menos todas. Era probable que me asimilara más a la esfera de los menores, a la de sus propios hijos, que a la de los adultos plenos, los Muriel, Rico y Van Vechten, al fin y al cabo me separaba menos edad de los primeros que de los segundos: sin ir más lejos, le llevaba mucha menos a Susana de la que Beatriz me llevaba. Quizá por eso no se cubría, aunque también es cierto que en aquella época la sociedad entera se había sacudido el recato impuesto por la dictadura y su Iglesia desde el primer día, eran años de despreocupación y desenfado en las costumbres, y de desafío—. Por algo no suelo beber alcohol —dijo para justificar la mezcla—. No me gusta mucho el sabor de esto. Sírvete tú algo, ¿no?

—Ahora, en seguida. —Y sin apenas transición le pregunté—: ¿A qué vino eso? ¿Por qué lo hiciste? Quiero decir lo del Wellington. La verdad es que sí que te salvé, supongo; pero podía no haberte visto.

Todavía no se había sentado de nuevo y la notaba de pie a mi lado, el cuerpo exuberante y grande muy cercano, creí que el camisón me rozaba a la altura del hombro o del brazo, pero podían ser figuraciones mías, la ansiedad es propensa a ellas. Volví a observarla de reojo, de abajo arriba, no tenía que levantar mucho la vista: el pecho sin sostén le subía y bajaba como si se le hubiera agitado la respiración un poco, al yo preguntarle.

—A ti qué te parece, Juan —me contestó en tono suave, sin la acritud que podría deducirse de esa formulación, de esas palabras; sin que éstas dieran a entender que me consideraba un obtuso; era más bien como si no le quedara más remedio que admitirlo a las primeras de cambio, de tan evidente—. Llevas aquí el suficiente tiempo para haberte dado cuenta de que entre Eduardo y yo, de que no tengo nada que hacer con Eduardo. Y eso me amarga la vida, no lo soporto. Cada día me cuesta más levantarme y ponerme en marcha. Si por mí fuera no me despertaría, llevo así años. Algunos días no puedo más, y eso fue lo que pasó ese día. O bueno, lo que me pasaba ya en los anteriores. En algunos no me siento muy bien —rectificó hacia la verdad en el acto—, en algunos no estoy muy bien de la cabeza, eso además. Durante años fui al psiquiatra, en plan intensivo, no sé si lo sabes. Cuando las dos cosas se juntan... Bueno, esos días pueden acabar de cualquier manera. Ni yo misma lo sé. No sé preverlo, cuando estoy en ellos.

Yo no supe qué decir, no de inmediato. Volvió a tomar asiento a mi lado y apoyó la frente en una mano, en la palma entera bien abierta, abarcadora, el mismo gesto que hacemos cuando vomitamos de noche, reminiscencia de lo que hacían las madres cuando éramos niños, nos sujetaban la frente contra las arcadas, y cuando ya no están nos la sostenemos nosotros patéticamente como si fuéramos ellas o al menos otro, lo mismo que el moribundo solitario se agarra los dedos para hacerse la ilusión de que está acompañado en el trance.

—¿Tomas medicación de algún tipo?

—Sí, la he tomado. Ahora, con esto —y me enseñó la venda de la muñeca izquierda—, han vuelto a dármela, claro. Ayuda. Ayuda a funcionar. Pero no cambia el fondo del asunto, ni tampoco quita la pena.

—¿Por qué no os separáis? ¿Por qué no te separas? Dentro de nada habrá divorcio. Quizá estarías mejor a distancia, capítulo cerrado del todo. —Ella no tenía por qué saber que yo ya conocía la respuesta a eso, más o menos, en lo que respectaba a ella: la había oído explicarse ante sus amigas malévolas.

Se quitó la mano de la frente y se volvió hacia mí. Al hacerlo sus rodillas toparon con mi pierna derecha, noté una leve presión, no se echó atrás; seguramente no se dio cuenta, aunque yo sea de la creencia de que todo el mundo se da cuenta de los contactos; o no le concedió importancia. Aproveché para mirarle los muslos con el rabillo del ojo, ahora se me ofrecían frontalmente. Quizá eran un poco anchos, pero me atraían; bastante destapados, tan fornidos, tan juntos, entre los dos ni una rendija.

—Eso tendrías que preguntárselo a él, por qué no se ha largado ya, por qué no se larga. En cuanto a mí, es mucho pedirle a alguien que se aleje de quien más quiere. Si él me dejara, tendría que aguantarme, y es probable que lo haga, que me deje con todas las de la ley en cuanto llegue el divorcio. Pero no se puede esperar que además sea yo quien le facilite las cosas, quien tome la iniciativa cuando no quiero tomarla. Y a lo mejor se opondría, si lo hiciese. Las personas tienen reacciones extrañas. Y hemos recorrido mucho camino juntos. Quizá por eso no se va pese a todo, quizá eso le influye.

'Sí, es cierto', pensé, 'ignoramos lo que se fraguó entre la gente que nos precede, y lo más seguro es que lo ignoremos siempre, porque siempre llegamos tarde a la vida de las personas.'

—No sé —dije—. Cuesta entender que sigas queriendo así a quien te maltrata tanto de palabra. —No podía añadir que de obra, habría delatado mi viejo espionaje nocturno—. Perdóname, a veces no me ha quedado más remedio que oírle. Ojo, no en ausencia tuya, jamás ha dicho nada negativo de ti cuando no estás delante, que yo haya sido testigo. Pero le he oído hablarte. Bueno, ya lo sabes.

Sonrió, regresó a su posición inicial y bebió un trago. Nada de ella me tocaba ahora. Tenía que conseguir que reparara en mi deseo, que iba en aumento (ese es siempre el primer y necesario paso, que el otro lo advierta, y en ocasiones es también el último, el desencadenante), hasta el punto de que empezaba a no conformarme con la fase visiva y a imaginarme posibilidades, y a escucharla con desconsideración, como quien atraviesa un trámite. Llega un momento, en esas situaciones, en el que a uno no le importa nada más que sus oleadas.

—Claro que le has oído, ojalá se abstuviese en presencia de otros. Con algunos lleva más cuidado porque sabe que me tienen estima propia. Con Jorge, con Paco, con mis amigas. Con Alberto Augusto no tanto. Y contigo, contigo se siente demasiado a gusto, demasiado cómodo y en confianza; de ti ha hecho desde el principio una extensión de sí mismo, lo cual es bueno y también es malo. Pero lo que tú no sabes es que no siempre fue así, sino todo lo contrario. Esto empezó hace ya mucho, al poco de nacer Tomás, figúrate. Pero aún son más los años en que fue de otro modo, y para mí todavía tienen más peso. Yo los he vivido, y Eduardo... —Se detuvo como si le diera apuro decir lo que iba a decir, pero lo dijo—: Eduardo es el hombre más bueno y recto que puedas haber conocido. Lo que lleva haciendo conmigo todo este tiempo, esta aversión, este trato, va contra su carácter, se obliga a ello. Me tomarás por una ilusa, pero yo todavía creo que un día no lo soportará más, ir contra sí mismo y contra su naturaleza. Y que cesará entonces, y querrá compensarme.

'Más bueno y recto', me repetí en el pensamiento. Podía ser, yo tenía de él una excelente idea, además de la admiración que le profesaba. Era incondicional suyo, ya lo he dicho. Sin embargo era raro escuchar tal elogio en boca de la única persona con la que se había mostrado cruel ante mis ojos y oídos. No malicioso ni insolente ni despreciativo, todo eso era capaz de serlo a veces, y además con considerable gracia y con relativa impunidad por tanto. Sino hiriente y sañudo (claro que tampoco era así con ella todo el tiempo). Recordé algunas frases de Beatriz a sus amigas: 'Yo no quisiera una vida nueva con otro hombre', les había advertido, explicado. 'Quiero la que tuve durante bastantes años, con el mismo hombre. No quiero olvidarme ni superarlo, ni rehacer nada, como se dice, sino continuar en lo mismo idéntico, sólo la vuelta y prolongación de lo que hubo. Nunca estuve insatisfecha, nunca necesité de emociones externas ni de vaivenes y cambios; nunca fui de las que se aburren y requieren movimiento, variedad, peleas y reconciliaciones, euforias y sobresaltos, sacudidas y alertas. Yo podía haber permanecido eternamente en lo que había. Hay gente contenta y conforme, que sólo aspira a que cada día sea igual que el anterior y que el próximo; y a que no se acaben. Yo era de esas. Hasta que se torció todo.'

Me levanté yo ahora y fui a la nevera. Lo mismo que ella un poco antes, no sabía qué quería. Cogí un vaso, le eché hielo, miré dentro sin centrar la vista y a mi alrededor, vi la botella de whisky sobre la mesa y me decidí a servirme, luego también coca-cola, la imité en todo, mientras estuve de pie la capté y la observé desde arriba, se me amplió la visión del escote, quiero decir de su interior, sobre todo durante algunos segundos en que me quedé detrás de ella muy cerca, me dieron ganas de avanzar una mano o de posar las dos en sus hombros y desde allí moverlas hacia abajo, no de golpe, poco a poco y distraídamente, a la espera de que me interrumpiera o no me interrumpiera, de que me gritara 'Pero ¿qué haces?' y yo me asustara y me ruborizara y me disculpara y me retirara, o bien de que ella callara y me lo permitiera, desde luego enterándose pero no dándose por enterada o no hasta más tarde, cuando ya fuera imposible no acusar recibo verbal del contacto por ser acaso de otra índole, aunque también es cierto que eso puede hacerse inarticuladamente, nadie tiene por qué hablar ni decir nada, o mediante jadeos, o incluso éstos pueden sofocarse y ahogarse todo gemido, han sido muchos los que han debido esconderse y ser tan silenciosos como si no existieran, en realidad no hay regla alguna ni nada es imposible entre las personas que se vinculan.

Así que me demoré allí, a su espalda —ya no fueron unos segundos—, y pensé que podía hacer el primer movimiento sin que Beatriz percibiera en él nada sospechoso ni impropio, posarle las manos sobre los hombros amistosamente o como quien reconforta por medio del tacto; además en el insomnio resultan admisibles muchas cosas, como si la vigilia, después de todo, estuviera contaminada por el sueño que se resiste y no acude y que debería ocupar su sitio, y todo transcurriera, bajo su dominio, en una vida prestada, nebulosa, hipotética y paralela, hasta cierto punto. Hice eso, le puse las manos sobre los hombros con delicadeza y a la vez hablé para enmascarar el atrevimiento, para que no fuera lo único a lo que ella tuviera que atender en el instante:

—¿Y qué pasó? ¿Por qué se torció todo? ¿Por qué Eduardo pasó a ser tan desabrido y tan áspero?

Se encogió de hombros, pero fue mínimo el gesto. Podía haberlo aprovechado para apartarme con él, para zafarse. A poca energía con que se hubieran alzado, yo habría entendido que rechazaba el contacto y mis manos habrían volado. Pero fue tan tenue que más bien lo sentí como una respuesta, como si los hombros agradecidos ejercieran una leve presión para juntarse y amoldarse mejor a mis palmas. O así me incliné por sentirlo, forzando seguramente la suerte.

—Por una tontería —dijo—. Porque descubrió que una vez le había contado una mentira, hacía ya mucho tiempo. Una mentira antigua ante la que debió reírse, y no tomársela a la tremenda. Habían pasado tantas cosas en medio, había habido tanto entre nosotros, que tenía que haberse disipado su importancia de entonces, no sé cómo decirlo: haber caducado, haberse visto anulada por la fuerza de nuestra vida juntos, hasta habíamos perdido un hijo y nada une más que eso, si no destruye. Tanto es así que ni siquiera es que la descubriera él, la mentira, sino que un día de enfado se me ocurrió confesársela. —Se quedó callada unos segundos—. Jamás imaginé que reaccionaría como lo hizo. En mala hora.

Aquello me llevó a acordarme de nuevo de lo que le había oído a Muriel la noche en que apareció en su puerta con su largo batín oscuro de Fu Manchú o de Drácula: 'Qué estúpido fui al quererte todos estos años, lo más que pude, mientras no supe nada'. Y más tarde la había reñido: 'Si no me hubieras dicho nada, si me hubieras mantenido en el engaño. Qué sentido tiene sacar un día del error, contar de pronto la verdad'. Y había concluido su reproche diciéndole: 'Ay, qué idiota fuiste, Beatriz. No una vez, sino dos'. Debió de referirse a lo mismo a lo que Beatriz se refería ahora.

—¿Y se puede saber cuál era esa mentira? —Permaneció pensativa unos momentos, quizá le daba pereza entrar en pormenores. Bebió de su vaso de whisky mezclado, siempre sin sustraerse a mis manos tan cautas, tan respetuosas que no se movían ni un milímetro, como si con la osadía inicial hubieran cubierto el cupo de las osadías durante bastante rato. Al ver que no contestaba en seguida, completé la pregunta para ayudar a la respuesta—: ¿O no puede saberse?

—Que te lo cuente él si quiere y ya verás, joven De Vere. —Ella no me llamaba así con frecuencia, sólo cuando estaba de buen humor (muy episódicamente) y seguía a los otros la pequeña guasa de los apelativos de aquella casa—. Es tan ridículo que me avergüenza contarlo, que una niñería de tal calibre haya sido tan determinante en mi vida, una niñería. —Hizo otra pausa y continuó—: Lo más importante de aquella mentira (lo más importante para mí, se entiende) fue que me permitió comprobar lo bueno y recto que era Eduardo, sin que él pudiera saber hasta qué punto yo lo sabía. A los hombres se los engaña con facilidad, da lo mismo lo inteligentes y precavidos que sean, y lo astutos. —No había dicho 'se os engaña', por lo que me cupo la duda de si se refería a los varones o a todo el género humano, o si aún no me consideraba un hombre enteramente—. Pero el caso de Eduardo resultó ser extremo. Era tan bueno y tan recto que realmente no podía estar en el mundo sin ser engañado. Así que mejor que fuera yo quien se encargara de ello, en el matrimonio al menos, que lo quería tanto y no iba a procurarle ningún daño... Al revés: otros lo engañarían más difícilmente en otros ámbitos, pensé, conmigo a su lado.

En aquellos momentos, me di cuenta, todo aquello me aburría un poco, o no me interesaba como me habría interesado en casi cualquier otra circunstancia, o como me interesó e intrigó *a posteriori,* al rememorarlo a solas en los días siguientes. Entonces, en mitad de la noche, en la cocina, me parecía un peaje que debía pagar por una remota o incluso fantasiosa esperanza, todavía no me atrevía a presuponer que fuera a suceder nada imprevisto ni extraordinario, pero la impaciencia y la anhelación no son controlables y absorben. Sí lo son los actos y los movimientos, desde luego, las personas civilizadas hemos aprendido a frenarlos y a guardarlos en la imaginación y a aplazarlos, a arrojarlos a la bolsa de las figuraciones y conformarnos con eso, temporalmente al menos; no así las sensaciones, en cambio, y éstas acaban por transmitirse y delatarnos siempre, yo creo, y por eso quien las tiene muy fuertes cuenta con ventaja. El deseo que uno emite, más aún si es joven y poco diestro en el disimulo, termina por condensarse en el aire y por impregnarlo, como si fuera niebla que se extiende; alcanza entonces a quien es deseado y éste tiene que hacer algo al respecto: o bien se va, se quita de en medio, desaparece y lo disipa de golpe, o bien se expone y lo recoge y se ve envuelto. En todo caso se encuentra con que debe ocuparse de lo que no ha surgido de él ni él ha creado, lo cual es a menudo injusto e incómodo. El peligro mayor (si es que esa es la palabra) reside en que, al notar el ansia ajena, uno alumbre o conciba la posibilidad de hacerle caso, cuando jamás se le habría ocurrido tomar iniciativa alguna de esa índole espontáneamente. Advertir que alguien quiere vincularse a nosotros sexualmente nos obliga a considerarlo, aunque sea con la fugacidad del pensamiento más rudimentario; y si no se descarta o rechaza en el acto, si no se huye de la niebla al instante, entonces se hace arduo no sentir las emanaciones del otro, que por lo general no amainan y son persistentes, ni siquiera suelen ceder por cansancio ni por saberse inútiles o inoperantes: son porque sí, independientemente de que sirvan de algo. Así que ese otro nos inocula la idea o nos la planta, nos la da o nos la contagia, y su ventaja se agranda a cada segundo que pasa con la condensación en aumento, sin que se la haga estallar ni se le ponga término, sin que se la pinche. A veces basta con la vehemencia para conseguir el propósito que parecía inalcanzable justo antes de soltarla y dejarla flotante, de liberarla o desencadenarla o de que se nos escape sin nuestro consentimiento. Tal vez, incluso, a pesar nuestro.

Es probable que ocurriera algo de eso. Es lo más probable. Que actuaran como tentación mis vaharadas involuntarias o voluntarias, o lo uno y lo otro alternativamente, había momentos en que me daba igual que las percibiera, en otros aún me asaltaban el pudor y el reproche a mí mismo, juzgaba mi predisposición traicionera hacia Muriel, pese a que él hubiera abandonado hacía tanto ese campo. O eso es lo que pensé cuando noté que mis manos paralizadas, casi adormecidas sobre los hombros de Beatriz, eran arrastradas por las suyas lentamente hacia abajo, por encima del camisón, no por dentro. No le veía la cara, seguía sentada de espaldas a mí, yo seguía de pie y le veía el pelo desde arriba, desconocía su expresión, si tenía los ojos abiertos o cerrados, si era plenamente consciente de que se trataba de mí o si se figuraba las caricias y la presión de algún otro, de qué otro sino del marido añorado. Mi posición se asemejaba ahora a la de Van Vechten en Darmstadt, sólo que yo aún no empujaba ni estaba situado a la altura para hacerlo, lo máximo habría sido juntar mi abdomen contra su espalda, para que lo sintiera, pero ni siquiera reuní valor para establecer ese contacto demasiado explícito, me contuve, no todavía, pese a que ella me hubiera conducido las manos a sus pechos no del todo abarcables por ellas. Allí sí había visto bien su rostro, subido al árbol en el Santuario, su rostro pegado a la ventana, de hecho era lo único que se me había mostrado desde que el Doctor le había dado la vuelta, antes había contemplado un rato su nuca con cierta alarma, golpeada casi contra los cristales. De modo que me la imaginé así mientras la tocaba —parecía increíble pero la tocaba—, con los ojos muy apretados como los de un retrato insólito o infrecuente, la piel más tersa y juvenilizada, los labios más carnosos o gruesos, como si invadieran zonas ajenas a ellos y más porosos y esfumados, entreabiertos y más rojos, las pestañas más largas o más visibles; pero todo eso era propio de un orgasmo o de una concatenación o un preorgasmo, y aún no podía haber nada de eso.

Entonces se aceleró todo y sucedió todo muy rápido. Ella se levantó, apartó el taburete y se volvió hacia mí, y en un solo movimiento pegó a mi cuerpo el suyo entero, como había hecho con Muriel aquella noche después de que, inesperadamente, él le concediera por fin su deseo. Noté a la vez el abrazo de su tórax y el de su abdomen y el de sus extremidades, si es que puede decirse que todo eso abrace: sus pechos aplastados contra el mío, su pelvis contra la mía, sus muslos contra los míos, sus brazos rodeándome con excesiva fuerza, e incluso sus pies sobre los míos, como si se hubiera montado en ellos para alcanzar mi estatura, sólo que ella era alta y no necesitaba tal cosa, de hecho era más alta que yo cuando calzaba tacones. Por un momento tuve la sensación de unirme a una criatura sobrenatural, quizá a una giganta, no tanto por sus dimensiones, que dentro de su abundosidad eran normales, cuanto por la fusión a que me sometió sin resquicios, por el acoplamiento absoluto de su cuerpo al mío, completamente adheridos el uno al otro en un solo instante y sin preámbulos. Lo único que no juntó fue su boca a la mía, y cuando yo intenté buscársela lo evitó, y me ofreció el cuello y la mejilla: 'No, nada de besos', me dio tiempo a pensar, como tal vez Beatriz le había dicho a Van Vechten 'No, nada de caricias', al término de su polvo sacro y profano, yo no los oía desde mi rama. *'Non, pas de baisers, pas de caresses'*, algo así habría leído en alguna novela francesa, para que esas prohibiciones imaginarias acudieran en esa lengua a mi mente. Y tampoco dijo ni dije nada mientras duró aquella extraña y cabal yuxtaposición, los dos de pie en la cocina cerca de la nevera. Así que también 'Non, pas de mots', o bien 'No, nada de palabras'.

Me vino impaciencia, me entró prisa por que sucediera lo que se prometía. Temía que se echara atrás, que se separara, o que fuera yo quien la apartara, quien de pronto la mantuviera a distancia poniéndole una mano en el hombro, como había hecho Muriel con ademán autoritario tras padecer la superposición abusiva de Beatriz, nada más darle él a ella aquel abrazo imprevisto, probablemente conmiserativo. El mío no tenía ese carácter, en modo alguno, era juvenilmente lujurioso o elementalmente lascivo, ya he dicho que en las edades tempranas se hace difícil renunciar a una oportunidad, uno cree que las debe aprovechar todas o la gran mayoría, sin más excepciones que las que provocan un desagrado nítido y sin mezcla, las que ni siquiera son capaces de anunciarse como rememoración, como recuerdo, como imagen atesorada para el hombre maduro o viejo que llegaremos a ser algún día y con el que entonces no contamos y al que no divisamos, y que sin embargo, misteriosamente, se asoma ya a nuestro inconsciente como un fantasma del futuro. Es ese hombre mayor el que en plena juventud nos susurra a veces: 'Fíjate bien en esta experiencia y no pierdas detalle, vívela pensando en mí y como si supieras que nunca va a repetirse más que en tu evocación, que es la mía; grábala en la retina como si fueran las secuencias y planos más memorables de una película; no podrás conservar la excitación, ni revivirla, pero sí la sensación de triunfo, y sobre todo el conocimiento: sabrás que esto ha ocurrido y lo sabrás para siempre; cáptalo todo intensamente, mira con atención a esta mujer y guárdalo a buen recaudo, porque más adelante te lo reclamaré, y me lo tendrás que ofrecer como consuelo'.

Supe con claridad que aquel era uno de estos casos. No había en él el menor desagrado, todo lo contrario, pero si existía el riesgo de que yo retrocediera (en realidad muy poco, me lo reconocí en seguida) era porque me rondaba la idea de estar cometiendo una vileza posible. No sólo por mi lealtad a Muriel; también me llegué a preguntar si no estaba sacando tajada, por emplear la expresión correspondiente a una vileza, de la probable desorientación y confusión y fragilidad de Beatriz Noguera, desde luego de su continua desdicha y hasta de su circunstancial insomnio: era mucho mayor que yo y por tanto más avezada en algún aspecto, y no parecía dar importancia a los amantes que tenía, tal vez los utilizaba a conciencia para confortarse, para sentir que no era puro sebo ni un saco de harina o de carne, nada más que para eso y para vengarse en su imaginación, ficticiamente ('Si él lo supiera', mucho más que 'Cuando él se entere'), pues no hay venganza real si la víctima no la acusa ni padece; pero también era alguien con insoportable hartazgo o desesperación recientes, que acababa de cortarse las venas —las muñecas todavía vendadas eran uno de esos elementos adicionales, uno de esos detalles que traería a su memoria mi yo venidero al cabo de muchos años, lo supe ya entonces porque incrementaban mi ansia—, alguien que a temporadas estaba mal de la cabeza, según ella misma había dicho, alguien frustrado y rechazado a quien poco podía importar lo que le depararan los días prestados tras su tentativa, o regalados, a quién le importa lo que le sucede después de su muerte y Beatriz ya se había muerto tres veces, en su ánimo al menos: por fuerza era una presa fácil, vencida, con escasa voluntad o debilitada por la indiferencia, de las que no sólo a mí, sino a cualquier individuo, serían capaces de decirle: 'Haz lo que quieras, yo no me opongo, el tiempo de oponerme a nada ha pasado'. Me turbó que la palabra 'presa' pululara por mi cabeza, era ella quien se había levantado y dado la vuelta y se había lanzado a mis brazos o más bien a mi cuerpo entero, pisándome los pies incluso, encaramándose a ellos como si fuera una niña y estaba demasiado lejos de serlo. Y aun así, aun así... No podía evitar persuadirme de que eran mis pulsaciones las que habían obrado la conquista —otra inoportuna palabra— y habían provocado la reacción abundante; me veía sin remedio como el seductor, como el ventajista, en cierto modo el culpable, tal vez eso le ocurra siempre al más ávido, aunque jamás haya manera segura de saber quién es más ávido, a veces se disimula hasta que ya no puede disimularse. Y quizá fue entonces cuando cometí la mayor vileza, para sacudirme el acecho de las otras posibles, y lo fue de pensamiento tan sólo, pero con vistas a actuar y no pararme: 'Qué más da, yo la he salvado, yo la saqué de la sangre y el agua y nadie más habría alertado', recuperé aquella idea mezquina y esta vez sí la formulé en mi cabeza más o menos como ahora la expongo, mientras palpaba zona nueva —de manera nada vejatoria, sino ardorosa y apreciativa— y le bajaba las bragas por encima de la seda hasta medio muslo, un tirón, dos tirones y ya no cubrían lo que cubrían, ya podía acariciar con un dedo, dos dedos, sin que hubiera nada en medio, o incluso introducirlos. 'Si está aquí, si respira, si esta piel huele tan bien y esta carne rebosa y se mueve, es gracias a mí, me he ganado el derecho a probarlas; esta mujer que no es recuerdo ni ceniza ni descomposición ni hueso que se despelleja, esta mujer que sobrevive es mía, lo será un rato esta noche, al fin y al cabo estos encuentros duran poco y luego nos lavamos todos y es como si no hubieran pasado, salvo por la bendita memoria que nos representa los hechos de los que no queda rastro visible, por eso nadie más los sabe, nadie se entera si no los pre-

sencia, y si alguien los relata después son solamente rumores. Soy una extensión de Muriel, lo ha dicho ella,
acaso por eso me aprieta como lo apretó a él, del mismo
modo, en cuanto le dio ocasión o se le puso a tiro; puede que lo haga por sustituirlo y por engañarse con los
ojos cerrados, o puede que por fastidiarlo, aunque seguramente él no vaya a saber nunca que me la he follado,
yo no se lo contaré ni ella tampoco. Pero a mí qué me
importa su causa, si es que la hay o la conoce, es momento de ir a lo mío.' Y aquí ya me entraron las prisas y
me vino ese léxico, que suele ser el que atraviesa la mente cuando el sentimiento es superficial y el deseo des-
considerado. Son términos groseros, pero no se pronuncian más que si hay confianza mutua y gusto en ellos o
como consentido juego entre desconocidos procaces, y
si no sólo se piensan. De nuestros pensamientos no hay
testigos, no tenemos por qué ser respetuosos ni corteses
en ellos. Así que sin dilación me dije: 'He de metérsela
ya, he de hacerlo pronto y sin prolegómenos, no sea que
se eche atrás y se arrepienta a medio camino y lo que está
a punto de ser se estropee y ya no sea; no me lo perdo-
naría, haber estado tan cerca y malograrlo, haber hecho
vivir a la pintura, haberla dotado de estremecimiento y
volumen para luego dejarla escapar intacta y sin entrar
en ella. Una vez que esté dentro ya no habrá vuelta de
hoja, notaré la humedad y el calor y habrá ocurrido y
yo tendré ese recuerdo hasta el fin de mis días, y podré
pensar siempre que quiera: "Me follé a Beatriz Noguera, quién iba a imaginarlo, quién iba a preverlo; eso fue
así y no hay quien lo cambie". Aunque esté trastornada
y no entienda bien lo que decide, sus pasos; aunque ella
lo olvide o no guarde conciencia, aunque esté muerta y
enterrada, aunque haya desaparecido del mundo mucho antes que yo y pocos sepan quién era y menos se
acuerden de ella y nadie cuente su tenue historia de la
vida íntima ni siquiera en susurros, eso habrá sucedido

y nadie me lo quitará, y será para mí un conocimiento imborrable'.

Son pensamientos de juventud, también esos, cuando uno es todavía demasiado nuevo para dar crédito a los acontecimientos que vive y a sus propios actos, cuando todo resulta aún inverosímil y como perteneciente a otros, como si las experiencias no fueran cabalmente nuestras y pareciera que nos las prestaran. No es sólo el alma del joven lo que está aplazado, también su conciencia. Se hace esperar, tarda mucho en ocupar su sitio y asentarse, y transcurre largo tiempo hasta que nos damos cuenta de que lo que nos pasa a nosotros nos pasa a nosotros efectivamente, y no somos espectadores en la oscuridad, ante un escenario o una pantalla, o ante el libro iluminado por una lámpara.

Era preciso que ocurriera ya, para que ya hubiera ocurrido y no pudiera fallar ni hubiera riesgos, para que dejara de ser promesa o futuro y ni siquiera fuera inminencia. Tuve la precaución —pero me la dictó la impaciencia— de tirar de Beatriz con suavidad, como para no espantarla, de tirar de ella hacia mi *chambre de bonne,* hacia el interior del cuartucho que para ella sería casi desconocido, nadie solía llegarse hasta mi zona de destierro; era mejor que lo irreversible —pero aún no lo era, no lo era— no aconteciera en la cocina, alguien podría entrar o asomarse, el desvelo podría asaltar a cualquier habitante de la casa que quisiera beber o picar algo o refrescarse unos segundos ante la nevera abierta, allí estábamos demasiado expuestos, era un espacio común, territorio de Flavia y lugar de tránsito. Cerré la puerta de mi cuchitril pero sin oír el clic: no me entretuve en insistir, nada podía verse desde el exterior en todo caso, y había ya mucha urgencia. Casi en un mismo movimiento —es curioso cómo nos multiplicamos y cuán rápidos somos cuando se trata de evitar que otro reaccione o dé marcha atrás o despierte— le quité las bragas del todo y yo me quité los pantalones; los *boxers* no hacía falta, con su abertura en pleno uso a aquellas alturas, y la camisa tampoco, no me la había abotonado y mi pecho tocaría lo que hubiera de tocar sin impedimentos. De un leve empujón la eché en la cama boca arriba y se dejó dirigir, sólo extendía sus brazos —las vendas bien visibles, las vendas— a la espera de aferrarse a mí de nuevo, en cuanto yo hubiera acabado con mis mínimos preparativos. Le bajé los tirantes del camisón para verle mejor los pechos y para que entrara en contacto con ellos la parte que ella o yo escogiéramos de mi cuerpo. Ella no iba a escoger nada ni a guiarme en absoluto, lo vi claro. Entonces me retiré un poco y miré un instante sus muslos tan juntos, brillantes. Se los separé, se los abrí con resolución y cuidado, las dos cosas a la vez si eso es posible, y en seguida pensé, mientras ella volvía a abrazarme con fuerza: 'Ahora sí, ahora ya está, mi polla está dentro, nada puede ya hacerse para que esto no esté sucediendo, para que esto no haya pasado'. Quise mirarle la cara, a ella le daba lo mismo la mía, no me veía, mantenía pegados los párpados lo mismo que con Van Vechten en Darmstadt, sólo que allí éste estaba a su espalda cuando se me ofreció el rostro de ella, y yo en cambio estaba de frente. Procuré alejar aquella imagen, pero durante unos instantes se me superpuso desagradablemente y me incomodó y me distrajo. Fueron mis propias sensaciones las que la ahuyentaron al poco, y también mi pensamiento, que intentaba convencerse de lo evidente con su léxico grosero y zafio: 'Sí, me estoy follando a Beatriz Noguera, tengo mi polla en su coño y ya nada puede remediarlo'. Me había negado su boca y me la negaba, pero me besaba insistentemente los ojos, y con ello me obligaba a cerrarlos. Dejé de ver, y quizá por eso se me aguzaron los demás sentidos, sin duda el tacto pero también el oído. Oí pasos muy cercanos, pasos rápidos, como de carrera breve. Me detuve un momento para oír mejor,

Beatriz notó el alto pero no debió de saber a qué obedecía, andaba por sus profundidades o se había ensimismado, quizá como en la bañera del Wellington, quién sabía. Luego ya no oí nada más, seguramente eran los pasos de alguien que se marchaba apresurado —pasos descalzos sobre la madera—, no de alguien que se aproximaba. Volví la cabeza para mirar la puerta, estaba cerrada aunque sin clic, a lo sumo había quedado una rendija minúscula por la que no se podría haber visto nada.

—¿Qué te pasa? ¿Pasa algo? —dijo Beatriz sin alarma.

—No, nada, nada. —No, no quise alarmarla, ni ponerla en fuga, qué desastre.

Pero algo se podía haber escuchado. No palabras, no las había habido, tal vez sí respiración agitada y alguna interjección o gruñido leves, pese a la discreción oral de Beatriz y a mis esfuerzos por acallármelos, en ningún momento me había olvidado de que estaban los tres hijos en la casa. Deseé con todas mis fuerzas que los pasos hubieran sido de Flavia y no de ninguno de ellos, aquella mujer tenía edad para no escandalizarse, o para escandalizarse menos, o acaso ya sabía o sospechaba o se suponía. Pero no se me escapaba que la carrera veloz y los pies descalzos eran más propios de un niño o de una adolescente que de una señora. 'Maldita sea', pensé, 'es probable que se haya despertado uno de ellos y haya ido a buscar a su madre; si es así, ojalá haya sido Tomás, o si no Alicia, con ellos cabe la posibilidad de que no hayan entendido del todo, de que no hayan atado cabos; en cambio, si ha sido Susana, se habrá hecho la composición de lugar adecuada y estará ahora despierta en su cama con las mejillas ardiéndole, esperando a oír volver a su madre a su alcoba. Sea como sea, no hay forma de deshacerlo; mañana me dará vergüenza, pero hoy no es mañana. Esta es mi ocasión y he de ir a lo mío.'

El cuerpo que tenía debajo requería mi atención, de hecho me la concentraba o secuestraba, ausentarse mucho no era posible, en aquellas circunstancias, ni siquiera por un susto breve. Aproveché que había alzado la cabeza y Beatriz no podía besarme los ojos para mirarle la cara y retener así mejor el instante, las cejas alargadas y bien dibujadas, las pestañas muy densas pero no vueltas ni rizadas, la nariz recta con la punta apenas respingada que la dotaba de suma gracia, los labios carnosos y anchos entre los que asomaban —una media sonrisa ensoñada— los dientes algo separados que le conferían un aire ligera e involuntariamente salaz que contrastaba con el conjunto de su rostro aniñado, una de esas bocas que llevan a muchos hombres a imaginarse en el acto escenas inopinadas e impropias aunque intenten suprimirlas, sólo que yo no tenía que suprimir ni que imaginarme nada, estaba interpretando una de esas escenas con ella, y además ya la veía más atrayente que de costumbre como les pasa a tantas mujeres que se embellecen y rejuvenecen en medio de esas situaciones, los labios más gruesos y rojos y porosos, la piel tan tersa y juvenilizada que hube de maldecir de nuevo aquellos pasos que me habían obligado a pensar en Susana, porque durante unos segundos tuve la desazonante impresión de estar con ésta y no con su madre, de la cual aquélla era un calco: las dos con los mismos rasgos y la misma expresión cándida, la hija anunciando ya —a la hija ya brotándole— el mismo cuerpo intimidante, explosivo, que ahora estaba vinculado al mío. Y volvió a asaltarme la sensación de incongruencia: según le miraba la cara y le miraba los pechos, y las caderas y los muslos y las nalgas hasta donde mi perspectiva me lo permitía, comprobaba que sus facciones no acababan de compadecerse con su cuerpo rotundo, era como si aquéllas pidieran un tronco, un abdomen y unas piernas menos potentes, más comedidas, y sus formas insolentes un rostro menos inocente o ingenuo. Y en Susana, que era tanto más joven, se acentuaría la divergencia en cuanto tuviera pocos más años. No sé qué me pasó: la madre me condujo a pensar en la hija en el momento más inoportuno. Pero no me olvidé de la primera por ello, en absoluto, en modo alguno: me fijé muy bien en todo para archivarlo en el recuerdo. Todavía lo conservo nítido, aunque ha pasado mucho tiempo y lo acompañan muchos otros, y ella lleva casi tanto muerta.

IX

'Así empieza lo malo y lo peor queda atrás', eso es lo que dice la cita de Shakespeare que Muriel había parafraseado para referirse al beneficio o la conveniencia, al perjuicio comparativamente menor, de renunciar a saber lo que no se puede saber, de sustraerse al vaivén de lo que se nos va contando a lo largo de la vida entera, y es tanto más que lo que vivimos y presenciamos y aun esto nos parece a veces contado, a medida que se nos aleja con el transcurrir del tiempo y se tizna, o se nos difumina con el tictac de los días o se nos empaña; a medida que las lunas le arrojan su vaho y los años su polvo, y no es que entonces empecemos a dudar de su existencia (aunque en ocasiones sí lleguemos a hacerlo), sino que pierde su colorido y sus magnitudes se empequeñecen. Lo que importó ya no importa o muy poco, y para ese poco hay que hacer un esfuerzo; lo que resultó crucial se revela indiferente, y aquello que nos desgarró la vida se nos aparece como una niñería, una exageración, una tontería. ¿Cómo es que me llevé tal disgusto o me sentí tan culpable, cómo es que deseé morir, aunque fuera retóricamente? No era para tanto, ahora lo veo, cuando sus efectos se encaminan hacia la dispersión y el olvido y apenas queda ya huella del que entonces fui. Qué gravedad tiene ahora lo que aconteció, lo que me pasó a mí mismo, lo que hice, lo que callé y omití. Qué importa que muriera un niño pequeño, son millones los que han caído sin que nadie levantara una ceja a excepción de sus progenitores, y a veces ni siquiera los dos, el mundo está lleno de madres impávidas que todo lo silencian y aguantan, y que acaso sólo aplastan la cara en llanto contra la muda almohada, en la soledad nocturna para no ser vistas. Qué importa que un joven se acostara con una de esas madres en una noche de insomnio, y qué si se enteró una hija que corrió por el pasillo turbada y descalza tratando de borrar ese conocimiento o al revés, atesorándolo, para que le condicionara su matrimonio futuro y por tanto la existencia. Qué importa que una mujer mintiera una vez, por daño que hiciera con ello, o acaso fue exagerado el daño que se atribuyó a su embuste, al fin y al cabo éstos forman parte del natural fluir de la vida, inconcebible sin sus dosis de falsedad, sin sus equilibrios de verdad y engaño. Qué importa que un hombre recto rechazara durante años a esa mujer y la insultara, los hogares están sembrados de rechazos y desaires y de mortificaciones e insultos, sobre todo cuando las puertas se cierran (y a veces se queda uno dentro indebidamente). Qué gravedad tiene que se matara una de esas madres, cuando ya se había paseado por el filo y se lo esperaban sus allegados, y hasta lo anunciaba el tic-tac del metrónomo que ella misma ponía en marcha, cuando tocaba el piano o no tocaba. Qué importa que otro hombre torcido se aprovechara de su poder y de su sapiencia y se portara de manera indecente con algunas vulnerables mujeres, casi todas madres e hijas todas. Como nada importa a estas alturas que un productor de cine para el que trabajamos se dedicara o no a la trata de blancas en América en tiempos de Kennedy, con mujeres vulnerables o invulnerables e impávidas. Qué poco sentido tiene intentar impedir, evitar, vigilar, castigar e incluso saber, la historia está demasiado llena de pequeños abusos y vilezas mayúsculas contra los que nada se puede porque son avalancha, y qué ganamos averiguándolos. Cuanto ocurre ha ocurrido y es inamovible, es la horrible fuerza de los hechos, o su peso que no se levanta. Quizá lo mejor sea encogerse de hombros y asentir y pasarlos por alto, aceptar que ese es el estilo del mundo. *'Thus bad begins and worse remains behind'*, es lo que dice Shakespeare en su lengua. Sólo después de asentir y de encogernos de hombros, en verdad lo peor queda atrás, porque al menos ya es pasado. Y así empieza sólo lo malo, que es lo que aún no ha llegado.

Algo así, algo parecido a esto debió de pensar Muriel cuando por fin tuve un golpe de suerte y pude llevarle información sobre lo que había hecho Van Vechten en los años en que se había portado tan bien con la gente perseguida o represaliada por el régimen de Franco y en que tan buena reputación había adquirido por ello, de hombre solidario y compasivo que no había querido cobrar dinero a quienes malamente podían ganárselo, por curarles la tos ferina o el sarampión o la varicela a sus vástagos. Pero es verdad que siempre se llega tarde a la vida de las personas, y a todo: Muriel había decidido no oírla, no atender a lo que yo pudiera descubrir por azar, si es que algo descubría por ese método incontrolable o por mi particular insistencia ('No pretendas poner a prueba mi curiosidad. Guárdatelo. Cállatelo', me había advertido), ya me había ordenado cesar en mis pesquisas y en mi sonsacamiento, en mis salidas con el Doctor incluso, aunque fuera paulatinamente. Pero me resultó imposible no intentarlo, no ir a él con el cuento que me había llegado no por el propio Van Vechten, sino por otro médico, joven, el Doctor Vidal Secanell, amigo de mi familia y también mío, aunque nos viéramos intermitentemente. En realidad, si aquel cuento era cierto, habría sido inconcebible que el pediatra me lo confesara, ni siquiera en una noche de gran borrachera o de jactancia infinita o de confidencias contritas (difícil imaginar en él estas últimas); ya podríamos habernos corrido diez mil juergas juntos y haber desarrollado un máximo sentido de camaradería, que no habría salido de su boca una palabra acerca de aquellas prácticas, son cosas que se ocultan siempre y que uno procura llevarse a la tumba, todos sabemos qué secretos de nuestras vidas es mejor dejarlos quietos, sepultos, en la medida en que de nosotros depende. Nunca es completa esa medida, sin embargo: en cuanto alguien más interviene —y alguien ha de intervenir, sea un cómplice, un intermediario, un testigo o una víctima—, el rumor echa a andar, aunque sea subterráneamente, y nada está jamás a buen recaudo. A la luz de aquella historia, ya era mucho que el propio Van Vechten me hubiera dicho una noche lo que sí le relaté a Muriel y no fue suficiente: 'Nada da más satisfacción que cuando no quieren, pero no pueden decir que no. Y luego quieren, te lo aseguro, la mayoría, una vez que se han visto obligadas a decir que sí'. Claro que yo no podía entender el significado de aquella lección sin conocer la historia que me refirió Vidal con desprecio, y con escándalo por mi amistad con Van Vechten. Muriel en cambio sí lo habría entendido, porque lo más probable era que a él le hubieran ido precisamente con ese cuento; o que le hubiera ido, concretamente, 'un antiguo amor; el amor de mi vida, como suele decirse'.

No sucedió inmediatamente, pero tampoco quedó lejos, no tardó tanto. Quiero decir inmediatamente después del regreso de Muriel de Barcelona. Volvió al cabo de unos días más con cara de pocos amigos, notable irritabilidad y muy malas noticias, un agravio. Towers había prescindido de él, lo había despedido, no le había permitido terminar el rodaje, y había recurrido a Jesús Franco a ver si, con su *sans-façon* y sus malabarismos, lograba llevar a buen puerto la película. Jess había respondido que sí, pero que no podría hacerse cargo hasta al cabo de semana y media, tenía que concluir otras faenas. Lo asombroso era que estuviera dispuesto a encontrar un resquicio, ya que veo ahora en Internet que trece largometrajes suyos, nada menos, llevan fecha de 1980 o 1981. Y Don Sharp, de confianza, también estaba ocupado. Towers no podía mantener inactivos otros diez días a Herbert Lom y a los demás actores, así que los había enviado a sus casas y había suspendido la producción de momento. No se reanudó nunca, y por eso, como he dicho, el título no figura en ninguna filmografía, una obra inacabada y fantasma. Le pregunté a Muriel qué había pasado exactamente, pero no estaba por dar explicaciones:

—Desavenencias. Harry es un negrero, eso además, pero no puedo alegar ignorancia previa —se limitó a contestar. Y luego tuvo la decencia de añadir—: En gran parte ha sido culpa mía. Y también de Beatriz, claro, ha sido de lo más oportuna con su escenificación, y yo me la he tragado; eligió bien el momento. No me hagas más preguntas, no me apetece hablar de eso. Ah, y vete mirando de buscarte otro empleo, Juan. —La sucesión de verbos indicaba delicadeza, o la voluntad de dosificarme el anuncio y no apremiarme—. No creo que me vuelva a surgir un proyecto en bastante tiempo, y me temo que no me vas a ser muy necesario. Pero no hay urgencia, no te quiero causar perjuicio. Puedes seguir hasta que encuentres algo, y ya me dirás tú cuándo te va bien cesar, lo dejo en tu mano. Me parecía justo advertírtelo pronto.

Su mal humor duró semanas. Se acabaron los miramientos con Beatriz, su preocupación, su repentina afectuosidad (si es que cabe llamarla tanto), su cuidado. De hecho volvió a mostrarse injurioso y detestable con ella, al menor pretexto, como si lamentara la tregua que le había dado tras el susto del Wellington, tras el pánico que lo había hecho correr por Velázquez, incurrir en la indignidad de una carrera, aunque hubiera sido mínimo el trecho. Por suerte no tenía mucha ocasión de zaherirla, apenas estaba en la casa; ahora convocaba a diario a aquella especie de telefonista y contable y representante y ama de llaves, de nombre Mercedes, con la que compartía su oficina. Se iba allí en cuanto desayunaba, no sé qué diablos hacía en aquel lugar o si se quedaba. Me daba la impresión de que la afrenta de Towers y su mal talante lo habían espoleado, de que no se rendía y andaba a la búsqueda rabiosa de financiación para otra película, quizá él y Mercedes se pasaban el día haciendo llamadas y estableciendo citas con más jamoneros y más ganaderos, con conserveros de berberechos y representantes de bebidas a los que prometía que aparecerían en todos los planos botellas con su marca bien visible, acaso con la emperatriz Cecilia Alemany de nuevo, para convencerla con alguna táctica ingeniosa y menos pedante, con toda clase de productores profesionales y aficionados, los primeros bandoleros y megalómanos y los segundos megalómanos y con la cabeza a pájaros. Tal vez se pasaba la jornada fatigándose con ellos. No solía volver hasta la noche, en todo caso, o incluso hasta la madrugada (timbas y *boîtes*, suponía), y a mí me llevaba poco consigo. No sabía si es que prefería que no lo viera humillándose ante los adinerados, o si quería irse ya acostumbrando a no contar más conmigo, o si me hacía extensivo su enfado, por haber sido el instrumento inconsciente de la salvación de su mujer, quizá tocaba que lo hubiera logrado de una vez a la tercera, pensaría. Hubo momentos en los que se me ocurrió que Muriel habría dado ahora su muerte por buena. Sin duda era algo pasajero, pero mientras duró se le recrudeció el encono.

Lo que no pudo haber fue ninguna sospecha de que mis relaciones con Beatriz hubieran cambiado, porque lo cierto es que no cambiaron en absoluto. Después de la noche de insomnio, aun antes de que Muriel regresara, Beatriz me trató exactamente como si nada hubiera sucedido esa noche o como si ésta no hubiera existido. Como si ella hubiera retornado al cuadro, a la dimensión plana y pretérita, y jamás se hubiera hecho de carne —textura y estremecimiento— ni hubiera puesto pie, muslo ni pecho en mi dimensión presente. Ni yo me atreví a otro acercamiento ni a mencionar el ya habido: intuía que, de hacerlo, me podría encontrar con una respuesta del género desalentador desconcertante: 'No sé de qué me hablas, Juan. Debes de haberlo soñado, joven De Vere. Los jóvenes os contáis fantasías. No te confundas'. No me costó mucho adecuarme. Aunque atesoraba y aún retengo las imágenes y las sensaciones del cuartucho y la cocina, uno sabe qué miradas y actitudes no puede permitirse y también cuáles no le convienen por edad, posición o jerarquía, y no es difícil renunciar a ellas, descartarlas más que reprimirlas, y adoptar ojos velados y neutros. Eso hice, con escaso esfuerzo, precisamente porque ya habían visto, sin neutralidad ni velo. Poco a poco Beatriz fue recuperando su vida habitual, volvió a sus clases, a salir con Rico o con Roy o con sus amigas, a las que consiguió ocultar el episodio suicida diciéndoles que se había ausentado unas semanas acompañando a Muriel a Barcelona. También volvió a echarse sola a la calle, con sus tacones altos y bien arreglada —el retrato de la desdicha, así la vi siempre—, pero no me animé tanto a seguirla, mi curiosidad era menor porque ya tenía lo que quería, aunque hasta entonces no me hubiera confesado querer lo que ahora tenía, uno sólo lo descubre a veces después de haberlo obtenido. Me imaginaba, es más, estaba seguro de que seguiría yendo al Santuario de Darmstadt con Van Vechten de vez en cuando —entre los dos un vínculo añadido, el de salvador con salvada, no por fuerza estimulante—, a la Plaza del Marqués de Salamanca a encontrarse con quien quisiera que fuese, o en la Harley-Davidson a El Escorial o a La Granja o a Gredos, la vi alejarse a lomos de ella desde el balcón, alguna tarde. Para mí no tenía escapatoria.

No hace falta decir que desde la mañana siguiente a aquella noche de fantasía, traté de percibir cambios en la disposición o en la mirada o en las palabras de los tres hijos y Flavia, por ver si alguno se delataba como dueño de los pasos que habían corrido descalzos mientras yo estaba dentro de Beatriz, bien adentro sin condón ni nada, ya he dicho que por entonces el sida era desconocido y a nadie se le ocurría tomar precauciones prosaicas. En ninguno advertí variación —hostilidad ni reproche ni desconfianza, ni una frase interpretable—, si acaso tuve la impresión ocasional de que las chicas me observaban con mayor curiosidad o atención que antes, pero puede que eso fueran figuraciones mías o que nunca me había parado a mirar sus miradas mirándome, y ahora en cambio sí lo hacía. No era tan raro que unas casi niñas apreciaran a un joven mayor que se pasaba tanto tiempo en su casa. Ni siquiera tenía nada de extraño que se enamoriscaran de él calladamente, eso es lo propio.

Me encontré a José Manuel Vidal un día en que el Profesor Rico me arrastró a hacerle compañía hasta la hora de su almuerzo con dos o tres académicos a los que juzgaba particularmente lelos y con los que, por eso mismo, le convenía mostrarse servicial y lisonjero hasta donde su paciencia se lo permitiera, es decir, bastante poco, lo más probable era que lograra el efecto contrario y ya se los hubiera enemistado a muerte a la hora de los postres. Académicos de la Real Academia Española, se entiende, en la que planeaba ingresar en un plazo máximo de seis años, pese a su juventud relativa; por otros miembros sentía gran respeto, y, como los consideraba inteligentes, daba por hecho que lo admirarían a él sin reservas y no veía necesario trabajárselos. Se había pasado por la casa de los Muriel para entretener allí la espera, pero Eduardo estaba en su oficina y Beatriz en sus clases, así que me convenció de tomar un aperitivo en el Balmoral, ya no recuerdo si ese local estaba o está en la calle de Hermosilla o en Ayala, no sé si echó el cierre hace unos años o si sigue abierto, en todo caso yo llevo muchísimos sin sentarme a sus mesas ni a su barra.

El Profesor estaba echando elaboradas pestes de algunos colegas suyos barceloneses (incluidos unos cuantos a los que había favorecido, y ya se arrepentía) cuando Vidal se acercó a nosotros, simpático, sonriente y algo zumbón como solía serlo, al menos conmigo. Tenía unos siete años más que yo (luego rondaba entonces la treintena) y un notable parecido con el cantante McCartney, la nariz, las mejillas, incluso los ojos recordaban suficientemente al ex-Beatle, sólo que con la tez un poco surcada o picada. Su familia, republicana, había sido desde siempre amiga de la mía, sobre todo de mis tíos, y él y yo nos conocíamos desde niños, o, mejor dicho, desde que yo lo era y él un adolescente. La diferencia de edad impedía que nos tuviéramos por amigos cabales, pero esa misma diferencia lo autorizaba a ser fraternal conmigo, adoptando la posición de hermano mayor, naturalmente. Una de esas personas de toda la vida, a las que por lo general no se llama para quedar y verse, pero con las que hay un trato de inmediata confianza antigua si se coincide con ellas. Su abuelo, a la vez oftalmólogo y abogado (lo primero, curiosamente, no daba para subsistir en los años veinte y treinta), había acabado en la cárcel al final de la Guerra, y a su salida, como castigo adicional, se le prohibió ejercer sus dos profesiones, para sobrevivir hubo de montar una gestoría. A su abuela, en primera instancia, le habían rapado el pelo y la habían mandado a fregar las letrinas de los falangistas. En cuanto al hijo de éstos, el padre de Vidal Secanell, había sido juzgado por sedicioso por luchar muy joven en el bando republicano, pero tuvo suerte y la causa fue sobreseída. Luego, en los años cincuenta o sesenta, había fundado en México una sucursal de la discográfica Hispavox y con ella había hecho fortuna, lo cual había permitido a Vidal ir a un muy buen colegio y estudiar Medicina con externados en Houston, que bien le habían servido para avanzar en su especialidad, Cardiología. Pese a los antecedentes familiares, había logrado desenvolverse sin dificultades, a base de trabajo, eficacia y cierta astucia, esto es, capacidad para disimular lo preciso y no solivantar a quienes menospreciaba, por razones profesionales o políticas. Al contrario que Rico, quien tendía a la insolencia ufana y si no a la impertinencia festiva y si no a la arrogancia regocijada, era uno de esos hombres que saben enfriar y aplazar sus antipatías, por no decir sus juicios morales. Se los guardan cuando hace falta y los despliegan en las ocasiones propicias. Sin duda yo era una ocasión propicia, aunque sólo fuera por la inmemorial confianza entre nosotros.

—Vaya, no sabes lo que me alegra verte en mejor compañía que últimamente. Empezaba a estar preocupado —me soltó casi de entrada. Y, ofreciéndole la mano al Profesor, que ya iba saliendo bastante en los periódicos e incluso en la televisión algunas veces, añadió con cordialidad—: Un honor saludarlo, Profesor Francisco Rico, autor de *El pequeño hombre del mundo*.
—Vidal era persona leída, o por lo menos atenta y con retentiva.

Rico le alargó una perezosa mano sin levantarse (en la otra un cigarrillo) y lo corrigió en seguida sin poder contenerse:

—Querrá decir *El pequeño mundo del hombre*, ¿cómo voy a haber escrito yo nada sobre un hombre pequeño? Eso para el autor de *Pulgarcito*. O para el de *El hobbit*, si es que sabe lo que es eso. —Ya estaba faltando, o se aprestaba a ello. Esa obra no era tan conocida entonces, en España—. ¿Y usted es, caballero?

Los presenté debidamente. Vidal se sentó con nosotros, abandonando a un grupito con el que estaba en la barra, dos varones y dos mujeres, colegas posiblemente. Le señaló a un camarero su copa casi vacía, indicándole que le trajera a nuestra mesa otra caña, iba a aposentarse un rato.

—¿A qué te refieres? —le pregunté con inquietud, la que suelen suscitar los reproches fraternales—. No nos hemos visto últimamente. De hecho hacía la tira.

—Tú no me has visto, pero yo a ti sí, dos o tres veces. Y si no me he acercado ni me he hecho visible ha sido justamente por evitar al grandísimo hijo de puta con el que ibas. ¿Cómo es que frecuentas a ese individuo? Pase que lo tuviera que frecuentar yo, trabajamos en la misma clínica y es de mi gremio. Pero es que tú ni siquiera tienes esa excusa.

Caí en la cuenta. Vidal me había visto con Van Vechten en terrazas, discotecas o bares. Como he comentado, hacia 1980 todo Madrid se echaba de noche a la calle, tanto daban la edad, la respetabilidad y el oficio.

Me quedé un poco desconcertado, sólo un poco, al fin y al cabo mi misión, ahora anulada, había sido descubrir más o menos si el Doctor era eso que Vidal había dicho con todas las letras, o lo había sido en el pasado lejano. Me dispuse a acribillarlo a preguntas y a prestar oídos, pero Rico, que aún no caía, se me adelantó con curiosidad, indudablemente malsana:

—A ver, a ver, ¿con qué hijo de puta confraterniza el joven De Vere? No estoy yo enterado de eso. Cuente, cuente, Doctor Vidal, me interesan altamente las grandes putadas, incluso si son contemporáneas. Palidecen al lado de las clásicas, pero menos da una piedra, ahí me las zurzan todas y échale un galgo. —Tenía afición a los modismos, dichos, refranes, proverbios; algunos se los inventaba, o bien los utilizaba de manera para mí incomprensible, no entendía qué pintaban ahí los zurcidos ni el galgo. Remató la petición con una de sus onomatopeyas indescifrables—: Fúrfaro.

—¿Hijo de puta en qué? —intervine por fin yo—. ¿Como médico? Tiene la fama contraria. Es una eminencia en lo suyo. Y luego, todo el mundo cuenta lo bien que se portó en los años cuarenta y cincuenta, lo habrás oído. ¿Verdad, Profesor? ¿Verdad que el Doctor Van Vechten ayudó a los represaliados? Gente como tu propia familia, José Manuel, tienes que saberlo. Hay testimonios a patadas.

Entonces Vidal arrimó su silla a la mesa y bajó el tono de voz un poco, más que nada, supuse a tenor de lo que contó —lo supuse una vez escuchado—, porque estábamos en el barrio de Salamanca, por el que todavía hoy en día pululan nostálgicos del dictador, no digamos cuando éste llevaba muerto tan sólo cinco años de calendario que casi todos sentíamos más bien como veinte, tan rápido se lo había despedido y olvidado, con tanta impaciencia y hartazgo.

—Ya ya, me conozco la historia. Esa es la versión oficial, la interesada, la leyenda que ha quedado y que a él le ha venido de perlas para ser aceptado en todas partes. Ese ha jugado a dos bandas toda la vida, y una no ha trascendido. La habilidad no puede negársele.

—Adelante, Doctor Vidal, derrame presto su verdad: soy todo oídos —dijo Rico complacido y como si él fuera el destinatario del relato. Su buena relación con Van Vechten parecía dársele un ardite o importarle media higa, por seguir con los modismos absurdos, resultan contagiosos como los tacos, sólo de recordarlos.

—Mira, Juan. —Por fortuna Vidal se dirigía a mí todavía, con expresión de preocupación sincera, de reconvención incluso—. No sé si sabes que ahora trabajo en el Hospital Anglo-Americano. Se me llevó con él el Doctor Naval cuando le propusieron dirigirlo hace menos de un año, así que los dos dejamos la Clínica Ruber, de la que él era director médico, yo había montado el equipo de Electrocardiografía de Esfuerzo. Bueno, Naval había pasado mucho tiempo en Chile. Huyó cuando el golpe de Pinochet por ser un destacado militante del Partido Socialista, y está mejor enterado que nosotros de lo que cada cual hizo aquí en la postguerra. Los que han estado fuera de España han puesto más empeño en conocerlo y recordarlo, aquí ya se ignora casi todo, más fácil tapar lo molesto. Fue curioso que el Doctor Bergaz, el dueño del Ruber, muy franquista, le ofreciera a Naval la dirección, te dará una idea de lo competente que es. En el Ruber se contaban muchas cosas, como en todas partes, y más a un joven preguntón como yo. Como seguramente sepas, dada tu amistad aparente, Van Vechten tuvo consulta de Pediatría en ese hospital durante cerca de veinte años; se labró en él su renombre, va de visita a menudo y mantiene excelentes relaciones. —Sí, había hecho llamar a esa clínica desde el Wellington, por la cercanía, transmitiendo órdenes: 'Me conocen todos, una vez allí daré instrucciones', le había dicho a Muriel cuando telefoneaba—. El Doctor Naval es persona discreta, pero no podía ni ver a Van Vechten cuando aparecía repartiendo palmadas; estaba al tanto de su trayectoria y no se pudo contener de contármela. Y ojo, no fue el único. Tuve corroboraciones luego, incluida la de algún partidario suyo que aplaudía esa trayectoria, o la primera fase, mejor dicho. El Doctor Teigell, por ejemplo. —Otro apellido extranjero, me sonó a alemán cuando lo vi así escrito más tarde, Vidal lo pronunció a la española, es decir, 'Téijel'.

—Óigame, Doctor, me espera un almuerzo con tres pestiños de la Academia —le interrumpió Rico mirando el reloj y sin delicadeza—. O me abrevia o llegaré tarde a la cita y me recibirán ya de uñas. A lo que son propensos. Vaya al grano de esa trayectoria y no me ponga la cabeza hecha un bombo con nombres que no retengo ni me montan una paja. Hasta ahora no me ha aportado usted nada.

Por suerte Vidal era bienhumorado. En seguida había captado la manera de ser del Profesor y le había hecho gracia. No se ofendió. Sonrió.

—José Manuel —le dije yo—, ¿seguro que no te importa que el Profesor escuche esto? No se distingue por su discreción, te lo aviso. —Fue una forma de reclamar la historia, destinada a mí en principio, Rico estaba allí de polizón, como quien dice.

Vidal rió abiertamente y le dio la razón sin problema:

—El Profesor tiene razón, voy a ir más al grano. Y si lo escucha y lo corre, ni el menor inconveniente. Al revés, tanto mejor. La hipocresía de Van Vechten subleva, como la de su compinche Arranz, otro pediatra de renombre y dinero. No hay mucho que hacer contra famas tan asentadas, pero toda reputación puede minarse un poco, y cuantos más sepan de su falsedad... Bueno, habrán de tentarse algo la ropa cada vez que presuman en sociedad de sus comportamientos nobles.

—¿Arranz? ¿El Doctor Carlos Arranz? —No pude evitar impedirle seguir, frustrarle su anunciada marcha hacia el grano. Había visto más de una vez ese nombre, en un portal, en una placa, y a continuación: 'Consulta médica'.

—No me digas que también te has hecho amigo de ese —contestó Vidal—. La cosa es más grave de lo que creía. Pero qué haces tú con esa gente. Pero dónde te has metido, Juan. Ya, como quedaron como benefactores... Menudo par de pájaros, se lo montaron bien los cabrones, de eso no hay duda.

—¿Sabes si tiene consulta en la Plaza del Marqués de Salamanca, ese Arranz del que hablas? En el número 2, exactamente.

—No lo sé, es probable. A él sólo lo conozco de oídas, de lo que me contó el Doctor Naval. Bueno, y algún otro, también él sale a relucir casi siempre. No es tan célebre como Van Vechten ni se codea con gente tan fina, pero mal no le irá, seguro. Qué, ¿vas de copas también con él o qué? Espérate a que te cuente de los dos. Y encima te llevan mil años. —Con eso añadió perplejidad a la riña.

Rico se levantó teatralmente con su cigarrillo en la mano (los empalmaba) y arrojó la ceniza al suelo con irritación, pese a tener en la mesa dos ceniceros, o precisamente por eso.

—Aquí acaba mi recorrido; me han parecido mil años, señoritos míos —dijo—. En lo que llevo escuchando han salido seis o siete nombres de médicos si incluimos el de usted, Doctor, que para mayor confusión es doble. —Se lo había presentado como Vidal Secanell, en efecto—. Ya no sé quién es Naval, ni quién Bergaz, ni quién Arranz, ni quién Secanell, ni quién Vidal, ni quién Pinochet ni quién es Téijel. —Lo pronunció como lo había oído, este último. Había retenido perfectamente todos los apellidos, en contra de lo que acababa de asegurar hacía un momento, y a Pinochet le había conferido el título—. Yo me largo. Me interesan sobremanera las putadas del Doctor Van Vechten, menos mal que a ese lo identifico, a la fuerza ahorcan. Pero si no arrancáis nunca y os perdéis en otros médicos de chicha y nabo, no me puedo permitir darle plantón a mi jauría por vuestra culpa. Ya me tienen bastante ojeriza, por envidiosos y lerdos. He dicho. —Me apuntó con su pitillo como si fuera un lápiz y añadió—: Joven Vera, toma nota de cuanto te suelte tu amigo y me pasas un informe pormenorizado. Nada como una lista de crímenes de alguien que uno conoce, sean verdaderos o falsos. No te dejes ni un detalle.

—Divertido, el Profesor Rico, ingenioso —dijo Vidal una vez que aquél se hubo marchado rezongando y resoplando. Lo vi parar un taxi con ademán indolente pese a la prisa, casi como el de Hitler cuando respondía al saludo nazi, echando hacia atrás la mano en vez de dispararla hacia adelante como todo el pueblo alemán subordinado—. ¿Es siempre así o lo ha hecho en honor mío?

—Así no es siempre. Tiene un repertorio amplio y varía. Pero a ver: Van Vechten —lo apremié—. Aunque para tu tranquilidad te diré que mi trato con él es por delegación. De quien es amigo es de mi jefe, Eduardo Muriel, el director de cine, en los últimos tiempos he estado con él de ayudante, o sí, de secretario. De hecho Muriel me encargó que le sonsacara. Al parecer tenía sospechas de algo feo en el pasado de Van Vechten. Si digo tenía, es porque hace no mucho me ordenó que me olvidara del asunto. Le debe favores antiguos y nuevos y ha decidido no averiguar, finalmente.

—Ya, lo de siempre. Se lo habrá camelado, como a tantos. Si se tiene la sartén por el mango, y encima con poder absoluto, se pueden dispensar favores a los sojuzgados y éstos han de agradecerlos, besar la mano del que no se aplica con toda la crueldad que podría. Bueno, aquí se está por no remover nada. Seguramente es lo más juicioso y lo recomendable. Pero las cosas deben saberse, es lo mínimo, ¿no? A nadie se le va a llevar al banquillo, de acuerdo, y además, no habría cómo, y más nos vale. Imagínate el fregado. Pero mira, yo no me callo lo que sé, cuando se tercia, para que al menos no se pongan medallas tan fácilmente. —Vidal era hombre cordial y más bien benigno, pero se estaba encendiendo un poco. Aun así, mantenía el tono bajo—. Conque algo feo en su pasado, ¿eh? No lo sabes tú bien, ni lo sabrá tu jefe aunque lo conozca de antiguo. Van Vechten ha echado tierra con eficacia sobre lo que le ha convenido, y desde el primer día, oye, previsor el tipo; lo mismo que Arranz y que tantos otros. ¿Tú tenías idea de que ese pintor catalán, cómo se llama, uno de los más jaleados, fue falangista de paliza y pistola? Todo el mundo lo ignora y los que no se lo guardan, no vayamos a desprestigiar a izquierdistas de cartel ya consagrados. Aquí la gente ha pasado de franquista a antifranquista como por arte de magia, y la población entera tragándoselo y aplaudiendo el número, los periodistas los primeros. No hay mucho que hacer contra eso. Mira, yo mismo, de no ser por el Doctor Naval, que me merece todo el crédito (bueno, y de lo que me confirmaron luego en mi propia familia), supongo que yo mismo consideraría a Van Vechten un ejemplo de generosidad, reconciliación y decencia en épocas difíciles. Sonriente y campechano, además, cuando visitaba el Ruber. También a mí me daba palmadas, pese a no ser nadie. Sí, los dos atendieron a las familias de quienes después de la Guerra estaban pringados, y hasta comienzos de los sesenta, no te creas, cuando la dictadura levantó la vara y se fue olvidando de los que ya había hundido. Lo que sólo saben sus beneficiados es por qué y a qué precio. Y claro, parte del precio era que éste no trascendiera jamás, que sólo quedara lo de puertas afuera, la buena imagen, la buena fama, aquellos médicos vencedores que curaban a los niños a domicilio sin cobrar ni una peseta, a cambio de nada. A los niños de los enemigos, ojo, hombres modélicos, Arranz y Van Vechten; y habría más como ellos, me imagino, en toda España y en muchos oficios (abogados, notarios, policías, jueces, alcaldes, y hasta el último funcionario), cuántos no habrán sacado partido de esa situación a lo largo de años, décadas. La mayoría sin exigir dinero, ya se les pagaba en especie. A estos dos por lo menos. Ya les iba bien pasarse por los domicilios. Hablo de ellos.

—¿En especie? ¿Qué especie, si esas familias tenían poco o nada?

—Tenían pasado. Tenían secretos y tenían mujeres, Juan. Suficiente —dijo Vidal, y al decirlo pareció envolverlo una niebla, de disgusto, de mal humor, de resentimiento largamente postergado y que debería seguir postergando, quizá para siempre; ahora lo exhalaba un instante, y en privado, y casi en susurros, como las historias de la vida íntima, que son la inmensa mayoría y ya es un logro si se murmuran: poco es lo que se hace público, poco lo que interesa, poco lo que quiere conocer la gente, que está fijada en lo suyo, cada uno en lo propio y lo de los demás qué importa. A veces se escucha, sí, distraídamente o con curiosidad superficial o por deferencia, porque nunca es comparable lo ajeno con lo que le sucede a uno. Aunque lo del otro sea desesperante, un tormento, y lo nuestro una pasajera minucia.

—No te entiendo —le contesté, pero escasa verdad había ya en eso. Empezaba a entender bastante, o a atar cabos y figurármelo. No sólo por lo que me había dicho Muriel antes de echarse atrás, también por lo poco que me había dicho el propio Van Vechten en nuestras salidas nocturnas, y por su manera de comportarse con mis amigas (me pregunté de pronto con qué podría chantajearlas), y por lo que me había contado la funcionaria ministerial de las relucientes piernas, Celia, que había recurrido a él una vez como médico.

—Verás, Van Vechten fue alistado en el ejército de Franco, estuvo en él durante la Guerra. Muy joven, nació en 1918 o 19, si no me equivoco. El estallido lo pilló por lo visto en Ávila, en la casa de veraneo de sus padres. —Recordé que procedían de Arévalo, aquellos antiquísimos flamencos Van Vechten—. Antes de que se cerrara la Universidad, había completado los dos primeros cursos de Medicina. Al ser universitario, se le nombró rápidamente Alférez Provisional. Pero no combatió en absoluto, según creo. Estaba muy tierno, y merced a la influencia de su familia, muy de derechas y bien relacionada, fue asignado a una unidad de información desde el principio, para no tener que jugarse el pellejo en el frente. A Arranz no estoy seguro de si lo conoció allí mismo o más tarde, tanto da, quizá en los 'Exámenes patrióticos' de 1940. —Hizo el detestable gesto importado de América para indicar comillas. Ignoraba qué exámenes eran esos, pero no quise interrumpirlo—. Se dedicó a recopilar y archivar los datos que le llegaban, entre ellos los que le pasaban los quintacolumnistas de Madrid cuando podían, o la gente refugiada en embajadas, que recibía noticias del exterior, obviamente, a veces fidedignas y a veces fantasiosas o tergiversadas. Mucha de esa información era inútil mientras Madrid fuera republicana, claro, pero sería valiosísima cuando la capital por fin cayera. Él era uno de los que la almacenaban, seleccionaban y ordenaban, y sobre todo lo hizo ya sin impedimentos ni obstáculos, y a mansalva, en cuanto la ciudad se rindió: aquí, como en todas partes, surgían voluntarios de debajo de las piedras para relatar lo ocurrido durante casi tres años, lo verdadero y lo falso, la población andaba ansiosa de congraciarse y hacer méritos. De ese modo llegó a saber lo que habían hecho y dicho numerosos individuos, algunos autores de atrocidades, otros meros simpatizantes de la República o lectores de tal o cual periódico. La indiscriminación consabida. Al terminar la Guerra, en suma, Van Vechten era un hombre lleno de datos, y además resultaba muy fácil inventárselos entonces, si se quería perjudicar a alguien. Si se tenía probada lealtad al régimen, no hacía falta demostrar los delitos de nadie, bastaba con la acusación para que se dieran por ciertos, con rarísimas excepciones. Colaboró con la policía lo necesario, a la que dio buenos soplos para que lo respetara y creyera. Una vez concluida la limpieza más urgente, supongo que se dio cuenta de que podía aprovechar sus saberes durante largo tiempo y en beneficio propio, si los dosificaba. Reanudó los estudios, decidió especializarse en Pediatría, caminó sobre una alfombra de ahí en adelante. En esos 'Exámenes patrióticos o de Estado' del año 40 —Vidal volvió a trazar comillas en el aire, sería por sus estancias en Houston—, tras la reapertura de la Universidad en el otoño del 39, a quienes hubieran luchado en el bando vencedor y hubieran apoyado por tanto al Glorioso Movimiento Nacional, se les otorgó el 'Aprobado Patriótico' en exámenes públicos a los que se presentaban luciendo el uniforme, algunos con cartuchera y pistola al cinto. Todo esto lo sé por el Doctor Naval, que tiene una edad parecida, un par de años más joven, y que aguantó aquí cierto tiempo hasta que le surgió algo fuera y pudo salir gracias a un pariente suyo diplomático que le consiguió el pasaporte. Así fueron por lo visto las cosas, aunque hoy nos suenen a película exagerada y mala, o a caricatura. Naval, riéndose un poco al contármelo, se imaginaba perfectamente a Van Vechten vestido de Alférez Provisional para la ocasión, pero no creía que llevara la pistola, demasiado calculador ya entonces para tanta fanfarronería. En todo caso se le entregó el título académico oficial, considerándose terminados sus estudios.

Vidal paró, bebió un trago largo de su nueva caña aún intacta, yo tomé la palabra por darle un mayor respiro, no porque tuviera nada que aportar que él no supiera, suponía:

—Sí, sé que hizo una carrera fulgurante. He leído que a los veintitrés ya fue nombrado Médico Adjunto de Pediatría del Hospital de San Carlos, y que abrió consulta en el Ruber en el año 50, con treinta y uno o así. Tanta precocidad no debía de ser normal, ni siquiera entonces. Con tanto muerto y tanto exiliado, con tanto encarcelado y tanta gente como tu abuelo, al que no le permitieron ni ser oftalmólogo, ¿no? Se debía de recurrir a quienes quedaran, y encima con hoja intachable. Eso limitaría mucho el campo. Pero vamos, vaya.

—Sí. Demasiada precocidad, a pesar de todo, aunque no fue el único. Bueno, me alivia que no estés totalmente en Babia, como me temí al verte por ahí con ese hijoputa de juerga.

—Ya te he dicho. Mi jefe me encomendó acercarme a él, a ver qué sacaba. Pero no he ido muy lejos, esos datos se encuentran hasta en el *Who's Who*, y luego Muriel me ha cortado en seco, que lo deje en paz, me ha dicho. Lo cual no quita para que yo tenga interés en saber por qué es tan grandísimo hijo de puta como aseguras. Al fin y al cabo se me ha hecho un poco simpático, a ratos. No demasiado, no creas, hay algo gélido y, no sé: algo voraz en él, hasta cuando se muestra más cordial o da consejos paternalistas. Pero nunca hay nadie a quien no le vea uno algo de gracia, cuando lo trata. Y además, resulta que le he presentado a unas cuantas amigas de mi edad, quizá para desgracia de ellas por lo que me huelo ahora. ¿Puede ser? —De pronto me sentí aprensivo y culpable. Tal vez había soltado a un lobo entre corderos, sin yo saberlo.

—No te quepa duda —contestó Vidal con el ceño fruncido—. O bueno, está ya mayor y a lo mejor se conforma con alegrarse la vista tan sólo. Dejémoslo en que es probable. ¿Qué clase de trato ha tenido con esas amigas tuyas? ¿Lo sabes? ¿Lo has visto?

Mi incomodidad fue en aumento.

—Para mi sorpresa, y si el hombre no miente y se tira el pego, ha conseguido que alguna le permitiera bastante más de lo imaginable en principio, dada la diferencia de edad enorme. La verdad, no me explico cómo lo ha logrado.

Vidal no le concedía la menor posibilidad de juego limpio. Al oír esto reaccionó como un rayo.

—Las habrá amenazado con algo, estate seguro.

—No sé con qué podría amenazarlas.

—Algo habrá. ¿Toman drogas tus amigas? ¿Tomáis drogas? ¿Él lo ha presenciado, lo ha visto?

—Casi todo el mundo las toma ahora, José Manuel, tú lo sabrás, en ciertos ambientes. Sobre todo cuando sale de farra. Yo creo que el propio Van Vechten, adinerado como es, las ha invitado a veces o les ha regalado cantidades pequeñas, para atraérselas. Es una manera fácil de hacerse querer, o por lo menos cortejar, de resultar imprescindible. Temporalmente imprescindible, la gente joven se acerca a quien tiene.

—Pues ahí está. Las habrá amenazado con contárselo a sus padres: 'Miren, como médico me preocupa el camino por el que va su hija, he tenido ocasión de conocerla a través de un joven amigo mío...', y en ese plan. ¿Y a quién iban a creer unos padres, al célebre Doctor Van Vechten, gran pediatra, o a su hija cabeza loca y noctámbula? Ya se habría cuidado de pasarle la droga a solas y sin testigos. Y si los padres fueran muy liberales, las amenazaría con denunciarlas a la policía y meterlas en un pequeño lío; no muy grande hoy en día, vale; pero ellas se asustarían lo suficiente para preferir ahorrárselo a cambio de un favorcillo. Ese tío es capaz de todo. Lo mismo si alguna ha abortado y ha tenido la debilidad de contárselo, ¿no dices que se pone paternalista? Tiene la ventaja de ser médico, y a los médicos se nos consulta y pregunta, y se nos confiesa, lo sé muy bien por experiencia. Por cierto, como cardiólogo debo recomendarte que las dejes. La coca es fatal para la tensión y para el corazón, si es que se te ha ocurrido darle a eso. No te estoy interrogando, ojo. Lo que hagas no es asunto mío. Pero la gente se toma este asunto muy a la ligera, y trae consecuencias. Sólo que lo sepas.

Me temo que me sonrojé un poco, aunque le daba sólo en ocasiones contadas, si me ofrecían, lo cual era infrecuente. Van Vechten nunca me había ofrecido, desde luego, sospechaba que se valía de ella pero carecía de certeza. Quizá se la reservaba para las visitas acompañadas a los lavabos y para la última parada con pasajera, cuando nos hacía la ronda en su coche; y para el sexo femenino tan sólo.

—De acuerdo, me lo apunto —respondí, y cambié de tema en seguida—. Pero ¿a la policía? ¿De verdad? ¿Tú lo ves capaz de eso? ¿Con chicas de ahora, que ya poco temen?

Vidal no se hacía de rogar en esta cuestión. Le tenía verdadera tirria a Van Vechten.

—De ahora y de siempre, y el temor se recupera en un instante, basta con sentirse expuesto y desvalido, o con que a uno se lo inspire alguien, y él es experto. Mira, te voy a contar en qué consistía su ayuda, aunque ya estarás imaginándotelo; su famosa solidaridad que tan buena reputación le ha dado entre los antifranquistas.

A la gente de la que sabía cosas iba a verla. A la gente que se había librado de lo peor en primera instancia pero que no se atrevía ni a asomar la cabeza, años cuarenta y cincuenta y hasta primerísimos sesenta. A la gente que estaba a dos velas, que no podía escribir nada con su nombre, por ejemplo, ni traducir siquiera, que se veía obligada a usar pseudónimo en un periódico si alguien allí se lo permitía, o en guiones de cine, o a trabajar de negro para otros y así ganarse unas perras. A los profesores que no podían ejercer, a los abogados y arquitectos y oftalmólogos, a empresarios a los que se había inhabilitado y se les había confiscado el negocio. Sí, gente como mi propia familia. Atendía y curaba a sus niños, es cierto, pero no desinteresadamente como dice la fábula, no a cambio de nada. Ahí el chantaje era mucho más serio que cualquiera que pudiera utilizar con tus amigas ahora, ni drogas ni padres ni hostias. —Vidal era hombre culto y con vocabulario, pero eso no le impedía ser malhablado si se lo pedía el cuerpo—. Ahí traficaba con la cárcel, o con la muerte incluso, al menos en los años inmediatamente después de la Guerra, cuando se fusilaba a bulto y con alegría, en Madrid y en otros sitios. Él y Arranz se pasaban información, y se turnaban en sus visitas cuando el otro ya se cansaba. Y no se andaban por las ramas, por lo que yo sé, no gastaban sobreentendidos ni medias palabras. Eran claros y terminantes, en este plan más o menos: 'Sé que durante la Guerra hiciste esto y lo otro, que participaste en paseos o diste aviso a los milicianos, que tienes las manos manchadas', eso a algunos; y a otros: 'Sé que te mantuviste fiel a la República, que escribiste editoriales sin firma en los periódicos o emitiste programas de propaganda en la radio, que trabajaste para tal o cual Ministerio, aunque fueras soldado raso y te destinaran allí y te limitaras a cumplir órdenes. Da lo mismo, suficiente para que te jodan vivo. Yo le paso muchos informes a la policía y los míos van todos a misa, nunca han fallado. He tardado un poco en dar contigo pero yo sé bien lo que hiciste en la Guerra. Y aunque hubieras hecho menos. En tu caso no tengo mucho que inventarme, con exagerar me basta. Decir que colaboraste con los rusos o que mandaste a las cunetas a la mitad de tu vecindario no me cuesta ningún esfuerzo. Lo mismo me habrías enviado a mí, de haber podido; a saber lo que me habría ocurrido, de haberme pillado aquí el Alzamiento. Han pasado unos cuantos años, pero a ti te cae un fusilamiento o la perpetua si yo me voy de la lengua con quienes siempre me hacen caso, y no tengo por qué callarme. Así que tú dirás lo que quieres: o lo pasas un poco mal con mis condiciones o dejas de pasarlo del todo, ni bien ni mal ni regular tampoco. Y a tu mujer y a tus hijos no vuelves a verlos, eso seguro. Nunca más o en muchísimo tiempo. Tú decides'.

Vidal Secanell se quedó callado unos momentos, mirando a la mesa con ojos estupefactos, a los ceniceros utilizados por el Profesor Rico y por mí, fumábamos en cuanto bebíamos. Había hablado de un tirón, como si él mismo hubiera oído una perorata de esta índole alguna vez en su vida. Me parecía inverosímil, pese a la familia represaliada. A su padre, Vidal Zapater, amigo de mis tíos, lo había visto siempre como a un hombre acomodado y con arrogancia algo mexicana (se le había pegado pronto), sin problemas económicos y difícil de intimidar, lo opuesto a un personaje achantado. Otra cosa sería tal vez el abuelo, pero era dudoso que Vidal, nacido en 1950 o 51, hubiera presenciado una escena como la que acababa de representarme oralmente: a los niños se les ocultaba todo entonces, principalmente lo más vergonzoso. Aquellos eran tiempos distintos de los actuales: nadie confesaba una humillación, aunque las hubiera sufrido reiteradas y graves. Ahora no hay nada más rentable, en cambio, que proclamarse víctima, sojuzgado y pisoteado, y airear entre gemidos las propias miserias. Es curioso que haya desaparecido el orgullo, durante la postguerra era muy fuerte el que alimentaba a los vencidos, que ni siquiera hablaban de sus muertos y presos, como si sacarlos a relucir —aun en privado— fuera ya un oprobio; no sé, un acatamiento, un reconocimiento del bando que se los había causado y de su potestad para hacer daño. No se callaba sólo por miedo y por no refrescar la memoria de quienes aún tenían capacidad de infligirlo, aumentarlo y ampliarlo; también por no darles un triunfo, por no agachar más la cabeza ante ellos, con lamentos.

—¿Y qué condiciones eran esas? —le pregunté para acabar con su mirada ida—. Aunque me las voy figurando.

Vidal era más pragmático que meditativo, así que en seguida volvió de su ausencia.

—Pues sí, te las figuras bien. Tirárselas. —Utilizó el verbo crudo, como si fuera el que habrían empleado ellos mismos, Arranz y Van Vechten. De hecho lo confirmó inmediatamente—: Así lo planteaban, por lo visto, sin rodeos ni circunloquios, sin delicadeza. Sin hipocresía, no sé si era una virtud en este caso. Tirarse a sus mujeres, o más adelante a alguna hija ya crecida. Las cosificaban, las convertían en moneda; algo no muy raro en la época, y menos si una parte de la población estaba desprotegida. Cuantas veces quisieran y hasta que se cansaran. Siempre que les gustaran, claro, que estuvieran apetecibles. Si no lo estaban es posible que sus familias se quedaran sin asistencia médica para los hijos, porque otra clase de beneficios mal podían sacarles, ya te he dicho: por lo general gente a dos velas. Quizá algún cuadro valioso del que no se hubieran desprendido, algún bargueño heredado, algunas joyas o libros antiguos que conservaran, difícil que guardaran nada después de los tres años de asedio, casi todo el mundo vendió lo que tenía. Y luego, que les dieran buena fama. Que silenciaran la transacción, por supuesto, el chantaje, y corrieran la voz de que había un par de pediatras del régimen altruistas y compasivos, conciliadores y civilizados, que visitaban gratuitamente a sus niños. No sé a Arranz, supongo que también, pero a Van Vechten eso le ha servido de mucho, socialmente. Bueno, ya lo sabes. Lo mismo que a otros: catedráticos, historiadores, novelistas, pintores que apoyaron al franquismo y lo sirvieron en sus décadas de mayor crueldad, y que con el paso del tiempo, cuando eso ya no era peligroso apenas, se hicieron nominalmente de izquierdas. Y hoy presumen de disidentes de toda la vida, de haber estado en el exilio, de haber sido censurados. Me subleva ese pintor catalán, cómo se llama. Y ese filósofo tan feo y tan calvo, el que predica ética, tampoco me acuerdo del nombre. Naval se lo sabe todo, lo que pasó de verdad, lo que hizo y dijo cada cual y dónde estuvo. Eso sí, no se te ocurra denunciarlo hoy públicamente, porque serán los propios izquierdistas quienes saldrán a defenderlos como fieras y te lo echarán en cara, quienes te acusarán de querer desprestigiar y manchar a los suyos. Los suyos desde anteayer, no te jode. Gente que siempre ha sabido favorecerse, en los años cuarenta y ahora.

Entonces no me interesaban mucho aquellas consideraciones; más adelante sí, cuando ya era tarde para desenmascarar a nadie, y además quién quiere encargarse, ni siquiera hoy, mil años después de la Guerra, demasiado tiempo de biografías falseadas, embellecidas leyendas y aplicado o consentido olvido. A casi nadie le importa ya nada de eso. A nadie medio joven, o sólo de manera artificial y dudosamente idealista; y a muy pocos vivos. Los muertos dejan de contar en cuanto son eso, muertos.

—¿Y tragaban, las mujeres? —Me interesaba mucho más esa parte de lo que Vidal me contaba. A Beatriz no la habría sometido Van Vechten a esa clase de chantaje: se había casado hacia 1961 o 62, algo así, y Muriel era un niño durante la Guerra, y su antifranquismo había sido más intelectual que activista. Pero yo pensaba en ella. ¿Y por qué iría a la consulta de aquel Carlos Arranz, el antiguo compinche? Probablemente era allí donde iba, no a Mollá ni a Deverne ni a Gekoski ni a Kociejowski. Quizá era algo sencillo, costumbre: quizá seguían teniendo la costumbre, los dos médicos, de intercambiarse las mujeres, aunque les salieran ya gratis y no fueran cobro de nada. Y a Beatriz era posible que le diera todo igual, como a algunas despechadas de cama largamente afligida, mientras se lo pusieran fácil y no hubiera de salir por ahí a buscarse las venganzas, eso puede ser muy deprimente.

Vidal entornó sus ojos de párpados grandes como los de McCartney. Me pareció que pensaba: 'Pero qué ingenuo eres'.

—Cómo no iban a tragar, Juan, ¿pero tú te haces idea? La situación no permitía elegir, en aquellos años. Por un lado, la alternativa era que el marido o padre fuera derecho a la cárcel, en el mejor de los casos. Por otro, qué madre no da por bueno, dentro de lo malo; qué madre no ve como una bendición poder recurrir a un pediatra cada vez que se le pone ardiendo o a morir un crío, poder llamarlo y que venga pronto. Me temo que muchas se habrían prestado incluso sin las amenazas. Las madres están dispuestas a todo, son rehenes, salvo excepciones como la tuya, vale. Y encima alguna acabaría sintiendo un agradecimiento... digamos maquinal o reflejo, no te quepa duda. Acostarse con el que cura a sus hijos no es lo peor que le puede pasar a una mujer, no desde su punto de vista. —'Y luego quieren, te lo aseguro, la mayoría', me volvieron las escasas palabras reveladoras que se le habían escapado al Doctor en nuestras salidas nocturnas—. Supongo que también contaban con eso, Van Vechten y Arranz, con la inevitable gratitud por ver fuera de peligro a un niño enfermo, con la paulatina tranquilidad de estar a cubierto, el alivio. Y con la familiaridad al cabo del tiempo, y el hábito. No me extrañaría que en alguna de esas familias hubieran plantado un vástago, si tardaron en cansarse y no llevaron cuidado. Mal asunto si salió muy rubio y el teórico progenitor era muy moreno.

Eso me hizo acordarme del brevísimo encuentro con la puta veterana en Chicote. 'Yo a ti te conozco, ¿verdad? Con esos ojos tan azules y ese pelo tan rubio', le había dicho. No se olvidaba al Doctor, no su aspecto. Una barra de pan en la cabeza.

—Lo que no me explico del todo es el afán de Van Vechten —dije—. No es que me parezca agradable, de hecho hay algo en él que puede repeler, yo creo. Pero con ese pelo amarillo pálido y esos ojos tan claros y acuosos, con esa sonrisa rectangular y perenne y con su planta, llamaría mucho la atención de joven, y tendría éxito. No le costaría conseguir mujeres sin necesidad de amenazas.

Esta vez Vidal no se reprimió. Al fin y al cabo me trataba como a un hermano menor, ya lo he dicho, con el que hubiera convivido intermitentemente.

—Te creía ya menos ingenuo, Juan. Pero a ver, ¿tú no lo has visto actuar con las mujeres? Con tus propias amigas, entiendo, que podrían ser hijas suyas. Es un depredador insaciable y lo ha sido siempre, esa fama sí que es justa; de los que cuentan los polvos. Y no te creas que en los años cuarenta y cincuenta muchas llegaban hasta el final, sin más ni más y de buen grado. Ni por placer ni por amor ni por nada. ¿Tú qué te piensas, que la revolución sexual ya imperaba y existía la píldora? Por favor, el mundo no empezó a la vez que tú. Ha estado muy difícil echar un polvo en España. Había que malgastar mucho tiempo y hacer muchas promesas, y aun así. Pregunta a las enfermeras del San Carlos y del Ruber, incluso a las del Francisco Franco, donde aterrizó ya más maduro, pero claro, con más poder todavía, Jefe del Servicio de Pediatría nada menos, y en época más liberada, a finales de los sesenta o por ahí. A todas les ha tirado los tejos, a las que valían la pena; con peor o mejor gusto, con más o menos presiones y con más o menos éxito; y aún continúa haciéndolo, a sus sesenta años cumplidos. Eso no se pasa.

Ahora me acordé de la funcionaria Celia, la amiga del maestro Viana. 'Es un poco cerdo', había dicho con seguridad, y me lo había explicado: 'Me pareció que me tocaba más de la cuenta, eso lo nota una en seguida... Mucho rondar el abdomen, como que se le iban los dedos hacia donde no debían, y mucho rozarme los pechos con la manga de la bata y con la muñeca, así como por accidente... Hasta salí con mal cuerpo, con una sensación de sobeteo'. Eso en un reconocimiento somero. Y no era de las que ven visiones, no era una mujer remilgada.

—Ya —contesté pensativo—. Sí, es de los que no pierden ocasión, eso salta a la vista. —Y me sonrojé un poco al definirlo así, porque quizá yo también era de esos, a mis veintitrés años. Tenía la excusa de la juventud, supuse. Y jamás habría chantajeado ni amenazado a nadie.

—Y luego está el placer añadido de la dominación, y de humillar al derrotado, no desdeñes eso, Juan —prosiguió Vidal, y le aumentó el resentimiento en el tono—. De tirarse a la mujer o a la hija de alguien, y además con su conocimiento y ante su absoluta impotencia. Un grandísimo hijo de puta, apártate de él en cuanto puedas. Es posible que después haya cambiado de veras, no digo que no; que la engañada percepción de los otros lo haya llevado a amoldarse a ella, a ser un conciliador sincero y hasta un antifranquista, de los tardíos. Pero entonces no lo era, tenlo en cuenta. Entonces era todo pantomima, y aquellos individuos no dejaban de ser enemigos. Vencidos, pero enemigos. Debió de disfrutar lo suyo con la situación. Da rabia pensarlo, pero qué se le va a hacer, así estamos. Y mejor no podríamos estar, seguramente. Yo en todo caso lo cuento. Lo que sé, lo cuento.

Los ojos de Vidal volvieron a perderse un instante en la superficie de la mesa, en los ceniceros, en las últimas cervezas que nos habían traído.

—¿Conoces un sitio llamado Santuario de Nuestra Señora de Darmstadt? —le pregunté de repente. Veía que estaba enterado de muchas cosas—. No lejos de aquí...

Levantó la vista y me interrumpió en seguida:

—Sí, he pasado por delante. Y espérate, algo le he oído al Doctor Naval, espérate. Qué fue. Sí, ya me acuerdo. Creo que es una sucursal o una réplica de otro santuario del mismo nombre, chileno precisamente. Bueno, espera, fundado por alemanes, si mal no recuerdo, que recalaron allí en los años cuarenta y cincuenta. De ahí que se llame de ese modo, supongo; así que probablemente el chileno será a su vez una réplica. —'Sala Padre Gustavo Hörbiger', rezaba uno de los azulejos que había visto en el Santuario: el nombre españolizado, el apellido alemán innegablemente—. Y lo lleva, depende de un movimiento apostólico... —Vidal iba haciendo memoria a la vez que hablaba—. No, no sé, tendría que preguntarle a Naval, en alguna ocasión me lo ha mencionado sin que yo prestara mucha atención y ahora no caigo. Pero me suena que a ese movimiento pertenecen altos cargos de Pinochet e incluso algún ministro. —Su dictadura aún regía hacia 1980; es más, todavía le quedaba largo trayecto. Cinco años antes el individuo se había presentado en Madrid para asistir a las pompas fúnebres de Franco, envuelto en una siniestra capa a lo Drácula y con gafas muy oscuras de ciego, la viva imagen de un murciélago humanoide tocado con gorra de plato—. ¿Por qué lo preguntas?

—He visto allí alguna vez a Van Vechten.

—¿Como feligrés?

—No, en una de las dependencias. Como si tuviera consulta allí, o un despacho. Estaba como en su casa. —No lo sabía bien Vidal, tampoco iba a decírselo.

Se sonrió con malicia y lanzó un pequeño silbido. No había alzado nunca la voz, ni en los momentos de mayor vehemencia.

—Vaya, eso sí que no lo sabía, y puede que Naval tampoco. Si es así, a lo mejor Van Vechten no ha cambiado de veras y todo sigue siendo pantomima. O guarda viejas lealtades. Yo creo que ese es un sitio muy ultra. Desde luego ultracatólico, seguramente también ultraderechista, lo uno suele ir con lo otro. Lo mismo atiende a los hijos de los fieles de vez en cuando, como favor o aportación a la causa, o a la Virgen: familias pudientes sin duda, encantadas de que las obsequien con el concurso del gran pediatra. Quién sabe. Si quieres le pregunto al Doctor Naval y te informo. En todo caso le va a gustar saberlo. Todo lo que tenga que ver con Chile le interesa, por razones obvias.

Volvió a perdérsele la mirada, pero esta vez se reía solo, como si anticipara lo mucho que le iba a intrigar o a divertir el relato a su mentor o maestro, huido de Chile tras el golpe. De pronto pidió la cuenta con un gesto de los dedos. Se había hecho tarde, sus colegas se habían largado hacía rato, despidiéndose con la mano a distancia.

—Una última cosa, José Manuel.

—Dime.

—¿Sabes el nombre de alguna víctima de Van Vechten? Si es que puedes decírmelo. Quizá no estaría mal que un día pudiera soltárselo, como por casualidad, como quien no quiere la cosa. Para ver cómo reacciona.

Se quedó pensativo unos instantes, pocos.

—A estas alturas da lo mismo que lo sepas, me imagino —contestó—. A una prima de mi padre, casada con un antiguo anarquista que se libró del paredón y las purgas, le tocó padecerlos. Una mujer muy cariñosa, yo la traté bastante. A los dos, a Arranz primero y luego a Van Vechten. Se las pasaban, ya te he dicho. Se turnaban, ahora tú, ahora yo, hasta que se cansaban. Carmen Zapater, ese era su nombre. La tía Carmen. Al fin y al cabo ya está muerta. Aunque por ahí andarán sus hijos, por los que se sacrificó con repugnancia. Pero también con alivio, seamos justos.

De ahí le venía, pensé, tanto conocimiento. Quizá de ahí le venía la intensidad de su resentimiento. La tía Carmen.

Las instrucciones de Muriel no me importaron entonces, que se hubiera desdicho tajantemente de las primeras. Lo que me había contado Vidal me parecía lo bastante grave, y lo bastante coincidente con las iniciales sospechas de mi jefe y con las acusaciones que le habían llegado, para que me resultara obligado informarle. Lo bastante interesante en sí mismo, incluso, para imponerle mi descubrimiento a la fuerza si su voluntad no se movía; si no suscitaba su curiosidad de nuevo y lo convencía de escucharme. Era todo rumor, no se me ocultaba, en términos estrictos y también judiciales, pero uno tiende a creer lo que se le relata, y ni Vidal ni Naval tendrían por qué haber mentido. Ardía en deseos de soltárselo todo a Muriel, lo malo era que su actividad frenética —su reacción ante el despido de Towers— lo alejaba de la casa y de mí, apenas si lo veía. Había sido generoso, me había concedido tiempo indefinido para buscarme otro empleo; yo no quería abusar, sin embargo, ni hacerlo gastar en mi sueldo cuando era evidente que ya no iba a necesitarme, o muy poco. Estábamos a principios de julio o así y en agosto cesarían las actividades, me di de plazo hasta final de septiembre para despedirme. Fui a visitar editoriales, a ver si me contrataban en algún menester, como traductor lo más factible. Manuel Arroyo Stephens, de Turner, al que le fascinó saber para quién trabajaba (era un encendido admirador, todavía había bastantes), me propuso preparar dos antologías bilingües de cuentos británicos y norteamericanos, para estudiantes de inglés en parte. Algo era algo; aunque eso no me garantizara ingresos fijos, serviría para ir tirando y me introduciría en ese mundo.

Me contuve, decidí no forzar la conversación con Muriel, aguardar un poco en todo caso. A que Vidal me confirmara algo, si le preguntaba al chilenizado Doctor Naval como había anunciado. Y a tantear a Van Vechten, con los datos de que disponía ahora. Éste me instaba a salir con él, casi noche sí y noche también, se había aficionado a la farra de la época, y a sus efervescentes locales. Y aunque ya podía ir por su cuenta, no era lo mismo que si yo lo acompañaba. Aún le di largas durante unos días. Hasta que Vidal me llamó, cumpliendo con su palabra.

'Juan', me dijo, 'he hablado con el Doctor Naval. Me ha confirmado lo de Darmstadt: el movimiento apostólico se llama igual, por eso no me salía, Movimiento Apostólico de Darmstadt. De origen alemán remoto, en efecto, pero con fuerte implantación en Latinoamérica. Hay réplicas del famoso santuario no sólo en Chile, sino en el Uruguay, el Brasil, el Paraguay, la Argentina, qué sé yo. Y unas cuantas en África y Asia, además de en Europa. Más de cien en total repartidas por el mundo, no está mal. También tienen o controlan colegios, hay uno por aquí cerca, en Aravaca o en Majadahonda o Pozuelo, uno de esos municipios ricos, no se acordaba. Y entre sus llamados "Siervos de la Virgen" o miembros destacados hay un par de ministros de Pinochet, ya me sonaba; políticos y empresarios de allí, y un cardenal o un arzobispo; y está algo vinculado un general responsable de una de las "caravanas de la muerte", en la que se cargaron a sangre fría a setenta y tantos detenidos en octubre del 73, poco después del golpe; ya sabes, ejecuciones sumarias masivas, sin juicio ni nada, como las de aquí en el 39, les sirvieron de modelo lejano. Naval podía haber acabado en una de ellas de no haber logrado salir del país nada más producirse el golpe. El general ese ha declarado que lo que más influye en la tranquilidad de su buen dormir es que rece tanto por él la fervorosa gente de Darmstadt. También pertenecía al Movimiento Apostólico un pariente cercano de la mujer de Pinochet, aunque muerto hace ya tiempo, un sacerdote, por lo visto. A Naval le ha encantado enterarse de que Van Vechten tiene ahí despacho o lo que sea. Bueno, no sé si "encantado" es la palabra. Supone lo que yo, que pasará consulta más o menos simbólica para quedar bien, quizá un par de horas a la semana, o a la quincena. Va a investigar un poco si puede, por curiosidad. Pero ya ves con qué congregación trata tu amigo. No cuesta mucho imaginarse a algunos fieles de aquí, visto cómo son algunos de Chile. Viejas lealtades o afectos, pensando bien, los de tu Doctor. O viejas convicciones, pensando mal. Quién sabe.'

Entonces sí fue el momento de volver a salir con Van Vechten, por lo menos una última noche, ya me pesaba todo aquello, uno nunca sale ligero ni indemne de las averiguaciones. Me pesaba él sobre todo, hay personas que uno quiere apartar de repente, y después borrarlas si es posible, con la mayor urgencia. Fuera enteramente verdad o no tanto, la mancha contada por Vidal contaminó el resto, y hasta Beatriz y Muriel me empezaron a resultar algo opresivos, pese a mi simpatía por los dos, mi veneración por él y mi creciente afecto por ella —no sólo sexual, en modo alguno: siempre teñido de lástima—. Eran ellos quienes me habían involucrado, quienes me habían puesto en contacto con el Doctor, Muriel me había encargado misiones desagradables para luego relevarme de ellas, y era Beatriz quien se acostaba con él y posiblemente con Arranz, el otro médico, y también conmigo una vez, una sola, y así me había asimilado vagamente a dos cerdos, por utilizar el término de la funcionaria Celia. Era ese matrimonio el que me había avistado como a un bulto en el océano del que no se puede hacer caso omiso y me había llevado a asomarme a su larga e indisoluble desdicha, había decidido no esquivarme. Fueron ellos los que atravesaron mi vida, apenas la de un principiante, como quien dice, aunque tampoco yo fui del todo pasivo ni fingí ser un espejismo, no intenté hacerme invisible. Pensé que no era tan mala cosa que Muriel prescindiera de mí, que me alejara de su ámbito en el que me había sentido acogido, además de fascinado y privilegiado. Pero antes debía informarle, hacerlo partícipe de mi golpe de suerte y revelarle quién era su amigo o confirmárselo, para que también él se apartara y le dijera 'No te conozco' o 'No quiero seguir conociéndote', y quizá Beatriz lo imitara, ella con mayor motivo, ella iba al Santuario y se prestaba a lo mismo a lo que no habían podido negarse sus antiguas víctimas, madres o hijas.

Quedé con Van Vechten a tomar una copa en el sólito Chicote, como preámbulo a un periplo por discotecas y tugurios, en algunos sitios la animación comenzaba tan tarde que había que hacer tiempo hasta pasada la medianoche, para aparecer por ellos. Era forzoso aguardar, por impaciente que él estuviera. Me preguntó someramente por Beatriz, hacía días que no la veía, cómo evolucionaba. Me preguntó por mi porvenir y mis planes, estaba al tanto de que dejaría pronto el trabajo y la casa, la casa de Velázquez que permanece siempre en mi recuerdo, al cabo de tantos años, habitada por quienes la habitaron. Me preguntó por Maru y por la ocasional camarera Bettina, por la sobrina de García Lorca y por otras conocidas mías, no había coincidido con ninguna de ellas en los locales a los que había ido por su cuenta o había arrastrado a Rico y Roy alguna noche: como si todas hubieran desaparecido al desaparecer yo durante unas semanas, el periodo de vigilancia y cuidado de Beatriz y el evasivo, habían ido seguidos. Dejé que me preguntara antes de preguntarle yo nada, o de sacarle nombres de personas o lugares que quizá lo incomodarían, o lo desconcertarían. No sabía cómo hacer, no me atrevía. No encontraba pretexto para conducir la conversación hacia aquel terreno, con apariencia de naturalidad al menos. Así que aproveché un languidecimiento para saltarme cualquier preparativo e ir al grano:

—Hace poco un amigo me habló de ti y de tus tiempos heroicos, de cuando asistías generosamente a la gente que lo tenía crudo por motivos políticos. Al parecer visitaste a una tía suya a menudo, bueno, a sus críos. El marido había sido anarquista y se había salvado de milagro, pero no podía trabajar ni nada. Me dijo que de no ser por ti es probable que alguno de sus primos hubiera muerto hace años, siendo niño.

Van Vechten amplió su casi postiza sonrisa pero no advertí complacencia en su rostro. Me pareció que apretaba la dentadura y que se le cuadraba aún más la mandíbula, la pequeña protuberancia del mentón se le hizo más patente, como si le aumentara de tamaño y se le agravara el color al tensar los músculos. Se quedó mirándome fijamente con sus ojos pálidos y gélidos y un poco desafiantes, como si adivinara por dónde iba y no fuera a caer en ninguna celada. Otros elogiaban su comportamiento de antaño, pero la verdad es que él nunca lo mencionaba, o no lo había hecho conmigo. Pensándolo bien, él sabía lo que había callado y cobrado por cada una de aquellas visitas, y sabía que las familias atendidas eran las únicas que también lo sabían, sin rumores y a ciencia cierta. Era normal que se pusiera en guardia. Todo esto en el supuesto de que la historia de Vidal fuera verídica.

—Bah, no vale la pena hablar de eso —dijo por fin en tono modesto, y con la mano hizo un ademán de restar importancia a sus actuaciones pasadas. Su mano grande—. Y no fue nada heroico. Otros hicieron lo mismo.

—Bien pocos, por lo que me han contado, y jugándose los privilegios —contesté, y ahí vi la oportunidad de deslizar el primer nombre—. Mi amigo alabó a otro médico compañero tuyo, con el que te turnabas en los cuidados a su tía, quiero decir a sus niños: el Doctor Carlos Arranz. ¿Qué se ha hecho de él? Así como tú eres famoso por tu carrera y por eso, de él no había oído hablar nunca. ¿Le fue mal? ¿Lo castigaron?

—Ah sí, Arranz —respondió Van Vechten como si se remontara lejos en el tiempo y sin quitarme la mirada de encima, inquisitiva. Estaba seguro de que ya sospechaba de veras; a aquellas alturas me daba lo mismo, no pensaba verlo más a solas. Que sospechara—. No sé, le perdí la pista hace siglos. Es verdad que también echaba una mano por entonces. Pero déjalo estar, no me gusta recordar aquellos tiempos oscuros. Tú no los conociste, eran tétricos.

Había decidido no andarme con rodeos, una vez iniciado el camino, así que me atreví con el segundo nombre que guardaba en la recámara. Tal vez así lo pusiera nervioso, o lo aturdiera con tanto pasado concreto, o lo alertara del todo y lo enfadara, y en su reacción se traicionara. La prisa es propia de la juventud —la velocidad malvada, la malvada prisa—, y también la falta de cálculo:

—La tía de mi amigo se llamaba Carmen Zapater, ¿la recuerdas? Una mujer muy cariñosa, y guapa, según me ha dicho. —Lo de guapa lo añadí yo por deducción: si Arranz había avisado a Van Vechten y le había dado paso, por algo sería. Esa voz se corre pronto entre los hombres. Como si hubiera sido una Mariella Novotny sin elección, obligada, para aquellos dos médicos. Debió de haber muchas durante muchos años, cuando las mujeres no solían ganar dinero ni tenerlo, y se tenían sólo a sí mismas. No sé por qué hablo en pasado, todavía hay millares de ellas a las que sólo les cabe alquilarse, para saldar sus deudas.

—Pues no caigo —contestó el Doctor—. Sí me suena algo el nombre, pero no la identifico. Tampoco es corriente saber los apellidos de las madres, ¿verdad? Y aunque esté mal que yo lo diga, fueron bastantes las familias en esas circunstancias a las que visité en aquellos años, como pediatra. Hasta los primeros sesenta se pasó mal. Lo pasaba mal mucha gente.

—Me imagino. Esa gente estaría dispuesta a lo que fuese, ¿no? Con tal de sobrevivir, o de que al menos sobrevivieran sus hijos.

A Van Vechten ya no le cupo duda de por dónde iban los tiros. Quizá yo estaba mostrando mis cartas demasiado rápido, pero estaba harto de todo aquello y no me importaba. Sólo quería una confirmación proveniente de él, o una ineludible señal, o un fuerte indicio, para irle a Muriel con todo el cuento. Los ojos del Doctor me miraron sin color apenas, glaciales; con su intensidad meridional, pero glaciales. La mezcla daba escalofríos, resultaba repulsiva. Así habrían mirado, o peor, cuando hiciera sus exigencias y cosificara a las mujeres. Había estado en una unidad de información durante la Guerra, había sido confidente luego. Sabía mucho y lo administraba, lo utilizaba para el chantaje privado, esa era la sórdida historia. Quizá había mirado también así a mis amigas, a alguna de ellas sin duda, los dos metidos en un coche al final de un recorrido juerguista.

—¿Qué estás insinuando, joven De Vere? No me digas que te han venido con las viejísimas calumnias.

—¿Calumnias? No sé de qué me hablas, Jorge. —Preferí llamarlo por su nombre de pila, para suavizar la situación momentáneamente. O para suavizarle los ojos de Robert Wilke, no era fácil aguantárselos.

—Sí, son cosas que lanzaron los franquistas más acérrimos, molestos por mi evolución, y mis miramientos, y mi gradual apartamiento del régimen. Dijeron que cobraba en especie los favores que hacía. Es decir, en carne roja, ese era el chiste. Lo que me sorprende es que hayan llegado hasta ti, en 1980. Son infundios de los años cincuenta, ya ha llovido. Por lo que se ve, en este país nada nunca se acaba ni desaparece, sobre todo si es negativo y dañino. Y falso. Lo que no entiendo es que tú hagas caso. Los jóvenes sois impresionables.

Traté de hacerme el inocente y de no soltar mucha prenda. A mí no me había llegado nada de ningún franquista, sino de gente a la que éstos habían dificultado la existencia o habían empujado a exiliarse; o de personas normales, como Celia y el Muriel suspicaz o aquella actriz pasajera, el amor de la vida de éste, indirectamente. No quise destapar a Vidal, claro está, ni a su mentor el Doctor Naval, huido de España y huido de Chile. Van Vechten y ellos se conocían, y habían trabajado en la misma clínica, aunque en épocas distintas.

—Yo no insinúo nada, Doctor, ni me trato con franquistas acérrimos, no debo de conocer a uno solo de ese estilo. —Ahora pasé a llamarlo por su título, en plan amigable. Pero pretendí con ello que notara frialdad por mi parte—. Me limito a acordarme de lo que me dijiste una vez, y a relacionarlo.

—¿Qué te dije? Yo no te he dicho nada.

—Hablando de las mujeres y de cómo conseguirlas, maestro —le contesté. Uno olvida mucho más lo que sale de su boca que lo que entra por sus oídos, no tenía ni idea de a qué me refería—. Dijiste: 'Nada da más satisfacción que cuando no quieren, pero no pueden decir que no'. Y luego hablaste del rencor que les queda, 'por no haber tenido más remedio la primera vez'. Incluso aunque después ya sí quieran, 'una vez que se han visto obligadas a decir que sí'. Esas fueron tus palabras más o menos. ¿'Obligadas'? ¿'Pero no pueden decir que no'? —Repetí, subrayé—. Ya me contarás cómo hay que entenderlas.

El Doctor titubeó unos segundos. A la luz de lo que me habían contado y él había adivinado, a la luz de los vengativos infundios de sus antiguos camaradas, según él, aquellas frases sonaban mal, aunque hubieran sido pronunciadas en otros tiempos y en otro contexto. Casi sonaban a confesión, a reconocimiento, se debió de dar cuenta, debió de verlas feas y tiznadas de pronto. Se rehízo en seguida y soltó una carcajada, en todo su esplendor la dentadura sana y deslumbrante, un alarde de simpatía, la campechanía recuperada, la protuberancia del mentón brillante.

—Pero qué tontería es esa, Juan. Hablaba por hablar y hablábamos en broma, tú me estabas tomando el pelo. Vaya memoria tienes, ni me acordaba. Me refería a los melindres, a cuando se hacen de rogar, a cuando objetan para que uno insista, para no parecer fáciles si son jóvenes ni adúlteras cuando están casadas. No hay casada que no te diga: 'Es la primera vez que esto me pasa, no me lo explico'. Necesitan que te lo creas, o creérselo ellas mismas en el instante. Y uno finge que se lo cree, claro, para que se figuren que salen airosas y dejarlas más tranquilas. Quizá ahora no haya tanto remilgo, pero en mi juventud lo había. Y bueno, con alguien como yo también lo hay ahora. Chicas como tus amigas tienen que justificarse, por prestarse con un hombre que les dobla la edad o más, con un viejo para sus baremos: me lo suplicó, me insistió, me engañó, me dio pena. Todo consiste en halagarlas. Me refería a eso y no a otra cosa. Y tú vas y le das una interpretación siniestra. Qué mente conspiratoria. —Y me dio un golpe con su manaza en el brazo, no midió bien la fuerza del empellón o fue a propósito, me hizo daño, noté que no era un gesto amistoso. Él lo hizo pasar por tal, al propinármelo mantuvo a la vista, invariables, los incisivos grandes y rectangulares, cordiales, que tanto le habrían facilitado su carrera con madres y niños y con superiores. Pero no lo era, sino irritado, y atemorizado acaso.

Estuvo a punto de darme lástima que de repente se considerara un viejo y lo admitiera abiertamente, alguien obligado a la adulación hasta el fin de sus días, quizá no sólo con las jóvenes, quizá ya con cualquiera; y a la súplica. Los hombres de éxito sobrellevan mal su decadencia, no es fácil partir del rechazo si no se está acostumbrado. Recordé que además era uno de esos a los que la edad traiciona, no les brinda sus enseñanzas normales ni los aplaca, les conserva la ambición y la energía, no los hace más lentos ni mansos. Y así va minándolos poco a poco, pero sin avisarlos. Me sacudí aquella sombra de lástima: ¿a qué venía que un individuo sin conciencia del paso del tiempo por él se presentara como víctima suya en medio de una conversación que le era incómoda, súbitamente? Pensé: 'Está recurriendo a artimañas, se está defendiendo. En él hay algo voraz y desasosegante, lo he notado siempre, no debo engañarme'. Y puesto que negaba, decidí soltar el tercer nombre sin transición, sin buscar ningún meandro que me condujera hasta el Santuario:

—Tú eres religioso, Jorge.

Fue mitad afirmación, mitad pregunta. Lo desconcertó, lo que quisiera que fuese. Prosiguió un poco la carcajada, como un aparato que tarda en pararse. Pero si ya era cadavérica desde su arranque, ahora era una risa fiambre.

—¿Y a qué viene esto ahora? Por qué lo dices.

—Te he visto en el Santuario de Nuestra Señora de Darmstadt. Digo yo que serás muy religioso. Has de ser muy piadoso para pertenecer a ese Movimiento Apostólico.

La expresión le cambió, canceló la sonrisa difunta y la enterró para siempre, o para el resto de la noche, supuse. Era evidente que no le gustaba que yo tuviera ese dato.

—¿Me has visto allí? ¿De qué, me has visto tú?

—El tono fue entre asustado y escéptico.

—Yo voy al Lázaro Galdiano a menudo, allí al lado. —Dudé. Esperé. Dudé. Lo que salió justo después de mis labios no tenía planeado decirlo, se me escapó la malvada lengua—. Con Beatriz, te he visto. En tu consulta, te he visto.

Ahora no me dio un empellón, eso pertenecía a la esfera risueña, dentro de todo. Ahora aprovechó que estábamos en uno de los asientos semicirculares de Chicote —asientos corridos, casi como si fuéramos en tren o en tranvía— para plantarme una de sus manazas en el hombro. Cuando hacía eso con supuesto cariño, ya lo he dicho, era como si cayeran a plomo desde considerable altura y a continuación apretaban como garras, al instante deseaba uno quitárselas de encima, zafarse del peso y la tenaza. Esta vez fue peor, lo que sentí fue verdadera opresión, un hundimiento, una inconfundible amenaza. Van Vechten era corpulento y fuerte, puede decirse que me estrujaba el hombro y me lo retorcía y me empujaba hacia abajo, tuve la sensación de que no podría levantarme solo de aquel asiento, de que todo mi cuerpo no podría contra esa carga. Me hizo daño, ya lo creo, más daño que antes o más prolongado. Pensé que esa mano se habría posado así en los hombros de los huidizos, mientras él les ofrecía las dos opciones: 'Así que tú dirás lo que quieres: o lo pasas un poco mal con mis condiciones o dejas de pasarlo del todo, ni bien ni mal ni regular tampoco'. Y me susurró muy despacio, con calma forzada (pero era hombre tan expansivo que no estaba habituado al susurro, su voz sonó como papel de lija puliendo):

—Oye, joven De Vere, a ver qué vas tú a contar. Ten mucho cuidado con lo que cuentas. No vayas a perjudicar a quien no debes. A varios.

Logré escurrirme lateralmente, me fui hasta la otra punta del semicírculo que ocupábamos, lejos de su alcance. Un camarero viejo con servilleta al brazo nos miró vigilante, debía de percibir las tensiones, debía de oler las reyertas antes de producirse. Van Vechten no me iba a intimidar, los jóvenes son tan inconscientes que les cuesta darse cuenta de cuándo se han puesto en peligro. Y la sartén la tenía yo por el mango, estaba convencido de eso. Hasta era posible que me ofreciera algo a cambio de mi silencio, pensé, de un momento a otro, en cuanto se le pasara el enojo y se repusiera del sobresalto.

—¿Lo dices por Beatriz? Descuida. ¿A quién le puede interesar eso?

—Eso, ¿a quién puede interesarle?

Y yo respondí con aplomo:

—A nadie, que yo sepa. A nadie en absoluto. Lo que sí tiene más interés, o es más curioso, es ese sitio. Un lugar extraño, tan pulcro, con ese aroma devoto, parece casi integrista; con ese aire alemán de otro tiempo.

Él seguía preocupado por el aspecto carnal, por la mujer de su gran amigo, aún no caía en la cuenta de que eso me era secundario, formaba parte de la vida íntima, sobre la que siempre hay que callarse, aunque casi nadie lo haga. Era como si el asombro de que los hubiera visto le impidiera establecer la conexión entre las supuestas calumnias remotas a las que yo sólo había aludido —en realidad no había dicho nada— y sus servicios a aquel lugar, en 1980. Acaso esa conexión indicaba que nunca había cambiado del todo. Quiero decir, ni de chaqueta, pese a su fama y sus amistades y las apariencias. En aquellos años, cada pocos meses, se temía un golpe de Estado en España, que nos devolviera a la dictadura. De hecho hubo un par de intentonas más tarde, bien célebre la segunda.

—¿Qué es lo que viste? ¿Cómo es que nos viste? —preguntó con perplejidad la lija. Aunque ya no estábamos tan cerca el uno del otro, se mantuvo en el susurro. Debía de haber juzgado imposible que los descubriera nadie de fuera.

—Lo vi todo. Poco romántico, por cierto. —Para que viera que no iba de farol, le solté este comentario

impertinente—. Casualidad. Me asomé. Y hay un ángulo. —No iba a contarle la verdad, ni que me había encaramado a un árbol. De no haberlo hecho, a él no lo
habría distinguido, supongo. Y volví a lo revelador, a
lo importante—: Ese sitio, ese Santuario, es una sucursal de pinochetistas, según tengo entendido. Y ya sabes
con quiénes se corresponden en Madrid esos tipos. A
Muriel le gustaría conocer esa vinculación tuya, Doctor.
Yo creo. No por nada. Para saber a qué atenerse.

Palideció, cayó ahora en la cuenta de cuál era el
verdadero sesgo de mi indiscreción posible. Primero improvisó una excusa y luego se recompuso. Primero temió
y luego intentó que yo temiera.

—Le hago un favor a un antiguo amigo sacer-
dote, y él en política ni entra ni sale, eso es todo. Yo no
soy religioso, pero no me meto en las creencias de nadie.
Tampoco tengo por qué darte a ti explicaciones, vaya
con el mocoso. —Fue entonces cuando recuperó el ca-
breo. Se echó hacia mi lado, la manaza extendida, sin
duda iba a plantármela otra vez, quién sabía esta vez
dónde. Pero yo me levanté y me salí del semicírculo, antes de que pudiera agarrarme. El camarero nos lanzó
otra ojeada—. Cuidado con lo que cuentas, Juan, ya te
lo he dicho. Todo puede contarse mal o bien, y también
puede escucharse mal o bien, y entenderse. Así que mejor no contar nada por si acaso, ¿me entiendes? —Y al
no responder yo en absoluto, al mirarlo desde arriba con
expresión de sordo, insistió—: ¿Me entiendes, chaval, o
no me entiendes?

No dejé dinero en la mesa, él era mucho más
rico que yo. Estaba claro que no iba a tener lugar el periplo nocturno previsto, o le tocaría hacerlo solo.

—Siempre haciendo favores, ¿eh, Doctor? —le
dije antes de irme, a punto de encaminarme hacia la
puerta giratoria—. Desde el año 39 hasta ahora. Eso
debe de ser muy cansado.

X

Cada vez que está uno impaciente por ver a alguien o contar un hallazgo, retrasa también el momento lo más que puede. Claro que eso sucede sólo cuando está seguro de que verá a la persona o desplegará su relato más pronto o más tarde. A poca duda que haya de que vaya a conseguirlo, la precipitación se impone y las circunstancias se fuerzan, por lo general con resultados decepcionantes, anticlímax y chascos. Yo podía permitirme aplazar el encuentro con Muriel, prepararlo y saborearlo de antemano; aguardar a que él se calmara en sus afanes y reapareciera un poco más por la casa. En aquellos días suyos febriles, de entradas breves y salidas constantes, habría sido mala idea obligarlo a pararse, a sentarse o tirarse al suelo para escucharme un buen rato sin ganas. (Cuán necesario es el aburrimiento previo, para que la curiosidad y la invención despierten.) Eso en el caso de que aceptara oírme lo descubierto sobre Van Vechten, suponía que sí lo haría si le insistía y lograba intrigarlo. Tenía que esperar a su apaciguamiento, a que apalabrara la financiación para su nuevo proyecto despechado y urgente o a que lo diera por imposible y se resignara por el momento, hasta después del verano acaso. Me vino bien aquella demora, no tenía excesiva prisa, tan sólo esa placentera impaciencia en la que uno se siente expectante y muy vivo, una vez instalado en ella y con la certidumbre absoluta de que acabará por satisfacerla.

Lo mismo que me había desagradado no ir de frente con el Doctor mientras lo paseaba por la noche tratando de sonsacarle, estudiándolo, tampoco me gustaba ahora comportarme como un soplón y denunciarlo ante su amigo, con consecuencias previsibles, confirmada la manera indecente. Habían pasado muchos años desde sus prácticas chantajistas, si es que había que darlas por ciertas: algo de mella me había hecho su explicación de que eran calumnias vertidas por sus antiguos camaradas franquistas, los más vengativos, que se habrían sentido traicionados por su clemencia y su falta de saña, cada cosa que se le cuenta a uno deja su pequeña huella y siembra un mínimo de duda, por eso no es tan extraño que a veces uno no quiera oír más, cuando ya se ha compuesto su cuadro, o que prohíba hablar a los acusados, no vaya a ser que paulatinamente lo convenzan de su inocencia y suene a verdad su relato. Sí, habían pasado muchos años y la gente cambia y se arrepiente, y se mira a sí misma retrospectivamente con tanto horror como desconocimiento, o es más bien desolación y ausencia de reconocimiento, como si se contemplara en un espejo deformante, de tan primitivo: '¿Fui yo ese? ¿Hice yo eso? ¿Tan feo era mi antiguo yo? Si es así no puedo alterarlo. La culpa es más fuerte que mi deseo de enmienda, la culpa me impide intentarla, y lo único a lo que puedo aspirar es a que esa culpa haya pasado, a que sea ya tan vieja que sólo le quepa perderse en las nieblas en que se desdibuja cuanto desde siempre ha acontecido, hasta que los trazos acaban fundiéndose y resultan indistinguibles: lo bueno y lo ambiguo y lo contradictorio y lo malo, los crímenes y las heroicidades, la malevolencia y el desprendimiento, la rectitud y el engaño, el rencor que jamás se atenúa y el perdón obtenido por la fatiga de la víctima, la renuncia y la palabra dada y el artero aprovechamiento, condenado todo al encogimiento de hombros, a ser ignorado por los que vienen después y nos suceden, ocupados en sus propias pasiones y con ellas ya tienen bastante, indiferentes a cuanto ocurriera

antes de pisar ellos la tierra, en la que se limitarán a su-
perponer sus huellas a las de sus infinitos predecesores e
iguales, sin saber que sólo imitan y que nada está inex-
plorado; todo destinado a la confusión y la mezcla, a la
nivelación y el olvido y a flotar en un repetitivo magma
del que sin embargo nadie se cansa, o es que ninguno
hemos hallado nunca el camino para desgajarnos'. (Y
por eso la historia está llena de Eduardos Muriel y Beatrices Noguera, de Doctores Van Vechten y Profesores
Rico, de Celias y Vidales y Juanes de Vere y de idénticos
comparsas, empeñados uno tras otro en representar el
mismo espectáculo y en reescribir el mismo relato me-
lodramático. Nada tiene de original mi figura, ni ninguna de las demás, supongo.) 'Pero mientras eso no llega —y aunque poco sea una vida, bien que tarda—, hay
un intervalo odioso que nos pertenece, que es lo peor y
que es nuestro, y en él no nos queda más remedio que
manejarnos con lo que hemos hecho u omitido y dis-
traer nuestra culpa o aplacarla, y a veces la única forma
de conseguirlo es aumentarla, procurar que las nuevas
culpas cubran las más antiguas y las ensombrezcan o di-
fuminen o minimicen, hasta que por fin todas hayan
pasado y no quede cabeza en el mundo capaz de recor-
darlas, ni malvada y rápida lengua para contarlas, ni siquiera tembloroso dedo para señalarnos como causan-
tes de nada.'

Imagino que fueron varios factores los que vencieron mi resistencia natural y general a chivarme. Por un lado, era lo que Muriel me había pedido al principio, y como incondicional que era suyo, yo me había prestado sin ninguna reserva, eso que tenía ganado. Por otro, lo que me había contado Vidal coincidía demasiado con lo sospechado por mi jefe: aunque éste nunca hubiera sido explícito, había mencionado la posibilidad o rumor de que Van Vechten hubiera cometido bajezas con una mujer, o quizá con más de una, como al parecer era el caso ('Para mí eso es lo peor, es imperdonable'). Por un tercero, esas actuaciones del Doctor eran lo bastante rastreras para que no quedaran en el silencio, una vez averiguadas. No es que fuera a pasarle nada, evidentemente: ni había pruebas ni aquello constituiría delito ni nadie estaba entonces por denunciar a nadie en España; se había promulgado una Ley de Amnistía, es decir, se había llegado al acuerdo de que nadie iniciara una interminable cadena de acusaciones y de que no se sacaran los trapos sucios, ni siquiera los más sucios —asesinatos, ejecuciones sumarísimas, delaciones por envidia o venganza y juicios de farsa, tribunales militares condenando a mal defendidos civiles a cadena perpetua o a muerte, esto hasta en los años finales de la dictadura, más suaves—: ni los de la Guerra comunes a los dos bandos ni los de la postguerra del único bando imperante y con capacidad para seguir ensuciando. No era ya que no pudiera haber consecuencias judiciales para ningún abuso ni crimen, es que ni siquiera estaba bien visto hablar de ellos públicamente ni airearlos en la prensa, como he dicho, los pocos que lo intentaban se encontraban con la reprobación inmediata no sólo de los antiguos e interesados franquistas —en realidad nada antiguos—, sino también de los antifranquistas y demócratas convencidos: a algunos, como había señalado Vidal, les venía bien que se cancelara todo, para ocultar sus propios pasados remotos y adecentar sus biografías con manchas. Se decidió antes de tiempo que toda culpa había pasado, que todas eran tan viejas que sólo les cabía perderse en las nieblas desdibujadoras, como si hubiera transcurrido un siglo de golpe, en vez de cuatro o cinco años. Pensé que las manchas del Doctor debían conocerse en privado; que le costaran al menos una amistad muy preciada, dos con suerte. En cuarto lugar, me molestaba ahora más aquella relación rutinaria entre él y Beatriz Noguera, aquellos encuentros suyos de prosaicos polvos en el Santuario; no era exactamente que sintiera celos, yo creo, habría sido absurdo tenerlos cuando entre ella y yo nada había cambiado, por lo menos por su parte: la noche de mi cuchitril debía de haber sido para ella un capricho, o un remedio contra el insomnio, o tal vez un desvarío del que al día siguiente guardaba ya escasa memoria y quizá escasa conciencia, estaba mal de la cabeza a temporadas, según su elocuente y simplificado dictamen. Pero los jóvenes —o el que yo era— necesitan creerse un poco únicos en cada una de sus experiencias y acciones, y basta con que se les cumpla algo impensado —no digamos algo imposible— para que procuren embellecerlo en el recuerdo y limpiarlo de adherencias feas, y Van Vechten era una adherencia vulgar y ahora muy fea. Por último, su actitud en Chicote me había resultado antipática en conjunto, nada convincente y esquiva: se había adelantado a negarlo todo, había hecho algo de burla, se había presentado como objeto de difamaciones, se había puesto amenazante y chulo, me había plantado su manaza avisándome de daño, me había llamado 'chaval' y 'mocoso'. Respecto a sus relaciones y vínculos con el Movimiento de Darmstadt —y esos eran actuales—, no había dado la menor explicación, se había mostrado evasivo. Entre unas cosas y otras, sobre mi resistencia a chivarme prevaleció el deseo de perjudicarlo.

Aún no podía portarme como Vidal, sin embargo, dispuesto a propalar lo que sabía desde el oriente al encorvado oeste, a contarlo a quien le oyera. Debía reservarle a Muriel la primicia, así que hube de sortear como pude las preguntas del Profesor Rico, aquella misma tarde. Venía tan fastidiado de su almuerzo con las momias que al principio no se acordaba de nada anterior, de que me había ordenado tomar nota pormenorizada de por qué Van Vechten era un grandísimo hijo de puta e informarle de sus felonías.

—Vaya mierda de almuerzo —fue lo primero que me dijo. Se quitó las gafas y les echó vaho con tanta furia como si quisiera envenenar con él, *a posteriori*, a sus detestables compañeros de mesa. Estaba tan visiblemente contrariado y frustrado que se había descolgado por la casa de Velázquez para despotricar ante quien allí estuviera—. Esos tres se han conducido como pirañas, no han hecho más que ponerme objeciones y restregarme ofensas pasadas. Quiero decir, ofensas mías a ellos, valiente grupo de enconados, parecían las tres brujas de *Macbeth* en su versión más agorera; o *tricoteuses* acariciando la guillotina. Es verdad que en algún escrito académico los había tachado de ineptos, superficiales, obvios, mal documentados y obtusos, y a uno incluso de tonto. No es que se lo llamara directamente, pero se sobreentendía; el tipo se había aventurado a criticar mis conclusiones sobre el *Lazarillo* en un estudio impecable que sólo merecía reverencia y boca abierta, en su caso. Pero ya son ganas de guardármela. Total, escaramucillas; y mis argumentos eran inatacables, se calló después como una puta, para que no me encarnizara con él si me venía con contrarréplica. Qué se le va a hacer, si donde pongo el proyectil pongo el ojo, o como se diga. Lo sabrán esos precadáveres, es para lo único que valen, para corregir exámenes con un lápiz rojo y chupado. Érforstrafó. —Le salió una onomatopeya más larga de lo habitual y doblemente acentuada, quizá se la provocó la cólera. Siguió echando vaho a sus gafas como si fuera un dragón y lanzara fuego, los cristales totalmente empañados; sacó una gamuza de una funda con habilidad más que notable, la desplegó de un solo golpe de muñeca como hacen los prestidigitadores con sus gigantescos pañuelos—. Me han dejado claro que no piensan votarme para la Academia, cuando me presenten mis partidarios. Como son cizañeros, es de temer que convenzan a algunos de sus colegas sin personalidad o lelos, y hay unos cuantos. Se los veía encantados de poder tomarse venganza. Lo más irritante es que casi ni me acordaba de lo que había escrito, de que les había puesto las peras a ocho. Es lo malo de impartir justicia ciega, que no repara uno en los damnificados. —Se aplicó ahora a limpiar sus lentes con esmero y brío, con tanta humedad iban a quedarle inmaculados. Se guardó la gamuza con ademán mundano (me recordó a Herbert Lom en sus juegos), encendió un cigarrillo, se le serenó la mirada al instante y añadió con jovialidad y optimismo (no era hombre al que los amargores duraran, se aburría de ellos)—: Quizá sea mejor esperar a que la palmen, para colar mi candidatura. No debe de faltarles mucho a ninguno, por los gargajos con que combatían. Los he visto varias veces en un tris de ahogarse, no sabes qué asco. Apenas he podido probar ni un garbanzo. —Y fue entonces cuando, para zafarse del mal recuerdo, cayó en que le adeudaba una habladuría—. ¿Qué me traes del Doctor, joven Vera, por cierto? Te dejé a punto de enterarte de sus crímenes horrendos, según ese amigo tuyo tan leído y vehemente.

—La verdad es que nada, Profesor. Nada digno de mención. Vidal exageraba, lo que me reveló son minucias de hospital y de congresos. Bueno, ya sabes cómo son los médicos, se odian unos a otros. —Esto era falso o por lo menos yo carecía de datos, no tenía ni idea de sus querellas y rivalidades. Suponía que las habría, como en todo gremio en España, aquí no se perdonan entre sí ni los deshollinadores, por hablar de un oficio que dejó de existir hace siglos.

Rico me miró con suspicacia. Le veía bien los ojos, ni una mota en los cristales.

—A mí no me haces la mamola, joven Vere. A mí no me metes la viruta ni me la pegas de puño. —Había recaído en sus trasnochados modismos, no entendí ni una palabra, aunque sí el sentido—. Si no me quieres contar, no me cuentes, ea, pero estoy seguro de que tu amigo no se refería a persecuciones de enfermeras ni a ponencias plagiadas ni a usurpaciones de méritos. Ni siquiera a metemanos a las pacientes adultas que se le pongan a tiro, o a las madres que acompañan a sus criaturas. Que el Doctor sexualmente es un cerdo salta a la vista y lo sabemos todos, pero nada de eso lo convertiría en un grandísimo hijo de puta. —Empleó el mismo término que Celia, aunque en sus labios sonó más ligero; ni uno ni otro sabían hasta qué punto acertaban—. Estaría el país lleno de ellos. Bueno, lo está, de hecho: mira si no a estos tres fósiles que me han dado el cocido. —Y volvió a arremeter un buen rato contra los académicos vetustos.

Durante los siguientes días estuvo distraído con eso, urdiendo conjuras y maquinando agravios. Pero no se olvidaba de Van Vechten, y de vez en cuando volvía a la carga: 'Me debes una sabrosa historia de putadas, joven De Víah, y me la debes *verbatim*', me soltaba en cuanto me veía. 'A ver cuándo te dignas cumplirme. Si algo me revienta es estar ni por sombra. O sea *in albis*. O sea en ayunas. Ya lo has oído.'

Ojalá Muriel hubiera tenido la misma curiosidad maliciosa, me llevé una decepción enorme cuando por fin una semana después se calmaron un poco sus afanes y volvió a pasar algo de tiempo en la casa. En parte fue gracias a su amigo Jack Palance, que aceptó en seguida el papel de coprotagonista en su nueva película improvisada, o quizá sacada del cajón de los viejos proyectos fallidos o demorados o extraviados, Muriel no encontró facilidades para muchos de sus empeños, y acaso fue tanto lo que no pudo rodar como lo que realizó efectivamente. No es que Palance estuviera en el mejor momento de su carrera, o es más, sin duda estaba en el peor de todos. Si uno consulta ahora su filmografía, comprueba que no hizo una sola película entre 1981 y 1986, ambos años inclusive, y que durante cuatro de ese periodo su única actividad artística fue presentar un programa de televisión americano cuyo título no traspasó fronteras. Así que tal vez no era extraño que se prestara a participar en una producción fantasma española o de cualquier otra nacionalidad; al fin y al cabo ya no había tenido inconveniente, durante los sesenta, en ponerse a las órdenes de Jesús Franco, Isasi-Isasmendi y un puñado de italianos de poca monta (y eso que en esa misma década había alternado con cineastas como Godard y Brooks, Abel Gance y Fleischer). Pero la admiración de Muriel por él era tanta que su incorporación apalabrada le sosegó los ánimos y lo llenó de esperanza. No es que la presencia del gran Jack Palance en un reparto fuera la menor garantía de financiación ni de éxito en aquellos tiempos, más bien al contrario por vergonzoso que hoy suene. Pero a Muriel le parecía buen augurio contar con él y tal vez con Richard Widmark, con quien Palance había trabajado en sus dos primeros largometrajes, allá por 1950, y al que había prometido convencer para que aceptara el otro papel protagonista. No tenía ni tengo idea de qué trataba esa película que ni siquiera empezó nunca a rodarse. Sólo sé que Volodymyr Jack Palahniuk —el verdadero nombre ucranio de Palance— había cumplido ya los sesenta y Widmark rondaría los sesenta y cinco.

También tuve la sensación de que Muriel estaba más contento por su frecuente contacto con la empresaria Cecilia Alemany. Ignoro cómo consiguió que le hiciera caso ni qué tipo de caso era exactamente, pero ahora se llamaban casi a diario y él se apartaba para sus conversaciones con ella y mascullaba para ser mal oído por quien estuviera en la casa, yo incluido. Y sobre todo dejó de hacer chanzas sobre su inaccesibilidad. Ya no hablaba de ella como de una semidiosa, ya no soltaba frases como 'Qué insigne mujer; qué hacha para los negocios, a su lado somos todos microbios'. Que se deje de exagerar y bromear sobre alguien venerado es señal de que ese alguien ha bajado a la tierra y se ha hecho próximo. No me atrevía a pensar que ahora compartieran chicle o se lo pasaran sin refinamiento, pero una noche en que Muriel volvió tarde y yo aún andaba por allí levantado, noté que despedía un embriagador olor a perfume, casi narcotizante, y él no se lo había echado. De lo que estaba seguro es de que la propietaria del emporio ya no se dirigiría a él llamándolo 'buen hombre', lo que tanto lo había humillado y divertido en su lejana primera audiencia.

A la mañana siguiente estaba de tan buen humor, me imagino, que me convocó a su despacho y me dijo, el pulgar bajo la axila y en la otra mano la pipa, con la que me apuntó como Sherlock Holmes o más bien como Walter Pidgeon, que en ocasiones lucía bigote como el suyo:

—Joven De Vere, como las cosas parecen estarse arreglando, y me da que el nuevo proyecto va a ir adelante, olvídate de lo que te anuncié. Si no te has comprometido ya con otro trabajo y prefieres seguir aquí, yo creo que utilidad voy a encontrarte. Habrá que traducir el guión, para empezar, cuando esté a punto. —Y añadió con una especie de orgullo resarcido prematuramente—: Se van a enterar Towers y unos cuantos.

A sus cambios de parecer ya me había acostumbrado, a sus órdenes y contraórdenes. También a su humor variable. Así que se me ocurrió que quizá aquel no era mal día para ver si se habían producido alteraciones en su postura respecto a Van Vechten.

—Muchas gracias, Eduardo. Por la confianza. Trabajar para usted es un placer, ya lo sabe, aunque a veces no creo serle muy útil. Si me da un poco de tiempo para pensármelo, se lo agradecería. Me había hecho ya a la idea de pasar a otra etapa en septiembre.

Aquella atmósfera, ya lo he dicho, empezaba a atosigarme, si es que no a intoxicarme a ratos. Beatriz volvía a salir con relativa normalidad a sus quehaceres, pero su tictac sin música había regresado insistente en las horas en que permanecía en casa, y me parecía más ominoso que nunca, como si estuviera siempre marcando una lentísima cuenta atrás hacia un término que no llegaba, o que sólo ella vislumbraría en su bruma. La imaginaba mirando absorta las teclas del piano, contando automáticamente las blancas y negras y notando el paso del tiempo, dejándolo sonar sin llenarlo con ningún acorde ni melodía, el tiempo que no se llena suele ir acompañado de pensamientos estáticos, repetitivos: 'Aún no, aún no, aún no, todavía no es este el momento', por ejemplo. Y la veía oscurecida: aunque Muriel y ella apenas cruzaran palabra, debía de percibir el contento de él, tan repentino, y quizá también le había olido el distinguido perfume a distancia. Por lo que yo sabía, ni siquiera hacía incursiones nocturnas ni montaba guardia ante su puerta, como si hubiera abandonado por fin toda esperanza. En cuanto a mí, pese a que nos siguiéramos tratando con las mismas deferencia y simpatía de antes, como si nunca hubiera habido intimidad entre nosotros, me sentía en falta, estaba incómodo y me sonrojaba, mi impulso era quitarme de en medio para que mi transgresión se disipara: no podía evitar pensar que había incurrido en una bajeza, respecto a Muriel, me refiero. Y también desconfiaba de nosotros, temía que un día nos diera a ella o a mí por intentar la reincidencia. Lo que ha ocurrido una vez puede volver a ocurrir, eso lo sabe todo el mundo. Menos parece saber que los precedentes carecen de importancia: lo que nunca ha sucedido puede igualmente inaugurarse.

—Tú verás —me contestó—. A nada estás obligado. Lo mismo que te dije que podías tomarte tu tiempo para marcharte, también puedes tomártelo para decidir si te quedas. Ya me informarás cuando lo veas claro. La oferta está hecha y la mantendré. Así que tenme al tanto.

Le miré el ojo que hablaba, vi en él una expresión de afecto. Luego miré el que callaba, me dieron ganas de tamborilearle en el parche, como tantas otras veces, asimismo una tentación del afecto. Lo echaría mucho de menos cuando me fuera, de eso estaba seguro.

—De algo sí quisiera informarle ahora, Eduardo, si me lo permite. Otra cosa no, pero no me gusta dejar a medias sus encargos, sus encomiendas. Ya sé que me revocó la del Doctor —creo que elegí ese verbo pedante para dar más solemnidad a mis palabras—, pero tiene que saber lo que he descubierto últimamente. Coincide tanto con sus datos, con sus temores, que no puedo dejar de contárselo...

Muriel levantó la mano de la pipa y me detuvo en seco con ella, un ademán imperioso, prohibitivo. Me apuntó con la cazoleta, vi la brasa: como si me enseñara una luz roja.

—Eh, alto ahí, joven De Vere. ¿Qué es lo que también te dije? Te dije que no podía impedir que continuaras tus investigaciones por tu cuenta, si es que así se te antojaba. Hice mal en exponerte mis dudas y alertarte, una debilidad mía, luego no hay forma de desactivar eso. Pero te advertí que si seguías con ellas, no vinieras a contármelas ni se las contaras a nadie. Si el Doctor te ha hecho confesiones, o has averiguado algo, te lo guardas. Y mejor si te lo llevas a la tumba, aunque eso sea mucho pedir. Conmigo, en todo caso, te callas. Ya no estoy dispuesto a saberlo. No quiero enterarme.

Yo estaba de pie, no me había dicho que me sentara. Bien es verdad que no necesitaba su indicación a aquellas alturas, estaba como en mi casa. Pero seguramente me había llamado sólo para comunicarme que conservaba el empleo, no para hablar ni para disertar sobre nada. Me atreví a insistir; uno siempre insiste ante las negativas, una vez al menos. Una costumbre lamentable de la que casi todos participamos.

—Pero usted quiso saber en su momento, hasta el punto de meterme en ello. Le quemaba la incertidumbre y era incapaz de hacer caso omiso, como yo le sugerí. Recuerdo que me dijo: 'He de hallar algún indicio, alguna orientación que me permita decirme: "Bah, esto es mentira", o "Ay, esto debe de ser verdad"'. Tan decepcionantes le parecían las acusaciones que le habían llegado, tan desalentadoras y ruines y estúpidas. 'Tan destempladas', dijo usted, 'más que graves'. Pues resulta que son todo eso, Eduardo, sólo que graves también. Y no sólo respecto al pasado, quizá haya turbiedades en la actualidad. No puede ignorarlas ahora, cuando le he conseguido esa orientación.

Muriel se levantó y se acercó a mí. Cruzó los brazos con ademán severo como había hecho aquella noche tras abrirle por fin la puerta a su mujer, cuando había surgido en el umbral con su pijama blanco y su batín oscuro. Me miró también de manera semejante a como la había mirado a ella, la pobre con su camisón. De su ojo azul había desaparecido en un instante el afecto que me profesaba; ahora sólo había fastidio, algo de cólera incubándose y hasta un anuncio de leve desprecio, el que recibe siempre quien intenta imponer su voluntad. Me di cuenta de que no lograría hablar.

—Claro que puedo, faltaría más. ¿Y qué, que en otro momento solicitara tu intervención? He cambiado de idea, ya te lo dije. Le debo mucho al Doctor, y acaba de salvar a Beatriz una vez más. Es un amigo de siempre y no me apetece perderlo, ni que se me manche su imagen más de la cuenta, ya me la manchó bastante esa información que me trajeron. En mala hora. Todavía me es posible hacer la vista gorda, hacer caso omiso como en efecto me sugeriste tú. No necesito orientaciones ni indicios, porque ya decidí decirme, cuando te levanté el encargo: 'Bah, esto es mentira o merece serlo'. Demasiada gente se nos aleja o se nos muere en la vida, no es cuestión de echar también a los que se van quedando. ¿Que cometió alguna bajeza en el pasado, que se aprovechó? Aquí, durante una dictadura tan larga, las ha cometido casi todo el mundo. Y qué. Hay que aceptar que este es un país sucio, muy sucio. Durante décadas hemos convivido todos, qué remedio, y hemos tenido que conocernos. Muchos de los que hicieron putadas, en otras ocasiones se portaron bien. El tiempo da para mucho, es difícil actuar mal sin cesar, como lo es actuar bien. No hay nadie que no haya incurrido en alguna vileza (no ya política, sino personal), ni nadie que no haya hecho algún gran favor. Hace cuarenta años no, no había medias tintas entonces. Pero estamos en 1980, y han pasado esos cuarenta años para mezclarlo todo más de lo que imaginamos, ya no es posible situarse en aquellas fechas lejanas. En contra de lo que algunos piensan, el tiempo no se quedó congelado en ellas, sino que continuó y discurrió, por mucho que los propios franquistas intentaran inmovilizarlo. Quien en 1940 era un cabrón probablemente no dejó nunca de serlo, pero tuvo la oportunidad de matizarlo y de ser algo más. La revancha se acaba, la maldad fatiga, el odio aburre, salvo a los fanáticos, y aun así. Hay que hacer pausas. La gente se va al bar y allí charla y bromea, y en medio de la risa nadie se siente ni se cree malvado, aunque sean bromas con mala leche, tan habituales aquí. Nadie es jamás incesante ni de una pieza, o muy pocos: hasta a Franco le chiflaba el cine, como a ti y como a mí; seguro que lo veía apasionándose con las vicisitudes de los personajes, con absoluta ingenuidad. Mientras duraban las proyecciones quizá no decidía ni maquinaba nada; quizá estaba embebido durante noventa minutos y vivía en un paréntesis de normalidad. Eso por poner el peor ejemplo. Yo al Doctor lo he visto siempre en su normalidad, sólo conozco eso de él. Lo he visto curando a mis hijos y salvando a Beatriz y atento a mí. Lo he visto en sus risas, en sus ganas de juerga y en su buen humor. Así que me da lo mismo lo que hiciera o no hiciera hace siglos sin que lo viera yo. Para mí ha sido y es algo más, Juan. No hay más que hablar.

Descruzó los brazos y retrocedió un par de pasos, como si hubiera dado por concluida su lección, o su amonestación. No podía imponerle mi conocimiento a la fuerza. Bueno, sí podía, bastaba con que le dijera rápidamente tres frases, la malvada celeridad: 'El Doctor abusó de varias mujeres y chantajeó a sus maridos o padres, amenazó con mandarlos a la cárcel o al paredón si no se plegaban a sus exigencias'. No se puede evitar oír, y las manchas auditivas no se limpian, no salen, a diferencia de las sexuales, que se lavan todas. Me daba tanto coraje la situación que incluso estuve tentado de soltarle algo impensable, fue una fracción de segundo: '¿Sabe que el Doctor lleva tiempo tirándose a Beatriz?'. (Se me habría escapado ese verbo irrespetuoso, por exacto, una vez más.) Claro que yo había hecho ahora lo mismo, aunque hubiera sido una sola vez y acaso eso a Muriel no le importara, nunca lo sabré: ni en mi caso ni en el de Van Vechten ni en el de Arranz ni en el de quién sabía quién más, quizá alguien fuera de Madrid. Y podía haber deslizado otra frase veloz, para agravar la información: 'Se encuentran en un lugar ultracatólico, relacionado con pinochetistas por lo que yo sé'. Pero uno no dice esas cosas pueriles, ni siquiera a los veintitrés años. No a quien admira y respeta y quiere bien, no a quien además le prohíbe contar e insiste en no desear enterarse, a quien ya ha resuelto renunciar a la pasajera curiosidad. Así que me salieron dos preguntas seguidas, y entendí por su respuesta que también fueron pueriles:

—¿Y la justicia, Eduardo? ¿Qué hay de lo que pasó, de lo que tuvo lugar? —Probablemente él ya no se acordaba de los comentarios que me había hecho sobre esta última expresión.

—¿La justicia? —repitió como un rayo—. La justicia no existe. O sólo como excepción: unos pocos escarmientos para guardar las apariencias, en los crímenes individuales nada más. Mala suerte para el que le toca. En los colectivos no, en los nacionales no, ahí no existe nunca, ni se pretende. A la justicia la atemoriza siempre la magnitud, la desborda la superabundancia, la inhibe la cantidad. Todo eso la paraliza y la asusta, y es iluso apelar a ella después de una dictadura, o de una guerra, incluso de un mero linchamiento en un pueblo de mala muerte, siempre son demasiados los que toman parte. ¿Cuánta gente crees que cometió delitos o fue cómplice en Alemania, y cuánta fue castigada? No me refiero a sometida a juicio y condenada, que todavía menos, sino a algo mucho más factible y más fácil: ¿cuánta fue castigada socialmente o a nivel personal? ¿Cuánta se vio marginada o repudiada, a cuánta se le hizo el vacío, como me pides que haga yo ahora con el Doctor por lo que has averiguado acerca de él? Una minúscula proporción. Una insignificancia. Y lo mismo en Italia, en Hungría, en Croacia, en Polonia, en Francia, en todas partes. No se lleva ante la justicia al conjunto de un país, ni a la mitad, ni siquiera a una porción. (Bueno, en las dictaduras sí, claro, pero ¿quién quiere eso otra vez?) Y en el supuesto de que aquí pudiéramos hacerlo, ¿qué sentido tendría no ya procesar, que no es posible ni conveniente tampoco, y en eso estamos casi todos de acuerdo, sino retirarle el saludo a la mayoría de la población? Seríamos los estúpidos justicieros los que nos quedaríamos apestados y aislados, no te quepa duda. Nadie execra a sus iguales, nadie acusa a quien se le parece. —Muriel se detuvo y se sentó en su sofá, pero yo aún no me atreví a imitarlo. Levantó la vista hacia el cuadro de Casanova el hermano, un momento, no se cansaba. Luego posó su ojo sobre mí otra vez y añadió—: Mira, joven De Vere: España entera está llena de hijos de puta en mayor o menor grado, individuos que oprimieron y sacaron tajada, que medraron y se aprovecharon, que contemporizaron en el mejor de los casos. ¿Y tú quieres quitarme a un amigo por si alguna vez hizo algo de eso? Vamos, hombre. Sí, yo te involucré en este asunto y tuve mis dudas, es verdad: vestigios de otros tiempos, del que fui; vestigios de rectitud. Pero francamente, tal como se están desarrollando aquí las cosas, no voy a convertirme en el único idiota que se perjudica a sí mismo por hacer justicia personal. —Tamborileó con las uñas sobre su parche como si hubiera adivinado mi tentación (el grato sonido con el que me conformaba), y remató con una media sonrisa e inesperada levedad—: Tampoco esa existe, Juan, la justicia desinteresada y personal.

Fueron las dos cosas las que me sacaron de quicio, aquella negación y el tono de levedad, de paternalismo incluso. No es que yo no le admitiera esto último, al contrario, era normal que Muriel se mostrara paternalista conmigo, era mucho mayor en edad, saber y gobierno, y además estaba por medio mi incondicionalidad hacia él. Quizá ésta se había mitigado un poco, ya se sabe que no hay fervor que resista el trato continuado y la cercanía, la contemplación de los actos de la vida íntima de nadie, esos que no suelen contarse porque configuran historias demasiado tenues, tan parecidas todas entre sí que los relatores más ambiciosos tienden a desdeñarlas y apenas les prestan atención. Yo sí había prestado atención a lo que se respiraba en aquella casa, tal vez más de lo que me correspondía. Y tal vez por eso me irrité.

—¿Ah no, Don Eduardo? —De vez en cuando recuperaba el 'Don' del que muy pronto me había apeado, sin querer; pero fue adrede en esta ocasión—. ¿Tampoco esa existe? ¿Y me lo dice precisamente usted?

Percibió la sorna, si es que llegaba a ser tanto; el respeto jamás se lo perdí.

—¿Y por qué no iba a decírtelo yo? ¿A qué te refieres, joven De Vere? —De momento no sentía ofensa, sólo incipiente interés.

—Mire, Don Eduardo, Eduardo. Llevo aquí el suficiente tiempo para ver que a Beatriz le aplica algo muy parecido a eso, a la justicia personal. O mejor dicho al castigo: a un castigo personal. Me viene con que no está dispuesto a perder a un amigo por su comportamiento de hace años, ni siquiera a disminuir su trato con él, o a modificarlo; ahora resulta que ni me lo quiere escuchar. Y en cambio lleva años, supongo que años, pasándole yo qué sé qué facturas a su mujer. En principio no es asunto de mi incumbencia, como me ha recordado a veces cuando le he preguntado por otras cuestiones sin mala intención, sólo con la curiosidad normal. Pero si me toca ser testigo de exabruptos y escenas, empieza a ser de mi incumbencia, ¿no? Uno no es indiferente a lo que se le pone delante, ni debe serlo, a mi parecer; y usted no se priva ni se esconde. Discúlpeme la osadía, pero le he oído bastantes cosas, en fin, un poco impropias de usted. Cosas a Beatriz. No es que haga usted de ello un secreto, la verdad.

Se le endureció la expresión. La dureza, con todo, no iba todavía dirigida a mí, sino quizá a lo que había ocurrido, a lo que un día lo había llevado a ponerle la proa y desterrar a su mujer. Si no enteramente en el afecto (era evidente que había rescoldos o más), sí en la conyugalidad.

—Presumes de atento y de retentiva, Juan, y sin embargo estás omitiendo una parte importante de lo que acabo de decir. He dicho que tampoco existe la justicia *desinteresada* y personal. —Y subrayó el primer adjetivo, que en efecto yo había pasado por alto—. Hay una diferencia fundamental entre lo que hiciera el Doctor y lo que hizo Beatriz, por mucho más censurable que pudiera ser lo de él; y sistemático, y reiterado, y ruin, y con otra dimensión y lo que tú quieras, tanto da. En su momento me preguntaste si se trataba de algo contra mí, de una traición, y te contesté que las noticias relativas a él no me concernían, que no tenían que ver conmigo ni afectaban directamente a nuestra amistad. —'Habría que ver si no considerabas traición', pensé, y en el pensamiento lo tuteé, 'lo que contemplé subido a un árbol en Darmstadt y que tampoco me dejarías contar; aunque eso no quiero contártelo, eso no'—. El Doctor, hiciera lo que hiciese, en ningún caso me lo hizo *a mí*. Beatriz, en cambio, sí. Me lo hizo *a mí*, alteró el rumbo de mi vida, la determinó y la arruinó; también la de alguna persona más. Las acusaciones contra Jorge eran desagradables. Muy pringosas. Y dudé. Pero ahora veo claro (y más si miro alrededor) que no tengo por qué ocuparme de las cien mil cochinadas a que a lo largo de décadas se ha dedicado la gente por ahí. Por aquí —se corrigió—. No tengo por qué tomar medidas, todavía menos con alguien con quien me siento en deuda, y encima esa deuda acaba de aumentar. —'Ignoras que a lo mejor te sentías también acreedor', pensé; 'o quizá no, quizá te da todo igual'—. Yo no soy un juez que actúe de oficio, en realidad nadie lo es, como estamos comprobando a diario desde que Franco murió. Ni los de profesión. A todo el mundo le subleva y le duele lo que les han hecho a ellos o a sus allegados o a sus antepasados, no lo que se ha hecho 'en general'. Sería una tarea desproporcionada y ridícula, enfrentarse con lo 'general', jamás se ha acometido eso en ninguna época ni en ningún país. Labor de desocupados o de fanáticos, de individuos poseídos de sí mismos, que se mueren por encontrarse una misión. Cada uno atiende a lo suyo, no nos engañemos; querría su venganza o su resarcimiento, guarda su particular rencor, y no tiene cabeza ni tiempo para lo de los demás, a menos que juntarse con otros beneficie a su causa y a su reclamación. Pero en esas uniones estratégicas el ánimo sigue siendo particular, en el fondo cada cual procura su desagravio, el éxito de su querella nada más. Sólo unos cuantos aventados se erigen en fiscales o jueces de lo ajeno, de lo que está mal *per se*. —'Vidal sería uno de esos', me precipité a pensar, 'según Muriel; sin embargo yo no lo veo aventado, sino de lo más normal.' Y en seguida me acordé y rectifiqué:

'Ah no, Vidal tampoco es desinteresado, está la tía Carmen, se la pasaron por la piedra los dos, Van Vechten y Arranz; luego quizá Muriel tenga razón'—. Tienen muchas pretensiones y se conceden gran importancia, eso además. Es un rasgo de megalomanía, no tolerar la impunidad en asuntos que ni nos van ni nos vienen, ¿no? Los justicieros se cuelgan una medalla y se miran al espejo con ella y se dicen: 'Soy insobornable, soy implacable, no dejaré pasar nada injusto, me afecte o no me afecte a mí'. —No me parecía que Vidal fuese así en absoluto, en todo caso; al fin y al cabo también lo soliviantaban el pintor catalán y el filósofo feo y calvo, con los que no tenía afrenta personal; él se limitaba a no callarse en privado, sin afanes de impartir justicia ni de llevar a nadie al banquillo ni de exponerlo a la luz pública: conversaciones de aperitivo o de hospital, consejos y advertencias a un amigo inexperto, rumores con unas cervezas delante, eso era todo. Pero lo dejé correr. Su familia había sido perjudicada. No irreversiblemente, su padre se había convertido en un hombre acaudalado, claro que se había labrado su fortuna en el extranjero. Pero tal vez lo primero bastaba para que el encono de Vidal fuera impersonal, abarcador—. Ojo, yo mismo caí en la tentación de comportarme así, no es que no entienda esa actitud. Uno sufre ataques de indignación 'objetiva', más cuanto más joven es. Por eso, en un arranque de juvenilismo..., digamos invadido por mi antiguo yo, por el que fui..., llegué a encargarte lo que te encargué. Pero uno ya no es joven; los vestigios son pasajeros y cada día más borrosos... De modo que luego recapacita y piensa: '¿Y eso a mí qué? ¿Me ha hecho algo a mí? No. A mí no me ha hecho nada el Doctor'.

Muriel se había olvidado del propósito de su discurso, de su respuesta o defensa. Le iba sucediendo cada vez más. No lo achacaba a su edad, rondaba los cincuenta, no más. En ocasiones se explayaba y en otras era brusco y lacónico, eso desde el principio. Se le habían acentuado las dos tendencias, cuando se extendía era más largo y cuando no era más corto. Ahora se detuvo levemente desorientado, como si se preguntara: '¿Por qué demonios hablamos de esto?'. Así que aproveché para intentar conducirlo hacia donde quería yo.

—Y Beatriz sí —dije—. Algo imperdonable, le hizo Beatriz a usted. —Se le avivó el ojo al instante, me lanzó una flecha con él, no muy puntiaguda aún—. Verá, Eduardo. Durante su estancia en Barcelona hemos charlado más que nunca, ella y yo; es lo que tocaba, me quedé de acompañante suyo, de guardián, de protector. —'Cuidado no me vaya a ir de la lengua', pensé; 'y cuidado con lo que trasluzco, no me vaya a delatar: Muriel ha visto cine hasta la saciedad'—. Desde que entré en esta casa... Bueno, yo veo que le tiene una especie de cariño retrospectivo, no sé cómo definirlo mejor. Por los viejos tiempos. Ella los recuerda muy buenos, o más que eso: los tiene presentes y se aferra a ellos, usted lo sabe. Y vi su alarma el día del Wellington, su pánico ante la posibilidad de que se hubiera matado. Pero también veo que no la soporta. La trata mal casi siempre, muy mal. Quizá con motivo. Pero yo ignoro ese motivo, y la cosa no es agradable de contemplar.

El ojo de Muriel se suavizó, ahora era sólo sarcástico. Se remangó más la camisa con dos gestos rápidos, el sol iba subiendo y empezaba a hacer calor.

—¿Y no te lo contó, el motivo, si tanto hablasteis? ¿La señora que se queja al niño ingenuo? ¿La pobre víctima?

—No. Me dijo que la avergonzaba contármelo, de tan ridículo. Que mejor me lo dijera usted y ya vería la desproporción. Lo único que saqué en limpio es que hubo una mentira suya que usted se tomó a la tremenda. Una tontería, una niñería, esos fueron los términos que ella empleó. Nunca se imaginó su reacción tan desmedida cuando se la confesó, una absoluta exageración.

—Ya. ¿Y tú la creíste?

—Yo no tengo nada que creer, sigo sin saber nada de nada. Pero, a diferencia de usted con lo del Doctor, sí me gustaría enterarme de lo que he presenciado. Descuide, ya me ha quedado claro que lo del Doctor no le atañe; si pasó, usted ni siquiera lo presenció, a santo de qué le iba a interesar. No tema, no le voy a insistir. Pero, a cambio de que yo me calle, ¿por qué no me cuenta de una vez? Creo que he respetado su reserva, desde que estoy aquí. Pocas preguntas le he hecho, ¿verdad? Pero toda reserva tiene su límite, y también todo respeto. Perdone que sea tan directo: ¿qué le hizo Beatriz?

Muriel no dijo nada inmediatamente. Pondera-
ba mis palabras, me pareció eso entonces. Luego miró el
reloj y le dio un golpecito con el dedo a la esfera, como
le había visto hacer otras veces y como si calculara si se
podía permitir dedicarme un tiempo con el que no contaba aquella mañana. El ojo cambió de nuevo: volvió a
mirarme con cierto afecto, o con comprensión y paciencia; también acaso con algo de intriga. Deduje que atendía a mi petición, que la aceptaba, que entendía mi curiosidad y no me la reprochaba. Quizá se daba cuenta de
que me había mantenido demasiado a oscuras. Uno
mete a alguien en su casa y al hacerlo lo obliga a ser su
testigo. No tiene por qué darle explicaciones de nada si
le paga por estar allí a su servicio, pero es inevitable que
el empleado juzgue y se pregunte en silencio, sucede
hasta con los más invisibles y esporádicos e insignifican-
tes. Yo me había significado e involucrado en su mundo, no sabía él cuánto y esperaba que jamás se enterara.
Pero sí sabía que le había hecho de espía y de vigilante y
que había salvado a su mujer de la muerte, no tan azaro-
samente como él creía, ignoraba mi costumbre fea de seguirla a escondidas algunas tardes; o bastantes, ya había
cesado. Tal vez Muriel no se había parado a pensar en
mis juicios callados ni en mis preguntas no formuladas.
Ahora comprobaba que tenía ambas cosas, y quizá descubría que no le eran indiferentes del todo, que le im-
portaban algo, que le convenía darme su versión para
influir en ellas. Que ya no era hora de contestarme de-
sabridamente: 'Vamos a ver si nos entendemos: no te

tengo aquí para que me hagas preguntas sobre cuestiones que no te incumben'. Ese tiempo había pasado; o aún es más, había sido sustituido, sin que él se percatara hasta oír mi descontento, hasta aquel instante.

—Anda, dale un telefonazo a Mercedes y dile que por fin no voy a pasarme esta mañana. Que se ocupe de lo que haya. Y luego siéntate. Nos va a llevar un rato esto.

Hice la llamada desde la mesa del despacho, allí mismo. Él, mientras tanto, se acercó a la puerta que separaba su zona del pasillo y la cerró con cuidado hasta donde era posible: una puerta alta de doble hoja y la una no encajaba enteramente en la otra —nunca sonaba un clic—, la parte inferior de madera lacada en blanco y la superior con cristales esmerilados divididos por listones a juego, tan propia de las casas antiguas.

—¿Dónde quiere que me siente? —le consulté absurdamente, para facilitarle la tarea, por si tenía preferencia.

—Donde te dé la gana —dijo—. Yo me voy al suelo, para estar acorde con tu posible opinión, si consideras que Beatriz está en lo cierto y que yo he caído muy bajo. Que sólo fue una cosa ridícula; una tontería y una niñería. —Lo dijo con un esbozo de sonrisa, pero me pareció forzado. No debía de serle fácil ponerse a hablar de lo que iba a hablarme, o le daba infinita pereza rememorar hechos lejanos, o esos hechos todavía lo amargaban y apagaban todo fondo de jovialidad en su carácter—. No te pienses que eres el único al que se lo ha dicho, sus amigas no pueden ni verme, mi cuñada. En verdad es lo que cree. Así que una de dos: o ella es muy bruta o yo soy un malvado. Puede que te inclines por lo segundo. Pero bruta no solía serlo, ni yo malvado. Uno de los dos se ha transformado. —Y una vez que se hubo tirado cuan largo era, un brazo bajo la cabeza a modo de almohada (cuando ya miraba al techo o a la parte alta de la biblioteca o al cuadro de Casanova, y a mí sólo de refilón y con el ojo entornado), añadió para mi sorpresa—: Lamento que hayas contemplado escenas embarazosas durante todo este tiempo. No te falta razón: debería haber sido más cuidadoso..., más privado. Me acostumbré a ti rápidamente y te he considerado una extensión mía.

Era el mismo diagnóstico de Beatriz en la noche de insomnio. Ella lo había completado así: 'Lo cual es bueno y también es malo'.

—Tampoco ha sido tan grave, no se preocupe. —Me sentí en la obligación de restarle importancia. Él se había disculpado de pronto, y eso acentuó mi sentimiento de traición y vileza, por lo menos nominales. Yo me había acostado con su mujer en su ausencia y no podía disculparme por ello, si es que hubiera debido hacerlo con quien no la quería nunca en sus sábanas. Es lo malo de los secretos, que pedir perdón está excluido.

—Beatriz se crió más en América, eso lo sabes. Pero pasaba temporadas aquí con sus tíos, muchos veranos y algún curso, y fue así como nos conocimos, siendo ella casi adolescente y yo joven. Cuando ella fue ya joven y yo un poco menos, nos comprometimos. Supongo que estaba cantado que se enamorara de un amigo mayor de sus primos; de un español, como su padre, y no de un americano. Y que incluso tuviera la paciencia de crecer lo bastante para hacerse notar y conquistarme. Sí. Aunque le lleve unos cuantos años y entonces pesaran más que ahora, esa es sin duda la palabra. Las niñas son muy determinadas y obstinadas, y tienden a querer ver cumplidos sus sueños de infancia. Hasta cierta edad, o hasta que se les frustran definitivamente. Aquí no fue el caso. En cuanto se convirtió en adolescente, y fue precoz, empecé a mirarla con otros ojos, y el entusiasmo de la otra persona ayuda mucho; convence y arrastra, y yo he sido casi siempre del tipo más bien pasivo. No me costó quererla. Además, Beatriz no era la que tú has conocido, esa lamentable foca. Todo lo contrario.

Aun a riesgo de descubrirme —cuando uno oculta algo teme pronunciar el más inocente vocablo—, lo interrumpí, por un prurito de hacerle a ella justicia y defenderla —por fin estaba en condiciones—, más que por el de justificarme a mí mismo en mi vileza carnal de la noche de insomnio, y en la visual de alguna otra.

—Cómo exagera usted, Eduardo, cómo carga las tintas. Cuesta creer que no busque hacerle daño, cuando le suelta a ella estas cosas. Beatriz no es ninguna foca. Ni el barril de amontillado. —Quizá se figuraba que yo no registraba sus improperios, era hora de que se enterara de que los anotaba casi todos, mentalmente—. Sigue siendo una mujer muy atractiva, deseable para muchos hombres. Y además usted lo sabe.

Muriel se rió inesperadamente. Lo más probable era que le hubiera hecho gracia el recordatorio de su propia e hiriente gracia, homenaje a Poe mediante. Preferí no traerle a la memoria el globo de *La vuelta al mundo en 80 días* ni la silueta de Hitchcock, menos aún a Charles Laughton, clamaban al cielo las comparaciones.

—Buah. —O dijo 'Bué'—. De todo hay. Me imagino que sí, que puede gustarles a los voluptuosos. A los que sólo les vale hundirse en colchones. A los un poco cerdos. —De nuevo aquel término que se le había aplicado a Van Vechten, uno de los individuos a los que Beatriz gustaba, aunque fuera rutinariamente o por la edad que él ya tenía, no estaba para exigencias. Pero yo era casi cuarenta años más joven. Quizá era también algo cerdo en aquella época, en la juventud no es infrecuente serlo, ya lo he dicho, no hacen muchas distinciones los principiantes.

—Yo creo que se equivoca. Que un día tomó una decisión y se puso un velo en los ojos que ya no ha querido quitarse. Un velo deformante. Pero en fin, lo he interrumpido. Entonces no era una foca, sino lo contrario.

—Ya. No quiero decir que fuera una escuálida, en absoluto. No, siempre fue del tipo exuberante, pero en sus proporciones justas. Llamaba la atención. Era bastante guapa y sensual, con esos dientes un poco separados. Era risueña. Y reventaba la ropa, en el buen sentido. O dicho en plata: estaba para comérsela, no sé si esa expresión la seguís utilizando. Entonces sí que gustaba a cualquiera, y a mí el primero. Me encontré con un regalo, en ese aspecto. Y como ella marcaba el paso, me dejé llevar sin oponer resistencia. Mirando atrás, y pese a eso, es muy posible que yo no hubiera tomado la iniciativa, o no hasta el punto de comprometerme. Comprometerme a casarme, ya lo entiendes. Pero la suya era tan resuelta y tan fuerte, e intentaba complacerme tanto... Habrás notado que de cine sabe tanto o más que yo. Hizo suyas mis aficiones y se amoldó a mis gustos y a mis extravagancias, a veces pienso que se lo impuso como una tarea, o como un programa, como si desde muy joven se hubiera dicho: 'No voy a permitir que este hombre se aburra en mi compañía. Que no comparta conmigo parte de su vida porque considere que no me interesa o que no entiendo lo suficiente. Que eche en falta dimensiones mías y busque fuera lo que yo no alcanzo. Que me excluya en ningún terreno'. No sólo se prestó a ver conmigo todas las películas posibles, las obras maestras y las porquerías a las que la arrastraba a menudo: hay que verlo todo para aprender de veras, ya sabes, lo antiguo y lo nuevo, lo bueno y lo malo y lo estrafalario. También leyó cuanto le recomendaba, y pronto me tomó la delantera en eso. La de su juventud no era esta Beatriz apática y de equilibrio frágil que se pasa horas ante el piano sin hacer ni siquiera una escala. Rebosaba energía y curiosidad, era activa, era imparable. Claro que nunca sabré en qué medida vivió su vida alguna vez, o si sólo la vivió en función de la mía. Llevó todo el peso, realizó todo el trabajo que exige una relación amorosa en sus inicios, y también después, en su desarrollo. —Hizo una mínima pausa y añadió—: No era difícil quererla. El amor del otro conmueve. También da pena, como el de los niños. Tanta que parece una crueldad no aceptarlo, no acogerlo. Una especie de pena que ablanda. Y aunque en mí no hubiera apasionamiento... Bueno, tampoco lo echaba de menos, puesto que no lo conocía.

Se quedó callado más rato y ahora fijó la vista, sin duda, en su querida pintura de los jinetes de espaldas y del único que se volvía, de rojo y acaso tuerto, para echar una última ojeada severa a los caídos que dejaba atrás y que seguramente habrían causado él y los suyos: 'A mí al menos. Recuérdame'.

—¿Y entonces? ¿Qué pasó? —No quería darle tiempo a que se arrepintiera, a que lamentara contarme lo que seguía sin ser asunto mío.

—Ella se instaló aquí hacia los dieciocho años, con los tíos, la consideraban casi una hija. Por mí, me temo, sobre todo para estar cerca. O bueno, invirtió las estancias e iba a Massachusetts una vez al año, pasaba allí dos o tres meses para estar con el padre y ocuparse un poco, su padre solitario y calamitoso. En esas temporadas nos escribíamos, era impensable llamarse por teléfono en aquella época, hablamos de 1959, 1960. Nadie tenía dinero para eso. Hasta que, unos seis o siete meses antes de la boda (ella había cumplido ya los veintiuno, si no me equivoco), tuvo que marcharse cuando no tocaba, un imprevisto de gravedad, un problema gordo. Su padre... No sé hasta qué punto debo contarte esto, Juan, no me pertenece... —Resopló con fastidio, se tamborileó en el parche, dilucidó unos segundos, decidió ser indiscreto—. Su padre era homosexual, ya está dicho. Quizá desde siempre, quizá no fue un descubrimiento tardío como creyó Beatriz inicialmente. Quizá por eso lo abandonó su mujer al poco de nacer ella, y no lo quiso acompañar en su exilio. Incluso puede que él se exiliara en parte por eso, quién sabe. Aunque de convicciones republicanas, no había hecho nada significativo durante la Guerra y no estaba perseguido, en principio. Pero para un hombre con ese problema (era un problema morrocotudo, los de vuestra generación no podéis haceros ni la más remota idea), y encima con una niña pequeña a su cargo..., figúrate lo que sería la España ultrarreligiosa de Franco, con la Iglesia completamente desatada. De haberlo descubierto le habrían quitado a la cría, eso como primera medida. En fin, pasó por Francia y por México y acabó enseñando en Massachusetts merced a algunos contactos; era un buen conocedor de la literatura española y un traductor competente, del alemán y del inglés, en las librerías de viejo todavía se encuentran sus antiguas versiones. No es que en los años cuarenta, ni en los cincuenta, ni siquiera en los sesenta y pocos, hubiera allí permisividad con eso, muy escasa o ninguna. Pero no era lo de aquí, claro, los maricas a la cárcel, cualquier lugar más civilizado que esto. Yo no sé cómo se las arregló el hombre. Buenas dosis de castidad, supongo; abstinencia general y algunas escapadas de fin de semana a Boston o a Nueva York, donde se podría pasar inadvertido (imposible desde luego en un *campus*) y visitar algún club clandestino o semiclandestino, ejercer algo. Habría bares como al que va Don Murray en *Tempestad sobre Washington*, con tíos bailando agarrados y eso, la has visto, ¿no? —Negué con la cabeza—. ¿No? Estás loco, ¿y a qué esperas? Una maravilla. La película es de 1962 y está bien documentada, así que algo habría. Sea como sea, seguro que el pobre Ernesto Noguera lo tuvo más difícil para ligar modestamente en América que Towers para montar su tinglado de prostitución en la mismísima sede de las Naciones Unidas, la época coincide más o menos con la última del padre.

—Se llevó la mano a la barbilla, se la acarició con el pulgar repetidamente y sonrió: pese a su humillante despido, ilusionado con su nuevo proyecto con Palance y ojalá que Widmark, debía de habérsele ya pasado la rabia más rabiosa—. Eh, vaya pájaro, Harry. Estoy convencido de que cuanto nos contó Lom era verdad, las mayores bribonadas. ¿A ti qué impresión te hizo?

—Pues sí. Que sabía más a ciencia cierta de lo que aseguraba. Es normal que al relatárnoslo se anduviera con alguna cautela, dentro de la indiscreción, claro. Al fin y al cabo ha trabajado para él muchas veces. —Muriel movió la cabeza de un lado a otro, divertido en el recuerdo, abstraído. Sí, probablemente ya había medio perdonado a Towers, como había perdonado del todo a Van Vechten, sin saber qué exactamente, así es más fácil: sin querer saberlo. Si no era un hombre rencoroso, ni entraba a juzgar lo que no lo atañía, y aun restaba importancia a que le hubieran quitado una película, lo de Beatriz era inexplicable, tantos años. Pero iba a explicármelo, y se desviaba. Me impacienté, temía que se echara atrás en cualquier momento. Me atreví a reconducirlo—. Pero me estaba diciendo que meses antes de la boda surgió un imprevisto de gravedad, un problema gordo. Entiendo que con el padre.

Alzó un poco la nuca para mirarme más de frente. Tuve la sensación de que disfrutaba con sus demoras: ya que había accedido a contarme, tendría que ser a su ritmo y manera. Ese es el privilegio del que cuenta, y el que escucha no tiene ninguno, o solamente el de marcharse. Yo no me iba a ir aún, desde luego.

—No sé qué le dio al hombre. Ya no era un jo-
vencito, andaría por los cuarenta y muchos, la fogosidad
tarda en largarse. O se hartó y bajó la guardia. Después
de tanto tiempo de comedimiento, un colega de la Universidad lo pilló en Boston mamándosela a un sujeto
en unos urinarios públicos, o no sé, en los de un cine.
Como buen liberal, no corrió a denunciarlo a la policía,
pero sí ante el *Board of Professors* o como se llame, o ante
el *Chairman*, ahora creo que se lo llama ridículamente
Chairperson, para no incurrir en machismos. Esos *colle-
ges* de Nueva Inglaterra presumen tanto de su rectitud
que acaban por ser inquisitoriales. Te puedes imaginar
el escándalo. Bueno, no es que trascendiera a la prensa
ni nada, eso la rectitud lo impedía, y la conveniencia, no
era cuestión de ahuyentar a alumnos futuros. Pero en
esos lugares aislados en sus burbujas de lagos y bosques
todo se sabe. No sólo fue despedido, sino que se alertó a
otras Universidades de la zona, le pusieron imposible
que lo contratara nadie. El padre se quedó sin empleo ni
ingresos, deprimido y metido en casa, evitado de pronto por la mayoría de sus amistades. Así que Beatriz se
fue para allá de urgencia, a ver qué se hacía, sin saber
aún bien lo sucedido. El telegrama que recibió no le dejaba opción; lo recuerdo perfectamente: 'Despedido
Universidad. Situación gravísima. Largo contar. No llames. Ven deprisa'. Sus tíos le echaron una mano con el
pasaje de avión, yo no podía ayudarla mucho entonces,
todavía no había heredado y vivía más o menos al día.
Los pormenores no los conoció hasta estar allí, la gente

del *college* no tuvo más remedio que explicarle los hechos y el padre que confesarle sus inclinaciones; y también (no de golpe, algo más tarde) la no-muerte de la madre. De la cual, sin embargo, nunca hemos averiguado nada, Beatriz nunca quiso buscarla. Por ahí andará seguramente la señora, quizá con otros hijos, será una mujer de sesenta y tantos. Beatriz me iba contando todo esto por carta, al principio nos escribíamos casi a diario, o ella a mí en todo caso. El padre lo tenía crudo: o se trasladaba a la otra punta del país, a alguna Universidad de poca importancia a la que no se hubieran molestado en advertir los del *college*, o... Mala cosa. Incluso hablamos de traérnoslo a vivir con nosotros cuando nos casáramos. No era lo ideal para empezar un matrimonio, pero hubimos de considerarlo. Y además los tíos, buenos franquistas, el cuñado y la hermana, se indignaron cuando supieron la índole de la falta. Se les escapó algún comentario con la palabra 'incorregible', luego estarían enterados de antiguo, quiero decir de sus aficiones. En fin, probablemente a causa del disgusto, de la sacudida, a Noguera le dio un infarto a la semana o así de aterrizar Beatriz. Salió de él, pero maltrecho y necesitado de atenciones. Ella se quedó a su lado, siempre fue buena hija y siguió siéndolo, como todas las que han tenido sólo padre, suelen ser abnegadas con él y les da igual cómo se porte ese padre. Por lo menos no se vieron en apuros económicos de inmediato: tiraron de lo mucho que había ahorrado Noguera durante años de buenos sueldos americanos y escaso gasto, a la espera de que se recuperara lo bastante para probar suerte en Michigan o en Oklahoma o en Nuevo México, o para volverse a España; nada estaba decidido, y de todas formas no podía viajar de momento en su estado. Pasaron meses. El padre mejoraba poco y lento, continuaba muy delicado, y el regreso de Beatriz se postergaba. Anda, alcánzame un pitillo y un cenicero.

Hizo un alto, le acerqué mi paquete y le bajé al suelo un cenicero. Dejó a un lado la pipa ya apagada, me cogió un cigarrillo, lo encendió y expulsó el humo hacia el techo, dos o tres aros. Era de los que sabían hacer aros, como Errol Flynn y aquellos actores cuyo bigote había copiado de joven y mantenía. Estaba muy repeinado con agua, con su raya bien marcada distribuyendo el pelo abundante. Permaneció pensativo en silencio. Decidí picarlo, por si acaso:

—Pobre Beatriz —dije—. Todavía no veo nada en su comportamiento merecedor de castigo. Al contrario. Una joven cariñosa y leal, hasta ahora.

Se incorporó, apoyó los codos en el suelo, me miró algo airado, como si le hubiera soltado una impertinencia.

—Todavía no lo ves porque no hemos llegado. Si te vas a poner impaciente y a prejuzgar, mejor lo dejamos. —Levanté las dos manos abiertas en un gesto de rendición o como para parapetarme, que decía: 'Perdone, perdone', o 'Tregua, tregua', o 'No me haga caso'. Volvió a colocarse el pulgar como diminuta fusta de militar británico, aquella postura suya característica, y añadió—: Claro que a lo mejor, cuando lleguemos, a ti te parece una cosa venial, como a ella, una bobada. Quizá esperas algo llamativo, terrible. Quizá hasta un crimen, como en las películas. No hay nada de eso, ya lo sabes. Sólo una mentira y su vengativa..., no, su atolondrada revelación posterior, demasiados años más tarde, cuando más valía que se la hubiera guardado. Los hechos tenues de la vida íntima también pueden ser graves. De éstos hay a montones, tantos que a menudo la gente los pasa por alto, o no habría manera de relacionarse. Yo no. Bueno, otros sí los he pasado, como todo el mundo; pero ese no pude.

—Pues cuénteme, continúe. No voy a prejuzgar nada, descuide. Ni siquiera tengo por qué juzgar, no me corresponde.

Se tumbó otra vez, más calmado, y fue entonces cuando vi la mancha de un rostro, o de un busto, a través de los cristales de la parte superior de la puerta que él había cerrado. Como eran esmerilados, no podía distinguir de quién se trataba. Cuando Muriel me había convocado a su zona no había nadie más en la casa. Los hijos se habían ido a una piscina, Flavia a sus compras y recados, Beatriz había salido nada más desayunar, sin dar explicaciones, o no a mí, desde luego. Muriel, tirado en el suelo, carecía de perspectiva, quedaba fuera de su campo visual aquel rostro, aquella mancha rosada que no estaba pegada al vidrio sino a un paso o dos, para no llamar la atención o en la creencia de que así no se la detectaría. Pero yo, sentado a la mesa, la divisaba. Me pregunté si esa persona nos oiría, estaban cerradas las hojas que sin embargo no hacían clic, como ya he dicho; era posible. Dudé si advertir a Muriel de la presencia fantasmal, deformada. 'Se interrumpirá al instante si se lo digo', pensé, 'y seguiré sin enterarme, quién sabe si le volverá alguna vez la disposición relatora. No debo arriesgarme.' A medida que miraba me parecía reconocer el óvalo de la cara de Beatriz, ya lo había visto una vez a través de un cristal, sólo que aplastado contra él y el cristal era liso, con los ojos cerrados mientras alguien se la follaba de espaldas, no había sido yo en aquella ocasión, los dos recuerdos se me juntaron y me trajeron repentina vergüenza, el de Van Vechten allí y el mío en mi cuarto, hasta puede que me sonrojara. 'Y si es Beatriz', seguí pensando, 'para ella no habrá nada nuevo en la versión de Muriel, nada que él no le haya reprochado mil veces desde hace ocho años, será herida vieja, si es herida.' De hecho ella había admitido su culpa la noche de ronda y ruegos, la de mi temprano espionaje: 'Lo siento mucho, amor mío, siento haberte hecho mal', le había dicho, tal vez con sinceridad, tal vez con astucia. 'Quisiera que el tiempo pudiera retroceder.' Eso es lo que todos quisiéramos de vez en cuando, amor mío, echar marcha atrás, repetir el tiempo para cambiar lo que contuvo ese tiempo, con demasiada frecuencia lo llenamos nosotros y de nosotros depende cómo nos mire cuando haya pasado y ya sea pasado definitivo, y en cambio no sabemos mirarlo mientras transcurre, ni por lo tanto pintarlo. Quedará como un cuadro inamovible, plagado de trazos involuntarios y precipitados y tuertos, y así lo tendremos siempre ante nuestros ojos, o ante nuestro ojo único en la nuca, azul marítimo o azul nocturno. Opté por no avisarlo, por que ignorara el borrón, busto o mancha.

—No, no te corresponde —contestó Muriel—, pero no podrás sustraerte. Juzgarás, aunque no te pronuncies. Me da lo mismo. ¿Qué miras? —Se había dado cuenta de que desviaba insistentemente la vista hacia mi derecha, hacia la puerta.

—No, nada. Hay unos libros ahí salidos que me molestan. Ya sabe lo maniático que soy del orden. Voy a alinearlos un segundo, perdone.

Me levanté y me acerqué a un mueblecito giratorio de dos baldas que quedaba a la izquierda de la puerta, en él guardaba Muriel algunas primeras ediciones de su predilección, o firmadas o dedicadas por los autores, era moderadamente bibliófilo. Estaba a mucha más baja altura que los cristales que yo miraba, pero coló mi excusa. Al pasar por delante de ellos, la figura del exterior retrocedió en seguida o se salió de campo, desapareció momentáneamente. Apenas me cabía duda de que era Beatriz, habría regresado sin que la oyéramos entrar en el piso, y al percibir nuestro murmullo y adivinarnos reunidos se habría detenido a ver si pescaba algo de lo que hablábamos. Fingí meter unos volúmenes y volví a mi sitio ante la mesa. Un minuto después vi asomarse de nuevo la mancha rosada, como un retrato al pastel inacabado.

—Deja eso ahora, hombre.

—Disculpe, disculpe. Prosiga, se lo ruego. ¿Qué fue lo que pasó? ¿Cuál fue su falta?

—Hmm. Hmm. —Dos veces emitió ese sonido, más o menos, como si fuera un inglés y le costara ahora arrancarse—. Bueno. Bueno, primero hubo una mía, si es que enamorarse es una falta, casi siempre es involuntario. A veces no, es deliberado, pero son las menos. Pasaron meses y luego más meses, Beatriz no podía dejar al padre solo. Aplazamos la boda, o nos abstuvimos de fijarle fecha, en todo caso, hasta que la situación se resolviera, no se veía bien cómo. El hombre estaba débil, aturdido, avergonzado e indeciso. Había envejecido diez años de golpe, según ella; se le había encanecido todo el pelo, le habían brotado arrugas como por ensalmo, había perdido agilidad física y mental y casi no evolucionaba. Y claro, yo seguí aquí con mi vida, no es posible permanecer pendiente de nadie sin pausa, sobre todo a enorme distancia y sin poder recurrir ni a oír su voz de tanto en tanto, con lo fácil que es ahora... También debo reconocer que los infortunios enfrían y alejan, y si se prolongan uno huye de ellos... Me surgió la oportunidad de hacer mi segunda película y a ello me apliqué, se rodaba rápido entonces, tres o cuatro semanas, menos a veces, cinco a lo sumo y fuera. Bueno, luego había el montaje y todo eso... Y en fin, me enamoré de otra mujer como un imbécil, da lo mismo quién fuera. —'Una mujer que en principio me merece toda la confianza. Una antigua amiga, una antigua actriz, aunque cuando la conocí no lo era, eso vino después', recordé, pensé. 'Un antiguo amor. El amor de mi vida, como suele decirse', había ido admitiendo. Pero preferí no distraerlo con una pregunta ociosa—. Conocí el apasionamiento que hasta entonces no conocía. No te voy a explicar en qué consiste. Si aún no lo has experimentado, y es raro que eso aparezca antes de cumplir los treinta, te sonaría todo a canciones volcánicas, a desgarradas rancheras y a literatura barata y trillada. Y si sí, pues ya lo sabes. La descripción siempre es monótona, como la del sexo. Vivirlos es fascinante y relatarlos tedioso, sota, caballo y rey, algo más de caballo o algo más de rey, pocas variantes. Se trata de una cosa molesta, de todas formas, cuando la mira uno retrospectivamente, cuando ya está fuera de ella. Incluso cuesta imaginarse a uno mismo en ese estado, al cabo del tiempo. Pero, mientras dura, es lo único que le interesa. Se siente absorbido, y sufre el espejismo de que la vida verdadera es esa y de que ninguna otra vale la pena, palidece el resto. Hasta se contempla con superioridad a quienes no la tienen, cae uno en una especie de *hybris*. Tuve claro que quería no sólo estar con aquella mujer, sino estar para siempre, figúrate. Ella me correspondía, en este contexto huelga decirlo. La pasión crecía y no amainaba. No me quedaba otra que cancelar mi compromiso con Beatriz y poner término a nuestra relación. Seguir juntos habría supuesto para los dos una desdicha, tras mi descubrimiento. No era plato de gusto, nunca lo es esa tarea. Pero se me hacía una montaña insalvable, dadas sus circunstancias.

Muriel observaba ahora el techo, ni siquiera el cuadro. Hablaba un poco absorto. Se detuvo. Yo lancé una ojeada a mi derecha, veloz, para que él no me viera. Allí continuaba la mancha tras los cristales, a Beatriz se le debían de estar cansando las piernas, de permanecer de pie, ya era un rato. Tenía las piernas robustas, eso la ayudaría; y a lo mejor se había descalzado. Algo había de llegarle por fuerza de nuestra conversación, no iba a quedarse allí parada sin ver apenas ni oír nada. Dudaba de que fueran más que fragmentos, sin embargo, Muriel no alzaba mucho la voz desde el suelo y yo casi no intervenía. 'Aun así le compensa', pensé, 'pillar algún hilo suelto de esta historia que conoce.'

—Y no la salvó, esa montaña, entiendo —dije yo.

—¿Y por qué entiendes eso, si puede saberse? —me preguntó Muriel de nuevo airado.

—Bueno, Eduardo. Se casó con Beatriz. Han tenido hijos. Llevan juntos media vida. ¿Qué quiere que entienda?

—Pues no te pases de listo, joven De Vere. No te pases de listo —repitió audiblemente ofendido, y se incorporó otra vez como un resorte; pensé que iba a levantarse, que repararía entonces en la cara difusa y suspendería el relato—. ¿Qué te crees, que lo que le guardo es no haberme atrevido, por delicadeza haber perdido mi vida? ¿Por ahorrarme un mal trago, por cobardía? De eso nunca podría haberla culpado, hombre, ¿por quién me tomas? —Callé, él se sosegó, volvió a echarse, nunca dejó de sorprenderme aquella querencia suya por el suelo. Recuperó el tono sereno, siempre grave, acaso doliente, a duras penas enmascaraba este último—. No, yo fui honrado, o hasta donde pude, a nadie puede pedírsele que lo sea indefinidamente. Le escribí una larga carta explicándole lo que había ocurrido, lo que me ocurría. Intenté ser lo más afectuoso posible, lamentaba el daño que le causaba, era todo a pesar mío, en fin, lo habitual cuando se da un gran disgusto. De poco sirven el tacto y las buenas palabras, pero aun así uno los procura, qué remedio. No podía ocultárselo. Le dije que se quedara allí, que no regresara. O no por mí en todo caso, yo ya no iba a estar para ella, era imposible. Supuse que si permanecía en América no tardaría demasiado en olvidarse de mí y encauzar su vida. Después de todo, era el país en el que se había criado, era más el suyo que este. Los mismos que habían defenestrado a su padre la considerarían una víctima inocente y la ayudarían con becas o le conseguirían un trabajo, lo que fuera. No me quedé tranquilo, claro, cómo podía. Le envié la carta urgente y me dispuse a esperar. No descartaba una llamada precipitada que habría resultado inútil, no se puede hablar de algo así mientras el contador avanza implacable, entonces se lo pensaba uno mucho antes de poner una conferencia, y en ellas se soltaban las cosas a toda prisa, 'Te vas a arruinar', se decía, en cuanto alguien se alargaba un poco. Cuando calculé que la carta podía haber llegado no hubo llamada, pero al cabo de unos días más recibí un telegrama. Lo abrí convencido de que era una respuesta, dos gritos, dos insultos, una súplica; un reproche, una amenaza, una petición de tiempo hasta que nos viéramos, una oportunidad para reconquistarme, la distancia desfigura y desplaza. Pero no. El telegrama decía: 'Padre murió anoche. Nuevo infarto. Dos semanas arreglar aquí. Vuelvo. Prepara todo. Te quiero'.

—Aún no le había llegado la carta —dije.

—Era obvio que no. A veces se retrasaban bastante, por mucho sello de urgencia que se les pusiera. Alguna que otra se perdía. Bueno, igual que ahora. Lo que no había hecho era certificarla, no se me había ocurrido. Se me cayó el alma a los pies. La recibiría cualquier día, añadiendo desesperación a la pena, sentiría que se le hundía el mundo. Ojalá hubiera podido pararla. No para anularla, sí para aguardar a un momento menos malo, para aplazarla un poco, aunque fuera una semana, no golpe tras golpe. Pero ya volaba hacia allí, es más, debería haber alcanzado ya su destino. 'Prepara todo.' Eso lo entendí a la perfección, no me llamé a engaño: significaba 'Prepara boda'. Dejaría atrás el pasado difunto, yo era su único futuro, era su vida. No supe qué hacer. Estuve tentado de llamarla brevemente, que oyera mi voz, por lo del padre. Pero habría sido contradictorio con mi carta. En el telegrama sonaba bastante entera. Tal como iba el hombre, en el callejón en que se encontraba, su muerte no dejaba de ser una solución, dentro de todo. Pero ella lo adoraba y eso no había cambiado, quiero decir por las revelaciones chocantes, recientes: para muchas mujeres el padre de la niña que fueron pervive intacto y no varía, se lo perdonan todo. Estaría desolada. Y sola, más o menos. Al final lo más prudente me pareció otro telegrama: 'Siento infinito. Carta urgente camino. Importante. Espera leerla. Abrazo fuerte'.

Era evidente que Muriel recordaba con exactitud sus palabras y también las de ella, en aquel cruce telegráfico. Citaba textualmente, las habría releído un montón de veces y además algo así no se olvida, me imagino. 'Ni siquiera escribió "Beso fuerte"', pensé; 'aún menos le devolvió el "Te quiero". "Abrazo fuerte" se le dice o se le da a cualquiera, sobre todo si acaba de sufrir una pérdida. Se guardó las espaldas, debió de meditar lo que ponía; no quiso ser áspero, no golpe tras golpe, tampoco insinuarle ninguna esperanza de rectificación posible. Sí, hasta ahí fue honrado.'

—¿Y qué pasó?

—Nada. No contestó nada. Tampoco tenía por qué hacerlo, si bien se mira, a ese telegrama. Se limitaría a esperar la carta anunciada. Y estaría atareada con el entierro, con cerrar la casa que siempre había sido alquilada, con los trámites de la herencia, no es que le pudiera quedar mucho, pero quizá algo. Bueno, es lo que me suponía. Lo principal ya lo había dicho, por lo demás: dos semanas para finiquitarlo todo, luego vuelvo. Sólo me restaba esperar a la reacción a mi carta. Se produciría de un momento a otro, pero no llegaba. Yo aguardaba cada día esa reacción con la que tendría que lidiar, inquieto y temeroso; el día pasaba y no había tal, no había nada. Me desesperaba y a la vez sentía una especie de engañoso alivio, no voy a negártelo, a nadie le gusta hacer frente a los lloros que causa. Pero ni siquiera permitió que se cumplieran las dos semanas de prórroga. Lo aceleró todo al máximo como si la llevara el diablo, como si tuviera que huir perseguida por el FBI, como Harry y su fulana de alto copete. —Ahora rió con sequedad, al recordarlos de nuevo—. Dejó a un abogado amigo encargado de los papeleos, y al cabo de nueve días desde el primero, recibí otro telegrama: 'Llego Barajas mañana miércoles. TWA NY 7AM. Espérame. Te quiero más nunca'.

—Seguía sin haber leído su carta —dije—. Desde Nueva York, al día siguiente, y bien temprano. No le dio mucho tiempo para tomar una decisión, para prepararse. ¿Y la otra mujer, mientras tanto? —No pude evitar preguntar por ella, por aquel amor de su vida que antes o después también había sido víctima de Van Vechten, o eso había venido a contarle, al descubrir que era íntimo del pediatra.

—Mira que eres pesado con tus curiosidades —me contestó—. Anda, pásame otro cigarrillo y sírve-

me una copa. Se me ha secado la boca de tanto hablar.
—Así lo hice y me puse yo una. Le acerqué la suya a la
mesita baja, allí la alcanzaba desde el suelo y podía volver a dejarla. Al levantarme para ir a la repisa de las bebidas, la mancha se retiró de los cristales de nuevo, o tal
vez se agachó. Muriel bebió un trago y continuó—: Esa
mujer da lo mismo, no entra. Fue importantísima pero
pasó a la historia. Fue borrada y lo fue a conciencia y de
veras, al menos durante muchos años.

—Renunció usted a ella.

—Claro, ¿qué podía hacer? No tuve que pensármelo mucho al recibir aquel telegrama. Cómo decirlo,
irremediable. Mi carta se había extraviado para siempre
o llegaría cuando ella ya hubiera partido. Beatriz no estaba enterada de su contenido y volaba hacia mí como
quien se dirige a su salvación, a lo único que le queda,
en la creencia de que todo se mantenía en pie, como lo
había dejado al marcharse. Era lo que la había sostenido
durante muchos meses, y no sé, era madura, pero también una chica de veintiún años. Yo se la había escrito
cuando su padre aún vivía, aunque no acabara de recuperarse del primer infarto y su futuro laboral fuera casi
inexistente tras el escándalo. Pero Beatriz todavía estaba a tiempo de no moverse, y tenía una razón de peso
para permanecer allí, una misión incluso, y encarrilar su
vida de alguna forma. Ahora no, ahora había quemado
las naves. Habría gastado en el pasaje buena parte del
dinero que le quedara; había clausurado la casa de Massachusetts, no era posible regresar, ya no disponía de
ella; nada la retenía en aquel país, ningún vínculo fuerte. Eran hechos consumados. Yo podía haberme mantenido en mis trece y confiar en que se rehiciera en
Madrid. De todo se repone uno, es cierto, y sus tíos la
habrían albergado en primera instancia. Luego, quién
sabe. En peores situaciones se ha visto infinidad de gente, desde luego. Por no hablar de los mil niños huérfa-

nos de Dickens. —Casi siempre le afloraba un resto de humor, su jovialidad de fondo—. No tuve coraje. Lo había intentado, no había salido. Me sentía comprometido, me sentía en deuda. Ella venía a mí ignorante de lo que me pasaba, de lo que me había pasado; llena de ilusión y de esperanza dentro de su pena, tras varios golpes seguidos. Era incapaz de asestarle yo otro por sorpresa, cuando ya era tarde: el definitivo, o así me lo parecía entonces. Inconvenientes de la educación antigua, joven De Vere, y yo era aún joven, no me había alejado lo suficiente. Se me había inculcado el sentido de la responsabilidad adquirida. La idea de que hay que cumplir con la palabra dada. La noción de caballerosidad que hoy ya suena ridícula, todavía no tanto hace veinte años, desaparece todo muy rápido. —'La malvada rapidez', pensé; 'no sólo la de la lengua, es también la del tiempo que expulsa sin cesar personas, costumbres, conceptos'—. El convencimiento de que no se puede hacer grave daño, si está en la propia mano evitarlo.

Se llevó las dos palmas a la cara y se apretó las mejillas hasta deformarse la boca, con aquel gesto. No supe si estaba maldiciendo aquella educación antigua o si la asumía retrospectivamente, si se forzaba a encajarla una vez más en su seno, al fin y al cabo poco puede hacerse contra lo que le toca a uno en suerte. O contra el carácter, si no logra uno cambiárselo. Cada vez hay más individuos que sí lo consiguen: de hecho se lo reconfiguran cada cierto tiempo.

—¿Y cómo se lo tomó la otra? —Sentía interés por la abandonada, pese a la reticencia de Muriel a hablar de ella.

Se quitó las manos del rostro, resopló, le volvió a su ser la boca, se tocó el parche con dos dedos para comprobar que no se le había descolocado.

—Pasé la noche entera con ella. Le expliqué, le di la noticia, lloró a mares, lo entendió en parte, no se puso agresiva ni histérica. Apenas si compitió, sólo lloró. Pero ya te he dicho: mejor dejémosla fuera, puesto que ahí se quedó la pobre: fuera. —Seguramente Muriel se había olvidado de que algo me había ya contado, poco, y además en otro contexto. 'Haz lo que te parezca que debes hacer', recordé, le había dicho aquella mujer. 'Haz lo que te vaya a causar menos tormento, aquello con lo que más puedas vivir. Pero entonces no nos recuerdes, a ti y a mí. Nunca nos recuerdes juntos si no quieres lamentarte día tras día y todavía más noche tras noche. Ni siquiera nos recuerdes separados, porque al final, al recordar, siempre se junta.'

—Algo me contó usted al respecto. —Y le traje a la memoria, le repetí estas palabras.

Se incorporó otra vez y me miró desconcertado un momento; luego hizo recapitulación mental, velozmente.

—Sí, bueno, está bien. —Y su voz sonó alterada, quizá un poco irritada por mi reproducción tan precisa—. Siempre has presumido de tu retentiva, hay que tener cuidado con lo que se te cuenta, porque lo registras como una máquina. Sí, algo así vino a decirme. Pero ese fue el resumen. Aquella noche, no te creas, resultó muy larga. Tuvo sus vaivenes, y dudé en algunos instantes. Pero prevaleció la resolución que había tomado. Me despedí de ella pasadas las seis de la mañana y me fui derecho al aeropuerto, directo desde su casa. Cerré la puerta tras de mí para que no siguiera mirándome desde el umbral, mientras el ascensor subía. Quizá me observó por la mirilla, no puedo saberlo. Cerré la puerta sabiendo que dejaba pasar de largo el apasionamiento, el amor de mi vida... El rarísimo apasionamiento, pocas veces aparece... Cuando llegué a Barajas todavía conservaba su olor, supongo. Daba lo mismo. Nadie iba a pedirme cuentas, sólo habría faltado eso; y Beatriz era muy lista, nunca habría cometido un error semejante, no tras tantos meses de ausencia.

—¿Y cómo fue el encuentro? Viniendo de donde usted venía. —Hablé de nuevo porque había vuelto a callarse. Eché una ojeada a los cristales, la cara rosada había recuperado su sitio.

—El vuelo aterrizó puntual, sin apenas retraso, llegué justo a tiempo. Cuando apareció Beatriz la vi guapa, mentiría si dijera lo contrario, nada que ver con la de ahora. No es que eso me compensara, claro, pero algo era algo. Más vale que a uno le guste la persona que va a estar a su lado mucho tiempo; de la manera más elemental y epidérmica, me refiero. Se abrazó a mí con fuerza, con una sonrisa como no he visto igual en mi vida, quiero decir de radiante, de luminosa. He intentado reproducir esa sonrisa en algunas actrices, en mis películas, nunca he logrado de ellas más que un pálido reflejo, por buenas que fueran. Sonreía como si no diera crédito a su suerte, como si le pareciera imposible estar de vuelta conmigo. Y luego se echó a llorar, hundió la cara en mi pecho y permaneció así un rato, recuerdo que me dejó la gabardina mojada. Tenía que haberlo deseado muchísimo. Eso también conmueve, la ignorancia del otro; la felicidad del otro, cuando salta a la vista que uno es la causa. Siente uno responsabilidad, o se le acentúa. Cuando recogimos sus maletas y se le pasó ya un poco, no pude evitar preguntarle, que fuera una de mis primeras preguntas: '¿Nunca recibiste mi carta? La que te anuncié en mi telegrama'. '¡No!', contestó en tono de queja. 'Mira que la esperé con ansia. Suponía que me consolaría mucho, que me hablarías de mi padre, de su pérdida, que me serviría de ayuda para encajarla. No sabes la rabia que me da que se haya perdido, justamente esa, la que más necesitaba.' Había entendido que mi carta era de pésame, por así decir. Que la había escrito al saber la noticia, a toda prisa, para que no se quedara sólo con tres frases lacónicas y comprimidas al máximo. De haber sido enviada entonces, en realidad no habían pasado tantos días como para darla por extraviada definitivamente: nueve, diez a lo sumo. Yo no había sido lo bastante explícito en mi telegrama. 'Carta urgente camino. Importante. Espera leerla', le había puesto. En aquellos momentos ella no estaría para desentrañar sutilezas ni rebuscar sentidos. Tendría que haber añadido 'antes venir', o 'antes tomar decisiones'. 'Espera leerla antes tomar decisiones'; me imagino que eso habría bastado para frenarla, para que se preguntara, para que indagara y no se precipitara; incluso para que al retrasarse la carta me hubiera llamado. —Hizo una pausa, bebió un sorbo y sonrió, esta vez con burla de sí mismo o con leve amargura—. Pero en los telegramas, ya ves, todo el mundo ahorraba palabras.

—Pero no cree usted que hubieran cambiado mucho las cosas, ¿no?, de no habérselas ahorrado —dije.

Entonces se cansó de estar tumbado, o bien quiso tenerme enfrente, porque no sólo se levantó, se desperezó con los brazos muy estirados y fue a sentarse en uno de los sofás, el que quedaba de espaldas a la puerta (al alzarse él la mancha desapareció una vez más, seguramente con sobresalto), sino que me instó a dejar mi puesto ante la mesa, me señaló el otro sofá con la mano:

—Anda, ponte ahí, no me hagas torcer el cuello, parece mentira que nunca te acuerdes de que mi campo visual no es el mismo que el tuyo. Como si no resultara visible este parche. —Y volvió a dedicarle un rápido tamborileo. Y una vez que obedecí me respondió—: Quién sabe. Probablemente no. Probablemente habría encontrado otra manera de hacerse la tonta, de no darse por enterada. Eso lo sé ahora, pero entonces ni lo sospechaba. Bueno, se me pasó por la cabeza, y a la otra mujer se le pasó más todavía, pero pensé que hablaba su desesperación, lo descarté en seguida. No me parecía posible que alguien tan joven fuera capaz de jugar tan sucio, la verdad, y con tanta alevosía. —'Yo soy poco menos joven', se me cruzó como una ráfaga, 'y no he jugado muy limpio con él, aunque creo que sin alevosía'—. En medio de su desgracia, eso además, confundimos vulnerabilidad con inocuidad y creemos que las víctimas no hieren, es un error muy extendido. No la veía capaz de basar toda su vida futura en una mentira. De hipotecarla con eso, de asentarla sobre algo tan...

precario. Claro que, cuanto más abarcadora la mentira, mayor tendencia a olvidarla por parte de quien se sirve de ella. Me conocía perfectamente, llevaba años estudiándome desde su poca edad, mientras yo estaba distraído y no me fijaba; ni la advertía. Pequé de ingenuo y confiado. Siempre pensé que no se podía ir por la vida lleno de desconfianza y recelos. Me costó mucho aprenderlo. Ni siquiera estoy seguro de haberlo aprendido del todo. Qué se le va a hacer. Uno va escarmentando y se obliga, se obliga a mayores cautelas; pero permanece el carácter. Atenuado si se quiere: no mucho más que eso.

—Tardó años en averiguarlo.

—Doce años —contestó—, se dice pronto. Más o menos. Y cuatro hijos después. Y no lo averigüé por mi cuenta, me lo soltó ella en un arrebato de furia, para hacerme daño. Podría haberme muerto ignorándolo, y más me hubiera valido, yo creo. —'Si no me hubieras dicho nada. Si me hubieras mantenido en el engaño', recordé.

—¿Sí? ¿Usted cree? ¿Lo dice en serio? —Era demasiado joven para entender eso, pese a mi precocidad general. Los jóvenes tienen excesivo apego a la verdad, a la que los atañe. Faltan sin cesar a ella, pero no puede pedírseles que renuncien a las que los incumben y afectan. No soportan ser burlados y tomados por tontos, cuando eso es poco grave y el común destino de mujeres y hombres, sin distinción alguna.

—Sí, lo creo. A fin de cuentas, yo había hecho un esfuerzo. Un esfuerzo largo. Había hecho caso a eso que has repetido, a lo que me aconsejó la otra mujer. Fue una recomendación retórica, si es que no dramática, una escenificación, una salida *en beauté*, aquella suya. Propia de las circunstancias, de una despedida inesperada y abrupta, para no descomponer la figura. Pero me la tomé al pie de la letra, le vi sentido. E hice eso, no recordarnos a ella y a mí, en la medida de lo posible; es decir, en la superficie: en el fondo le queda a uno siempre la añoranza de la vida que fue desechada, y en los malos momentos se refugia uno en ella como en una ensoñación o una fantasmagoría. Pero, una vez que tomé la decisión, o una vez que salí del aeropuerto con Beatriz colgada del brazo aquella mañana, como una verdadera pareja encaminada hacia su futuro, me hice el propósito de quedarme donde me quedaba. 'Voy a quererla', me dije, 'voy a estar siempre a su lado. Voy a serle fiel', me repetí mil veces, 'y no voy a fallarle ni a abandonarla. Ella es lo que me ha caído en suerte, sin elegirla. Da lo mismo, estaré junto a ella, la protegeré y la apoyaré y cuidaré de sus hijos, y la querré como si la hubiera elegido. Me olvidaré de lo que se perdió en el camino, es tarde para retroceder y esa senda ya no es la mía. Avanzaré por esta sin mirar atrás, y procuraré no lamentarme.' Me lo dije y me lo recordé infinidad de veces, a lo largo de mucho tiempo.

—¿Y logró cumplirlo? —le pregunté, aunque sabía la respuesta, porque también había oído esto la noche en que Beatriz llamó tímidamente a su puerta con un solo nudillo: 'Qué estúpido fui al quererte todos estos años, lo más que pude, mientras no supe nada', le había dicho él poniéndole las manos sobre los hombros, antes de sobarle el cuerpo con desdén y actitud vejatoria, quizá también con una vaga o encubierta lujuria que se tenía prohibida desde hacía mucho. Y al cabo de un rato, ya después del manoseo, ella le había contestado: 'No, no fuiste un estúpido. No, fue al contrario: hiciste bien en quererme todos estos años pasados, todos estos años atrás... Seguramente no hayas hecho nunca nada mejor'. Tuve la certeza de que a Beatriz se le habían humedecido los ojos, y sólo así me expliqué la sorprendente reacción de Muriel: 'Eso te lo concedo', le había dicho. 'Razón de más para que tenga la convicción de haber tirado mi vida. Una dimensión de mi vida. Por eso no te puedo perdonar.' Había empleado un tono suave, casi de deploración, al pronunciar estas palabras.

—Sí, ya lo creo, quizá con creces. No costaba mucho quererla, ya te lo he dicho, sin apasionamiento. No es imprescindible. Y costaba aún menos tras las revelaciones del padre, su convalecencia y su muerte, la veía como a un ser desvalido y desarraigado, solo y sin lugar en el mundo. Tampoco costaba desearla, en absoluto, hasta que me repelió lo que había hecho y además empezó a descuidarse. No voy a decir que no tuviera ningún devaneo durante doce años: pasábamos temporadas separados, mientras yo rodaba en América o ni siquiera tan lejos. Pero fueron muy escasos y sólo eso, devaneos ocasionales que jamás la amenazaron, no me dejaron huella y aún menos nostalgias. Apenas recuerdo. Vinieron los hijos, y eso añade vínculos. Vino la muerte del mayor, y eso lo atravesamos juntos. No te voy a contar lo que supone la muerte de un niño pequeño, ya hay demasiada literatura oportunista y barata, y demasiado cine, que han explotado esa desgracia para emocionar sobre seguro a la gente, resulta fácil provocar llanto y lástima con eso, en la ficción o en la autobiografía, es indiferente, es indecente. Hasta Thomas Mann incurrió en ello, en su celebrado *Doctor Fausto*, si no me confundo. Pero bueno, es algo que nunca se olvida. No sólo al niño, también a la persona que estuvo al lado, a la que padeció con uno esa desgracia, a la que uno vio sufrir y esforzarse por no hundirse, a la que sostuvo, y a la vez se agarró a ella para sostenerse. No se puede cancelar todo lo habido, Juan, aunque el origen de todo resulte haber sido una farsa.

Se interrumpió, se quedó abismado. Ahora no miraba hacia lo alto, sino al suelo con el ojo penetrante y fijo, como si quisiera ver bajo la madera. No me atreví a acercarme a la foto de Beatriz con el niño, mi primer impulso; en realidad no me hacía falta, la conocía bien, la había estudiado. Aproveché para lanzar otra ojeada a los cristales, de la deformada cara ya no había ni rastro, quizá se había escondido tras la parte opaca de la puerta, o acaso se había marchado, incapaz de oír más (si es que oía), o para no ser descubierta por su viejo amor vigente que la repudiaba ('Lo siento mucho, amor mío', así lo había llamado).

—¿Por qué se lo contó, al cabo de tantos años?

—Bah. El porqué es lo de menos. No mucho después del nacimiento de Tomás discutimos. Había una actriz... Nah, para entonces sin la menor importancia; nadie tuvo nunca importancia, ni siquiera la mujer que abandoné por ella, cuando reapareció brevemente en mi vida, yo había llevado a cabo mi tarea con eficacia. Y el tiempo no está facultado para suplantar al tiempo... En fin, yo me puse desagradable, tú me has visto serlo, puedo sacar de quicio. La saqué de quicio en aquella ocasión y me lo soltó sin pensárselo, sin pensar en las consecuencias. Se miden mal esas cosas, las que salen de la lengua nos parecen más veniales que las de nuestras manos, y no suelen serlo. Había pasado tanto tiempo, se habían superpuesto tantos hechos, los hijos y las películas y nuestro matrimonio, que ella ya veía su trampa como una chiquillada, en efecto, o eso dice siempre para defenderse. La ve también como la prehistoria, algo que nuestra historia juntos tendría que haber sepultado hace siglos, la fuerza del presente, ya sabes, la fuerza de los acontecimientos, de lo irreversible. Pero lo peor no fue que me lo confesara, sino que me trajo la carta para que la viera. Fue a un estante sin titubear, la sacó de un libro y me la puso en las manos. Allí estaba, abierta pero con su sobre y sus sellos, el nombre y la dirección con mi letra, yo había escrito *exprès* en rojo y la había confiado con temblor a Correos, la había llevado a la central de Cibeles para que saliera más rápido. Escribirla me había costado sudores, una noche de insomnio, había sopesado cada palabra, intentando ser sincero y a la vez no herirla, o lo menos posible. Para mí se había perdido en el limbo y nunca había llegado, y sin embargo allí estaba, había viajado hasta América y había vuelto con ella, metida en las maletas con que había cargado o quizá en su bolso, o ya en el libro que hubiera ido leyendo en aquel lejano vuelo. Llevaba doce años en su poder y además la había guardado. Para qué se guarda eso, conviene destruirlo, quemarlo, si no era para enseñármela un día, para regodearse, para restregármela. No le bastó con modificar mi vida, con dirigírmela como a un actor a sus órdenes, con imponerse en ella y ocuparla entera contra mi voluntad expresa que había conocido desde el principio. Quería que alguna vez me enterara, no me permitió permanecer en el engaño, que a veces es lo mejor que a uno puede pasarle, si se ha conformado con lo que ha habido. Y yo estaba ya más o menos conforme. Me había olvidado por completo del apasionamiento, en todo caso. No es muy difícil, al ser tan raro.

Me acordé entonces de lo que me había dicho otra mañana, al hablarme del primogénito muerto y de cuánto había hecho Van Vechten por intentar salvarlo, y por todos ellos a lo largo de años. Eran las palabras de alguien que sabe cuál es el cálculo de probabilidades en las existencias de las personas y no pretende contarse entre las excepcionales: 'Son demasiadas las vidas configuradas sobre el engaño o el error, seguramente la mayoría desde que el mundo existe, por qué iba yo a librarme, por qué no la mía también. Ese pensamiento me sirve de consuelo a ratos, convencerme de que no soy el único sino, por el contrario, uno más de la inacabable lista, de los que intentaron ser rectos y ceñirse a lo prometido, de los que tuvieron a gala poder decir lo que cada día más se percibe como una anticuada estupidez: "Mirad, tengo palabra"....'.

Bebió, encendió otro de mis cigarrillos, cruzó las piernas de manera que el pie de la atravesada tocaba el suelo, largas que eran. Rebuscó en un bolsillo del pantalón y extrajo su brújula y acercó la aguja al ojo o el ojo a la aguja, como si ésta contuviera el tiempo ido, o lo no sucedido; pensé si habría terminado de contarme, o si se habría cansado de rememorar y dejaba el resto a mis deducciones.

—¿Por qué no se separó? ¿Por qué no la abandonó de inmediato? —le pregunté sin embargo; quería saber por qué había preferido la larga e indisoluble desdicha. No había habido divorcio en España ni lo habría hasta un año más tarde, pero desde 1940 la gente se separaba discretamente, sin oficializarlo ni comunicarlo, sobre todo si era el marido el que decidía marcharse. Siempre había sido así en el país sojuzgado, siempre se habían encontrado modos de esquivar las leyes, hasta cierto punto, algunas de ellas.

—Ah no. —Reaccionó en seguida, le brilló el ojo con furia, suspendió la observación de la brújula—. Cuando me enseñó la carta comprendí que aquella sonrisa radiante de la mañana en que fui a recogerla a Barajas, esa que he intentado reproducir en actrices, no era de mera felicidad ignorante del riesgo que había corrido, sino de felicidad sabedora, de triunfo, de haberse salido con la suya y haber coronado la representación con éxito. Tenía que pagar, y eso habría sido benigno. Se habría rehecho antes o después, quizá se habría buscado a otro hombre, todavía era bastante joven. Mientras que si yo seguía a mano, aunque fuera a temporadas, eso le habría resultado imposible. De hecho le ha resultado imposible.

—Todavía *es* bastante joven, Eduardo, aunque usted no quiera verlo.

No me escuchó o no me hizo caso.

—Impuse habitaciones separadas y le cerré la mía para siempre. Si no otra cosa, había habido mucha sexualidad entre nosotros. Desde entonces no he vuelto a tocarla, qué edad tiene Tomás, ya ocho años. Tampoco he vuelto a quererla de aquella manera fácil, festiva, superficial, en que siempre la quise, para ella era suficiente. —Pero en contados momentos yo los había visto divertirse juntos sin percatarse de que lo hacían, tal vez; y tras la alarma del Wellington él se había mostrado cuidadoso y casi afectuoso con ella: no hay inercia que se suprima del todo, imagino, por mucho afán que se ponga—. Engordó, se deterioró, se deprimió, se le fue yendo la cabeza, cada día más, poco a poco. Todas las tentativas de suicidio son posteriores a eso. Sin duda son consecuencia de eso, por lo menos en origen. Antes jamás se le habría ocurrido, era una mujer sin queja. Eso ya no es tan benigno, eso es más justo. —'El perdón aguanta menos bien que la venganza', pensé, recordé. O quizá lo pienso o lo recuerdo ahora.

—A costa de permanecer usted atado. Parece una modalidad de ese dicho tan nuestro, ¿no?, 'Quedarse uno tuerto por dejar al otro ciego'.

Me miró con una mezcla de severidad e ironía.

—Yo ya estaba tuerto, joven De Vere, ¿o es que no me ves? —Y se volvió a tocar el parche. Pero esta vez no lo decía sólo literalmente, se refería también a su ingenuidad, a su buena fe, a su credulidad de veinte años atrás o de los que fueran—. Desde entonces hago lo que me parece, no he de rendir cuentas a nadie ni molestarme en inventar, faltaría más. Y ella también, supongo, me trae sin cuidado cómo conduzca su vida, me desentendí; pero ella hace lo que le parece obligada, no por gusto; lo hace a rastras, yo la arrastro a disponer de una libertad que no desea en modo alguno, preferiría estar sujeta a mí. Por lo demás, no he perdido nada: en estos años tampoco ha aparecido ninguna mujer que me emocionara lo bastante para querer irme con ella. Eso ya pasó, está descartado. Aunque quién sabe si pronto...

—¿Si pronto qué? —Lo apremié demasiado, se me escapó, y seguramente con ello me impedí averiguar qué se anunciaba, qué lo tentaba.

—Si pronto nada. —Se cerró en banda en el acto—. Si ya lo es poco el pasado, el futuro sí que no es de tu incumbencia.

No insistí, lo dejé correr prudentemente. Y al instante pensé 'Mejor así', al ver de nuevo el óvalo reconocible, la mancha rosada tras los cristales, ya no debía de importarle que la descubriera Muriel, que seguía estando de espaldas y yo en cambio la tenía de frente. 'Mejor que no lo oiga, si oye; que no lo oiga esa pobre mujer infeliz, amorosa y doliente. O pobre alma, pobre diablo.'

—Pero no le traerá tan sin cuidado cómo conduzca ella su vida —regresé a lo anterior—, si se aterró usted tanto la noche del Wellington.

—Ha —respondió. Y al cabo de unos segundos volvió a emitir el mismo sonido, más que una *j* era una *h* aspirada, no era risa, era un sonido de ligera decepción, o de superioridad: como si conmigo la necesitara—. Ha. He aquí al memorizador, tú mismo lo has dicho: me trae sin cuidado cómo conduzca su vida, pero no cómo conduzca su muerte, ni que la alcance. Me importa mucho que muera, que se mate. Es lo último que deseo. Sería terrible para mis hijos, y también para mí, ¿qué te crees? Claro que si un día lo logra, qué puedo hacer. Pero si eso pasa, no te quepa duda de que para mí será una tragedia, y de que la lloraré de veras. Uno no borra lo que ha habido de un trazo, te lo he dicho. Aunque decida que ya no puede seguir habiéndolo.

Sí, ya le había oído algo parecido a eso, más elaboradamente se lo había dicho a Beatriz a la puerta de su dormitorio, a Beatriz en camisón: 'Qué sentido tiene sacar un día del error. Eso es aún peor, porque desmiente lo habido y uno tiene que volverse a contar lo vivido o negárselo. Y sin embargo vivió lo que vivió. ¿Qué hace uno entonces con eso? ¿Tachar su vida? Eso no es posible, como tampoco renunciar a los años que fueron y ya no pueden ser de otro modo, y de ellos quedará siempre un resto, un recuerdo, aunque ahora sea fantasmagórico, algo que ocurrió y que no ocurrió. ¿Y dónde coloca uno eso, lo que ocurrió y no ocurrió?'. Había empleado un tono de lamento, ya no de desprecio ni agresividad, quizá sí un poco de rencor. Y Beatriz se había trasladado de inmediato a ese mismo tono, para llamarlo 'amor mío' y desear que el tiempo retrocediera y pedirle perdón; tal vez con astucia, tal vez con sinceridad.

Entonces ella abrió la puerta, reveló su presencia, se asomó. No estaba descalza, llevaba sus tacones altos con los que salía casi siempre a la calle, realzaban su exuberante figura. Al oírlo Muriel se levantó y se volvió, al verla el ojo le centelleó. Ella se quedó en el umbral con una mano extendida y una mirada de súplica, como si le pidiera que se la cogiera y la condujera adentro, como si lo llamara 'amor mío' otra vez. Oír que su muerte era lo último que él deseaba, oír que la lloraría de veras, debió de parecerle motivo de gratitud, o quién sabe si de esperanza demente. Pero el gesto de él con la mano fue inequívoco y terminante. Un gesto de alejamiento, de ahuyentamiento, lo reiteró varias veces, como si le ordenara que se retirara sin dilación, como si espantara a un gato. Para mí le estaba repitiendo lo que llevaba ocho años diciéndole: *'Non, pas de caresses'*. 'No, nada de caricias. Y no, nada de besos.'

XI

Sí la lloró, yo lo vi con mis ojos. La lloró al enterarse y copiosamente durante el entierro en el cementerio de La Almudena, una mañana de Madrid soleada; vi cómo le caían las lágrimas incontenibles del ojo que hablaba —no así del callado, que debía de carecer de lagrimales, o quizá es que el parche actuaba de dique, tan encajado— mientras los sepultureros bajaban por fin la caja y arrojaban sobre ella las primeras paletadas de tierra. Nadie se quedó hasta ver las últimas ni la recolocación de la lápida, levantada y abierta para meterla, en la tumba familiar aún restaba un hueco que sería para el propio Muriel, presumiblemente, allí reposaba desde hacía mucho el malogrado niño Javier, que al no haber crecido ocupaba muy poco y al que además envolvería ahora el imaginario abrazo de su madre. No se quedó Muriel, pese a que le costaba despedirse y al que hubo que sostener de tan tambaleante, ni tampoco Susana ni Tomás ni Alicia, que le prestaron su apoyo, más pendientes del padre vivo y transitoriamente envejecido —envejecido sólo aquel día— que de quien era ya sólo abundante carne inerte que se perdería muy pronto sin que nadie asistiera a ese proceso, por suerte: tenemos la buena costumbre de no imponer testigos a los difuntos, y los dejamos a que en su palidez sigan muriendo. No se quedaron Rico ni Roy ni Van Vechten, ni Gloria ni Marcela ni Flavia, ni los colegas del colegio en que Beatriz daba clases de su inglés americano ni unos pocos alumnos que fueron en representación de todos, ni dos o tres de los particulares. Menos aún los conocidos de Muriel que acudieron por compromiso o por vergüenza torera: el maestro Rafael Viana y otros de farra, aquél acompañado de la funcionaria Celia, que me lanzó una mirada neutra y velada; un par de diplomáticos y gente de cine, entre la cual vi a un bodeguero con el que Muriel andaba en tratos persuasivos y un momento a Jess Franco, que en seguida se marchó con pasos cortos y mucha prisa, seguramente para rodar media película en lo que quedaba de jornada. No me sorprendió demasiado divisar, discreta y un poco apartada, a la empresaria Cecilia Alemany, la reconocí pese a sus gafas oscuras, en parte porque masticaba chicle sin darse cuenta de lo impropio de sus movimientos mandibulares, en aquel paraje y contexto. Una mujer desahogada, como casi todas las de mucho dinero, eso me confirmó la buena amistad que había hecho con mi jefe últimamente. Tampoco me quedé yo a ver desaparecer del todo el ataúd bajo la tierra, no me tocaba, o habría resultado extraño. Me prometí visitar la tumba de vez en cuando, jamás lo he hecho en todo este tiempo, o sólo una vez, años más tarde, para acompañar al que faltaba y sostener a Susana, que era entonces quien más se tambaleaba.

Poco después de aquella conversación el matrimonio, los hijos y Flavia se marcharon de veraneo a una casa que tenían en Soria, ciudad fresca, con iglesias románicas, vestigios del poeta Machado, río en el que nadar y un hermoso parque, llevaban media vida trasladándose allí o a un hotel de San Sebastián cuando el calor apretaba —según hubieran ido peor o mejor las finanzas—, estaba a menos de tres horas de Madrid por carretera, luego Muriel podía volver si algo urgente lo requería. No sé lo que pasó en ese lugar, si es que hubo de pasar algo. Lo más probable es que no, fuera de los malos modos habituales o tal vez agravados por la falta allí de escapatorias: me imagino que Muriel estuvo sólo días sueltos, requerido en Madrid o en otros sitios por mucho urgente, verdadero o falso, quizá por una mujer con dominio por primera vez en largos años. Y cuando regresaron, a finales de agosto, yo dejé de trabajar en el piso de Velázquez y dije adiós a mi cuartucho, como ya estaba más o menos decidido y previsto. Me había inmiscuido demasiado en todo, o era ese matrimonio el que se había atravesado en mi vida, apenas la de un principiante. Tampoco fue ajena a mi resolución la presencia invariable del Doctor, que continuó entrando y saliendo como siempre, aunque conmigo ya no se mostraba amigable ni dicharachero ni desenvuelto, era pura rigidez y semblante severo. Muriel le tenía suficientes agradecimiento y simpatía para que le importara poco lo que hubiera hecho, y tras sus acuciantes y malditas dudas —ellas me metieron en la historia sórdida—, preferir ignorarlo. A diferencia de Beatriz, no se lo había hecho a él, lo que quisiera que fuese, eso había dicho. Pero tras el relato de Vidal y nuestra reunión en Chicote, tras sus amenazas nada veladas ('Oye, a ver qué vas tú a contar... ¿Me entiendes, chaval, o no me entiendes?'), a mí no me quedaba ninguna gana de coincidir en la misma habitación con Van Vechten.

Así que no pude estar allí para seguir a Beatriz ni guardarla ni vigilarla, para echarme a la calle tras ella cuando salía sola, y era entonces cuando más había que preocuparse, según su marido y según había comprobado yo mismo más tarde. Por otra parte, había abandonado ya esa costumbre furtiva y difícilmente explicable, más o menos desde que me había acostado con ella, una sola noche y sin que se enterara nadie, o sólo alguien que había corrido por el pasillo y luego no había soltado prenda ni había cambiado de actitud conmigo ni me había lanzado un ojo de reproche —nada—, fuera quien fuese, jamás lo he sabido a ciencia cierta, si bien tengo mis suposiciones. Y aunque allí hubiera estado, tampoco habría podido seguirla aquella tarde, como no pude nunca hacerlo cuando se montaba en la Harley-Davidson y desaparecía quién sabía camino de dónde, ni con quién o si con alguien, ni hacia quién o si hacia alguien. Muriel nunca me habló de los dos intentos de suicidio anteriores a mi aparición, nunca en detalle, pero si fallaron tuvieron que ser, como el que yo frustré, menos drásticos y menos rápidos, menos bestiales y con vacilaciones, con margen para salvarse. Beatriz Noguera se estrelló contra un árbol en septiembre, cuando atardecía, en una carretera secundaria ya muy cerca de Ávila, a un par de kilómetros de donde se había matado años antes el hermano de Muriel, Roberto, en compañía de una joven francesa, los dos muy desabotonados. No sé por qué, me figuré que habría sido contra uno de esos árboles —largas hileras de ellos— con una franja pintada de blanco para hacerlos más visibles a la visión nocturna, aunque puede que hacia 1980 esas franjas gruesas a mitad del tronco hubieran dejado de pintarse, no estoy seguro, no lo recuerdo. Pese a que en los accidentes de moto o de coche siempre cabe la posibilidad de la indeliberación y el azar, de la distracción y la imprudencia y el imprevisto, a todos nos quedó la idea de que había embestido a propósito, por lo menos a los adultos. (A los niños, como correspondía, se les contó la versión de la rama cruzada, de la mancha de grasa o del animal que atraviesa, la clemente historia del destino adverso y de la mala suerte, que Susana, sagaz como era a sus quince años, fingió creer solamente por piedad hacia sus hermanos.) El choque había sido tan frontal que Beatriz parecía haber elegido con cuidado el árbol: ese, ese y no otro entre tantos iguales, quizá pensando: 'Mi culpa ha pasado pero permanece el castigo. Si no es ahora, ¿qué es morir a tiempo? No volveré a mi cama afligida, no quiero que el pesar me la siga rondando. El intervalo es mío'. Según fui sabiendo por Rico, por Roy, por Flavia, por el propio Muriel días más tarde, podía imaginarse que había detenido la Harley-Davidson en un punto de la carretera y se había quitado el casco que entonces no muchos llevaban pero ella sí algunas veces: apareció tirado en la hierba, fuera del asfalto y a bastantes metros del lugar del accidente, como si se le hubiera caído o hubiera arrojado antes la cabeza de la que tan mal andaba a temporadas, tal vez pensando: 'Yo no quiero una vida nueva con otro hombre. Quiero la que tuve durante bastantes años, con el mismo hombre. No quiero olvidarme ni superarlo, ni rehacer nada, sino la prolongación de lo que hubo y continuar en lo mismo'. Es probable que no pasaran vehículos por aquel sitio a aquellas horas, y que ella pudiera tomarse su tiempo antes de coger impulso imaginario y arrancar de nuevo y acelerar al máximo, que mirara a su alrededor un rato para acostumbrarse al lugar frondoso que sería el último oscurecido, y quién sabe si se preguntó en la espera: '¿Por qué habría de querernos el que señalamos nosotros con tembloroso dedo? ¿Por qué ese justamente, como si tuviera que obedecernos? ¿O por qué habría de desearnos aquel que nos turba y enciende y por cuyos huesos y carne morimos? ¿A qué tanta casualidad? Y cuando se da, ¿a qué tanta duración? ¿Por qué ha de perseverar algo tan frágil y tan prendido con alfileres...?'. Acaso se echó un postrer vistazo a sí misma y a su atuendo, o incluso sacó de su bolso un espejo de mano, ya que iba a convertirse definitivamente en pretérita, o en retrato; aunque es fácil que para entonces no le preocupara lo más mínimo el estado en que iba a ser encontrada y contemplada, y que se sintiera muy próxima de lo que escribió el poeta Bécquer en una carta: 'Y entonces me será igual que me coloquen debajo de una pirámide egipcia como que me echen a un barranco como un perro'. Puede que ni siquiera se molestara en mirar a la incipiente luna, sabedora de su ojo aburrido e impávido, aburrida ella misma de su insistencia, y que se dijera: 'Dentro de nada dejaré de pertenecer a los necios e incompletos vivos y seré como nieve que cae y no cuaja, como lagartija que trepa por una soleada tapia en verano y se detiene un instante ante el perezoso ojo que no va a registrarla. Seré lo que fue, y que al no ser más, ya no ha sido. Seré un susurro inaudible, una fiebre pasajera y leve, un rasguño al que no se hace caso y que se cerrará en seguida. Es decir, seré tiempo, lo que jamás se ha visto, ni puede nunca ver nadie'. Y cuando por fin sus ojos se hicieron a la poca luz del paraje, o quizá cuando empezó a entrarle frío, y encendió de nuevo el faro para ver mejor y no desviarse del árbol escogido por su tembloroso dedo, y pisó el pedal para poner en marcha la moto de Muriel que acabó siendo más suya, tal vez su pensamiento último, a la carrera, fue más breve y más sencillo y se pareció mucho a este: 'Así empieza lo malo y lo peor queda atrás'.

Tardé unos días en ir a ver a Muriel a solas, después del entierro, una especie de tácita presentación individualizada de condolencias, y por hacerle compañía un rato, supongo, aunque la mayor parte del tiempo estaba con gente, en esas circunstancias la gente se vuelca durante un corto periodo, no deja al doliente ni a sol ni a sombra, lo visita, lo saca, lo distrae, lo zarandea y lo aturde para que no piense en lo único que ocupa su pensamiento, para que note menos la ausencia de quien se ha ausentado irreversiblemente. Luego esa misma gente se cansa al unísono y lo deja solo, como si hubiera una fecha de caducidad social para el duelo, dos o tres semanas nada más, y se considerara que el viudo o la viuda ya están en condiciones de ponerse en marcha y reanudar sus costumbres y su vida de siempre, cuando es justamente su vida de siempre la que ha concluido y nunca va a regresar. Sin duda Muriel estaba afectado y probablemente desconcertado, lo vi algo encogido y titubeante, como si con la pérdida de Beatriz le hubiera aflorado cierta vulnerabilidad, me imaginaba que sería temporal. Pero cuando una situación se acaba se echa de menos, hasta la más detestable, hasta la que se deseó infinitas veces que tocara a su fin. Esa añoranza paradójica tiene escasa duración, pero en primera instancia se produce el mismo vacío que cuando se logra un objetivo que ha costado esfuerzo y paciencia, coronar un negocio o alcanzar un puesto, por ejemplo, o terminar una película o ponerle a una novela el rezagado punto final.

Muriel no debía ni de acordarse de las palabras que yo le había oído la noche de ruegos, justo después de pasarle a Beatriz las manos por todo el cuerpo con negligencia y grosería y futilidad, de estrujarle las tetas y prenderle el sexo como quien coge un puñado de tierra o un manojo de hierba o atrapa un vilano en el aire para luego soplarlo y dejarlo flotar, sin fijarse apenas hacia dónde va. 'Cuándo diablos te vas a convencer de que esto es en serio y definitivo, hasta el día que te mueras o que me muera yo', su boca había vomitado eso. 'Espero ser yo quien cargue contigo en un ataúd, nadie me garantizaría que no te fueras a restregar contra mi cadáver aún caliente o ya enfriado, te vendría a dar igual.' O en mi recuerdo se superponía otra versión, más concisa y más poética, tendemos a traducir: 'Espero ser yo quien te entierre, quien te vea a ti sin vida, morir en tu palidez'. Se le había cumplido la esperanza, en todo caso, lo malo es que él ni siquiera habría registrado esas frases (uno retiene lo que escucha y se inclina por olvidar lo que suelta), mientras que en mi memoria resonaban y habrían resonado en la de Beatriz, es posible que hasta aquel atardecer en el paraje frondoso y oscurecido de la carretera; y acaso ella le habría dicho con el pensamiento, ya a horcajadas de la Harley-Davidson y con la mirada fija en el blanco: 'Tendrás que restregarte tú contra mí'. Muriel no había llegado a tanto, desde luego, pero se había tambaleado al enterarse y también en el cementerio, y se notaba que en aquella inicial perplejidad echaba en falta la presencia irritante e incómoda, atosigante y aun exasperante a veces, el volumen y las pisadas sonoras de quien había sido su mujer durante demasiados años y quizá no suficientes, las dos cosas a la vez, porque cuando algo cesa casi siempre nos parece que no hubo bastante y que podía haberse prolongado un poco más.

—Hay momentos en que creo oír el tictac, Juan —me dijo—. Sobre todo cuando estoy solo aquí, cuando los unos se acuestan y los otros se van, o cuando regreso de cenar fuera con una multitud, la verdad es que estos primeros días me han obligado a llevar una actividad frenética, algo casi obsceno, como si estuviera de fiesta, aunque todos lo hacen con la mejor voluntad, no me permiten quedarme con mis pensamientos porque se imaginan cuáles serán. Bueno, no, no tienen ni idea de cuáles serán, pero sí están seguros de sobre qué girarán. Es un poco ridículo que me preste a eso, como si fuera un viudo desconsolado. Entiéndeme, tengo tristeza. Por mucho que lo espere uno y que no pueda hacer nada por evitarlo; que haya habido avisos y ni siquiera esté convencido de querer evitarlo; por mucho que uno se endurezca y asuma las probables consecuencias de su... —se paró, buscó el término—... de su impermeabilidad, nada nos prepara para el acontecimiento. Estoy triste porque han sido muchos los años y de pronto resurgen los más lejanos, veo a Beatriz cuando era casi una niña y ninguno sabíamos lo que vendría, ni yo ni ella. Pero no estoy desconsolado del modo en que se aplica esa palabra a quien ha sufrido una pérdida, una muerte crucial. Hay un elemento de inverosimilitud, y por eso creo oír el tictac del metrónomo, como si su eco no se hubiera apagado y aún tuviera metida en la cabeza su música sin música, ese compás ha sido un fondo permanente aquí. Y bueno, lo mismo todo lo demás: es como si a los pasos y al olor de Beatriz les costara más tiempo desaparecer que a ella misma, a las personas las sobrevive su rastro, es mi experiencia y es normal, poco a poco se irá esfumando. Pero mientras perdura... Es como si necesitaran una prórroga para irse del todo y hacer su limpieza y recoger sus cosas. Nunca les da tiempo a preparar la mudanza, por decirlo así.

Se quedó callado y no supe qué decir, seguramente no había nada que decir.

—Lo entiendo. —Algo dije, por decir.

Todavía se lo veía algo envejecido aquel día, fue transitorio, luego desaparecieron aquellos signos de la edad, que volvió a bordearlo y rondarlo sin atreverse a adueñarse de él, a asentarse en su espíritu ni a invadir su apariencia. Su semblante ojeroso y rugoso y cansado, su ligero encorvamiento que se le notaba incluso sentado, fueron sólo circunstanciales, producto del acontecimiento para el que nada nos prepara por advertidos que estemos; producto de la impresión y la corroboración. De repente se irguió y me miró con el ojo alerta.

—¿Sabes que estaba embarazada?

Me quedé tan estupefacto que no pude evitar preguntar una sandez, aunque también es posible que lo hiciera instintivamente para ganar unos segundos, para reponerme de la revelación.

—¿Quién, Beatriz?

—Claro, quién va a ser. ¿De quién estamos hablando, joven De Vere?

—Pues no. ¿Cómo podía saberlo? ¿Ella se lo había dicho a usted?

—No. Ni palabra. Lo he sabido ahora por el Doctor. Por suerte logró que un acólito de su hospital se encargara de la autopsia, el mínimo, una cosa somera, tampoco hacía falta más. Suficiente para detectar eso, sin embargo. Pero que a mí ella no me lo hubiera contado no tiene nada de particular. Ya te supondrás que mío no era. Dice el Doctor que tal vez ni ella misma estaba enterada aún. Me parece improbable, tras cuatro hijos. Pero quién sabe. Quizá no daba crédito, ni se le ocurrió. Todo puede ser.

—¿Y de cuánto estaba, se sabe? —le pregunté con una pizca de aprensión.

—Un par de meses, algo así. —Entonces guardó silencio unos momentos y se miró las uñas como si la situación se le hubiera tornado embarazosa de golpe. Pero no era eso, lo que le resultaba embarazoso era preguntarme lo que me iba a preguntar—: Tú no tendrás idea de quién podía ser, ¿verdad? —Debí de sonrojarme un poco, pero quizá interiormente se ruborizó él también y no reparó; o atribuyó mi color a lo mismo que causaba el suyo bajo la piel; porque antes de que yo respondiera se sintió obligado a darme explicaciones—: Como te imaginarás, me era indiferente lo que hiciera Beatriz. No me metía en ello ni jamás se lo pregunté, podría haberlo tomado por una muestra de interés, o incluso de celos, vete a saber. Pero si iba a darles un hermano a mis hijos y esa criatura iba a vivir aquí, comprenderás que sienta curiosidad. Tú no tendrás ni idea, ¿no?

Me di cuenta de que me tocaba contestar muy rápido, sin dilación. De que cualquier vacilación o pausa no me señalaría, pero indicaría que de algo podía estar enterado o que albergaba una sospecha. Quise creer, no, tuve la certeza de que me preguntaba sólo porque un par de meses atrás, algo así, yo había sido el custodio de Beatriz mientras él rodaba en Barcelona sus últimos planos con Towers y Lom; el más cercano a ella y su testigo principal. No era hombre receloso, no se le había pasado por la cabeza que yo pudiera tener nada que ver. Para él era casi un imberbe. Convoqué a la malvada velocidad de la lengua, la que nos condena y nos salva, para responderle sin titubear:

—No. Ni la menor idea, Eduardo, Don Eduardo. ¿Cómo podría yo saber de quién?

Y en efecto no podía saberlo en modo alguno. Así que ni siquiera falté a la verdad.

Después ya lo fui viendo cada vez más de tarde en tarde, y casi nada al final. No se puede decir que hubiéramos hecho amistad, o no él conmigo, yo sí con él, o ese era mi sentimiento, habría seguido más o menos dispuesto a complacerlo y ayudarlo en lo que me hubiera solicitado y hubiera estado en mi mano, aunque ya no trabajara para él. Pero uno se desacostumbra a contar con quien ya no está presente a diario, o aún es más, a todas horas y para cualquier menester. Él no me llamaba nunca, si acaso lo llamaba yo, quizá había acabado importunándolo y tampoco quería resultar insistente, me fui espaciando hasta convertirme en alguien que cruzó y no se quedó.

Pese a su aversión a las fotos —por eso durante años había habido tan pocos retratos, tan pocas frontales de él—, empecé a verlo más en la prensa, y no por sus proyectos o realizaciones cinematográficas. De hecho sólo rodó una película más y no fue la de Palance y Widmark, aquella se alojó en el amplio y poblado limbo de lo malogrado, me imagino que no consiguió financiación. Aparecía en revistas de chismes, sin duda resignado, a disgusto, primero como 'nueva pareja' y luego como marido de la empresaria Cecilia Alemany, lo bastante atractiva y adinerada para suscitar más interés que él, que al fin y al cabo, como me había dicho una vez con humor, iba asemejándose a Sara Montiel, sólo que con un público progresivamente minoritario de arqueólogos y cinéfilos y eruditos como Roy. También pensé que era lo bastante atractiva para haber hecho perder toda esperanza a Beatriz, en el caso de que hubiera sabido de su existencia, o habría sido siempre amenaza. Alguien que le habría impedido llevarse a su pesaroso lecho ningún pequeño botín, y decirse en sus retiradas nocturnas: 'Se verá'.

Muriel contrajo segundas nupcias año y pico después de enviudar, en una boda discreta y civil a la que yo no fui invitado, no había ningún motivo para incluirme en el elenco, en realidad no era más que un antiguo empleado, un joven fugaz al que se había dado una oportunidad. El divorcio por fin había llegado al país cuando Muriel ya no lo necesitaba, quizá no habría hecho uso de él de haber seguido viva Beatriz, a veces pienso que los vínculos del engaño y la desdicha son los más fuertes de todos, así como los del error; es posible que anuden más que los del conocimiento de causa y el contento y la sinceridad. En las escasas ilustraciones de la boda vi a Van Vechten y a Rico y a Roy, y al maestro Viana que ornamentaba el enlace, un torero luce mucho en cualquier celebración. No a Gloria ni a Marcela ni a Flavia, las dos primeras lo habrían considerado una traición y la tercera acaso prefirió no asistir. También vi a los tres hijos, más crecidos, siempre idénticos a Beatriz. Miré largo rato a Susana: con no mucha más edad sería la viva imagen de su madre en aquellas fotos juveniles expuestas por su añoranza y su persistencia y que tantas veces había visto, la del niñito muerto vivo en sus brazos y la de su boda con Muriel, unos veinte años atrás. Ahora entendía mejor las expresiones de ambos en aquella ocasión: la gran sonrisa de ella que miraba a la cámara, su euforia patente o era más bien triunfalismo, una cría disfrazada de novia. Él, en cambio, anublado si no sombrío, como un hombre convencido de estar adquiriendo una enorme responsabilidad. Ella jugaba a contraer matrimonio, él iba en serio y lo contraía de verdad, como si fuera consciente de la validez de ese verbo para las obligaciones, las deudas y las enfermedades. A ella el mundo se le ofrecía ligero, como las consecuencias de sus actos, que una vez cometidos son tonterías, son pasado; él era alguien que conocía ya la renuncia, o que estaba al tanto de que el amor llega siempre a destiempo a su cita con las personas, como me dijo con melancolía que había leído en un libro una vez, no sé cuál. En las estampas de su segunda boda no había rastro de eso, el ojo se le veía distraído y paciente, sin ninguna gravedad. Parecía estar sólo cumpliendo un trámite social y mirando —sin mirarlo— el reloj.

Me pregunté cómo haría la nueva y artificial familia, si vivirían todos juntos en el piso de Velázquez o inaugurarían otra casa; si la empresaria aceptaría de buen grado tener a una adolescente y dos niños —o a dos adolescentes y un niño— permanentemente alrededor, más aún cuando su padre estuviera de viaje embebido en una película durante meses; si Flavia no se separaría de ellos o se vería forzada a emigrar. Dudé si llamar a Muriel para felicitarlo, pero descubrí con sorpresa que también a mí me parecía aquello una especie de traición. Absurdamente sentí que era como hundir bajo la tierra a Beatriz un poco más, daba lo mismo que ella hubiera clavado la pala en aquella carretera solitaria y umbría por su propia voluntad. Tal vez los lazos carnales, aunque sean efímeros y apenas dejen recuerdo y carezcan de importancia real, nos obligan a una consideración irracional hacia las personas con las que los establecimos; o acaso es que nos imponen una íntima lealtad fantasmal.

En su día pagué una entrada y fui a ver la última película de Muriel. En general no fue muy bien acogida, pero a mí me gustó. Lo llamé para decírselo, pero no di con él y luego lo dejé correr, tampoco es que fuera a necesitar mi opinión. No logró hacerla hasta transcurridos cinco años de la muerte de Beatriz, y dos después, a los siete de su suicidio, me enteré de que mi antiguo jefe y maestro había sufrido un fulminante infarto mientras almorzaba con unos banqueros gañanes a los que trataría de arrancar calderilla para algún nuevo proyecto. Nada más oír la noticia en la televisión llamé al Profesor Rico, el único de aquel círculo con el que mantuve contacto y todavía lo mantengo hoy. Para entonces ya era académico: sus papiros enemigos, o eran momias, la habían palmado a ritmo veloz y él había sido elegido con votos de sobra, casi por aclamación, aunque ahora ya había conseguido crearse unos cuantos enemigos más tersos, sin ellos no sabe vivir o se aburre más. Estaba a punto de coger un vuelo a Madrid para asistir al entierro, de cuyos detalles me informó. Creo que es la única vez en que le he oído quebrársele la voz. O no, miento: se le quiebra un poco siempre que evocamos a Muriel o a Beatriz —en realidad es hombre sentimental—, aunque ya haga mil años que se despidieron sin despedirse los dos.

A la mañana siguiente me presenté en el cementerio de La Almudena ante la tumba ya vista hacía tiempo, aunque yo tuviera la sensación de que había sido anteayer, los intervalos desaparecen cuando se regresa a un lugar infrecuente al que además se va sólo por causa de la pesadumbre, por un motivo excepcional; y los intervalos son nuestros. Había mucho gentío y no poca prensa y me quedé en un segundo plano, sin osar abrirme paso. Para la mayoría de los concurrentes yo era un desconocido, un espontáneo, un intruso, nadie a quien saludar. A cierta distancia vi a Susana y a sus hermanos de espaldas, inmediatamente reconocí sus figuras pese a los años transcurridos y a la bastante mayor altura que ahora alcanzaban los dos pequeños. Ella volvía la cabeza de vez en cuando, quizá para ir comprobando cuánta gente acudía, cuánta apreciaba a su padre, hasta que en una de esas ocasiones me divisó y vino corriendo a mí. Ahora yo tenía treinta años y ella había cumplido veintidós, pero en seguida se me abrazó con fuerza y en callado llanto, con la confianza con que se abraza a alguien esperado de los viejos tiempos imperfectos pero menos tristes, en los que aún estaban cuantos tenían que estar; luego me cogió de la mano y me condujo hasta la primera fila, junto con Alicia y Tomás y Flavia y personas que no conocía y también Cecilia Alemany, que sin duda encontró un instante para mirarme desde sus gafas oscuras (no masticaba esta vez) y preguntarse con indiferencia quién demonios era yo: no creo que le interesara el pasado de un marido poco duradero y difunto, probablemente le tocaba ya sólo sacudírselo de encima, se me ocurrió, como quien deja atrás un episodio debido a la debilidad o a la seducción. Durante toda la ceremonia, durante la bajada del ataúd y la recolocación de la lápida por última vez (ya no cabría allí nadie más), Susana conservó su mano en la mía, apretándomela con determinación para no perder el equilibrio, ya he dicho que se tambaleaba, más que la viuda, más que nadie. O bien se aferró a ella como una niña dominada por la obstinación.

Ahora llevo tanto tiempo casado con Susana que ella es ya mayor de lo que lo fue nunca su madre y yo tengo más o menos la edad que alcanzó Muriel, el cual sobrevivió a su mujer siete años; también eran los que le sacaba, siete u ocho, como los que le saco yo a Susana, luego vivió en total unos quince más que Beatriz. A ésta yo la veía madura hacia 1980, como una pintura en comparación conmigo, yo veintitrés entonces y ella cuarenta y dos o quizá cuarenta y uno, jamás lo supe con exactitud, pero me aventajaba en unos dos decenios y eso es mucho para un casi imberbe. Ahora, en cambio, veo retrospectivamente a Beatriz muy joven, y no sólo para morir, para todo. No era, pues, tan extraño que mantuviera esperanzas y en las noches de derrota abandonara el campo provisoriamente, hasta reunir valor y fuerzas de nuevo, y se replegara a su habitación pensando: 'Esta noche no, esta tampoco, pero se verá más adelante. Mi almohada recogerá mi llanto y sabré aguardar como aguarda esa luna insistente. Llegará una ocasión en que su manoseo ultrajante se deslice hacia otro terreno en letargo, en que se convierta de pronto en ansiedad o irresistible capricho o en primitivo deseo despertado, nada se va así como así por un rechazo mental, por una decisión punitiva, no para siempre o no del todo, eso es algo que se suspende y por lo tanto está aplazado. Puede volver cualquier día o una noche, y a nadie le desagrada sentirse solicitado y querido'. Que yo sepa, eso no volvió ningún día ni una noche, pero de todo no puedo estar enterado.

Sí, en realidad era joven cuando se mató, y de hecho era aún tan fértil que esperaba una criatura, eso es lo que me dijo Muriel, eso es lo que le dijo a él Van Vechten, eso es lo que le dijo a éste un forense de su hospital a sus órdenes; luego todo ello es tan sólo un rumor que además en mí se detuvo, ni siquiera ha llegado al encorvado oeste más cercano, a su hija Susana, no a través de mí por lo menos, es preferible que se quede en oriente. No son pocas las veces en que a lo largo de estos años me he acordado de ese susurro que Muriel me transmitió en forma de pregunta retórica ('¿Sabes...?'). Y a menudo me avergüenzo de congratularme —en un aspecto, sólo en ese— de que Beatriz se matara y ese niño o esa niña no pudieran nacer, tal vez ni evolucionar lo bastante para que los detectara su futura y desatenta madre. No puedo saber qué individuo era el causante del brote, si el propio Doctor Van Vechten en Darmstadt o el Doctor Arranz en la plaza o algún otro amante al que ella iba a visitar en la Harley-Davidson, en El Escorial o en la Sierra de Gredos o en Ávila, con frecuencia me digo con voluntarismo que debía de haber un tercer hombre, para repartir responsabilidades. Pero no se me oculta que el brote también podía ser obra mía una noche de calor e insomnio en Velázquez, con muy mala suerte en ese caso, sin duda, pero ninguno tomábamos precauciones entonces. Cuando cruza por mi pensamiento esa posibilidad de pesadilla, me entran escalofríos y no puedo evitar celebrar —con vago desprecio hacia mí mismo, pero me resulta tolerable— que ese proyecto de ser se malograra, porque tal vez habría recorrido como un impostor su existencia entera, sin estar al tanto de su impostura, o habría impedido cuanto de bueno ha venido más tarde en mi vida y también en la de Susana, yo creo, y nuestras hijas no existirían. De haber salido al mundo esa criatura, acaso habría sido hermana de mi mujer a medias, así como hijastra, luego a la vez habría sido hija y cuñada mía, y las hijas que yo he tenido con Susana habrían sido al mismo tiempo hermanas y sobrinas suyas, y aquí suelo pararme en mis divagaciones, porque no sólo me da vértigo el encadenamiento de hipótesis, sino que me basta para temerme que lo que habría sido casi imposible habría sido mi matrimonio con mi mujer. (Cuán poco hace falta para que no exista lo que existe.) Nada habría podido comprobarse en aquella época, de todas formas, y es posible que Beatriz hubiera callado el origen, de haberlo intuido con fuerza o sabido a ciencia cierta. Lo que no tiene vuelta de hoja es que yo me acosté una vez con la abuela de estas hijas mías, es decir, con quien habría sido mi suegra si hubiera vivido para encajarlo. Pero quién sabe quién va a ser qué, a lo largo de una vida, uno no debe abstenerse por conjeturas o predicciones que rebasan nuestro entendimiento, sólo tenemos el de hoy y jamás el de mañana, por mucho que nos entreguemos a veces a las prefiguraciones.

El recuerdo de aquella noche ha sido muy pálido durante larguísimos años. Era como si su historia tenue no hubiera nunca ocurrido, así fue mientras Susana fue joven y, pese a su gran parecido, se mantuvo naturalmente a raya de la imagen de su madre, de la que yo vi en persona, no tanto de la de sus fotos antiguas, que me habían llevado a pensar (o no solamente esas fotos): 'Debió de ser muy tentadora, entiendo que Muriel la quisiera a su lado de noche o de día, seguramente yo también la habría querido. Sólo fuera por la carnalidad, que ya es bastante en el matrimonio. Pero no fui Muriel entonces, ni lo soy ahora'. Pero desde que Susana es una mujer madura, el recuerdo ha adquirido color y atraviesa mi cama y la trastorna. Cada vez se ha asemejado más a la Beatriz de mis veintitrés años, aunque yo no la veo gorda ni lo está en modo alguno, de hecho no he percibido en ella más que mínimas transformaciones —con buenos ojos la miro— desde que en el entierro de Muriel se me apareció como mujer hecha y derecha, terminada de plasmar y con su cuerpo intimidante, explosivo, completamente brotado, y ya no como adolescente en la que me tenía prohibido fijarme —otra representación inanimada— y además no me fijaba, mientras ella tal vez, sin yo advertirlo, no perdía detalle del joven que pasaba tanto tiempo en su casa, como las niñas muy determinadas y obstinadas que tienden a ver cumplidos sus sueños de infancia, hasta cierta edad o hasta que se les frustran definitivamente. Ya me dijo Muriel que el entusiasmo de la otra persona ayuda mucho; convence y arrastra. Y el amor ajeno da pena y conmueve, más que el propio.

Claro que yo tampoco veía gorda a la Beatriz de cuarenta y pocos años, era mi jefe el que se empeñaba, o el que había resuelto compararla con lo más orondo de las pantallas para dañarla. Así, desde hace un tiempo, en mis intimidades con Susana se me cuela a veces la remota imagen y eso me produce desazón y me perturba, casi me enmudece y paraliza. El pasado tiene un futuro con el que nunca contamos, y de la misma manera que aquella noche lejana el rostro juvenilizado de Beatriz —el rostro embellecido de muchas mujeres en esa situación de medio olvido— dio pie a que lo sustituyera por el de su hija un instante, las dos con los mismos rasgos y la misma expresión cándida, ahora la hija me conduce a pensar en la madre en los momentos más inoportunos, y además se me superpone la escena vista desde un árbol en Darmstadt, que me resulta hoy repulsiva (ésta la ahuyento en seguida, por fortuna es sólo un relámpago). Quizá lo más lamentable de estos entrecruzamientos —o es desasosegante, por inasimilable— es que ya soy el hombre mayor que en plena juventud se asoma a nuestro inconsciente y misteriosamente nos susurra, como un espectro del futuro: 'Fíjate bien en esta expe-